AF522121

विकास का गढ़
छत्तीसगढ़

डॉ. रमन सिंह

प्रभात प्रकाशन, दिल्ली
ISO 9001:2008 प्रकाशक

प्रकाशक • **प्रभात प्रकाशन**
4/19 आसफ अली रोड,
नई दिल्ली-110002

संस्करण • प्रथम, 2013
मूल्य • तीन सौ रुपए
मुद्रक • भानु प्रिंटर्स, दिल्ली

Vikas Ka Garh CHHATTISGARH *by* Dr. Raman Singh
Published by Prabhat Prakashan, 4/19 Asaf Ali Road, New Delhi-2
e-mail: prabhatbooks@gmail.com ISBN 978-93-5048-523-1
Rs. 300.00

आमुख

छत्तीसगढ़ नया राज्य है। मात्र 13 वर्ष का। परंतु इसका इतिहास बहुत पुराना और अत्यंत वैभवशाली है। इसकी धरती पर माता कौसल्या ने जन्म लिया। उस दृष्टि से श्रीराम का ननिहाल यही था। भारत की प्राचीनतम पंचायत प्रणाली यहाँ लगभग एक हजार वर्षों तक गतिशील रही। छत्तीसगढ़ समन्वय, सद्भाव और सद्संस्कारों की धरा है। सिरपुर (प्राचीन श्रीपुर) के उत्खनन से प्राप्त साक्ष्य स्पष्ट करते हैं कि शैव, वैष्णव, शाक्त, बौद्ध और जैन धर्मों का यहाँ अद्भुत शांतिपूर्ण सहअस्तित्व रहा। इसी आधार पर शताब्दियों से इस क्षेत्र की विशिष्ट पहचान रही है। ऋषि-संस्कृति, कृषि-संस्कृति और अरण्य-संस्कृति यहाँ शताब्दियों से साथ-साथ फलती-फूलती रहीं। परंतु विषम क्षेत्रीय असंतुलन और अन्यान्य कारणों से प्रचुर नैसर्गिक संपदा का यहाँ के सीधे-सरल निवासियों के विकास में समुचित उपयोग न हो सका। एक दशक पूर्व छत्तीसगढ़ ने एक नई करवट बदली। स्वाभिमान के साथ स्वनिर्माण के पथ पर इसने तत्परता से कदम रखना शुरू किया। आज छत्तीसगढ़ पिछड़ेपन की फटी-पुरानी चादर को उतारकर नूतन परिधान में निरंतर निखरते हुए विकसित प्रदेश के रूप में पहचाना जाने लगा है।

छत्तीसगढ़ देश के विकसित राज्यों की प्रथम पंक्ति में पहुँचकर सतत समग्र विकास के पथ पर तेजी से कदम बढ़ा रहा है। पिछले करीब दस वर्षों से राज्य की कमान सँभाले हुए डॉ. रमन सिंह के बहुमुखी विकास के प्रति समर्पण और गतिशील नेतृत्व के कारण यह संभव हो पाया है। विकास के मामले में छत्तीसगढ़ देश के लिए रोल मॉडल बन चुका है। छत्तीसगढ़ में खाद्य सुरक्षा योजना का सफल क्रियान्वयन अन्य अनेक राज्यों के लिए अनुकरणीय हो गया है। अन्य अनेक योजनाएँ और कार्यक्रम हैं, जिनको गिनाने लगें तो एक सूचीपत्र तैयार हो जाएगा। मुख्यमंत्री डॉ. रमन सिंह विनम्रतापूर्वक इन गौरवशाली उपलब्धियों का श्रेय राज्य की सुसंस्कृत और परिश्रमी ढाई करोड़ जनशक्ति को देते हैं। डॉ. रमन सिंह इस हेतु संस्कारों के धनी छत्तीसगढ़ के सभी दलों के जनप्रतिनिधियों, समर्पित प्रशासकों, तेजस्वी लेखकों-पत्रकारों तथा मनीषियों को साधुवाद देते हैं।

जिस प्रदेश को मात्र बारह–पंद्रह वर्ष पूर्व तक अत्यंत पिछड़ा और बीमार क्षेत्र के रूप में गिना जाता था; जिसे भूख और कुपोषण से ग्रस्त प्रदेश कहा जाता था, वह आज विकसित राज्यों से कंधा मिलाता हुआ प्रथम पंक्ति में गर्व के साथ खड़ा हुआ दिखाई दे रहा है। छत्तीसगढ़ के एक सामान्य नागरिक के नाते इच्छा होती थी कि यहाँ के विकास के प्रति मनसा–वाचा–कर्मणा समर्पित डॉ. रमन सिंह के विचारों को समझा और बूझा जाए। इस हेतु उनसे समुचित संवाद का अवसर नहीं मिला। छत्तीसगढ़ विधानसभा में उनके कुछ उद्‌बोधनों तथा कुछ प्रसंगों पर देश की राजधानी में उनके द्वारा दिए व्याख्यानों को बटोरकर इस पुस्तक में संकलित किया गया है। परिशिष्ट में डॉ. रमन सिंह से लिये गए कुछ साक्षात्कार दिए गए हैं। सामग्री के संकलन, संयोजन और संपादन का कार्य मध्य प्रदेश विधानसभा के पूर्व सचिव और संसदीय मामलों के विशेषज्ञ श्री अशोक चतुर्वेदी तथा युवा पत्रकार–लेखक श्री पंकज झा ने किया। अनेक महत्त्वपूर्ण आलेख श्री झा ने लिखे और संपादित किए हैं। सामग्री के टंकण में मुख्य भूमिका श्री पवन यादव की रही है। सामग्री के चयन, संकलन और संपादन में यदि कुछ त्रुटियाँ रह गई हैं तो उसके लिए नैतिक रूप से इन पंक्तियों का लेखक जिम्मेदार है।

—रमेश नैयर

छत्तीसगढ़ : प्रमुख तथ्य

- सालाना वृद्धि दर 10 प्रतिशत से ज्यादा, देश में सर्वोच्च, लगातार पिछले 3 वर्ष से
- 940 प्रति हजार के राष्ट्रीय औसत के विरुद्ध 991 का महिला लिंग अनुपात
- 74 प्रतिशत के राष्ट्रीय औसत के विरुद्ध 71 प्रतिशत की साक्षरता दर
- 779 यूनिट के औसत के विरुद्ध 1547 यूनिट प्रति व्यक्ति ऊर्जा खपत
- 21 प्रतिशत के राष्ट्रीय औसत के विरुद्ध 44 प्रतिशत की वन टोपी (फॉरेस्ट कवर)
- 8 प्रतिशत के राष्ट्रीय औसत के विरुद्ध 32 प्रतिशत आदिवासी आबादी
- बुद्धिमत्ता सँभालने की—15.5 प्रतिशत के साथ उधार से जीडीपी का अनुपात सबसे कम रखनेवाला देश में दूसरा राज्य
- कुल प्रावधानों का 57 प्रतिशत सामाजिक क्षेत्र पर खर्च—देश में सबसे ज्यादा
- कुल प्रावधानों का 17 प्रतिशत विकास मदों पर खर्च—देश में सबसे ज्यादा
- समुचित आकार का राज्य—छत्तीसगढ़

छत्तीसगढ़ के सामाजिक संकेतक

- पिछले 5 वर्षों में शिक्षा में लड़कियों का लिंग अनुपात 35 प्रतिशत से ज्यादा बढ़ा

सरस्वती साइकल योजना की भी भूमिका

- पिछले 10 वर्षों में शिशु मृत्यु दर में 30 प्रतिशत की कमी (80 से 50)
- पिछले 10 वर्षों में मातृ मृत्यु दर में 30 प्रतिशत की कमी (410 से 265)
- पिछले 10 वर्षों में संस्थागत प्रसव लगभग तिगुना
- मितानिनें सफल हुईं
- प्रयास—अनूठी पहल—222 छात्रों में से 150 AIEEE, 2 IIT में गए

दिल्ली में छत्तीसगढ़ के छात्रों के लिए 100 सीटोंवाला चकाचक फ्री हॉस्टल

- गरीबों के लिए मुख्यमंत्री स्वास्थ्य बीमा, स्मार्ट कार्ड

- 108 मुफ्त एंबुलेंस सेवा
- मुख्यमंत्री बाल हृदय स्कीम—बीमार बच्चों के दिल के ऑपरेशन

खाद्य और किसान सुरक्षा...

- सन् 2002-13 के दौरान 7 हजार करोड़ रुपए से ज्यादा का 70 लाख टन धान किसानों से सीधे खरीदा गया ।
- देश की पहली सरकार, जिसने नागरिकों को दिया भोजन सुरक्षा का अधिकार। भोजन सुरक्षा अधिनियम के अंतर्गत 1 रुपए प्रति किलो का चावल, राज्य की 64 प्रतिशत आबादी को
- कोर पीडीएस को राष्ट्रीय अवार्ड
- गर्भवती और दूध पिलानेवाली माताओं को सुनिश्चित पूरक आहार
- भूख से मौत—कहीं नहीं! कोई नहीं। 10 वर्षों में कभी नहीं।
- परेशान किसानों की आत्महत्या—कहीं नहीं! कोई नहीं! कभी नहीं।
- घनघोर नक्सल पीड़ित इलाकों में भी पर्याप्त भोजन सुरक्षा सुनिश्चित की गई।

खनिजों से भरपूर धरती...

- देश के खनिज उत्पादन का 16 प्रतिशत; 9000 करोड़ रुपए सालाना से ज्यादा
- लौह अयस्क—देश का 19 प्रतिशत
- कोयला—देश का 17 प्रतिशत
- डोलोमाइट—देश का 11 प्रतिशत
- स्टील—देश का 27 प्रतिशत, एल्युमिनियम—देश का 30 प्रतिशत, सीमेंट—देश का 15 प्रतिशत
- और टिन—देश का 100 प्रतिशत
- 6000 करोड़ रुपए के निवेश से 45 किलोमीटर लंबे 3 नए रेल कॉरीडोर

राष्ट्र की रोशनी छत्तीसगढ़

- विद्युत् कटौती मुक्त देश का इकलौता राज्य, प्रतिस्पर्धी दरों पर 24 घंटे
- 12वीं योजना में 90,000 मेगावाट के राष्ट्रीय लक्ष्य का एक-तिहाई छत्तीसगढ़ से
- 2014 तक 10 हजार मेगावाट स्थापित क्षमता के साथ, कोरबा राष्ट्रीय ऊर्जा राजधानी

सूचना प्रौद्योगिकी से आई पारदर्शिता**

- छत्तीसगढ़ लोक सेवा गारंटी अधिनियम द्वारा विभिन्न विभागों की 241 सेवाएँ अधिसूचित
- 3500 सक्रिय इ-सेवा केंद्रों से लोक सेवाओं का प्रदाय
- इ-उपार्जन लागू करनेवाला देश का दूसरा राज्य
- एशिया में स्थिर वाईमेक्स का सबसे बड़ा प्रतिष्ठापन
- भारत सरकार के ताजातरीन इ तैयारी प्रतिवेदन के अनुसार छ.ग. एच वन अग्रणी राज्य
- राष्ट्रीय इ-गर्वनेंस अवार्ड—2009 में ऑनलाइन पीडीएस के लिए स्वर्ण, 2008 में धान उपार्जन के लिए कांस्य पदक

भविष्य की राजधानी नया रायपुर

- देश की चौथी, और 21वीं सदी की पहली नई राजधानी नगरी, चंडीगढ़, गांधीनगर और भुवनेश्वर के बाद बारी है नया रायपुर की
- कुल क्षेत्रफल 8000 हेक्टेयर में समावेशी विकास
- यूरो एशिया सस्टेनेबल टाउन की सदस्यता
- हरित विकास—ऊर्जा, संसाधन, तकनीक
- बस रैपिड ट्रांजिट सिस्टम से तेज परिवहन
- भूमिगत विद्युत् तार बिछाए

उभरती अर्थव्यवस्था

- उत्खनन जैसी प्राथमिक गतिविधियों से मूल्य संवर्धन की ओर
- नए-नवेले क्षेत्र—उत्पादन, नवीकरणीय ऊर्जा, निर्माण, सूचना प्रौद्योगिकी
- श्रम उत्पादकता में 12.5 प्रतिशत की सर्वोच्च सीएजीआर

ज्ञान क्रांति के हमराही—लेपटॉप और टेबलेट**

- इंजीनियरिंग और मेडिकल छात्रों को मुफ्त लेपटॉप
- कला, विज्ञान, वाणिज्य, पॉलिटेक्निक आदि के स्नातक छात्रों को मुफ्त टेबलेट
- छात्रों को सफलतापूर्वक टेबलेट बाँटनेवाला देश का पहला राज्य
- युवा ज्ञान कर्मठों और उद्यमियों की विशाल फौज के सहारे राज्य को देश के ज्ञान शक्ति केंद्र में बदलना है।

विजय यात्रा जारी रहे''2022 पर नजर

- अगले दशक तक प्रति व्यक्ति आय दुगुनी
- 2015 तक पूरे होंगे सहस्राब्दी विकास लक्ष्य
- अगले दशक तक देश में सर्वश्रेष्ठ भौतिक अधोसंरचना
- नया रायपुर होगा विश्व स्तरीय नगर
- देश की अग्रणी ज्ञान आधारित अर्थव्यवस्था
- पारदर्शी, चुस्त और जवाबदेह सरकार

अनुक्रम

वित्तीय प्रबंध का छत्तीसगढ़ मॉडल

केंद्र के बहुचर्चित खाद्य सुरक्षा कानून को अभी कायदे से लागू भी नहीं किया जा सका है कि सारी अर्थव्यवस्था लड़खड़ा उठी है। मुद्रा बाजार में भारी उतार-चढ़ाव हो रहे हैं। दुनिया भर में संदेश ऐसा जा रहा है कि सवा अरब से ज्यादा आबादीवाला यह देश कंगाली के कगार पर खिसक गया है। कहने को देश के प्रधानमंत्री विश्वस्तरीय (?) अर्थशास्त्री हैं। वित्तमंत्री को चतुर सुजान वित्तीय प्रबंधक के रूप में प्रचारित किया जाता रहा है। योजना आयोग का उपाध्यक्ष भी वित्त और अर्थ संबंधी मामलों का विशेषज्ञ बताया जाता है। संविदा पर रखे गए सलाहकारों का भरा-पूरा अमला है। लेकिन अर्थव्यवस्था है कि सँभाले नहीं सँभल रही। डॉलर के आगे रुपया दम तोड़ रहा है। विदेशी निवेशक सिर पर पैर रखकर भाग रहे हैं। अंतरराष्ट्रीय साख एजेंसियाँ भारतीय मुद्रा की औकात को महज कूड़ा-करकट से कुछ बेहतर बता रही हैं।

कहने को हमारे यहाँ संघीय व्यवस्था है। संविधान के तहत राज्यों के पास अपनी रीति-नीति बनाने के सीमित ही सही, अधिकार हैं। बात-बात में केंद्रीय दखल के बावजूद कुछ राज्य अपनी शैली में अपना घर सँभाल रहे हैं। केंद्रीय खाद्य सुरक्षा कानून से व्यापक और कम खर्चीली खाद्य सुरक्षा छत्तीसगढ़ में लागू है। आज से नहीं, पूरे पाँच साल से। राज्य के सकल घरेलू उत्पाद का 1.4 प्रतिशत वनज सहने के बावजूद वित्तीय घाटा 3 प्रतिशत की एफआरबीएम सीलिंग से नीचे बना हुआ है। रिजर्व बैंक की ताजा पड़ताल के मुताबिक वित्तीय मानदंडों और प्रबंधन के लिहाज से यह देश के तीन सर्वोत्तम राज्यों में से एक है। पिछले एक दशक में भीतरी और बाहरी कर्जों पर कड़ाई से अंकुश रखा गया है। न सिर्फ बेहतर व्यवस्था चलाई जा रही है बल्कि अनेक ऐसी विकास योजनाएँ शुरू की गई हैं, जिनकी नकल अन्य राज्यों के साथ-साथ केंद्र सरकार भी करना चाहती है, कर भी रही है, परंतु चुनावी राजनीति के चलते अर्थशास्त्र के डॉक्टर प्रधानमंत्री के मुकाबले मनुष्यों के डॉक्टर रमन सिंह ने वित्त मंत्री के तौर पर अद्‌भुत काम कर दिखाया है।

छत्तीसगढ़ की वार्षिक विकास दर ग्यारहवीं योजना के दौरान राष्ट्रीय औसत

(7.9 प्रतिशत) की तुलना में 8.4 प्रतिशत रही है। पूरे देश में छत्तीसगढ़ अकेला ऐसा राज्य है, जिसका ऋण-सकल घरेलू उत्पाद अनुपात सबसे कम है। अपनी राजस्व प्राप्तियों का महज साढ़े चार प्रतिशत (2011-12) ब्याज भुगतान अनुपात बनाए रखा गया है। जहाँ केंद्र में ऋण-सकल घरेलू उत्पाद के अनुपात में अब तक की सर्वाधिक (40 प्रतिशत) वृद्धि दिखाई दे रही है, वहीं छत्तीसगढ़ के शेष दायित्व महज 17 प्रतिशत पर सिमटे हुए हैं। दूसरी ओर, केंद्र में राजस्व प्राप्तियों से सकल घरेलू उत्पाद का अनुपात 9 प्रतिशत है, जो छत्तीसगढ़ की तुलना में आधा भी नहीं है। योजना व्यय को लेकर केंद्र के नियंत्रण से बाहर होती स्थिति हैरान कर देने वाली है। योजना व्यय-सकल घरेलू उत्पाद का अनुपात छत्तीसगढ़ की तुलना में, केंद्र में एक तिहाई है। उस पर भी तुर्रा यह कि सकल घरेलू उत्पाद का 35 प्रतिशत हिस्सा केंद्र ब्याज भुगतान में खर्च कर दे रहा है। इस खतरनाक स्थिति को छत्तीसगढ़ महज 3 प्रतिशत पर टिकाए हुए है।

केंद्र की दरकती हुई अर्थव्यवस्था के मुकाबले छत्तीसगढ़ की उभरती हुई अर्थव्यवस्था का विरोधाभास समझना हो तो इनके सरोकारों की पड़ताल जरूरी है। केंद्र द्वारा अपनाए गए मॉडल का अब तक लक्ष्य रहा है अर्थ यानी पैसा। देश में ज्यादा-से-ज्यादा पूँजी आए और करिश्माई ढंग से संपन्नता आ जाए। करोड़पतियों की कॉलोनियाँ बन जाएँ। हमारी हों या विदेशी कंपनियाँ वे खूब फले-फूलें। खुलकर कारोबार करें, मुनाफा बटोरें और उसे अधिक फायदे के लिए जहाँ चाहें लगाएँ। छत्तीसगढ़ के मॉडल में मनुष्य को फोकस में रखा गया है। जितनी योजनाएँ बनीं और केंद्र की भी जितनी योजनाएँ यहाँ लागू की गईं, उसके पीछे उसे फायदा पहुँचाने की नीयत रखी गई, जिसके लिए योजनाएँ बनाई गईं। सामाजिक क्षेत्र में अपने कुल व्यय का लगभग आधा (49 प्रतिशत) व्यय करने वाला देश का अकेला राज्य बन गया छत्तीसगढ़। वह भी अपने पैरों पर खड़े रहने की कोशिश करते हुए। वार्षिक योजना आकार एक दशक में दस गुना हो गया और योजना व्यय का 60 प्रतिशत राज्य के स्वयं के संसाधनों से आने लगा है। छत्तीसगढ़ के अलावा अब तक ऐसा परचम किसी और राज्य ने नहीं लहराया। कृषि और उससे जुड़ी गतिविधियों पर इंच-इंच काम करते हुए किसान की आर्थिक स्थिति सचमुच मजबूत की गई। सस्ता ऋण, सुलभ बिजली, समय पर सिंचाई, खाद-बीज, कृषि यंत्रों का प्रबंध—सभी मोर्चों पर। नतीजा, कृषि में ग्यारहवीं योजना अवधि और उसके बाद बारहवीं योजना के पहले वर्ष में भी वार्षिक वृद्धि दर राष्ट्रीय औसत से दुगुनी बनी हुई है। रही बात उद्योगों की तो आर्थिक मंदी के इस दौर में भी छत्तीसगढ़ की औद्योगिक विकास दर भी तेज है।

मनुष्य को ध्यान में रखेंगे तो नई-नई पहल ध्यान में आएँगी। यही वजह है कि छत्तीसगढ़ में अपनी अधोसंरचना के साथ-साथ बहुत पहले से भोजन सुरक्षा को चिंता

का विषय बनाया। चावल यहाँ का मुख्य खाद्य है। इसलिए धान के उत्पादन से लगाकर भंडारण, परिवहन, विपणन, प्रोसेसिंग, सार्वजनिक वितरण की पूरी शृंखला तैयार की गई। किसानों को समर्थन मूल्य के अलावा 270 रुपए प्रति क्विंटल का बोनस देकर कृषि को लाभकारी बनाया गया। जहाँ-जहाँ जो-जो सबसे अच्छा किया जा सकता था, उसे किया गया। प्रति परिवार को 35 किलो अनाज देकर राज्य के लगभग 90 प्रतिशत परिवारों में पैठ बनाई गई। नमक और कुछ क्षेत्रों में चना तथा दाल के बाद अब खाद्य तेल के वितरण को लक्षित किया गया। पिछले साल से ही सब के लिए 30 हजार रुपए तक का स्वास्थ्य बीमा लागू किया जा चुका है। घर-घर सस्ती बिजली पहुँचाकर, पक्की सड़कें, सीमेंट की गलियाँ बिछाकर आम आदमी की जिंदगी आसान बनाने की कोशिश हुई। कुशल मजदूरों का रोजगार बढ़े इसलिए हर एक नौजवान को अरजी देने के 90 दिन के भीतर कौशल प्रशिक्षण का कानूनी अधिकार दिया गया। मनरेगा के तहत राज्य सरकार ने अपनी ओर से 50 दिनों का अतिरिक्त रोजगार उपलब्ध कराने की पेशकश की। इस योजना में काम करनेवाली महिलाओं को एक महीने की मजदूरी का मातृत्व लाभ दिलवाया गया।

इसे देखकर लगता है कि अर्थव्यवस्था का छत्तीसगढ़ मॉडल भले ही विशेषज्ञों द्वारा इजाद न किया गया हो, कारगर है। बड़े-बड़े हवाई किले न बाँधकर धरती पर रहते हुए, धरती पर रहनेवालों की चिंता जरूरी और सार्थक है। देश और विदेश के अर्थशास्त्री इस संजीदा और सार्थक पहल पर ध्यान देंगे तो समस्याओं के पहाड़ में सुराख करने का रास्ता निकल सकता है।

—अशोक चतुर्वेदी

विश्वास की कसौटी पर विधानसभा

जब छत्तीसगढ़ विधानसभा का पहला अधिवेशन राजकुमार कॉलेज के परिसर में संपन्न हुआ था, तब शायद ही किसी को अंदाजा रहा हो कि आगे जाकर अपनी भूमिका में यह कितना विश्वसनीय साबित होगा। जिस अंदाज में एक बाहरी आदमी को प्रथम सदन का नेता चुना गया, वही भौंचक करनेवाला था। लगभग उन्हीं दिनों अविभाजित मध्य प्रदेश के अंतिम मुख्यमंत्री के साथ, उनके रायपुर प्रवास के दौरान हुए दुर्व्यवहार ने माहौल को कड़वाहट से भर दिया। तत्कालीन नेता प्रतिपक्ष सहित अनेक भाजपा कार्यकर्ताओं की पुलिस द्वारा पिटाई हुई, जिसमें कई घायल हुए। विधानसभा के तत्कालीन उपाध्यक्ष को उनके पद से हटाया गया। अविश्वास प्रस्ताव पर बहस के दौरान समूचा मंत्रिमंडल महज अपने एक मंत्री को सदन में छोड़कर बाहर जा बैठा। तत्कालीन मुख्यमंत्री, जो शुरुआती तौर पर विधानसभा के सदस्य नहीं थे, उनके लिए जिस शैली में जगह खाली कराई गई और फिर दल-बदल! सनसनीखेज घटनाक्रमों का सिलसिला दूसरी विधानसभा के लिए हुए आम चुनावों में भी जारी रहा। इसका क्लाइमेक्स तब घटित हुआ जब तत्कालीन मुख्यमंत्री ने जनादेश को उलटने के लिए खुद काले पैसे की अटैचियाँ भाजपा नेताओं को थमाईं। जो कालांतर में पड़ोसी राज्य झारखंड में घटित हुआ, उससे कहीं वीभत्स रूप में, पहले छत्तीसगढ़ में घटित हुआ। एकबारगी तो लगा कि नया प्रदेश बनाकर अटलजी के नेतृत्ववाली एन.डी.ए. सरकार ने कोई भूल कर दी है। यहाँ के निर्वाचित विधायक और उनकी सभा कितनी परिपक्व साबित होगी, इस पर एक बड़ा सवालिया निशान लग चुका था।

स्वाभाविक से सवाल थे कि यह जो कुछ इन शुरुआती तीन बरसों में घटा, वह छत्तीसगढ़ की मूल प्रकृति के कहाँ तक अनुकूल है? क्या छत्तीसगढ़ के लोगों का लोकतांत्रिक जीवन-मूल्यों में विश्वास कथित पुराने और प्रगतिशील कहे जानेवाले राज्यों से कुछ कमतर है? क्या वे उठा-पटक और गलत करके आँखें तरेरने को ज्यादा पसंद करते हैं? क्या उनमें स्थिरता और विकास के लिए एक शांत माहौल पैदा करने का जज्बा है? क्या वे बड़बोलेपन और अविश्वसनीयता से ग्रस्त लोगों को अपना भविष्य सौंपकर चैन की नींद सो जाएँगे?

जल्द ही कुहासा छँट गया। डॉ. रमन सिंह के नेतृत्व में छत्तीसगढ़ की पहली निर्वाचित विधानसभा ने अपना काम शुरू किया। विधायकों के लिए काफी लंबी अवधि के और पूरे विषय-क्षेत्र का प्रबोधन कार्यक्रम आयोजित हुए। सर्वसम्मति से चुने गए अध्यक्ष ने पूरी तटस्थता और कभी-कभी तो सत्तारूढ़ दल की ओर निर्मम बनकर भी फैसले लिये। बहस-मुबाहिसों का माहौल बना और विपक्ष ने भी रचनात्मक सोच अपनाई। जिस विधानसभा को आजकल कुछ राज्यों में 'सिरदर्द का सबब' और 'जवाबदेही से मुँह छुपाई की जगह' की तरह देखा जाता है, उसकी लंबी-लंबी बैठकें होने लगीं। विधानसभा की समिति ने बेबाकी से धान खरीदी गड़बड़ी पर अपनी कलम चलाई तो सरकार ने भी व्यवस्था को दुरुस्त करने के लिए कमर कसी। खराब परफॉर्मेंस के चलते या अविश्वास के माहौल को हवा देनेवाले मंत्रियों तक को छुट्टी पर भेजा गया। जिन्होंने अपनी विश्वसनीयता को रेखांकित किया, उन्हें फिर से, कुछ मामलों में तो और भी बढ़-चढ़कर जिम्मेदारियों से नवाजा गया। चुनाव के वक्त जो वादे किए गए थे, उन्हें निभाने की कोशिशें होने लगीं। मुख्यमंत्री और एक-दो वरिष्ठ मंत्रियों को छोड़, ज्यादातर मंत्री प्रशासनिक अनुभव के लहजे से नौसिखिए थे। राज्य विभाजन के फलस्वरूप मिली अफसरशाही में भी बहुत कम ऐसे थे, जिन्हें विषय विशेषज्ञ कहा जा सके। नक्सली मोरचे से मिल रही चुनौतियों का आलम यह था कि एक ओर वे तबाही मचा रहे थे तो दूसरी ओर उन पर कारवाई होते ही मानवाधिकारवादी त्राहि-त्राहि का माहौल बनाते थे। सलवा जुडूम जैसे मासूम और अहिंसक आंदोलन के चारों तरफ देखते-ही-देखते भ्रम और अविश्वास के जाले बुने गए।

सारी आपा-धापी के बावजूद सरकार विकास मूलमंत्र और आधार लोकतंत्र का जाप करते हुए बेहतरी के जी-तोड़ प्रयास करती रही। पिछली विधानसभा के कार्यकाल के दौरान रायपुर में अखिल भारतीय पीठासीन अधिकारियों का सम्मेलन हुआ। छत्तीसगढ़ में होनेवाला यह पहला राष्ट्रीय स्तर का आयोजन था, जिसके दौरान पूरे देश के सामने सफलतापूर्वक इस प्रदेश की क्षमता और संभावनाएँ उभरीं।

छत्तीसगढ़ी को राजभाषा बनाने का मामला जब विधानसभा में उठा तो खुद विधानसभा सचिवालय ने तत्परता की एक मिसाल सामने रखी। बात ही बात में न सिर्फ सदन में छत्तीसगढ़ी के अनुवाद और लिप्यंतरण की सुविधाएँ जुटाई गईं, बल्कि एक कदम आगे जाकर प्रशासनिक शब्दकोश बना डाला। आत्मविश्वास से कठिन को संभव बनाने का यह एक अप्रतिम उदाहरण बना। जिस छत्तीसगढ़ विधानसभा को देश के किसी राष्ट्रपति द्वारा प्रथम बार संबोधित किए जाने का अवसर मिला, उसने आगे जाकर यह साबित किया कि वह महज धैर्यपूर्वक सुनती ही नहीं, बल्कि उसे समझती, गुनती और बरतती भी है। छत्तीसगढ़ की इसी खूबी की वजह से कदाचित् न सिर्फ

राष्ट्रपति श्री कलाम, श्रीमती पाटिल, लोकसभा अध्यक्ष श्रीमती मीरा कुमार बल्कि पूर्व उप-राष्ट्रपति भैरोंसिंह शेखावत, पूर्व प्रधानमंत्री अटल बिहारी वाजपेयीजी, पूर्व उप-प्रधानमंत्री लालकृष्ण आडवाणी और देश की अन्य अनेक विभूतियों का आगमन होता रहा।

प्रीति और यश धीरे-धीरे ही बढ़ते हैं। विश्वास की डगर पर चलती विधानसभा ने धीरे-धीरे पूरे देश में अपना सिक्का जमाया है। विधानसभा सत्रों की अवधि को छोड़ भी दें तो कार्यवाही की सुचारुता और गुणवत्ता को वह सराहे बिना नहीं रहता, जो भी इसकी कार्यवाही का एक बार साक्षी बना हो। जहाँ संसद् और देश की अन्य अनेक विधानसभाओं के तल पर हंगामेबाजी और अव्यवस्था के प्रसंग देखे जाते हैं, वहीं छत्तीसगढ़ में जमकर बहस होती है। यह अकेली विधानसभा है, जहाँ हरेक विधायक सिर्फ और सिर्फ अपने माइक से सदन को संबोधित करता है। यहाँ नियम है कि सदस्य अपनी जगह छोड़कर सदन के गर्भगृह में उतरा नहीं कि उस दिन की शेष कार्यवाही से निलंबित! भरोसे की बात यह है कि यह नियम सिर्फ कानून की किताब की शोभा नहीं बढ़ाता बल्कि सचमच लागू किया जाता रहा है। सियान (सयाने व्यक्ति) को मान देने की जो तहजीब छत्तीसगढ़ी संस्कृति का आवश्यक हिस्सा है, यह उसी का कमाल है कि विधानसभा में बुजुर्गों की बात आदर से सुनी जाती है। पिछले, और विधानसभा के इस कार्यकाल में भी अनेक अनुभवी विधायक विपक्ष में रहे हैं। सयाने होने के कारण उन्हें जो आदर-मान मिलता रहा है, उसने भी सभा के विश्वसनीय कामकाज में बड़ी भूमिका निभाई है। संसदीय प्रणाली में विपक्ष को यदि अपनी बात कहने और धैर्यपूर्वक सुने जाने का मौका मिलता है तो इससे सदन का कामकाज बिना बाधा संपन्न होता है।

विधानसभा की विश्वसनीयता हेतु जो कसौटियाँ रखी जा सकती हैं, उनमें एक यह भी है कि वहाँ कही गई बातों को कितना अधिमान दिया जाता है। विधानसभा में बहस के दौरान विपक्ष के आग्रह पर या स्वयं भी कई बार मंत्रीगण आश्वासन दे दिया करते हैं। जैसे 'मैं फलाँ काम करवा दूँगा', 'शासन इसकी जाँच कर लेगा', 'हम यह जानकारी भिजवा देंगे' आदि जो कुछ भी विधानसभा में कहा जाता है, उसका शब्दश: अभिलेख (रिकॉर्ड) रखा जाता है। जैसे ही सदन में कोई आश्वासन दिया गया, उस पर तयशुदा तरीके से अनुपालन की कार्यवाही शुरू हो जाती है। पिछली विधानसभा के कार्यकाल में सदन में दिए गए अधिकांश आश्वासन सरकार ने पूरे किए। इस कसौटी पर भी यहाँ विश्वसनीयता का स्तर काफी संतोषजनक कहा जा सकता है।

विधानसभा पक्ष-विपक्ष दोनों से मिलकर बनती है और पक्ष-विपक्ष और निष्पक्ष (अध्यक्ष) तीनों के दम पर चलती है। यदि इन तीनों में से एक भी पक्ष अपनी भूमिका को ढंग से न निभाए तो बनती बात बिगड़ सकती है। जहाँ तक विपक्ष का सवाल है,

उसकी विश्वसनीयता का सबसे मजबूत पैमाना इसे माना जा सकता है कि वह कितनी तत्परता और प्रभावशीलता से जनता की आशा-आकांक्षाओं को मुखरित करता है। उसे सरकार के कामकाज की निर्मम आलोचना करनी पड़ती है और वैकल्पिक नीतियों-कार्यक्रमों को सामने रखने के साथ-साथ तंत्र में मौजूद अनियमितता, भ्रष्टाचार, विलंब, नाइनसाफी पर बिना डरे प्रहार करने पड़ते हैं। विपक्ष तभी जनसमर्थन पा सकता है जब वह इन कसौटियों पर खरा उतरने की कोशिश करे। सिर्फ विरोध के लिए विरोध करना रस्म अदायगी बनकर रह जाता है।

छत्तीसगढ़ की विधानसभा में एक मजबूत और मुखर विपक्ष की उपस्थिति शुरुआत से ही रही है। सत्र के दौरान आनेवाले प्रश्न, ध्यानाकर्षण, स्थगन, शून्यकाल आदि की सूचनाओं की संख्या और गुणवत्ता दोनों के लिहाज से विपक्ष ने अपनी भूमिका से शायद ही कभी समझौता किया हो। छत्तीसगढ़ में घटनेवाली हर उल्लेखनीय घटना की गूँज विधानसभा तक पहुँचती रही है। शिक्षा, स्वास्थ्य, पेयजल, सिंचाई, उद्योग, परिवहन जैसे सभी क्षेत्रों में जहाँ कोई गड़बड़ी पैदा हुई या पैदा होने की आशंका हुई, तो प्रतिपक्ष बेचूक नोटिस जारी कर देता है। पिछली विधानसभा में प्रदेश की सबसे गंभीर समस्या नक्सल आतंक को लेकर जिस तरह सदन की गोपनीय बैठक हुई, उसने विपक्ष की प्रभावशीलता और सकारात्मक सोच का कदाचित् अब तक का सबसे संजीदा उदाहरण पेश किया। जंगल-माफिया और विदेशी हितों के गठजोड़ की वजह से देश में संसदीय लोकतंत्र के लिए बनी इस गंभीर चुनौती पर सदन में खुलकर बात करना कम जोखिम भरा नहीं है। सार्वजनिक तौर पर कुछ कहने से रणनीति के लीक हो जाने का खतरा रहता है। व्यक्तिगत सुरक्षा के जोखिम के अलावा इससे समस्या के दलगत राजनीति से प्रदूषित होने की आशंका भी बनी रहती है। लिहाजा, सर्वानुमति से इस पर सदन की गोपनीय बैठक रखी गई। इसमें विधानसभा सदस्यों के अलावा सिर्फ सचिव, विधानसभा, मुख्य सचिव और पुलिस महानिदेशक ही उपस्थित रहे। गोपनीयता का बोलबाला ऐसा था कि क्या चर्चा हुई होगी, इसके बारे में आज तक किसी ने सार्वजनिक तौर पर कुछ नहीं कहा। आचरण के इस ऊँचे मानदंड को छूकर छत्तीसगढ़ की विधानसभा ने अपनी परिपक्वता और विश्वसनीयता को संदेह से परे सिद्ध कर दिखाया। जहाँ तक आसंदी का सवाल है, सिर्फ सत्तापक्ष और विपक्ष ने रस्मी तौर पर ही नहीं बल्कि तहेदिल से उसकी भूमिका को समझा और सराहा है। कई मौके आए हैं, जब अपनी तटस्थता, साफगोई और प्रत्युत्पन्नमति की वजह से आसंदी ने सबकी प्रशंसा पाई है। पिछली दोनों विधानसभाओं के कार्यकाल में किसी अध्यक्ष के खिलाफ अविश्वास प्रस्ताव तो दूर, उनके प्रति सामान्य शिकवा-शिकायत का मौका भी नहीं आया।

संसदीय लोकतंत्र की बुनियाद है—भरोसा। जब तक जनता का अपने निर्वाचित

प्रतिनिधियों में और प्रतिनिधियों का उन संस्थाओं में भरोसा बना रहेगा, जिनमें उन्हें चुनकर भेजा जाता है, तब तक लोकतंत्र का कोई बाल बाँका नहीं कर सकता। जहाँ विश्वास है वहाँ विकास है, वहीं व्यवस्था है और वहीं वैभव है। छत्तीसगढ़ एक उदीयमान प्रदेश है। अंग्रेजी में जिसे 'टीथिंग ट्रबल्स' (दाँत निकलते वक्त होनेवाली कठिनाइयाँ) कहते हैं—वे सब यहाँ मौजूद हैं। देश जिन व्यापक और वृहत्तर चुनौतियों से दो-चार है, उनसे भी छत्तीसगढ़ को भिड़ना है। जिस अर्थव्यवस्था के रास्ते पर पिछले डेढ़ दशक से देश चाहे-अनचाहे निकल पड़ा है, उसकी वजह से विसंगतियों और विद्रूपों की झलक जब-तब दिखाई दे जाती है। मगर उन सबका मुकाबला करके एक मुकम्मल रास्ता भी तो तलाशना है। यह तभी हो सकता है जब निर्वाचित संस्थाएँ भरोसेमंद बनें। न सिर्फ विधानसभा बल्कि शीर्ष स्तर पर संसद् और निचले स्तर पर स्थानीय निकाय भी।

विधानसभा में डॉ. रमन सिंह

डॉ. रमन को पहली बार मैंने अविभाजित मध्य प्रदेश की विधानसभा में सत्तापक्ष के विधायक के रूप में राज्यपाल के भाषण पर चर्चा के दौरान सुना। सदन में बहुत सक्रिय और मुखर न होने के बावजूद उनकी ओर ध्यान इसलिए चला जाता था, क्योंकि वे व्यवहार में सहज और विनम्र थे। सदन में लगातार उपस्थित रहते थे। अपनी जगह बैठकर कार्यवाही को जिस एकाग्रता से सुना करते थे, उससे जल्दी ही लोग उन्हें पहचानने लगे। कुशल संसदविद् होने के लिए सिर्फ अच्छा वक्ता ही नहीं, अच्छा श्रोता भी होना चाहिए। वे जब कभी चर्चा के दौरान हस्तक्षेप के लिए उठते थे तो पूरा सदन उन्हें ध्यान से सुनता था। महज विरोध के लिए विरोध करने या समाचार-पत्रों की सुर्खियाँ बटोरने की गरज से डॉ. साहब न कुछ करते थे, न कहते थे। सदन में जो कुछ वे कहते, वह विषय-वस्तु से सुसंगत होता था। वह कम लेकिन सटीक शब्दों में सहजता से अपनी बात कहने के आदी रहे हैं।

डॉ. रमन को सदन में सत्तापक्ष और विपक्ष दोनों की बैंचों पर बैठकर दायित्व निभाने का अवसर मिला है। बहुत कम सदस्य ऐसे होते हैं जो इन दोनों भूमिकाओं में संगति बैठा पाते हैं। अकसर होता यह है कि जब आप विपक्ष में होते हैं तो व्यवस्था की विसंगतियों, भूलों, चूकों पर प्रहार करने का कोई मौका नहीं छोड़ते। सत्तापक्ष को जैसे-तैसे कठघरे में खड़ा करना मुख्य ध्येय होता है। ऐसा करने में कई बार अधिकारियों का बचाव एवं पार्टी का प्रचार परम लक्ष्य बन जाया करता है। मध्य प्रदेश विधानसभा के एक पूर्व अध्यक्ष स्व. ब्रजमोहन मिश्र इसे मजेदार ढंग से समझाते थे कि 'भाई! विपक्ष में हमारा बरताव बरातियों के लड़केवाले पक्ष जैसा होता है, मगर

जैसे ही हमें सत्ता मिलती है, हम लड़की पक्ष के हो जाते हैं।' डॉ. रमन इस कथन के भरपूर अपवाद हैं। ऐसा इसलिए संभव हो सका है कि वे घटनाओं और परिस्थितियों को वस्तुनिष्ठ ढंग से आँकते हैं एवं तभी किसी नतीजे पर पहुँचते हैं। इस आदत से डॉ. साहब को एक और लाभ मिला है। वे उन कुछ विरले जनप्रतिनिधियों में से एक हैं, जिन्हें कथनी के अंतर्विरोधों का सामना नहीं करना पड़ता है। कोरे भाषणवीर और प्रदर्शनप्रिय जनप्रतिनिधि एक ही विषय पर आज कुछ और कल कुछ रवैया अख्तियार कर लेते हैं। ऐसों को दूसरे पक्ष के लोग उन्हीं के पुराने भाषणों के उद्धरण सुनाकर मजे से कठघरे में खड़ा कर देते हैं। डॉ. साहब को शायद ही कभी ऐसी अप्रिय स्थिति का सामना करना पड़ा।

3 सितंबर, 1992 को मध्य प्रदेश की विधानसभा में बस्तर के मरईगुड़ा गाँव के पास नक्सलियों द्वारा बारूदी सुरंग विस्फोट से 17 पुलिसकर्मियों के शहीद होने पर स्थगन प्रस्ताव लाया गया। पटवाजी मुख्यमंत्री थे। उस समय डॉ. रमन ने न सिर्फ सदन में घटना का विश्लेषण किया बल्कि बड़े तार्किक ढंग से नक्सल समस्या को दूर करने के लिए जन-सहयोग के अस्त्र का संधान करने की बात कही थी। विधि का विधान देखिए, उन्हीं डॉ. रमन को एक दिन मुख्यमंत्री के रूप में यह समस्या विरासत में मिली। उन्होंने डेढ़ दशक पहले अपने द्वारा बड़े सुविचारित ढंग से रखे गए दृष्टिकोण को व्यवहार की जमीन पर उतारा। सलवा जुडूम के रूप में नक्सलियों के खिलाफ बस्तर के आदिवासियों ने शांतिपूर्वक जो आंदोलन शुरू किया, उसे मन-वचन और कर्म से डॉ. रमन की सरकार का भरपूर समर्थन मिला। छत्तीसगढ़ निर्माण के बाद यह शायद पहला मुद्दा था, जिस पर अनेक चुनौतियों के बावजूद सत्तापक्ष और प्रतिपक्ष के नेता स्व. महेंद्र कर्मा ने एक स्वर में इस राष्ट्रीय समस्या के समाधान के लिए आगे आकर पहल की थी। आगे जाकर केंद्र सरकार के साथ-साथ विभिन्न राजनीतिक दलों की राज्य सरकारें भी नक्सल विरोधी मुहिम में एकजुट हुईं। अंततः यही रणनीति राष्ट्रीय स्तर पर भी अपनाने की आवश्यकता अनुभव की गई।

नक्सल समस्या को लेकर जो रणनीति डॉ. रमन की रही है, वह उन्हें सफल प्रशासक से कहीं आगे एक जननायक के रूप में प्रतिष्ठित करती है। इस मामले में उन्होंने आदिवासियों के प्रति फूल सा हृदय और नक्सलियों की ओर वज्र सा कठोर रुख अपनाकर समय रहते काररवाई की है। आदिवासी क्षेत्रों से जो जबरदस्त जनसमर्थन मिला है, उसका काफी कुछ श्रेय उनकी इसी कार्यशैली को दिया जाना चाहिए।

छत्तीसगढ़ के लिए डॉ. रमन की प्रतिबद्धता का अंदाजा अविभाजित मध्य प्रदेश की विधानसभा में अकसर देखने को मिला है। 1991 में न्यून वर्षा की वजह से इस क्षेत्र

के अधिकांश भागों की दयनीय दशा का चित्र उन्होंने नियम 139 के तहत सभा में हुई अल्पकालिक चर्चा के दौरान खींचा। दिसंबर 1991 के सत्र में उन्होंने जिलों के पुनर्गठन और बिलासपुर में रेल जोन का मुख्यालय स्थापित करने की माँग अशासकीय संकल्पों के माध्यम से रखी। कृषि, सिंचाई, शिक्षा, पर्यटन जैसे विभाग एक अशासकीय सदस्य के नाते भी उनकी विशेष रुचि के विषय होते थे। डॉ. साहब इन विभागों की अनुदान की माँगों पर बहस में तैयारी के साथ हिस्सा लेते थे। संभवत: जुलाई 1991 में जब श्री बृजमोहन अग्रवाल पर्यटन विभाग के मंत्री थे, तो डॉ. साहब ने सदन में उनसे छत्तीसगढ़ के पर्यटन स्थलों को विकसित करने का पुरजोर आग्रह किया था।

अपने अच्छे बरताव और सहृदयता से उन्होंने दल के बाहर भी सबका स्नेह और सम्मान अर्जित किया। लॉबी कार्य में कुशल हुए बिना लंबी संसदीय पारी खेल पाना किसी के लिए भी संभव नहीं होता। इस क्षेत्र में भी उन्होंने स्वस्थ मानदंडों के सहारे अपनी योग्यता सिद्ध कर दी है। वे निस्संदेह छत्तीसगढ़ के अग्रगण्य संसदविदों में से एक हैं। यहाँ छत्तीसगढ़ विधानसभा में मुख्यमंत्री डॉ. रमन सिंह द्वारा दिए गए कुछ व्याख्यान संकलित हैं। इनसे डॉ. रमन सिंह के मन की बुनावटों का आभास तो मिलता ही है, साथ ही छत्तीसगढ़ के चतुर्दिक् विकास के प्रति उनकी प्रतिबद्धता की झलक भी मिलती है। देश को उनसे बड़ी अपेक्षाएँ हैं।

—अशोक चतुर्वेदी

विधानसभा में डॉ. रमन सिंह के संबोधन

अविश्वास प्रस्ताव पर हुई चर्चा का उत्तर

माननीय अध्यक्ष महोदय, अब तक इतनी लंबी चर्चा हुई—16 घंटे 40 मिनट। नेता प्रतिपक्ष, उप नेता सहित पक्ष-विपक्ष के 34 सम्माननीय सदस्यों ने इस अविश्वास प्रस्ताव पर हुई चर्चा में हिस्सा लिया।

इस अविश्वास प्रस्ताव को विपक्ष लाया था और इसकी चर्चा शुक्रवार को होनी थी। आपने समय निर्धारित भी कर दिया था, मगर शायद यह हिंदुस्तान के इतिहास में पहली बार हुआ है कि विपक्ष ने ही कहा कि और समय दिया जाए। हमें अभी कलेक्शन पूरा करना है, आरोप-पत्र को पूरा करना है। प्रस्ताव पर सोमवार को चर्चा होनी थी और पहली बार ऐसा हुआ कि हमने विपक्ष को कहा कि यदि आप शुक्रवार के बदले सोमवार को लाते हैं तो हमने सम्माननीय अध्यक्षजी से कहा कि सोमवार को ही चर्चा होनी चाहिए। हमने दो दिन अतिरिक्त समय दिया। यह हमारी भूमिका और वह आपकी भूमिका। माननीय रविंद्र चौबेजी, आप तो गवाह हैं, आपको याद दिलाना चाहता हूँ। आप उस समय के विपक्ष के अविश्वास प्रस्ताव के अकेले गवाह हैं, जो लगातार पूरे समय बैठे रहे। एक तरफ वह सरकार थी, जब अविश्वास प्रस्ताव लाने के बाद पूरा मंत्रिमंडल, पूरे सदस्य इस विधानसभा से बाहर चले जाते हैं; हालाँकि विपक्ष के सदस्य तब भी रात के ढाई बजे तक बोलते हैं। दूसरी ये सरकार है, जिसमें हम 18 घंटे बैठकर आपकी सारी बातों को सुन रहे हैं और जवाब दे रहे हैं। यह सरकार के चरित्र का फर्क है। (मेजों की थपथपाहट)

माननीय अध्यक्ष महोदय, पक्ष-विपक्ष का यह रिश्ता कोई दुश्मनों का रिश्ता नहीं होता। प्रजातंत्र में स्वस्थ बहस होनी चाहिए, हम इसके पक्षधर हैं। जो बात आप कहते हैं, उसको हम सुनते हैं और उसका क्रियान्वयन भी करते हैं।

अध्यक्ष महोदय, मैं चार साल पहले की उस घटना को याद दिलाना चाहता हूँ। प्रजातंत्र की रक्षा करनेवाले वे लोग, जो आज प्रजातंत्र की दुहाई देते हैं, मैं सिर्फ एक

बात का उदाहरण देना चाहता हूँ कि वे लोग सरकार बनाने के लिए रेडिएंट होटल के पास रात के ग्यारह बजे क्या कर रहे थे? (शेम-शेम की आवाज) 34 लाख की थैली लेकर एक नकली आदिवासी वहाँ पर एक असली आदिवासी को खरीदने का संकल्प ले रहा था। छत्तीसगढ़ के असली आदिवासी ने यह प्रमाणित कर दिया कि छत्तीसगढ़ में असली आदिवासी को खरीदा नहीं जा सकता। सरकार का जन्म भी नहीं हुआ और 13 विधायकों को खरीदने का सौदा हो रहा था! ऐसे लोग हमें नैतिकता का पाठ पढ़ा रहे हैं। वो रुपया, वो पैसा आज भी कहीं जमा है। ऐसे लोग हमें आज नैतिकता का, चरित्र का पाठ पढ़ा रहे हैं, जो इस सरकार के बनने के पहले ही पैसा लेकर इस सरकार को गिराने की कोशिश कर रहे थे।

अध्यक्ष महोदय, हमने छत्तीसगढ़ को गौरवान्वित किया। हम छत्तीसगढ़ी को राजभाषा का दर्जा देते हैं तो छत्तीसगढ़ की दो करोड़ से अधिक की जनता का स्वाभिमान ऊँचा हुआ है। (मेजों की थपथपाहट) छत्तीसगढ़ में वह किस्सा नहीं दोहराया जा सकता। छत्तीसगढ़ में वह खरीद-फरोख्त की राजनीति नहीं चलेगी। खरीद-फरोख्त की राजनीति करनेवाले वे लोग आज कहाँ हैं? ये विपक्ष की बात करते हैं और हमको कानून व्यवस्था की बात में सबक सिखाते हैं। सरकार और सरकार की नीयत से कानून व्यवस्था में फर्क पड़ता है। सरकार के शीर्ष पर बैठे विधायक, मंत्री या सांसद, कोई भी राजनीतिक षड्यंत्र करके किसी राजनीतिक दल के पदाधिकारी की हत्या नहीं कराता और झूठे हत्यारों को जेल में नहीं डालता। लेकिन यह छत्तीसगढ़ के इतिहास में हुआ है, छत्तीसगढ़ के इतिहास को कलंकित किया है। इन सारे-के-सारे मामलों को जब हिंदुस्तान की जनता ने देखा तो लोग स्तब्ध रह गए। राजनीति ऐसी भी हो सकती है! राजनीति में दोस्ती हो सकती है, दुश्मनी हो सकती है, पक्ष-विपक्ष हो सकता है। महेंद्र कर्माजी से हमारे राजनीतिक मतभेद हो सकते हैं, चौबेजी से हो सकते हैं, हमारे एकल बत्ती कनेक्शन (श्री नोवेल कुमार वर्मा की ओर इशारा करते हुए) हमारे सबसे अच्छे मित्र हैं। ये मेरे सबसे बड़े आलोचक होंगे, लेकिन कोई फर्क नहीं पड़ता। अध्यक्ष महोदय, राजनीति राजनीति होती है, लेकिन जब राजनीति में लोग नीचे स्तर पर चले जाते हैं, इसका सबसे बड़ा असर हिंदुस्तान के लोगों के ऊपर, जब छत्तीसगढ़िया सबले बढ़िया (मेजों की थपथपाहट)। छत्तीसगढ़िया सीधा-सादा होगा, सरल होगा, बेईमानी नहीं करेगा, पत्थर तोड़ लेगा, मजदूरी कर लेगा, दुनिया में कहीं भी जाकर कोई भी काम कर लेगा, लेकिन छत्तीसगढ़िया कभी खरीद-फरोख्त नहीं करेगा। यह छत्तीसगढ़ की पहचान है। कभी बेईमानी नहीं करेगा, कभी विधायकों को नहीं खरीदेगा, कभी ऐसे षड्यंत्र में लिप्त नहीं होगा।

डॉ. रमन सिंह—माननीय अध्यक्ष महोदय, जो आरोप पत्र पढ़ रहे थे, उसके

बारे में 4-6 बार 8-10 बार विधानसभा के प्रश्न, ध्यानाकर्षण, स्थगन से 4-5-6 बार उसकी चर्चा हो चुकी। उसी की कटिंग लाकर सबको कहीं की ईंट, कहीं का रोड़ा, भानुमति का पूरा कुनबा बटोरा और लगा दिया। मैं सोचता था कि आरोप-पत्र में कुछ तथ्य आएँगे। एक हाना जैसे मूल ले बड़े आँखी होंगे। मूल ले बड़े आँखी के मतलब इतना लबारी, इतना लबारी कि आँखी मूल ले बड़े होंगे और एक बीता खीरा के और एक बाँस के बीजा। (हँसी)

चौबेजी, जरा उठके तो बता भइया, एक बीजा खीरा रहिस तो एक बाँस बीजा कैसे रहिस तू तो ऐस करेस हे काम होय न धाम होय 10 करोड़ के आरोप लग गय। मिट्टी लग जाए, सड़क बन जाए, 25 साल के योजना में 20-25 करोड़ के आरोप! ये आरोप-प्रत्यारोप, कोई तथ्यपरक, कुछ वे म जान हो, तो समझ आए। अब 3.00 बजे तक कल ऊँगाथ-ऊँगाथ हमन सोचे कि कुछ अच्छा बात आई। अध्यक्ष महोदय के आदेश रहिस, बहुत बात सुने, मगर 17-18 घंटे की चर्चा में जो-जो बात सामने आई है। मूल ले बड़े आँखी, छत्तीसगढ़ी कहावत है।

श्री भूपेश बघेल—डॉ. साहब, वो सोलह रुपएवाला बोलो, ऐखर अलावा कुछ नहीं बोलो। हमहू मालूम है 16 रुपए वाले ला बोलू और कुछु नहीं बोलहू। वही बात ला बोलहू, जो पिछली विधानसभा में बोल चुके हो।

डॉ. रमन सिंह—माननीय अध्यक्ष महोदय, पिछली बार हमारा दल अविश्वास प्रस्ताव लाया था। उस अविश्वास प्रस्ताव में सारी-की-सारी शक्ति लगाकर के हमारे विपक्ष के साथियों ने आरोप लगाया। ढाई-तीन बजे रात तक पढ़-पढ़ के वह सारा पुलिंदा लाए। मगर विपक्ष की समूची शक्ति और पूरी ताकत लगाने के बाद इन्होंने सदन का बॉयकाट कर दिया। अब सत्तारूढ़ पार्टी ही सदन का बॉयकाट कर दे तो छत्तीसगढ़ की जनता ने इनका पूरी तरह से बॉयकाट कर दिया और वहाँ विपक्ष में बैठा दिया। (मेजों की थपथपाहट) ये जनता की निगाह में गिरेंगे। यदि विपक्ष के अविश्वास प्रस्ताव का बॉयकाट करेंगे तो यह प्रजातंत्र में कभी सहन नहीं हो सकता। प्रजातंत्र की व्यवस्था में पक्ष और विपक्ष का सम्मान है, हम सबको साथ लेकर चलना चाहते हैं।

माननीय अध्यक्ष महोदय, जहाँ तक सवाल है ऐसा आरोप, जिसमें 22 लोगों ने बोला। हमारी सोच, हमारी मानसिकता, हमारे काम करने का तरीका और सम्माननीय विपक्ष के सदस्य जिस विषय की बात कर रहे थे, उसके लिए मैं एक पंक्ति कहना चाहूँगा, भूपेशजी चले गए हैं :—

इन्हें तो गुलाब में भी काँटे नजर आते हैं।
दिल में काँटों की फसल जो उगा रखी है। (मेजों की थपथपाहट)

माननीय अध्यक्ष महोदय, सोच यदि ऐसी है, खोलकर-सोचकर अकबर ने कहा।

अकबरजी ने कहा कि पीडीएस में बहुत अच्छा काम हो रहा है। हो रहा है तो उसका क्रियान्वयन करेंगे। श्री रविंद्र चौबेजी ने कहा कि बहुत बेहतर तरीके से ग्रामीण विकास का काम हो रहा है। ठीक है, कहीं पर कमीबेशी हो सकती है, आप अच्छाई भी बताएँ, बुराई भी बताएँ। हम भी आपकी अच्छाई की तारीफ करते हैं, आलोचना करना ही हमारा काम नहीं होता। सरकार में पक्ष और विपक्ष की भूमिका तभी बेहतर होगी जब हमारे कामों पर आप टीका करेंगे और हम उसको सुधारने का प्रयास करेंगे। प्रजातंत्र में सीखने की प्रक्रिया सतत चलती है और उसका हम हिस्सा हैं। हर व्यक्ति घर से सीखकर के नहीं आता, कोई व्यक्ति हर तरह से संपूर्ण नहीं होता। अध्यक्ष महोदय ने प्रजातंत्र में इस विषय पर जो इतनी चर्चा कराई है, हम सीखने की इसी प्रक्रिया में आगे बढ़ रहे हैं। हम इस प्रजातंत्र को छत्तीसगढ़ में कैसे और मजबूत बनाएँ, इस संस्था की, विधानसभा की जो विश्वसनीयता देश में बनी हुई है, विधानसभा ने जो मापदंड स्थापित किए हैं, उसको कैसे और मजबूत बनाएँ, ये हमारा, आपका और सबका धर्म है, और सब मिलकर ही इसको ऊँचा उठा सकते हैं, इसको आगे बढ़ा सकते हैं।

माननीय अध्यक्ष महोदय, कुछ विषय, जो बात करके रखे हैं कि कार्यकाल की तुलना करते थे, हमने क्या किया? पिछली सरकार में पीडीएस का क्या हाल था? हमारे माननीय छत्तीसगढ़ और हमारे माननीय सदस्यों ने बताया कि क्या हालत थी, सारे-के-सारे पीडीएस निजी क्षेत्र में दे दिए गए थे। पूरक पोषण आहार में ठेकेदारों की प्रथा समाप्त कर पंचायतों की भागीदारी, धान उपार्जन का कंप्यूटरीकरण किया गया। मैं सबसे पहले जिस महत्त्वपूर्ण विषय पर अपनी चर्चा की शुरुआत करना चाहता हूँ, वह है छत्तीसगढ़ की सबसे महत्त्वपूर्ण योजना। इस योजना के बारे में बहुत कुछ कहा गया है। जिस योजना के बारे में छत्तीसगढ़ और देश में चर्चा है, जिसके बारे में कहा जाता है कि छत्तीसगढ़ में लोग बड़ी संख्या में गरीबी सीमा से नीचे रहते हैं। वे चाहे आदिवासी हों, अनुसूचित जनजाति के हों या सामान्य वर्ग के हों या पिछड़े वर्ग के हों। इन सभी के लिए इस योजना को हमने शुरू करने का निश्चय किया है। कुल मिलाकर इसमें 62 से 63 प्रतिशत आबादी कवर होती है, छत्तीसगढ़ के ऐसे 34 लाख परिवारों को तीन रुपए किलो चावल देने की योजना पर आपत्ति करनेवाले लोगों को मैं बता देना चाहता हूँ कि हिंदुस्तान में इतना दुस्साहसपूर्ण निर्णय शायद किसी सरकार ने नहीं किया है। इस योजना में 800 करोड़ की राशि खर्च होगी, हम आखिरी गरीब तक चावल पहुँचाएँगे। इस विधानसभा के बनने से लेकर आज तक यदि सबसे महत्त्वपूर्ण, सबसे बड़ा और मैं तो यह कहूँगा कि इस विधानसभा और मेरे जीवन का जो सबसे महत्त्वपूर्ण निर्णय है, (मेजों की थपथपाहट) वह निर्णय 34 लाख गरीब लोगों को चावल देने की योजना है।

यदि छत्तीसगढ़ का मुख्यमंत्री किसानों का धान नहीं खरीदेगा, यह सबसे पहला

और बड़ा काम नहीं करेगा तो उस पद पर मुख्यमंत्री नहीं रह सकता है। छत्तीसगढ़ के मुख्यमंत्री को किसानों का एक-एक दाना धान खरीदना पड़ेगा और उनको बेहतर तरीके से भुगतान देना पड़ेगा। यह हमारी जवाबदारी है। जब हमने इस काम को शुरू किया तो उस दौर में शंका हुई। आज जब हम गरीब किसानों के लिए बड़ी योजना लेकर आ रहे हैं, उसके लिए शंका जाहिर की जा रही है कि इस योजना में असफल हो जाएँगे। लीकेज हो जाएगा, गड़बड़ियाँ हो जाएँगी। यह तो आदिम युग से सतत चलनेवाली प्रक्रिया है, हम इन सारे लीकेज और गड़बड़ियों को दूर करेंगे और यह हमने सुनिश्चित किया है कि किसी भी तरीके से छत्तीसगढ़ के 34 लाख परिवारों को 3 रुपए किलो में चावल देने में कहीं भी कोताही नहीं होगी।

माननीय अध्यक्ष महोदय, यदि कोई ट्रांसपोर्टर, मिलर या कोई दुकानदार गड़बड़ी करता है तो उसको ऐसी कठोर सजा देंगे कि वह, आनेवाले समय में उसमें किसानों का धान, गरीबों का धान खरीदने की ताकत ही न रहे। हम यह कानून सख्ती से बनाकर, इससे सख्ती से निपटेंगे। अब यह दौर नहीं रहा कि गरीबों के चावल को कोई दूसरा खरीद सके, कोई खा सके। जहाँ तक सवाल उठता है कि छत्तीसगढ़ सरकार कैसे काम करती है और मैं आपके सामने पिछली सरकार के संबंध में 1-2 रिपोर्ट प्रस्तुत करना चाहता हूँ, यह सर्वोच्च न्यायालय के आयुक्त के सलाहकार की रिपोर्ट है, जो पिछली सरकार में पीडीएस की ब्रेकडाउन के ऊपर सरकारी रिपोर्ट प्रेषित है। यदि आप चाहेंगे तो मैं इसको पटल पर रख दूँगा। ये शासकीय दस्तावेज हैं, जो पीडीएस के लिए सर्वोच्च न्यायालय में जो आयुक्त के एडवाइजर रहते हैं, उन्होंने PDS (Public Distribution System, Chhattisgarh के बारे में लिखा है कि The situation with regard to the PDS is distressing in the entire district and as the reports that I have enclosed as annexures reflect a breakdown of the system due a lack of monitoring in Chhattisgarh. यह उस समय की रिपोर्ट है, जिस समय आप सरकार में थे। उस समय पीडीएस सिस्टम के बारे में जो रिपोर्ट दी गई है और आज जो भारत सरकार की रिपोर्ट मेरे पास है।

श्री सत्यनारायण शर्मा—उस वक्त एन.डी.ए. की सरकार थी, आप कुछ भी रिपोर्ट बनवा सकते हैं, उसमें क्या है ?

श्री इंदर चोपड़ा—क्या केंद्र में फर्जी सरकार चल रही है ?

डॉ. रमन सिंह—माननीय अध्यक्ष महोदय, सत्यनारायणजी यह न्यायालयीन प्रक्रिया का विषय है। आज जो रिपोर्ट आई है और दिल्ली में मेरी सरकार नहीं है। यह मैं आपकी सरकार की रिपोर्ट दे रहा हूँ। भारत सरकार की जो रिपोर्ट है, उस रिपोर्ट में कहा है In Chhattisgarh, PDS system seems to be working quite effectively, as around 95 percent of AAY and BPL households received their entitled quantity of rice as that was also the main staple cereal consumend by most of the people.

यह रिपोर्ट कहती है कि छत्तीसगढ़ में पीडीएस सिस्टम में 95 प्रतिशत AAY और BPL हाउसहोल्ड्स को बेहतर तरीके से वितरण की प्रक्रिया हो रही है। यह मेरी रिपोर्ट है। (मेजों की थपथपाहट)

श्री रविंद्र चौबे—यह साबित हो गया कि मनमोहन सिंहजी भले आदमी हैं।

डॉ. रमन सिंह—माननीय प्रधानमंत्री डॉ. मनमोहनजी के लिए तो मैं हमेशा सम्मान से ही अपनी बात करता हूँ। आज जिस विषय की शुरुआत हुई और हमारे सबसे बुद्धिमान, सबसे वरिष्ठ आदरणीय सिंहदेवजी और हमको सरकार में बुलाने में सबसे महत्त्वपूर्ण जिनकी भूमिका रही है, मैं अब उनसे अपनी बात शुरू करना चाहूँगा।

डॉ. रमन सिंह—माननीय अध्यक्ष महोदय, पूर्व वित्त मंत्रीजी का हम सब सम्मान करते हैं। उन्होंने बहुत गंभीरता से इस बात को कहा कि स्थापना व्यय और राजस्व प्राप्ति में जो सरकार का स्थापना व्यय है, वह लगातार बढ़ता चला जा रहा है और हम स्टेब्लिशमेंट कॉस्ट में 65-70 प्रतिशत तक खर्च बढ़ाते जा रहे हैं। स्थापना व्यय इतना बढ़ गया, आनेवाले समय में सरकार की स्थिति क्या होगी। मैं उनके आरोप पर सिर्फ यही कहना चाहूँगा कि स्थापना व्यय में वेतन, भत्ता, पेंशन, कार्यालय व्यय, मजदूरी और प्रशिक्षण शामिल होता है, ब्याज के भुगतान को शामिल नहीं किया जाता है। विगत 6 वर्षों में स्थापना व्यय और कुल राजस्व प्राप्ति का आपके समय का और अभी तक का जो रेशो रहा है, मैं वह प्रतिशत बता दूँ, जिसमें मुझसे राजा साहब भी सहमत होंगे। वर्ष 2002-03 में 39 प्रतिशत था, वर्ष 2003-04 में 38 प्रतिशत था, वर्ष 2005-06 में 40 प्रतिशत था, वर्ष 2006-07 में 34 प्रतिशत था और 2007-08 में 33 प्रतिशत हो गया है। राजा साहब आप फिर मुझसे कहते हैं कि 65 प्रतिशत बढ़ा दिया है!

माननीय अध्यक्ष महोदय, दूसरा विषय, जो माननीय सिंहदेवजी ने कहा कि केंद्र सरकार से प्रतिवर्ष औसत 700 करोड़ की राशि प्राप्त होती थी, जो अब बढ़कर 7500 करोड़ हो गई है, यह आपने कहा है, इसीलिए मैं इसको कोट कर रहा हूँ। आपने जो विषय कहा है, दो बार कहा है, इसलिए इसका जवाब भी मैं देना चाह रहा हूँ। आपने कहा कि केंद्र से प्रतिवर्ष मिलनेवाली राशि 700 करोड़ थी और अब 7500 करोड़ हो गई है। मैं आपको औसत भी बताना चाहूँगा। वास्तविकता यह है कि 2001 से 2004 तक प्रतिवर्ष औसत 2014 करोड़ की केंद्रीय राशि प्रतिवर्ष प्राप्त होती थी, जो पिछले तीन वर्ष में बढ़कर 3764 करोड़ हो गई है। 500 से 7500 करोड़ नहीं हुआ। उस समय का औसत देखेंगे तो 2014 करोड़ था, जो आज बढ़कर 3764 करोड़ हो गया है। आपने

कहा था 500 से 7500 करोड़।

अध्यक्ष महोदय, बार-बार यह विषय, चाहे वह ध्यानाकर्षण हो, चाहे अविश्वास प्रस्ताव हो, ये एक ही बिंदु पुष्प स्टील, पीएलएमएल, लौह खदान के बारे में, बैलाडीला के डिपॉजिट 13 के बारे में और टाटा-एस्सार के मामले में आकर टिक जाते हैं। बहुत सारी चर्चा होती रही कि हमने उन लोगों को खदान दे दी, लौह अयस्क खदान के आवंटन में घोटाला हो गया।

मैं यह भी स्पष्ट करना चाहता हूँ कि हमारी सरकार भविष्य में बगैर प्लांटवाले आवेदकों को लौह अयस्क खदान की मंजूरी नहीं देगी। यह हमने पहले दिन से तय कर लिया कि बिना प्लांट के पीएल, एमएल की अनुशंसा के नहीं देंगे। थोड़ी स्पष्ट जानकारी इसलिए देना चाहता हूँ कि चाहे टाटा हो, चाहे एस्सार हो, चाहे पुष्प हो। अध्यक्ष महादेय, स्टील के प्लांट या छत्तीसगढ़ की खनिज नीति और खनिज नीति में जिस विषय को हम चिह्नित करना चाहते हैं, बड़ा स्पष्ट होता है कि कोई 10 हजार करोड़, 20 हजार करोड़ रुपए के इन्वेस्टमेंट के लिए छत्तीसगढ़ में आता है, जब बड़ी कंपनी आती है तो उसमें हजारों एकड़ जमीन का अधिग्रहण करना होता है। किसी भी इन्वेस्ट करनेवाली कंपनी को जब तक इस बात का अहसास नहीं होगा? उसके प्लांट के लिए पर्याप्त मात्रा में लौह अयस्क का भंडार है और उसमें बेहतर क्वालिटी का लौह अयस्क है, उसको उत्खनन के लिए बाद में मंजूरी दी जाएगी, उसकी प्रास्पेक्टिंग करता है। उसमें लौह की क्वांटिटी के बारे में जानकारी चाहता है, लौह की श्रेणी के बारे में जानकारी चाहता है और कोई भी प्लांट 50 साल तक चल सके, दो लाख, तीन लाख, चार लाख, पाँच लाख मिलियन टन की यदि खदान है, उसके लिए जो लौह अयस्क की मात्रा है, उसकी गणना करने के बाद 05 से 10 हजार करोड़, 20 हजार करोड़ जो भी इन्वेस्ट करना है, उसकी प्रक्रिया शुरू करता है। ये प्रोसेस एक साथ चलते हैं। उनका आवेदन जाता है दिल्ली, वहाँ से आवेदन अनुमोदित होने के बाद लौटकर आता है। मगर इन सारी प्रक्रियाओं में बहुत स्पष्ट और साफ मत है कि हमने साफ शब्दों में कह दिया कि टाटा है, एस्सार है, पुष्प है और जो भी हो, जैसी भी कंपनी हो, इन सबके लिए हमारी शर्त है कि यदि उसने एम ओ यू किया है तो हमने उसको, प्राइमरी स्टेज में यदि उसे प्रास्पेक्टिंग करना है, हमने अनुमति दे दी। मगर माइनिंग के लिए अनुमति उसे तब तक नहीं मिलेगी जब तक छत्तीसगढ़ में वैल्यू एडीशन के स्टील का प्लांट प्रारंभ करने की सारी प्रक्रियाएँ पूरी करके उस प्रोसेस में आगे न बढ़ जाए, किसी को नहीं दिया जाएगा।

अध्यक्षजी, मैंने अंतिम रूप से विधानसभा के लिए और विधानसभा के अंदर ही बोल दिया है कि आज, और आनेवाले समय में जब तक भारतीय जनता पार्टी की

सरकार रहेगी तब तक किसी भी व्यक्ति, किसी भी संस्था को माइनिंग के लिए अंतिम अनुमति माइनिंग लीज नहीं दी जाएगी, जब तक वह प्लांट लगाकर स्टील का काम शुरू न करे। अंतिम रूप से मैं बोल चुका हूँ। चाहे वह एबीसीडी कोई भी हो, दिया ही नहीं जा सकता। अंतिम अधिकार मेरे पास है, जो मंत्री रहेगा, उसके पास रहेगा। अध्यक्ष महोदय, जिस दिन वह प्लांट लगाएगा, प्लांट लगाने। प्रास्पेक्टिंग से माइनिंग के बीच इतनी प्रक्रिया है, जैसे कि अगर कोई प्लांट टाटा का लगे तो फॉरेस्ट लैंड, इन्वायरनमेंट क्लीयरेंस, जमीन अधिग्रहण, पानी की उपस्थिति, प्लांट एरिया सहित धरातल में आने पर वर्षों लग जाते हैं, उसके बाद माइनिंग की प्रोसेस चलती है। अंतिम रूप से प्रास्पेक्टिंग के बाद वेल्यूएशन हो जाता है कि कितना माइंस उसके पास है, फिर अंतिम रूप से सरकार के पास आता है कि माइनिंग के लिए अनुमति दे दी जाए। जब अंतिम प्रक्रिया फुलफिल हो तो उसको माइनिंग दिया जाएगा, चाहे वह राम हो या रहीम!

माननीय अध्यक्ष महोदय, जहाँ तक सवाल है छत्तीसगढ़ में पावर के विषय में तो यहाँ पावर की स्थिति खराब क्यों हुई? इसके लिए जवाबदार कौन है? तो उँगली इधर इशारा करती है। छत्तीसगढ़ के निर्माण में 2007 की यात्रा में पावर की पोजीशन हमारी क्या रही है और हम कहाँ खड़े हैं? वर्ष 2000 के निर्माण के समय हमारी आवश्यकता यदि 1000 मेगावाट थी तो पीक ऑवर में वह डिमांड 1300 मेगावाट थी। वह बढ़कर छत्तीसगढ़ राज्य के निर्माण के बाद 1700 मेगावाट और 2600 मेगावाट यदि हो गई तो यह छत्तीसगढ़ के विकास की कहानी बताता है कि हमने 80000 अतिरिक्त पंप कनेक्शन दे दिए। हमने 2 लाख 20000 एकल बत्ती कनेक्शन दे दिए। 695 गाँवों में हमने नया विद्युतीकरण कर दिया। इनके पूरे 3 साल के कार्यकाल में जब कांग्रेस की सरकार थी, उन 3 सालों में इन्होंने 222 गाँवों का विद्युतीकरण किया और हमने साढ़े 3-4 साल में 695 यानी लगभग 700 गाँवों का विद्युतीकरण किया। आपने अपने पूरे कार्यकाल में 80000 एकल बत्ती कनेक्शन दिए। गरीबों की सरकार, गरीबों के मसीहा कहलानेवाले 80000 एकल बत्ती कनेक्शन इन साढ़े 3-4 साल की अवधि में यह सरकार आने के बाद 80000 से बढ़कर 2 लाख 22000 एकल बत्ती कनेक्शन हमने दिए हैं। (मेजों की थपथपाहट) हमको ये कहते हैं कि हम बिजली विस्तार के लिए क्या काम कर रहे हैं? चौबेजी, आप बिजली की बहुत बात करते हैं, राजा साहब भी बिजली की समस्या उठाते हैं। चौबेजी, आप अपने कार्यकाल के पन्ने पलटकर देख लीजए कि 2 साल के कार्यकाल में आपके समय 3 साल में छत्तीसगढ़ में 22,800 पंप कनेक्शन आपने लगाए। आज आप हमसे यह बोलते हैं कि राशि बढ़ा दो। हमने इस अवधि में, जब हमारी सरकार बनी है, 80000 पंप कनेक्शन दिए हैं। कहाँ 22,800 और कहाँ 80000 पंप के कनेक्शन? यह होती है सरकार! गाँव, गरीब और किसान की बात

करनेवाली सरकार! यह होता है उनकी पीड़ा, उनकी तकलीफ का अहसास करनेवाली सरकार। किसानों के लिए 6 प्रतिशत ब्याज दर यदि हमने कम किया और आज हम स्प्रिंकलर और ड्रिप में 70 प्रतिशत छूट दे रहे हैं। गाँव में रहनेवाले किसानों के लिए, उनकी बेहतरी के लिए हम काम कर रहे हैं। मैं तो यह कहना चाहूँगा कि चावल और बिजली के मामले में छत्तीसगढ़ को परेशानी यदि है तो सिर्फ इस वजह से कि छत्तीसगढ़ का 498, जो हमारा अन एलोकेटेड जो पावर था, दिसंबर 2004 में दिल्ली की सरकार ने उसमें से 290 मेगावाट बिजली काट दी। छत्तीसगढ़ की कुल खपत का 25 प्रतिशत एक दिन में दिल्ली में बैठे हुए लोगों ने, ऊर्जा मंत्री ने छत्तीसगढ़ का हक छीना। इसलिए आज हमें बिजली का थोड़ा-बहुत संकट झेलना पड़ रहा है। मुझे भूपेशजी का गणित समझ में नहीं आ रहा है, श्री भूपेशजी मुझे बहुत नाराज, परेशान और आक्रामक मूड में दिख रहे थे। ये बोले कि 250 मेगावाट पावर जनरेशन कर रहे हो। श्री भूपेशजी, एक मेगावाट में 8 करोड़ रुपए खर्च होते हैं। इसलिए भूपेशजी, आप अपनी गणित थोड़ा ठीक कर लीजिए, वह 250 नहीं, 500 है। 250 × 2 है।

अध्यक्षजी, मैं आपका गणित ठीक करना चाहता हूँ। आप नोट करते रहते हैं तो मुझे कई बार ऐसा लगता है कि वह आपके गणित में जम जाए। भूपेशजी दुर्ग जिले के हैं न और आपके पड़ोसी भी हैं। (हँसी) इसलिए मैंने कहा कि जरा क्लीयर कर दूँ। अध्यक्ष महोदय, भूपेशजी जो दूसरी बात कह रहे थे कि जिसमें राजनाथ सिंहजी ने बिजली का बटन दबाया, उसमें से अभी तक एक यूनिट का भी पावर जनरेशन ही नहीं हो रहा। आज की तारीख में उस पावर जनरेशन में कोल जाने लगा है और 250 में से 220, 230, 240 मेगावाट पावर जनरेशन शुरू हो गया है।

अध्यक्ष महोदय, इन्होंने क्या निर्णय लिये? जब तुलना करते हैं, अविश्वास प्रस्ताव की बात करते हैं तो उस समय आपने जो निर्णय लिये, उन निर्णयों को भी तो याद दिलाना पड़ेगा। ठीक है, यहाँ पर उस समय के मंत्री, मुख्यमंत्री नहीं हैं, लेकिन आप भी निर्णय में भागीदार थे, उस मंत्रिमंडल के कैबिनेट में आप भी सदस्य थे। यदि छत्तीसगढ़ के साथ अन्याय किया गया है, यदि छत्तीसगढ़ के साथ निर्णय में चूक हुई है तो उस निर्णय की चूक में आप भी शामिल थे। आप उस पूरी सभा में खामोश बैठा करते थे। वहाँ पर आपको बोलने की ताकत नहीं थी, लेकिन इसका जवाब छत्तीसगढ़ की जनता ने दिया कि यदि इस प्रकार की खामोशी रहेगी, जिसका नुकसान जनता को उठाना पड़ता है तो फिर जनता बदला लेती है और आप यहाँ से वहाँ चले जाते हैं। आपने उस खामोशी में निर्णय लिया। आपने सीपत से 344 मेगावाट बिजली से मना कर दिया। आपने बाण से 46 मेगावाट विद्युत् परियोजना से रिफ्यूजल दे दिया। आपने विद्याचरण की परियोजना के 42 मेगावाट से इनकार कर दिया। आपने कहानपुर विद्युत् से 41 मेगावाट कम कर दिया।

अध्यक्ष महोदय, आपके भिलाई में एक परियोजना चल रही है। सेल एक पावर प्लांट लगा रहा है। उस समय सेल के पावर प्लांट के 250 मेगावाट में से पिछली सरकार ने कह दिया कि हमको सेल के इस प्रोजेक्ट से एक भी मेगावाट बिजली नहीं चाहिए। आज हम उनके ऊपर दबाव डाल रहे हैं कि हमें सीपत से बिजली मिले।

भिलाई में जो सेल का प्लांट आ रहा है, उसमें हमने उनके ऊपर दबाव डाला कि हमें 50 या 100 मेगावाट तो दें। जिस दिन केंद्रीय ऊर्जा मंत्री आए थे, हमने सीपत में जाकर उनसे कहा कि आपकी दो यूनिट आ रही हैं, यह जनवरी में आ जाएँगी, उस दिन हमने उनसे आग्रह किया कि पिछली सरकार ने यदि गलती की है, मगर छत्तीसगढ़ में प्लांट लग रहा है, छत्तीसगढ़ में लोग काम कर रहे हैं, छत्तीसगढ़ में प्रदूषण हो रहा है तो आपको छत्तीसगढ़ को बिजली देनी पड़ेगी। केंद्रीय मंत्रीजी ने सार्वजनिक सभा में 10 हजार लोगों के सामने खड़े होकर कहा कि सीपत में पहली यूनिट से जो 500 मेगावाट बिजली आएगी, उसमें से छत्तीसगढ़ को 300 मेगावाट बिजली देंगे। उसके बाद जब मेरे पास वहाँ से चिट्ठी आती है, उस चिट्ठी में लिखा रहता है कि सीपत की पहली यूनिट से आपको 90 मेगावाट बिजली देंगे। यह हालत है। (शेम-शेम की आवाज) पता नहीं आप लोग दिल्ली में जाकर क्या कान भर देते हैं! आप लोग अच्छा तो नहीं करते, क्यों गरीबों के लिए परेशानी खड़ी करते हैं? छत्तीसगढ़ की 2 करोड़ 8 लाख जनता में गरीब लोग भी हैं, उनको परेशान करने में आपको क्या मिलता है? बिजली कटौती हो जाएगी तो आप कौन से सुखी हो जाएँगे या आपका घर अच्छा हो जाएगा?

अध्यक्ष महोदय, ए.पी.एल. के 40 हजार मीट्रिक टन चावल के कोटे में से कम करके 4600 मीट्रिक टन कर दिया गया। आज बी.पी.एल. के चावल में से 47 हजार मीट्रिक टन से घटाकर 7000 मीट्रिक टन का ज्वार, बाजरा और मक्का छत्तीसगढ़ को दिया जा रहा है। मैं तो बोलूँगा कि जिस दिन दुकान में बँटेगा तो आप लोगों को साथ लेकर चलो, क्योंकि दिल्लीवाले जब ज्वार, बाजरा और गेहूँ दे रहे हैं तो उसको बाँटने के लिए भी तो आप लोगों को साथ में जाना पड़ेगा। छत्तीसगढ़ के लोग ज्वार, बाजरा, गेहूँ खाएँगे, बी.पी.एल. में खानेवाले लोग? आप लोग दिल्लीवालों को पता नहीं क्या समझा देते हो? यदि परेशान करना है तो हमको कीजिए न, गरीबों के पीछे क्यों पड़े हैं? दिल्ली में आपके सांसद हैं, आपकी सरकार है, आपके लोग हैं। एक किस्सा है दिल्ली और छत्तीसगढ़, हम ला परेशान करना, हम लो कोई मतलब नई गरीबा मन ला काबरे परेशान करना बेचारे मन ला?

आप ला ले के जाना है प्रधानमंत्रीजी बर। एक गाँव का किस्सा है, एक छत्तीसगढ़िया किस्सा है कि दिल्ली के सरकार अऊ रायपुर के सरकार के का फरक है। एक किसान रहीसे बेचारा बहुत गरीब रहीसे। दिल के बड़ा कड़ा रहिस अऊ अंड-बंड

सबला बोलै तो भगवान् ओला इतना गरीबी दीस कि न ओखर बच्चा होईस, न ओखर खेती बाड़ी होईस, सब-के-सब ओखर बिगड़ गे। एक दिन भगवान् ओखर मेर प्रकट होग अऊ भगवान् कहिस ते बहुत आखिरी टाईम आगे हस, माँगना हे माँग, का माँगबे। ओ आदमी जेला माँगेबर बोलिस वोला कहिस कि तक जतका माँगबे ओखर ले दुगना तो पड़ोसी ला मिलही। दिल्ली सरकार अऊ छत्तीसगढ़ सरकार के किस्सा बताथौं महाराज। जतका माँगबे ओतके दुगना तोर पड़ोसी ला मिल ही। ओ आदमी इतना जलन कुकड़ा रहिस, इतना ज्यादा दंभी रहिस, इतना ज्यादा बदमाश रहिस कि एक मार माँगहूँ ता ओला दू मार मिल जाहि। एक करोड़ माँगहूँ ता पड़ोसी ला दू करोड़ मिल जाहि। एक लईका माँगहूँ ता दू ओखर इहाँ हो जाहि। ओ आदमी का माँगिस जन थौ महाराज? ओ कहिस मोर एक आँखी फूट जाए तो पड़ोसी के दूनो आँखी फूट जाए।

यदि दिल्ली में माँगना है तो छत्तीसगढ़ के 300 मेगावाट बिजली कटे हे तेन ला माँगना चाहिए हमला जाके। हमला जाके ऑल इंडिया इंस्टीट्यूट ऑफ मेडिकल साइंस के माँग करना चाहिए कि हमर छत्तीसगढ़ के विकास के लिए आज तक काम नई होहे। छत्तीसगढ़ के लिए माँगना चाहिए त हमर रेलवे दिल्ली राजहरा से लेकर रावघाट तक के योजना आज जेन चार साल, पाँच साल, छह साल से पड़े हे ओखर लिए माँगना चाहिए। छत्तीसगढ़ के विकास के लिए ज्यादा-से-ज्यादा धनराशि माँगना चाहिए। छत्तीसगढ़ के हमर गेहूँ के कोटा कम होगे, चावल के कोटा कम होगा, शक्कर के कोटा कम होगे, माटी तेल के कोटा कम होगे, ये बात ला जाकर हमला माँगना चाहिए।

अध्यक्ष महोदय, जब डिमांड करेबर अऊ हमर सब नेता मिलके ये तय करिन कि छत्तीसगढ़ के विकास के लिए हमला आगे बढ़के माँग करना है, बात करना है ये सारा चीज आज छत्तीसगढ़ के लिए है, जेन हमर छत्तीसगढ़ के पिछड़ेपन ला दूर करिही। अऊ एक बात ला जेखर लिए सारा विधानसभा के सारा सदस्य ला बैठके जाके जाना चाहिए—छत्तीसगढ़ के स्वाभिमान, छत्तीसगढ़ के अस्मिता, छत्तीसगढ़ के हमर गौरव। छत्तीसगढ़ ला राजभाषा के दर्जा अगर हम छत्तीसगढ़ में दे देहन त दिल्ली में जाके अब माँग करना चाहिए कि शेड्यूल 8 में 22 है त छत्तीसगढ़ी तेईसवाँ भाषा के रूप में अंकित हो, ताकि पार्लियामेंट के अंदर, लोकसभा में छत्तीसगढ़ी में डॉ. रमन, चौबेजी, हमर नेता प्रतिपक्ष कभी अवसर हो तो हमन जाके भाषण दें, बात करें। छत्तीसगढ़ी ला आठवें शेड्यूल में तेईसवें नंबर पे जोड़े के लिए ये पक्ष अऊ विपक्ष ला दिल्ली में जाके बात करना चाहिए। ये छत्तीसगढ़ के दू करोड़ आठ लाख जनता के स्वाभिमान के विषय है। येखर लिए हमला एकमत होके सबके लिए बात करे के आवश्यकता है। छत्तीसगढ़ में हमर नेता मन के कतका चलथे तेन ला हमन देख डारेन।

अध्यक्ष महोदय—उसको आप पटल पर रख दें।

डॉ. रमन सिंह—मैं इसे सभा के पटल पर रखता हूँ। (मेजों की थपथपाहट)

पटल पर रखा गया अंश

केंद्र सरकार जब समर्थन मूल्य पर गेहूँ का दाम एक हजार रुपए प्रति क्विंटल कर सकती है, तो धान का क्यों नहीं? आप कितना भी शोरगुल करें, मैं तो आपसे भी यही अपील करूँगा कि मेरे साथ चलिए और केंद्र सरकार को हमारे किसानों के हित के लिए धान का समर्थन मूल्य भी एक हजार रुपए प्रति क्विंटल करने की माँग रखिए। इसमें पूरे राज्य का फायदा है, छत्तीसगढ़ के गाँव, गरीब और किसान का फायदा है।

हम छत्तीसगढ़ में हर गरीब परिवार को 3 रुपए किलो में चावल देने की बात करते हैं और दिल्ली की सरकार हमारा एपीएल का पूरा कोटा ही खत्म कर देती है। ऐसे में भी हम पीछे हटनेवाले नहीं और 1 जनवरी, 2008 से अपनी योजना पर अमल शुरू कर देंगे। भले ही इसके लिए राज्य सरकार पर तीन-चार सौ करोड़ रुपए का अतिरिक्त भार आए। मैंने पहले भी कहा है कि भूख की कोई जात नहीं होती, इसलिए हमने 3 रुपए किलो चावल की योजना का विस्तार किया। इसे अनुसूचित जाति-जनजाति के गरीब परिवारों से आगे बढ़ाकर हर वर्ग, हर जाति के गरीब परिवारों तक ले जा रहे हैं।

मुझे लगता था कि हमारी ऐसी नीति, हमारे ऐसे कार्यों की आप प्रशंसा करेंगे। गरीबों की भलाई के कामों में तो कम-से-कम हमारा साथ देंगे, लेकिन प्रशंसा करना तो दूर, आप बेसिर-पैर के आरोप लगाते हैं। हर योजना के क्रियान्वयन में मेहनत करनी पड़ती है। हर योजना में सफल होने या असफल होने का खतरा उठाना पड़ता है। लेकिन कोई निर्णय नहीं लेंगे, तो कोई काम शुरू कैसे होगा? और जब कोई काम शुरू ही नहीं होगा, तो वह पूरा कैसे होगा? और फिर, गरीबों के लिए तो आपको यह सोचना चाहिए, कि जितना हो सके, जहाँ से हो सके, उन्हें दिया जाए।

एक उदाहरण देना चाहता हूँ मैं—हमने किसानों को 6 प्रतिशत ब्याज पर खेती-किसानी के लिए ऋण देने की योजना शुरू की। आपके समय में जो ब्याज दर 14 प्रतिशत थी, उसे घटाकर 6 प्रतिशत किया। आप लोगों को यह सब असंभव लगता था, क्योंकि आपकी सोच नहीं थी। हमें लगता था कि ऐसा करने से किसानों का भला होगा। उन्हें आर्थिक संबल मिलेगा। अब जब किसानों को फायदा मिल रहा है, तो उसके बारे में आप बात नहीं करना चाहते।

लेकिन मुझे तो बताना पड़ेगा। आप नहीं सुनें तो जनता को बताना पड़ेगा कि पहले ढाई-तीन सौ करोड़ रुपए का ऋण बँट पाता था। उसमें भी ज्यादा ब्याज होने के कारण किसान डिफाल्टर हो जाते थे। लेकिन अब साढ़े छह सौ करोड़ का ऋण बँट रहा है। सिर्फ खरीफ में 475 करोड़ रुपए का ऋण किसानों ने उठा लिया है और ब्याज दर कम होने के कारण किसान भाई आसानी से पटा भी रहे हैं। आखिर किसको फायदा

मिला? किसानों की आर्थिक तंगी दूर हुई तो इसमें भी आपको तकलीफ होती है।

धान खरीदी के बारे में तो आप सब जानते हैं। फिर भी टोकते है। फिर भी रोकते हैं। किसानों का धान समर्थन मूल्य पर खरीदने में कोताही बरतने का खामियाजा आप लोगों ने भुगता है। फिर भी चेतना नहीं चाहते। आप 3 साल में मुश्किल से 29 लाख मीट्रिक टन धान खरीद पाते थे और हमने 4 साल में 129 लाख मीट्रिक टन धान खरीदा। आपने तरसा-तरसाकर सिर्फ 2000 करोड़ रुपए के आस-पास भुगतान किया किसानों को और हमने 7500 करोड़ रुपए से ज्यादा भुगतान किया। पूरे आँकड़े हैं, 7610.65 करोड़ रुपए का भुगतान हमने तत्काल कराया। और इस साल तो पूरी की पूरी कंप्यूटरीकृत व्यवस्था की गई है। धान की खरीदी हो, निपटारा हो या भुगतान, सब काम तेजी से चल रहा है।

ऊर्जा को लेकर, बिजली को लेकर पता नहीं क्या-क्या कहा जा रहा था। अरे भाई, यह भी तो देख लो कि आखिर यह नौबत क्यों आई कि छत्तीसगढ़ में बीस साल बाद कोई बड़ा ताप बिजलीघर लगा। और लगाया तो किसने? हमने। बिजली उत्पादन की क्या बात करोगे? हमने तो 30 हजार मेगावाट बिजली उत्पादन की कार्ययोजना बना दी है, यह आँकड़ा और भी बढ़ सकता है। एक लाख पैंतीस हजार करोड़ रुपए के पूँजी निवेश के बारे में एक स्तर तक तैयारी तो अभी तक हो चुकी है कि कितनी पूँजी बिजली उत्पादन के क्षेत्र में आएगी। हमारी कोशिश है कि एमओयू सफल हों, क्रियान्वित हों, यह काम एक दिन का नहीं, लगातार चलता है, तब सफलता मिलती है।

आपने तो बिजली काटने का ठेका लिया है। हमारी सरकार आई तो 300 मेगावाट की बिजली कम कर दी। केंद्र के पास जाओ तो गोलमोल जवाब। आप पूछते हैं, क्या करेंगे बिजली का?

आपके द्वारा तीन साल में सिर्फ 59301 एकलबत्ती कनेक्शन दिए गए थे। हमने दिए 2 लाख 29 हजार 366 कनेक्शन। आपने किसानों को सिर्फ 21 हजार 713 सिंचाई पंप कनेक्शन दिए थे। हमने 84 हजार 622 सिंचाई पंप कनेक्शन किसानों को दिए। क्या तुलना करेंगे? कैसे तुलना करेंगे? 50 सालों की बात करते हो। क्या किया था आपने? 50 सालों में क्या, 56 सालों में सिर्फ एक लाख पंप कनेक्शन किसानों को दिए गए थे। हम सिर्फ 4 साल में एक लाख पंप कनेक्शन देते हैं। 50 सालों की बात छोड़ दीजिए। 3 साल की बात कीजिए। आपने कितने उपकेंद्र बनाए, सिर्फ 5636 ना···और हमने कितने बनाए 14400 से ज्यादा। आपने कितनी निम्न दाब लाइन बिछाई, 9026 कि.मी. और हमने बिछाई 22777 कि.मी.। कितना गुना होता है, करीब ढाई गुना। हम करते हैं तो आपको दिक्कत होती है। छत्तीसगढ़ के लोगों को अच्छी बिजली क्यों नहीं मिलनी चाहिए? क्यों वोल्टेज का संकट दूर नहीं होना चाहिए? आपके आरोप लगाने

से, आपके व्यवधान डालने से हम काम तो बंद नहीं कर देंगे, क्योंकि हमारे गाँवों को, गरीबों को, किसानों को, उद्योगों को, हर किसी को बिजली चाहिए। हमारा दृढ़ संकल्प है कि छत्तीसगढ़ से अँधेरा दूर कर देंगे। अभी भी कोई ऐसा राज्य नहीं, जो हमसे ज्यादा बिजली देता हो। आप चाहते हैं, अँधेरा कायम रहे। और हम बोलते हैं, तमसो मा ज्योतिर्गमय। यह फर्क है हमारी और आपकी सोच का।

पानी की बात कीजिए। हम पीछे हटनेवाले नहीं हैं। तुलना कर लीजिए। आपके तीन सालों में सिर्फ 58 योजनाएँ पूरी हुई थीं, और हमने 221 योजनाएँ पूरी कीं। आप पर्यावरण की बात करते हैं, लेकिन कोई रास्ता नहीं निकाल पाते। हमने रास्ता निकाला। 595 एनीकट की योजना बनाई, जिसमें से 68 करोड़ रुपए के 50 एनीकट बन चुके हैं। 282 करोड़ रुपए के 118 एनीकट का काम चालू है। आपने क्या किया था? आपने तो एक भी एनीकट नहीं बनाया। किसानों को गरमी में, ग्रीष्मकालीन धान के लिए पानी देने की शुरुआत हमने की। पेयजल योजनाओं के लिए अनुदान की राशि 30 प्रतिशत से बढ़ाकर 70 प्रतिशत हमने की। इससे राज्य में एक-दो साल में शुद्ध पेयजल की व्यवस्था पूरी हो जाएगी। कहीं कोई समस्या नहीं रहेगी। ऐसा ठोस कदम उठाना पड़ता है। हममें इच्छाशक्ति थी, इसलिए किया। हम जनता की जरूरतों को समझते हैं। इसलिए ऐसा किया। आप तो सिर्फ आरोप लगाना जानते हैं और जवाब भी नहीं सुनना चाहते। ऐसे में कैसे चलेगा?

सड़कों की तुलना करना चाहेंगे? एनडीए सरकार की, अटलजी की सौगात थी प्रधानमंत्री ग्राम सड़क योजना। क्या कर पाए थे आप? तीन साल में सिर्फ 1381 कि.मी. सड़कें बनी थीं; और हमने बनाई 7370 कि.मी.। आपने बनाए 2080 पुल-पुलिया और हमने बनाए 8924 पुल-पुलिया। आपके लोक-निर्माण विभाग को बजट दिया था 773 करोड़ रुपए का, हमने दिया 2024-45 करोड़ रुपए का। किस-किस की तुलना करेंगे?

उद्योग की बात कर लीजिए। आपकी सरकार में सिर्फ 1400 करोड़ का वास्तविक पूँजी निवेश हुआ था और सिर्फ 14 हजार लोगों को रोजगार मिला था। हमने 15000 करोड़ रुपए का वास्तविक निवेश कराया और इन उद्योगों में 40 हजार से अधिक लोगों को रोजगार मिला।

शिक्षा की बात करते हो? आपने तो न शिक्षक दिए, न किताबें दीं और न गणवेश। हमने 55 हजार 498 शिक्षाकर्मियों के पद स्वीकृत किए, जिसमें से 50 हजार से ज्यादा की भरती हो चुकी है। 48 लाख बच्चों को हम निःशुल्क किताबें दे रहे हैं। आप सिर्फ 7 हजार बच्चों को गणवेश देते थे। हम 6 लाख 64 हजार अनुसूचित जाति-जनजाति के प्राथमिक कक्षा के बच्चों को निःशुल्क गणवेश देते हैं। आपने तो लड़कियों की, बेटियों

की पढ़ाई की कोई चिंता ही नहीं की, कि वे कैसे गाँव से दूर पढ़ने जाती थीं। हमने 67 हजार से ज्यादा हाई स्कूल में पढ़नेवाली बालिकाओं को निःशुल्क साइकिलें दीं; और अब तो गरीबी रेखा के नीचे की सभी बालिकाओं को साइकिलें निःशुल्क देंगे, चाहे वे किसी भी जाति-वर्ग की हों।

आप लोगों की सुविधा की बात करते हैं, प्रशासन की सुविधा की बात करते हो। क्या कर लिया था आपने? छत्तीसगढ़ को 16 से 18 जिलों का राज्य हमने बनाया। बस्तर में नारायणपुर और बीजापुर में 2 नए जिले हमने बनाए। जगदलपुर और अंबिकापुर में विकास आयुक्त कार्यालय हमने खोले। 1820 अतिरिक्त पटवारी हलके हमने बनाए। 49 नई तहसीलें हमने बनाईं। इन सब मामलों में आपके खाते में सिर्फ शून्य है। फिर भी आप तुलना करते हैं?

अध्यक्ष महोदय, मैंने आरोप-पत्र के बारे में पहले ही कहा है कि यह सिर्फ विरोध करने के नाम पर विरोध था। कोई तथ्य नहीं। कोई ठोस बात नहीं। ऐसे आरोपों की राजनीति में ही तो जनहित गुम हो जाता है। ऐसी राजनीति करेंगे तो जनता इनको सबक नहीं सिखाएगी तो क्या करेगी? ये लोग विधानसभा में आकर किस तरह जनता का पैसा और कीमती समय बरबाद करते हैं, यह सब पब्लिक देख रही है और समय आने पर इन्हें बता देगी। ये मतदाता की ताकत का अंदाजा नहीं लगा पा रहे, क्योंकि अपने आपसी झगड़ों से ही इन्हें फुरसत नहीं है। लेकिन छत्तीसगढ़ की जनता को मैं आपके माध्यम से, इस सदन के माध्यम से आश्वस्त करता हूँ कि ऐसे विपक्ष के भ्रमित करने से हमारा ध्यान भंग होनेवाला नहीं है। हमें मालूम है कि जनता की तकलीफें दूर करने की जिम्मेदारी हम पर है और इस जिम्मेदारी का निर्वाह हम पूरे मन से, कड़े परिश्रम से, पूरी लगन से कर रहे हैं, करते रहेंगे। हमें मालूम है कि जनता का विश्वास और आशीर्वाद हमारे साथ है।

□

अनुदान माँग पर चर्चा का उत्तर

(बजट सत्र-2013)

अध्यक्ष महोदय, बड़ी विडंबना है, छत्तीसगढ़ के बारे में जब-जब कुछ कहा जाता है, राष्ट्रीय स्तर पर प्रधानमंत्रीजी कहते हैं, शरद पवारजी कहते हैं, थॉमस साहब कहते हैं, जयराम रमेशजी कहते हैं, दूसरे दिन अखबार रंग जाता है। और अखबार रँगता है तो कोई भारतीय जनता पार्टी के लोग नहीं रँगवाते, भारतीय जनता पार्टी के लोग तो तारीफ करते हैं, अभिनंदन करते हैं। हमने तो प्रधानमंत्रीजी को धन्यवाद दे दिया। एक-आधा पेज का पूरा विज्ञापन निकाला कि प्रधानमंत्रीजी ने ट्वीट किया, उसके लिए पूरा छत्तीसगढ़ उनको धन्यवाद देता है कि हमारा सम्मान बढ़ाया है। (मेजों की थपथपाहट) अध्यक्ष महोदय, हम छोटे दिल के नहीं हैं। छोटे मन से कोई बड़ा नहीं होता। जब बड़ा काम करना है तो दिल भी बड़ा होना चाहिए। जब प्रधानमंत्री इस बात को स्वीकार करते हैं, शरद पवारजी जब सार्वजनिक भाषण में कहते हैं तो उसमें मेरा कोई सम्मान नहीं बढ़ता, न मेरे मंत्रिमंडल के साथियों का, न विधायक का, बल्कि इससे छत्तीसगढ़ की दो करोड़ चालीस-पचास लाख जनता का सम्मान बढ़ता है कि छत्तीसगढ़ आज देश में कहाँ खड़ा है। (मेजों की थपथपाहट) दिल्ली में बैठे लोग जो आकलन करते हैं, पुरस्कार मिलता है, 'कृषि कर्मण पुरस्कार' मिलता है। जयराम रमेशजी की तो यह हालत हो गई है कि अब उन्हें अकेले बैग उठाना पड़ता है और अकेले ही अपना बैग लेकर जाना पड़ता है। एक प्रकार से यह उनका बहिष्कार है। हिंदुस्तान की राजनीति में मैंने ऐसा कहीं नहीं देखा है कि उनके दल के मंत्री, जो सबसे सीनियर मिनिस्टर हैं, उनको लेने के लिए कोई एक सदस्य नहीं जाता। मुझे मालूम होता तो मेरे सारे मंत्री पहुँच गए होते। हम इस प्रकार की राजनीति नहीं करते, न मुझे पसंद है। जयराम रमेशजी इतने भले आदमी हैं। (हँसी) उनका नाम जयराम है तो लोग दूसरी कल्पना करते हैं। जयराम, श्री राम, जय-जयराम। वे लैफ्टिस्ट विचारधारा के हैं, बड़ा साफ बोलनेवाले हैं। वे पिछले बीस साल से मुझसे जुड़े हैं। यह मेरा सौभाग्य है कि वे पत्रकार की हैसियत से मेरा इंटरव्यू ले चुके हैं। जब मैं केंद्र में मंत्री था, जिस फंक्शन में मैं गया था, उस मीडिया के तहत उसको जयरामजी संचालित कर रहे थे। ये उस ऊँचाई से, पत्रकारिता

से इस क्षेत्र में आए हैं। अब ये उनका भी बहिष्कार कर देते हैं? आप किसका-किसका बहिष्कार करेंगे? छत्तीसगढ़ की जनता यदि इधर बहिष्कार कर देगी तो फिर ये कहाँ रहेंगे?

इतना बहिष्कार? और वे जो बोल रहे हैं, मैं आज उसकी कॉपी लाया हूँ। मैं उसको पढ़ना चाहता हूँ। डॉ. मनमोहन सिंह, प्रधानमंत्री भारत ने जिस विषय में उन्होंने ट्वीट किया, दा सो काल्ड बिमारू स्टेट हैज डन मच बैटर, बिहार वाज दा फास्टेस्ट ग्रोविंग स्टेट इन दा कंट्री। 2 बजकर 44 मिनट बुधवार, 06 मार्च, यह उनकी फोटो सहित पूरी कॉपी है। और फिर वे विस्तार देते हैं कि किस स्टेट ने क्या ग्रोथ की। यह उनके लेटर में है और हमने उसको निकाला है। वे लिखते हैं कि बिहार का वर्ष 2001-02 में 2.9 प्रतिशत का ग्रोथ था, 2010-11 में 10.9 प्रतिशत हो गया, यह वर्ष 2006 से 2010 के बीच का है। 5 सालों का बता रहे हैं और वर्ष 2001 से 2006 का बता रहे हैं। दूसरी बार में सेकेंड पैरा में पहले बिहार का नाम है, यह 17 राज्यों की लिस्ट है। दूसरे में प्रधानमंत्रीजी कहते हैं कि छत्तीसगढ़ का जो वर्ष 2001-02 से वर्ष 2005-2006 में 7.7 प्रतिशत का जी.डी.पी. था, वह वर्ष 2006-2007 और 2010-2011 में बढ़कर 10 प्रतिशत ग्रोथ हो गया है। ये मैं नहीं कह रहा हूँ, यह प्रधानमंत्रीजी का ऑफिशियल ट्वीट है। अब इसमें भी इनकार करेंगे कि प्रधानमंत्रीजी ट्वीट कर रहे हैं। आजकल इसी तरीके से देश और दुनिया को जानकारी दी जाती है। अब इसमें किसी को आपत्ति होती है कि छत्तीसगढ़ का यदि आज एवरेज ग्रोथ 10 प्रतिशत का है। इन पूरे 5 सालों में हमारी ग्रोथ बढ़ी है। यह छत्तीसगढ़ की उपलब्धि बताती है, इसलिए हमने पूरे पेपर में उनको सार्वजनिक रूप से धन्यवाद दिया कि हमने उनको पत्र लिखा कि आपने कम-से-कम ट्वीट के माध्यम से छत्तीसगढ़ के बारे में देश और दुनिया को जानकारी दी। ऐसी जानकारी और देते रहेंगे तो हमारा उत्साह बढ़ेगा। हमारा नया राज्य है, इसके निर्माण को 13 वर्ष हो गए। बाकी राज्यों की उम्र 60-70 साल है। वे राज्य बूढ़े हो गए। हम तो केवल 13 साल के हुए हैं। यह टीनएज होती है, यह लंबी छलाँग लगाने की उम्र है। अभी 13 साल ही हुए हैं और आनेवाले 5-6 सालों में यदि छत्तीसगढ़ फास्टेस्ट ग्रोविंग स्टेट में है तो हम इसको कायम करके दिखाएँगे। सिर्फ नारे से नहीं बल्कि हमने पिछले 5 सालों में करके दिखाया है। (मेजों की थपथपाहट) हमने 4-5 सालों की यात्रा करके दिखाई है। आज हम 13 साल में पहुँचे हैं और एक स्टेज में आ गए हैं, एक स्थिरता आ गई है। हमने सभी सेक्टर में चाहे इंडस्ट्री, एग्रीकल्चर, सर्विस, प्राइमरी, सेकेंडरी और नर्सरी सेक्टर हो, इन सब में कमाल का वातावरण बनाया है। जब कैपिटा इनकम बढ़ती है, परकैपिटा पावर कंजंप्शन बढ़ता है, लोगों की आमदनी बढ़ती है, जीवन स्तर में सुधार होता है। यही तो विकास है। हम आई.एम.आर. कम करते हैं, हम एम.एम.आर. कम कर रहे हैं, मॉल न्यूट्रीशियन (कुपोषण) कम कर रहे हैं।

माननीय अध्यक्ष महोदय, वित्तीय प्रबंधन की बात करता हूँ। हमने बजट को कार्यशील बनाने का काम किया है। हम पैसे का सबसे बेहतर उपयोग कर सकते हैं। उस पैसे का उपयोग टाइम के साथ कैश मैनेजमेंट सिस्टम से करें और उस कैश मैनेजमेंट सिस्टम के साथ हमारे काम की गुणवत्ता भी रहे, व्यय में नियंत्रण भी रहे और उसके साथ-ही-साथ व्यय का वित्तीय प्रबंधन बेहतर हो। पहले, दूसरे, तीसरे और अंतिम तिमाही में, इन चार हिस्सों में बाँटकर यदि कैश मैनेजमेंट सिस्टम को करते हैं तो एक साथ सब ग्रोथ नहीं होता। धीरे-धीरे उस खर्च की राशि को चार हिस्सों में बाँटकर, इसके सिस्टम को मॉनिटरिंग करने की एक बेहतर व्यवस्था हमने बनाई है।

माननीय अध्यक्ष महोदय, दूसरा विषय जिसके विषय में माननीय चौबेजी बोल रहे थे कि हमने क्या किया, जिससे आम आदमी के जीवन में फर्क पड़ता है। हमने वित्तीय प्रबंधन में कौन से कदम उठाए हैं, आम आदमी, गाँव में रहनेवाला वृद्धावस्था पेंशन, विकलांग पेंशन, निराश्रित पेंशन पानेवाला, सैलरी पानेवाला वह कर्मचारी, गाँव में मनरेगा में काम करनेवाला मजदूर, यह बड़ी आबादी है। इस आबादी के लिए सरकार की भूमिका क्या होती है? हमने इनके लिए कहा कि सभी हितग्राही-मूलक जितनी योजनाएँ हैं, भुगतान की प्रक्रिया को पारदर्शी बनाया जाएगा। उसके साथ-साथ ऐसे निर्णय लिये कि जहाँ-जहाँ कोर बैंकिंग और इलेक्ट्रॉनिक फंड ट्रांसफर की सुविधा है, वहाँ सीधे इ-पेमेंट के माध्यम से उनके खाते में भुगतान हो जाता है। पूरे छत्तीसगढ़ में सफलतापूर्वक यह एक बड़ा प्रयोग हो रहा है। मैं आज हितग्राहियों की संख्या नहीं बताना चाहूँगा कि हमने कितने कर्मचारी, कितने लोगों के लिए शुरू किया है। लेकिन हमारी यह कोशिश है कि अंतिम व्यक्ति, छात्रवृत्ति पानेवाला छात्र भी है, हम उसके लिए भी व्यवस्था कर रहे हैं। वृद्धावस्था पेंशन, विकलांग पेंशन एवं निराश्रित पेंशन से लेकर हम इस सारे सिस्टम को बेहतर कर रहे हैं। हमने दूसरा काम किया है, जो अपरीक्षित नवीन मद है, अनस्क्रूनाइज्ड है, उस मद के लिए हमने प्रक्रिया का सरलीकरण किया हैं। इसमें प्रशासन का विकेंद्रीकरण करते हुए पहले 3 करोड़ की स्वीकृति का वित्तीय अधिकार प्रत्यायोजित है, हमने कोशिश की है कि परीक्षित मद में प्रशासनिक विभाग को प्रत्यायोजित करने की 5 करोड़ की जो सीमा थी, उस सीमा को समाप्त करके पूर्ण अधिकार प्रत्यायोजित किया गया है।

अध्यक्ष महोदय, उसको बार-बार भेजने की जरूरत नहीं है। यदि एक बार स्क्रिोनाइज्ड हो गया तो फिर उसके लिए वित्त में बार-बार आने की जरूरत नहीं पड़ेगी। उसके साथ-साथ केंद्रीय और केंद्र प्रवर्तित योजनाओं में भारत सरकार के आयोजनागत तथा आयोजना भिन्न अनुदान में जो केंद्र और राज्य का राज्यांश है, उसको सरलीकरण कर यह पूरा अधिकार उस प्रशासनिक विभाग को दे दिया गया है। हमें भारत सरकार से जो अनुदान आता है और उसमें जो राज्य का शेयर होता है, इस प्रोसेस को संपन्न

करने के लिए फाइनेंस में आने की जरूरत नहीं है। संबंधित विभाग इसमें बेहतर तरीके से काम करे, इसके लिए उनको छूट दी गई है। उसके साथ-ही-साथ कुछ नए प्रयोग हुए हैं, जिसका रिजल्ट आ रहा है।

माननीय अध्यक्ष महोदय, इसमें जिन विभागीय भवनों के प्राक्कलन और इकाई की लागत होती है, वह वित्त विभाग द्वारा अधिसूचित किया जाता है। एक फिक्स डिजाइन कर दिया गया है कि इतने लागत का बनेगा। उसके लिए बार-बार एस्टीमेट बनाने की जरूरत नहीं है। इस प्रकार 21 प्रकार के भवनों की इकाई लागत फिक्स हो गई है। 10 लाख, 20 लाख, 40 लाख, 45 लाख अब सीधा आता है, इसका मॉडल बन गया है। अब उसके लिए बार-बार हर चीज के लिए एस्टीमेट बनाने की जरूरत समाप्त हो गई है। इसका सरलीकरण करने से हम बेहतर स्थिति में पहुँचे हैं।

माननीय अध्यक्ष महोदय, राज्य के 'द्वितीय राज्य वित्त आयोग' ने जो अनुशंसा की थी, उन अनुशंसाओं का पालन करते हुए जब मैंने इसको विधानसभा में पटल पर रखा। उस आयोग की अनुशंसा के अनुसार राज्य के शुद्ध राजस्व का 8 प्रतिशत स्थानीय निकायों को अंतरित किया जाएगा। यह 8 प्रतिशत देने के बारे में आयोग की अनुशंसा थी और हमने इसको शत-प्रतिशत पूरा किया है।

माननीय अध्यक्ष महोदय, 'इ-कोष परियोजना' में सभी कोषालय, उप-कोषालय को ऑनलाइन कंप्यूटरीकृत किया गया है। जिससे हम बेहतर तरीके से दिन-प्रतिदिन छत्तीसगढ़ की वित्तीय स्थिति के बारे में जानकारी राजधानी में बैठकर ही ले सकते हैं। इसमें पूरे सिस्टम की मॉनीटरिंग करते हुए हम रोज रात को यह बता सकते हैं कि आज छत्तीसगढ़ वित्तीय स्थिति में कहाँ खड़ा है। इससे आनेवाली कार्ययोजना को बनाने में सुविधा होती है।

माननीय अध्यक्ष महोदय, हमने जो कार्ययोजना बनाई है, उसमें सबसे महत्त्वपूर्ण कोषालय में प्रस्तुत किए जानेवाले सभी प्रकार के देयकों को ऑनलाइन भुगतान की सुविधा प्रदान की जाएगी। वन विभाग के बजट और लेखा-प्रणाली को कंप्यूटरीकृत कर विभाग के व्यय के आँकड़ों को इ-कोष में व्यय में आँकड़ों के साथ जोड़ा जाएगा। सभी विभागों के दिनांक 1 अप्रैल, 2013 से साख-पत्र व्यवस्था समाप्त की जाएगी।

राज्य के सभी पेंशनधारकों का डाटाबेस तैयार किया जाना है। ये ऐसे कदम हैं, जिनसे छत्तीसगढ़ के कामों में गति आएगी और समाज के उन वर्गों के लोगों को सीधी मदद मिलेगी, जिनका सरकार से सीधा कोई संबंध नहीं होता; मगर उनकी सुविधा बढ़ाने के लिए सारी योजनाओं को शुरू किया गया है।

माननीय अध्यक्ष महोदय, बहुत सारी बातें सामान्य प्रशासन विभाग की चर्चा में आईं। मैं कुछ महत्त्वपूर्ण विषयों पर जानकारी देना चाहूँगा, जो राज्य और देश के लिए महत्त्वपूर्ण हैं। हमने राज्य के स्वतंत्रता संग्राम सेनानियों को प्राप्त होनेवाली सम्मान निधि

की राशि में दिसंबर 2012 से बढ़ोतरी की है। पहले स्वतंत्रता संग्राम सेनानी को 7 हजार रुपए मिलता था, उसको बढ़ाकर 15 हजार रुपए किया गया। (मेजों की थपथपहाट) माननीय अध्यक्ष महोदय, यह सम्मान है। यह उस पीढ़ी का सम्मान है, जिसने देश के लिए, इसकी आजादी के लिए अपना सबकुछ गँवाया। हमने दूसरी बड़ी बात की है कि आजादी के लिए आपातकाल के दौर में मीसा बंदियों ने पूरे देश के अंदर उसके खिलाफ संघर्ष किया, उनको जेल में ठूँस दिया गया। छत्तीसगढ़ में 458 मीसा बंदी हैं, जिन्हें सम्मान निधि मिलती है, 21 फरवरी, 2013 से 2022 तक मीसा बंदियों की सम्मान निधि जो 6 हजार रुपए थी, को बढ़ाकर 15 हजार रुपए किया गया। (मेजों की थपथपहाट)

माननीय अध्यक्ष महोदय, शासकीय सेवकों के हित में कुछ महत्त्वपूर्ण निर्णय लिये गए हैं। उसमें सीधी भरती के पदों में सामान्य प्रशासन विभाग की अधिसूचना दिनांक 16.03.2012 में प्रथम, द्वितीय और तृतीय, चतुर्थ वर्ग में राज्य स्तर के सीधी भरती पदों के लिए आरक्षण का प्रतिशत संशोधित किया गया है और नया रोस्टर भी लाया गया है। नि:शक्त जनों के लिए भी आरक्षण द्वितीय, तृतीय और चतुर्थ श्रेणी में सीधी भरती में संशोधन में 100 बिंदुओं पर आरक्षण रोस्टर में नि:शक्त जनों में छह प्रतिशत आरक्षण की सुविधा दी गई है। छत्तीसगढ़ में शैक्षणिक संस्थाओं में जो प्रवेश होता है, उनके लिए भी स्कूल शिक्षा, चिकित्सा शिक्षा, कृषि से संबंधित महाविद्यालयों में प्रवेश हेतु आरक्षण की व्यवस्था प्रारंभ की गई है।

माननीय अध्यक्ष महोदय, जो सबसे बड़ी दिक्कत, जिसके बारे में हमारे सम्माननीय सदस्यों ने भी अपनी बात रखी। छानबीन समिति और जिला स्तर में प्रमाण-पत्र के सत्यापन के बारे में होनेवाली दिक्कत है, यह हजारों-हजार, लाखों-लाख की दिक्कत है। अनुसूचित जाति, अनुसूचित जनजाति और अन्य पिछड़ा वर्गों के लिए छानबीन समिति की ऐसी प्रक्रिया इतनी कठिन और जटिल हो गई थी कि उनको उच्च स्तरीय समिति से छानबीन का प्रमाण-पत्र लेना अत्यावश्यक हो गया था। यह एक दिक्कत थी कि हजारों-लाखों बच्चों को उस उच्च स्तरीय समिति से कैसे प्रमाण-पत्र मिले। उसका विकेंद्रीयकरण करते हुए 01.10.2012 से प्रत्येक जिले में जिला कलेक्टर के सीधे नियंत्रण में जिला स्तरीय जाति प्रमाण-पत्र सत्यापन समिति का गठन किया गया है। अब जिला स्तर पर छानबीन के ये सारे काम हो जाएँगे। (मेजों की थपथपहाट) स्टेट लेवल की कमेटी के पास आने की दिक्कत समाप्त हो जाएगी।

उस प्रक्रिया को सरल बनाते हुए एक निर्देश जारी किया गया है। एक अशासकीय संकल्प इस विधानसभा में जनवरी-मार्च 2010 में आया था। हमने उसमें भारत सरकार से अनुसूचित जाति, जनजाति एवं अन्य पिछड़ा वर्ग के जाति प्रमाण-पत्र बनाने की प्रक्रिया को सरल किए जाने के संबंध में दस्तावेजों के सरलीकरण हेतु केंद्र सरकार से आग्रह किया था। इसी विधानसभा में सदस्यों ने माँग की थी, मगर उस संबंध में कोई

प्रत्युत्तर नहीं मिला। राज्य ने तात्कालिक रूप से कदम उठाते हुए शैक्षणिक संस्थाओं में 9वीं से लेकर 12वीं में अध्ययनरत विद्यार्थियों के जाति प्रमाण-पत्र बनवाकर विद्यार्थियों को शाला छोड़ने के पूर्व उपलब्ध कराने का निर्देश दिया है कि उसका स्थायी जाति प्रमाण-पत्र मिल जाना चाहिए। बच्चा यदि स्कूल की नवमीं कक्षा में शामिल होता है, तो कलेक्टर को निर्देश किया गया है कि स्कूल छोड़ने के पहले उसको स्थायी जाति प्रमाण-पत्र मिल जाना चाहिए, बाकी प्रक्रिया करने की जवाबदारी जिलाधीश की है। दूसरा मुद्दा जाति प्रमाण-पत्र के सत्यापन का है, इसके लिए जिला स्तर पर समिति बना दी है, वह समिति जिला स्तर पर जाति प्रमाण-पत्र का सत्यापन करेगी। इस सत्यापन से उनको सुविधा मिलेगी।

अनुकंपा नियुक्ति की प्रक्रिया को सरल करने के लिए एक उपसमिति 08.02. 2011 को गठित की गई। उन्होंने काफी अच्छी अनुशंसा की है। इस अनुशंसा के आधार पर जो अनुकंपा नियुक्ति है, उसको बेहतर तरीके से सुविधाजनक कैसे बनाया जा सकता है, इसको हम देखेंगे। अध्यक्ष महोदय, दो-तीन विषय हैं, जिसके बारे में नेता प्रतिपक्ष चौबेजी ने कहा है कि इतनी समस्याएँ हैं, सरकार ने 9-10 साल निकाल दिए हैं, फिर भी समस्याओं का अंबार क्यों लगता है ? अध्यक्ष महोदय, जनदर्शन से क्या दिक्कत है ? ग्राम-स्वराज यात्रा में हम जाते हैं, उसका असर पड़ता है। यदि दरवाजा खोलकर रखते हैं, जिलाधीश और हमारे मंत्रीगण बैठते हैं, मुख्यमंत्री यदि बैठकर जनदर्शन करते हैं तो वहाँ समस्या का सिर्फ समाधान नहीं होता है। 27 जिलों से हजारों लोग मुख्यमंत्री से सीधे मिलते हैं, सीधे बात करते हैं, कोई पैसे की माँग करने नहीं आते हैं, बीमारी के इलाज की माँग करने आते हैं। मूल भावना यह रहती है कि छत्तीसगढ़ के अंदर क्या चल रहा है, क्या हो रहा है। इन सारी बातों की जानकारी से लगता है कि नई योजनाओं को बनाने के लिए इस प्रकार से जनदर्शन में समूह-के-समूह लोग आते हैं, उनके बताए सुझाव पर हम काम करते हैं, इसका असर होता है। उन समस्याओं के बारे में 75 से 76 प्रतिशत दिए गए आवेदनों का निराकरण हुआ है। हम डे-बाई-डे सारे एप्लीकेशंस को देखते हैं। इसकी मॉनिटरिंग लगातार होती है।

कोशिश होती है कि पूरी पारदर्शिता के साथ बेहतर तरीके से काम हो। माननीय अध्यक्ष महोदय, लोक सेवा गारंटी अधिनियम प्रशासन को ज्यादा जवाबदेह बनाने के लिए है। निचले स्तर पर पटवारी से लेकर तहसीलदार तक, संबंधित अधिकारियों को गाँव की जो बड़ी समस्या है, उसका निराकरण करने के लिए, चाहे खसरा का हो, नक्शा हो, पंप कनेक्शन का हो, यदि उसको बिजली का कनेक्शन लेना है, सीमित समय के अंदर, उन समस्याओं का निराकरण करने की जवाबदारी उसकी होती है। अध्यक्ष महोदय, यदि निराकरण नहीं किया जाता है तो उस अधिकारी को पेनल्टी लगेगी।''' एक बात मैं सदस्यों को बताना चाह रहा था कि हमने जाति प्रमाण-पत्र के सरलीकरण

के लिए क्या कदम उठाए हैं। पहले 6 महीने में जाति प्रमाण-पत्र जारी किया जाता था, अब इस अवधि को 6 माह से घटाकर एक माह कर दिया है। नौवीं से बारहवीं तक अध्ययनरत विद्यार्थियों को स्कूल के माध्यम से जाति प्रमाण-पत्र सत्यापित हो रहे हैं।

अध्यक्ष महोदय, एक और कदम उठाया गया है और उसके बारे में पूरा समाज आंदोलित था। अनुसूचित जाति, जनजाति और पिछड़े वर्ग तीनों की समस्या थी। 1950 की स्थिति में छत्तीसगढ़ में मूल निवास की स्थिति देखी जाएगी। माननीय अध्यक्ष महोदय, 1950 का रिकॉर्ड पूछा जाता था, 1950 के दस्तावेज उपलब्ध नहीं हों तो उसके आवेदन रद्द कर दिए जाते हैं, परंतु अब अगर 1950 का भी रिकॉर्ड उसके पास नहीं है तो भी उसको निरस्त नहीं किया जाएगा। जाति प्रमाण-पत्र अनुविभागीय अधिकारी, राजस्व तथा अधीनस्थ अधिकारी के द्वारा जाँच के आधार पर ही निरस्त किया जाएगा। उसके साथ-साथ पिछड़ा वर्ग में 26 दिसंबर, 1984 के पूर्व की स्थिति को साबित करने के लिए उससे दस्तावेज माँगा जाता था। अब यदि 84 के पहले का दस्तावेज भी नहीं है, तो भी उसको निरस्त नहीं किया जा सकता। अध्यक्ष महोदय, उसको निरस्त नहीं करेंगे तो फिर उसकी प्रक्रिया क्या होगी? अध्यक्ष महोदय, हमने उसकी प्रक्रिया सरल की है। उसमें हमने कहा है कि जाति के संबंध में जो सबूत हैं, अभिलेख उपलब्ध नहीं होने पर ग्राम सभा के द्वारा जाति के संबंध में साक्ष्य को भी आधार माना जाएगा। ग्राम सभा को आधार मानने के लिए हमने कदम उठाया है कि ग्राम सभा में उसका अनुमोदन हो जाता है और उसके साथ-ही-साथ स्थानीय लोगों की गवाही ली जाएगी और उस व्यक्ति का शपथ-पत्र लिया जाएगा। इस तीन चीजों के आधार पर उसको प्रमाण-पत्र दिया जा सकता है। सरकारी नौकरी और व्यावसायिक शैक्षणिक संस्थाओं में प्रवेश के लिए आवेदन-पत्र प्रस्तुत करते समय आवेदन के साथ जाति प्रमाण-पत्र सत्यापित समिति द्वारा सत्यापित जाति प्रमाण-पत्र प्रस्तुत करना आवश्यक नहीं होगा। अब यह जरूरी नहीं है कि आप नौकरी लगते ही और व्यावसायिक शैक्षणिक संस्थाओं में प्रवेश के समय जाति प्रमाण-पत्र प्रस्तुत करें। उसके लिए जो अस्थायी प्रमाण-पत्र है, उसके आधार पर उसको प्रवेश दिया जाएगा। बाद में कुछ मामलों में हमने कहा है कि जितने भी जिलों में प्रमाण-पत्र बनेंगे, उसके 10 प्रतिशत उम्मीदवारों का रेंडम पद्धति से सत्यापन किया जएगा। यदि 10,000 बने हैं तो एक हजार की रेंडम पद्धति से जाँच कर लेंगे। यदि कोई विसंगति है तो उस विसंगति को दूर कर लिया जाएगा। अब गलत और फर्जी जाति प्रमाण-पत्र धारकों के विरुद्ध कठोर काररवाई करने के लिए अधिनियम बनाया गया है। अभी तक अधिकारियों के ऊपर काररवाई होती थी, पर जाति प्रमाण-पत्र लेकर विधायक, सांसद या अन्य कुछ लोग जो भी दोषी हों, वो क्यों बचें?

माननीय अध्यक्ष महोदय, सूचना प्रौद्योगिकी और जैव प्रौद्योगिकी के विषय में बात करना चाहता हूँ। दुनिया इक्कीसवीं सदी में है और पूरा देश व दुनिया हाई-टेक

हो गई है। हम युवा पीढ़ी को हाई-टेक बनाने में लगे हुए हैं, ताकि वे तकनीक के साथ जुड़ें। एक आईपैड आपके हाथ में आ जाता है तो उसमें आप पूरी दुनिया की हजारों इन्फॉर्मेशन रख सकते हैं। मैं अपने फोन पर ही पूरे विभाग की 800 से 1000 फाइल रखता हूँ। कहीं भी जाकर कुछ प्रेजेंटेशन करना हो, तो मैं कर सकता हूँ। आज यदि बच्चों को लैपटॉप और टेबलेट निःशुल्क दे रहे हैं तो यह जो नई पीढ़ी है, उसको आगे बढ़ाने की ही योजना है। एक लाख छात्र-छात्राओं को निःशुल्क लैपटॉप बाँटे जाएँगे। (मेजों की थपथपाहट) हम इस प्रक्रिया को चार महीने में पूरा कर लेंगे।

माननीय अध्यक्ष महोदय, एक खाई विहीन समाज बनाने की प्रक्रिया में हम लगे हुए हैं, ताकि ऊँच-नीच की खाई दूर हो और उसके साथ ग्रामीण स्तर पर अमीर और गरीब के बीच ज्ञान पहुँचने का जो स्तर है, वह बराबर रहे। माननीय श्री चौबेजी, मंत्रालय की बात कर रहे थे कि उसका नाम 'महानदी' रख दिया। महानदी छत्तीसगढ़ की जीवन-रेखा है और छत्तीसगढ़ को महानदी के बहते हुए पानी से ऊर्जा मिलती है, उससे उत्पादन होता है। उसमें जिसने डुबकी लगा ली, उसको गंगा, नर्मदा जाने की जरूरत नहीं है। हम छत्तीसगढ़िया उतना ही पावन और उससे ज्यादा मानते हैं। (मेजों की थपथपाहट) कहाँ जाबे बड़ दूर हे गंगा, पापी ईहें तरौ रे। वहाँ त्रिवेणी राजिम में अभी श्री बृजमोहनजी कितनी डुबकी लगा रहे थे, देख रहे थे? (हँसी)

माननीय अध्यक्ष महोदय, उस महानदी, उस ऊर्जा के स्रोत के नाम पर हमने मंत्रालय रखा है और उस पूरे ऑफिस, सारी फाइल को हमने ऑनलाईन किया है। हम करीब-करीब मंत्रालय की पूरी कार्यपद्धति को इलेक्ट्रॉनिक कर रहे हैं और इसमें मंत्रालय की फाइलों का संचालन इलेक्ट्रॉनिक रूप से होगा। टीप का अंकन भी कंप्यूटर पर होगा और इसके साथ-साथ कोई भी अधिकारी घर बैठकर, दिल्ली में बैठकर अपनी उस फाइल को देख सकता है। अपने लैपटॉप, कंप्यूटर, आईपैड पर फाइल देख सकेगा और उसमें टीप अंकन कर तुरंत भेज भी सकता है, इसमें समय भी बचत है। सबसे बड़ी बात कि इन दिनों में 90 लाख से अधिक, आप आश्चर्य करेंगे कि 90 लाख से अधिक पुराने दस्तावेजों की स्क्रीनिंग कर ली गई है। यानी यह आश्चर्य है कि वह सारी-की-सारी फाइलें स्कैनिंग करके हमारे पास एक स्थायी डेटाबेस बन गया और 90 लाख फाइलों की स्कैनिंग करके हमने रख ली है। नया सॉफ्टवेयर तैयार करके प्रायोगिक परीक्षण चल रहा है और इ-अधोसंरचना विकास के लिए स्टेटवाईड एरिया नेटवर्क 3000 कार्यालयों को जोड़ दिया गया है। यह 3000 कार्यालय आपस में जुड़ने से जानकारी के लिए बाहर जाने की जरूरत नहीं है और उसके साथ सरकार की सेवाओं में नागरिकों को देने के लिए 2400 'ग्रामीण च्वॉइस सेंटर' बन गए हैं। छत्तीसगढ़ में वर्ष 2011 के सेंशस में भारत में 100 परिवारों में 3.01 लैपटॉप और 62.2 टेलीफोन उपलब्ध थे और छत्तीसगढ़ में सौ परिवारों में 3.01 लैपटाप के अगेंस्ट

में 1.21 लैपटॉप और 62.2 टेलीफोन के अगेंस्ट में 30.60 टेलीफोन उपलब्ध थे, इसीलिए हम लैपटॉप और टैबलेट का वितरण करते हैं तो इस गैप को दूर करने के लिए ही काम कर रहे हैं। राज्य का डेटा सेंटर पूर्ण हो चुका है और 'स्टेट सर्विस डिलीवरी गेटवे' का काम भी प्रारंभ हो गया है। छत्तीसगढ़ का एक बड़ा सिस्टम, जो पूरे स्टेट के सारे डाटा को कलेक्ट करेगा, यह फंक्शनल हो गया है और इसका विधिवत् काम भी हम जल्द प्रारंभ करेंगे।

माननीय अध्यक्ष महोदय, माननीय चौबेजी (नेता प्रतिपक्ष) जब खनिज विभाग के बारे में अपनी बात कह रहे थे तो उन्होंने दो-तीन विषयों के बारे में कहा कि पावर प्रोजेक्ट में इतने एम.ओ.यू. हो गए, क्रियान्वयन कितने का हुआ? जवाबदार कौन है? मैं वहीं से शुरू करता हूँ। पहला प्रश्न, जो माननीय चौबेजी ने किया कि जवाबदार कौन है? हमसे हिसाब पूछा जा रहा है। राज्य सरकार ने पूरी ताकत लगा दी, पूरी शक्ति लगा दी। हम चाहते थे कि पावर सेक्टर में हमारा काम शुरू हो, ज्यादा-से-ज्यादा लोग आएँ और काम करें, लेकिन दिल्ली में बैठी हुई सरकार का पॉलिसी! पैरालिसिस ! एक प्रकार से पूरे के पूरे विभाग, वह चाहे माइनिंग के हों, चाहे ऊर्जा के हों या इंडस्ट्री, कॉमर्स या आवास पर्यावरण के हों, उनकी यह हालत हो गई है कि देश के जितने भी पावर प्रोजेक्ट, हिंदुस्तान के सारे पावर प्रोजेक्ट आज बंद होने की स्थिति में हैं। बिजली बेचने के लिए विद्युत् के जो संयंत्र लगा रहे थे, अब वे संयंत्र बिकने को तैयार हैं। बिजली नहीं संयंत्र बिकने को तैयार हैं। क्यों? कोई लिंकेज नहीं। अरे, कोयला नहीं दोगे तो पावर कैसे बनाएगा? पावर स्टेशन बनकर तैयार है। कोयला गवर्नमेंट ऑफ इंडिया के लिंकेज नहीं दे रहे हैं। कोल ब्लॉक का वितरण दिल्ली से लेकर यहाँ तक घोटालों में चला गया है, कोई नया लिंकेज नहीं। पॉलिसी की यह हालत है कि जो पावर प्लांट आज छत्तीसगढ़ में बड़े उत्साह के साथ आए थे, उनमें से अधिकांश पावर प्लांट बेचने को तैयार बैठे हैं; क्योंकि गवर्नमेंट ऑफ इंडिया से न तो उनको कोयला मिल रहा है, न उनको लिंकेज मिल रहा है, न उनको वह सुविधा मिल रही है तो यहाँ से मैं कहना चाहूँगा कि आज जो नीतिगत निर्णय दिल्ली सरकार को लेना था, उसमें चूक हुई है। इसकी भरपाई देश नहीं कर पाएगा। बिजली के उत्पादन में और बिजली की डिमांड में जो गैप बन रहा है, जो टॉरगेट तय किया गया था, उस टॉरगेट में गवर्नमेंट ऑफ इंडिया ने यह तय किया था कि हम 40 से 50 हजार मेगावाट पावर जनरेशन करेंगे। आधे से कम में पहुँच गया है, इसकी वजह से पूरे देश में एक संकट आएगा।

जहाँ तक छत्तीसगढ़ का सवाल है, मुझसे पूछा गया कि इतना माइंस है, इतने हमारे पास प्लांट हैं, इतने हमारे पास कोल ब्लॉक हैं, छत्तीसगढ़ की वित्तीय स्थिति में इसका क्या असर पड़ता है? मैं यही बताना चाहता हूँ कि छत्तीसगढ़ में यदि कोयले का हमने बेहतर तरीके से उपयोग किया है, माइंस को हमने बेहतर उपयोग किया है

तो खनिज विभाग, जिसकी टोटल सैलरी पर 24 करोड़ 40 लाख का खर्चा होता है। छोटा सा विभाग है। मैं बताना चाहूँगा कि यह कितना राजस्व देता है। 2004-05 में 694 करोड़ 62 लाख रुपए का राजस्व था और 2012-13 आते-आते यह बढ़कर 278 5 करोड़ रुपए हो गया। हमें लगभग 3000 करोड़ रुपए का राजस्व मिलेगा। बहुत सारे विषय रॉयल्टी को लेकर आए। नए अन्वेषण हो रहे हैं।···रायपुर, बस्तर, राजनांदगाँव में 12 लाख टन सीमेंट श्रेणी के चूना पत्थर के भंडार का अनुमान है। हम जो अवैध उत्खनन को रोकने के लिए काम करते हैं, उसमें इलेक्ट्रॉनिक रोड वे ब्रिज बन रहा है। कलेक्टर की अध्यक्षता में एक कमेटी बनी है, जो बेहतर तरीके से इसकी मॉनिटरिंग करे। हमने अर्थदंड को 1000 से बढ़ाकर 5000 रुपए किया है और दंड की प्रक्रिया को ज्यादा सख्त किया है।

कबीरधाम में जो लौह अयस्क मिला है, उसमें 64-65-66 प्रतिशत आयरन कंटेट हैं। हमने पहले सोचा था कि प्राइवेट सेक्टर में देंगे, लेकिन मुझे बाद में लगा कि भिलाई स्टील प्लांट, जो छत्तीसगढ़ का सबसे बड़ा प्लांट है, वहाँ के अधिकारी, सेल के चेयरमैन मेरे पास आए और कहा कि यदि भिलाई प्लांट को बचाना है तो आप कृपा करके कवर्धा का आयरन ओर के लिए हमारे साथ एम.ओ.यू. करिए। इसका 7 मिलियन टन प्रोडक्शन बढ़नेवाला है। मुझे सदन को बताते हुए खुशी हो रही है कि हमने स्टील अथॉरिटी ऑफ इंडिया लिमिटेड के साथ संयुक्त उपक्रम गठित किया है और कबीरधाम में सेल के द्वारा विभिन्न विकास कार्य भी करेंगे। हमने कहा कि वहाँ पर मेडिकल कॉलेज, इंजीनियरिंग कॉलेज और रेलवे लाइन का विस्तार करें। राज्य में कॉपर और बेस मेटल के अन्वेषण का काम तेजी से चल रहा है। हम उम्मीद करते हैं कि छत्तीसगढ़ में हिंदुस्तान कॉपर लिमिटेड के साथ मिलकर छत्तीसगढ़ मिनरल डेवलपमेंट कॉरपोरेशन ने जो एम.ओ.यू. किया है। उससे छत्तीसगढ़ में बेहतर किस्म के कॉपर और बेस मेटल मिलने की संभावना है। हम उसको आनेवाले समय में पूरा करेंगे।

माननीय अध्यक्ष महोदय, अभी तक छत्तीसगढ़ में ऊर्जा विभाग में हमारे पास 50, 120, 220 मेगावाट के प्लांट थे और आखिरी इकाई डॉ. श्यामा प्रसाद मुखर्जी ताप विद्युत् परियोजना के अंतर्गत 250 मेगावाट क्षमता की इकाई स्थापित की गई थी। आज मुझे खुशी है कि छत्तीसगढ़ में हमारे पास कोरबा के मड़वा की 500 मेगावाट की जो इकाई है, उसे सिंक्रोनाइज कर लिया गया है और उत्पादन शुरू कर दिया है। हमारे सबसे बड़े यूनिट ने काम प्रारंभ कर दिया है, उससे हमें 500 मेगावाट बिजली मिलने लगेगी। (मेजों की थपथपाहट) यह बड़ी उपलब्धि है। यह छत्तीसगढ़ की सबसे बड़ी यूनिट है। अभी तक हमारे पास 50 से 250 मेगावाट की इकाइयाँ थीं, लेकिन यह 500 मेगावाट का पहला यूनिट है, जिसको सिंक्रोनाइज किया गया है। अध्यक्ष महोदय, 500-500 मेगावाट के और दो प्लांट हैं, जिन्हें हम कोशिश करेंगे कि आनेवाले समय में उन्हें भी

जल्द सिंक्रोनाइज करें।

हमारे छत्तीसगढ़ के 19744 गाँवों में से 520 गाँव, जहाँ पर पारंपरिक ढंग से बिजली नहीं पहुँच सकती, वहाँ पर हमारी कोशिश है कि हम वहाँ सोलर ऊर्जा पर बेहतर तरीके से काम करें। गैर परंपरागत सोलर ऊर्जा की एक बड़ी योजना की मैं शुरुआत करना चाहूँगा। हमने एक बड़ी योजना बनाई है कि हमारे 95 आई.पी. और अनुसूचित क्षेत्र के ब्लॉक हैं, वहाँ के 13 लाख परिवारों को मोबाइल सोलर लैंप वितरण का काम हम अगले महीने प्रारंभ कर देंगे। यह देश का पहला राज्य है, जो ऐसी योजना शुरू कर रहा है। यह शायद देश और दुनिया में यूनिक है। इतने बड़े पैमाने पर 13 लाख घरों में सोलर लालटेन देंगे। उसे दिन में तीन घंटे चार्ज किया जाएगा और उससे छह से आठ घंटे तक पूरे शहर या गाँव में घूम सकते हैं। उसे लेकर वह बाजार-हाट जा सकते हैं, हाथी आए तो भगा सकते हैं। ऐसे 8 घंटे तक जलनेवाले सोलर लैंप का वितरण हम 13 लाख परिवारों को करेंगे।

13 लाख परिवारों के लिए मोबाइल सोलर लैंप के अलावा अनुसूचित क्षेत्रों और आई.पी. ब्लॉकों के क्षेत्र के 95 ब्लॉकों के छात्रावासों के विद्यार्थियों को, जिनकी संख्या करीब 16 लाख 50 हजार है, को मोबाइल स्टडी लैंप देंगे। वह इतना छोटा है कि उसको लेकर भी चल सकते हैं, पढ़ भी सकते हैं और मच्छरदानी के अंदर उसको जलाकर पढ़कर सोते समय बंद कर देंगे। यह कमाल का लैंप है। यह कमाल की चीज है, 8 घंटे जलता है। इसे हम एक-एक गाँव, एक-एक घर तक ले जाएँगे।

अध्यक्ष महोदय, मैं एक खास बात बता रहा था कि छत्तीसगढ़ में सौर विकिरण की पर्याप्त संभावनाएँ हैं। सूर्य भगवान् का आशीर्वाद है, छत्तीसगढ़ में 'क्रेडा' के माध्यम से रूप टॉप सोलर पावर प्लांट में 1752 भवनों में 16.14 मेगावाट, अध्यक्ष महोदय, मैं मेगावाट की बात कर रहा हूँ, 1752 भवनों में 16.14 मेगावाट के पावर प्लांट स्थापित किए गए हैं। आप कभी बीजापुर, दंतेवाड़ा, गीदम, कोंडागाँव, नारायणपुर, ओरछा, जगदलपुर जाएँ, दंतेवाड़ा से गीदम तक भारत का ही नहीं, एशिया की सबसे बड़ी 15 किलोमीटर की स्ट्रीट लाइट सोलर पावर से संचालित है। राजभवन, नया मंत्रालय में 1 मेगावाट का सोलर पावर बनता है। जितने बड़े कार्यालय हैं, जितने स्कूल हैं, जितने छात्रावास हैं, सब सोलर सपोर्ट से रोशन हैं। प्राइवेट सेक्टर की जितनी भी बिल्डिंग हैं, वे भी सोलर प्लांट लगा रही हैं। हमारे एनआईटी, बीआईटी, ऐसे सैकड़ों स्थानों में हम इनको सोलर सपोर्ट दे रहे हैं। दिन में और रात में दोनों समय में इसकी जरूरत पड़ती है। 245 नक्सल प्रभावित थानों में, अर्द्धसैनिक बलों के 47 बेस कैंपों में, 1200 से अधिक छात्रावासों में। हमारे कई छात्रों को इस बात की जानकारी ही नहीं है कि इतने बड़े पैमाने पर उनको सोलर पावर का सपोर्ट है। 2013-14 में 4 हजार छतों पर 40 मेगावाट का प्लांट लगाना है। अगर 40 मेगावाट का प्लांट लगेगा तो कोरबा में बननेवाली 80 मेगावाट

बिजली बचेगी। ग्रामीण पेयजल व्यवस्था के लिए 450 गाँवों में सोलर आधारित स्कीम बनाई गई है, जिसमें 450 गाँवों में सोलर से पानी मिल रहा है और आगामी साल में 2 हजार पंपों में इसे और लगाएँगे।

माननीय अध्यक्ष महोदय, जो महँगाई की बात करते हैं, उसके संबंध में मैं कुछ तुलनात्मक आँकड़े बताना चाहता हूँ। दिल्ली में बिजली की कीमत 6.63 रुपए प्रति यूनिट आज की तारीख में है। बिहार में 5.50, हरियाणा में 5.33, तमिलनाडु में 4.99, मध्य प्रदेश में 4.90, केरल में 4.87, कर्नाटक में 4.85 और छत्तीसगढ़ में 4.07 रुपए प्रति यूनिट एवरेज कॉस्ट है। हमने कोशिश की है कि देश के अन्य राज्यों की तुलना में हम उसको कैसे मिनीमाइज कर सकते हैं! यहाँ तो यह स्थिति है कि आदमी पेट्रोल भरवाने जाता है, डीजल डलवाने जाता है, घर से 65 रुपए के हिसाब से पैसा ले जाता है और पेट्रोल पंप जाते-जाते उसकी कीमत 70 रुपए हो जाती है। आदमी बोलता है कि जल्दी पेट्रोल भर दो, पता नहीं कब, किस समय फोन आ जाएगा कि तीन रुपए कीमत बढ़ जाएगी। वे घबराते हैं और लाइन लगाकर दौड़ते हैं। हमारा एक मित्र है, उसके पास गाड़ी थी। वह पेट्रोल भरवाने के लिए पेट्रोल पंप गया तो पेट्रोल भराते-भराते उसको मालूम हुआ कि 4 रुपए प्रति लीटर कीमत बढ़ गई है तो उसने कहा कि गाड़ी के ऊपर तीन लीटर पेट्रोल डाल दो और इसमें आग लगा दो, अब गाड़ी की जरूरत नहीं है। अब यह हालत है, गाड़ी चलाने की हिम्मत नहीं है।

हिंदुस्तान के जो सबसे विकसित राज्य हैं, वहाँ बिजली की क्या हालत है? महाराष्ट्र, जहाँ बिजली कटौती होती है, आंध्र प्रदेश, कर्नाटक, तमिलनाडु, बिहार कहीं आठ घंटे लाइट है, कहीं दस घंटे लाइट है, कहीं बारह घंटे लाइट है, लेकिन हमारी कोशिश है और हिंदुस्तान में कोई भी सरकार किसानों को आठ घंटे से ज्यादा बिजली दे ही नहीं सकती। चाहे वे बड़े-से-बड़े राज्य हों, राज्यों के नाम लेना नहीं चाहता, मगर टेलीविजन में एड आता है कि हम आठ घंटे बिजली देने के लिए तैयार हो जाएँगे। सारे राज्यों की यही कहानी है। अध्यक्ष महोदय, मैं ऐसा कहता हूँ कि छत्तीसगढ़ एक ऐसा राज्य है, जो यह कोशिश करता है कि किसानों को चौबीस घंटे बिजली मिले। घंटे, दो घंटे, तीन घंटे। अटल योजना में हमने उनको कहा है, फीडर सेपरेशन में उनको कहा है। मगर छत्तीसगढ़ हिंदुस्तान में सबसे ज्यादा, सही समय में और गुणवत्तायुक्त बिजली देने के काम में सफल रहा है। उसके साथ-साथ हमारे पंपों की स्थिति थी, आज यह विषय आता है कि किसानों के लिए सरकार ने जिन योजनाओं का क्रियान्वयन किया, उसमें क्या-क्या छूट दी है? 3 एचपी के 1 लाख 95 हजार किसानों को 6 हजार यूनिट तक, 3 से 5 यूनिट तक 85 हजार किसानों को 7 हजार 5 यूनिट तक, और इसके साथ-ही-साथ इसमें बीपीएल के परिवारों को छूट दी गई है। 30 यूनिट से बढ़ाकर 40 यूनिट तक एक बत्ती कनेक्शन में हमने यूनिट का चार्ज बढ़ा दिया है। उसके साथ-साथ जो फिक्स चार्ज

है, मीटर चार्ज है, शेष है, ये सारे के सारे उनको माफ कर दिए गए हैं। कुल मिलाकर छत्तीसगढ़ में किसानों का लागत मूल्य कम करने के लिए बिजली और ऊर्जा विभाग की जो भूमिका है, उसमें हमने बेहतर तरीके से शहरी और ग्रामीण विद्युतीकरण के काम में नए ट्रांसफार्मर लगाने का काम किया है। शहरी-ग्रामीण विद्युतीकरण में नगर निगम क्षेत्र में हमने बिजली के विस्तार को आगे बढ़ाने का काम किया है। उसके साथ-ही-साथ हमारी कोशिश है कि नगर निगम क्षेत्रों में जितने भी ट्रांसफार्मर हैं, जितने भी खंभे हैं, पुरानी लाइन है और जहाँ सघन आबादी है, वहाँ पर अंडरग्राउंड केबल के माध्यम से इलेक्ट्रिफिकेशन का हम काम करेंगे, और यह काम नगर निगम क्षेत्रों में अलग-अलग, बेहतर तरीके से करने का प्रयास किया है।

पत्रकारों की चिंता

हमने पत्रकार बिरादरी की भी चिंता की है। मुझे खुशी होती है कि पत्रकार मित्र जिस प्रकार से काम करते हैं, उन्होंने कभी माँग नहीं की, कभी आवेदन नहीं दिया, मगर मुझे लगा कि पत्रकार बंधु एक बड़ा दायित्व निभाते हैं, पत्रकारिता देश का चौथा स्तंभ है। इनके लिए सुरक्षा की दृष्टि से हमने इस काम को आगे बढ़ाने का काम किया है और छत्तीसगढ़ के इतिहास में पहली बार पत्रकारों के लिए, मीडिया का काम करनेवाले साथियों के लिए एक साथ दो बड़ी कल्याणकारी योजनाएँ लागू की जा रही हैं। इस योजना का लाभ सभी पत्रकारों, संपादकों, संवाददाताओं एवं फोटोग्राफरों को मिलेगा। 5 लाख का दुर्घटना बीमा होगा, जो निर्धन और स्थायी अपंगता में राहत देगा। (मेजों की थपथपाहट) पत्रकार बंधु को प्रीमियम की राशि सिर्फ 25 प्रतिशत, जो तीस-चालीस रुपए होगी, देना पड़ेगी। उसमें 75 प्रतिशत शासन का अंशदान रहेगा। इसके लिए बजट में राशि का प्रावधान रखा गया है। दूसरी 'मुख्यमंत्री सम्मान निधि योजना' है। वरिष्ठ पत्रकारों की आजीवन सेवा का सम्मान करते हुए इस निधि की स्थापना की गई है। पूर्णकालिक पत्रकार, जिसने कम-से-कम बीस साल किसी दैनिक, साप्ताहिक अखबार में काम किया हो तथा जो 65 वर्ष की आयु पूर्ण कर चुका हो, ऐसे वरिष्ठ पत्रकारों को प्रति माह 5 हजार रुपए की 'सम्मान निधि' राज्य सरकार की ओर से दी जाएगी। □

छत्तीसगढ़ विधानसभा (वर्ष 2013) में राज्यपालजी के अभिभाषण पर कृतज्ञता-बहस का उत्तर

माननीय अध्यक्ष महोदय, माननीय राज्यपाल महोदयजी के अभिभाषण पर प्रस्तुत कृतज्ञता ज्ञापन प्रस्ताव, जिसकी शुरुआत श्री दीपक पटेलजी ने की और जिसमें माननीय नेता प्रतिपक्ष श्री रविंद्र चौबे सहित पक्ष और विपक्ष के 27 माननीय सदस्यों ने हिस्सा लिया। मैं उन सभी को धन्यवाद देना चाहूँगा।

माननीय अध्यक्ष महोदय, यहाँ मूलतः नीतियों की बात है। माननीय राज्यपाल महोदयजी का अभिभाषण, जिसमें प्रदेश को विकास की दिशा में ले जाने की जिन योजनाओं, नीतियों एवं उपलब्धियों के बारे में तथा इस छत्तीसगढ़ की भावी दिशा के बारे में जो विषय उन्होंने धैर्यपूर्वक रखे, यहाँ छत्तीसगढ़ के विकास की उस गति को, विकास की उस दिशा को दिखाने की दशा में माननीय राज्यपाल महोदयजी ने अपनी बात रखी। श्री चौबेजी ने जिन मुद्दों पर अपनी बात रखी, मैं एक परिवर्तन देख रहा हूँ कि श्री चौबेजी जब से दिल्ली में 3 दिन का पता नहीं क्या प्रशिक्षण लेकर आए हैं, तब से न तो वे बाएँवाले से डर रहे हैं और न ही पीछेवाले से डर रहे हैं। (हँसी) (मेजों की थपथपाहट) उनमें एक आत्मविश्वास तो आया और मैं नेताजी को बधाई देना चाहता हूँ कि कुछ तो असर हुआ। आप मुसकरा रहे हो, आप राज की बात समझते हो, मगर अच्छी बात है।

अध्यक्ष महोदय, राज्यपालजी के अभिभाषण में सभी सम्माननीय सदस्यों ने अपनी बात कही। मैं नेता प्रतिपक्षजी को धन्यवाद दूँगा, जिन्होंने बेमेतरा के जिला निर्माण, वहाँ के विकास, वहाँ के महाविद्यालय निर्माण के लिए कम-से-कम धन्यवाद तो दिया। बाकी सदस्य भी अभिभाषण के जवाब में अपने क्षेत्र के बारे में जो विकास हुए हैं, उनको चिह्नांकित करते तो हम सबको प्रसन्नता होती। मगर ठीक है, नेताजी ने कम-से-कम अपने क्षेत्र और प्रदेश के बारे में उस दिशा को चिह्नांकित करने का प्रयास

किया। अध्यक्ष महोदय, चौबेजी की बात से ही मैं अपनी बात शुरू करना चाहूँगा। जब छत्तीसगढ़ गौरवान्वित होता है, जब राष्ट्रीय स्तर पर छत्तीसगढ़ की चर्चा होती है और छत्तीसगढ़ को सम्मानित किया जाता है तो वह बात इस विधान सभा में भी आनी चाहिए।

यदि देश में छत्तीसगढ़ को किसी योजना के बारे में पुरस्कृत किया जाता है, फिर चाहे वह मनरेगा, महात्मा गांधी रोजगार गारंटी योजना की बात हो। मैं इस योजना से इसलिए शुरू करना चाहता हूँ, क्योंकि इसके विषय में आज इस सदन में माननीय चौबेजी ने चर्चा की। यह एक महत्त्वपूर्ण विषय इसलिए है, क्योंकि यदि छत्तीसगढ़ के दूरस्थ अंचल बस्तर का काँकेर सम्मानित होता है, राजनांदगाँव जिले के छुईखदान की एक पंचायत की राष्ट्रीय स्तर पर उत्तम आठ पंचायतों में गिनती होती है। ये पुरस्कार छत्तीसगढ़ सरकार ने माँगे नहीं थे। किसी एप्लीकेशन की जरूरत नहीं थी। इसके लिए केंद्र सरकार की टीम आती है, केंद्र सरकार के विशेषज्ञ आते हैं और उन विशेषज्ञों ने सर्वे करके पूरी जानकारी लेने के बाद छत्तीसगढ़ को पुरस्कृत किया। मैं उसकी पूरी डिटेल में नहीं जाना चाहूँगा, लेकिन यह बताना चाहूँगा, क्योंकि इस विषय को उठाया गया है। इस विषय को लेकर भारत सरकार की टीम आई। जिसमें भारत सरकार के पूर्व सचिव तथा टाटा इंस्टीट्यूट ऑफ सोशल साइंस के सदस्य, नॉर्थ-ईस्ट हिल यूनिवर्सिटी के सदस्य, भारत सरकार के ग्रामीण विकास मंत्रालय के वरिष्ठ अधिकारी थे। इन लोगों ने देखा। इन लोगों के देखने के बाद यदि छत्तीसगढ़ को पुरस्कृत किया तो विधानसभा से हम सबको इस बात के लिए पंचायत ग्रामीण विकास मंत्री को कम-से-कम धन्यवाद देना चाहिए कि छत्तीसगढ़ को पुरस्कृत किया, छत्तीसगढ़ का सम्मान बढ़ाया। उलटा होता यह है कि यदि केंद्र का कोई मंत्री छत्तीसगढ़ को सम्मानित करता है तो उसके पूरे कार्यक्रम से पूरी-की-पूरी पार्टी अलग हो जाती है। (शेम-शेम की आवाज) क्या यह नाराजगी है ? इस प्रकार के कार्यक्रम से बाहर रहना क्या अच्छा है ? छत्तीसगढ़ में कोई केंद्रीय मंत्री आता है तो पहले ही बयान जारी हो जाता है कि छत्तीसगढ़ के मुख्यमंत्री और मंत्रियों की तारीफ न की जाए। यदि डेमोक्रेसी में ऐसा चलता रहा कि केंद्र से कोई मंत्री आए और उसको हाईकमान से पहले से निर्देश हो जाए कि छत्तीसगढ़ जाकर तारीफ नहीं करनी है तो अच्छी बात नहीं है। उनको सिखा-पढ़ाकर लाते हैं, मगर जब वह छत्तीसगढ़ के विकास को देखते हैं, यहाँ से जब सार्वजनिक रूप से जाते हैं तो प्रेस के सामने बोलते हैं कि छत्तीसगढ़ का काम देश में सबसे बेहतर है। मैं यह एक उदाहरण देकर कहना चाहता हूँ, उन्होंने एक काम को सराहा तो इसमें दुःखी क्यों होना ? यह छत्तीसगढ़ का मान-सम्मान, गौरव, अस्मिता बढ़ानेवाला विषय है। यह पक्ष-विपक्ष की बात नहीं है, ढाई करोड़ लोगों का सम्मान है, यह उन श्रमजीवियों का सम्मान है, जो मनरेगा में काम करते हैं, मजदूरी करते हैं। यह उनका सम्मान है। यह उन वनवासियों

का सम्मान है, जिनके लिए जमीन के लिए पट्टे दिए गए, विकास के लिए योजनाएँ बनीं, उनके लिए आवास बने, इसके लिए छत्तीसगढ़ को चयनित किया गया है।

माननीय अध्यक्ष महोदय, मैं उन सारी नकारात्मक परंपराओं को माननेवाला नहीं हूँ। जिसने अच्छा किया, उसको धन्यवाद देना चाहिए और राज्यपाल महोदय के अभिभाषण में मैं इस देश के राष्ट्रपतिजी, प्रधानमंत्रीजी, उन सभी केंद्रीय मंत्रियों, उन अधिकारियों को धन्यवाद देना चाहता हूँ, जिन्होंने छत्तीसगढ़ के बारे में अच्छी बातें कहीं। (मेजों की थपथपाहट) हम यह समवेत स्वर से कहते हैं। वे कांग्रेस के हैं तो क्या मैं बुराई करूँगा? हम राजनीति करते हैं, मगर यदि कोई छत्तीसगढ़ के बारे में अच्छी बात कहता है, उनकी सोच, धारणा बनती है तो आज हम उन सबको बेहतर तरीके से इस सदन की ओर से धन्यवाद देते हैं। चौबेजी ने कुछ महत्त्वपूर्ण विषयों को उठाया है। सामाजिक क्षेत्र में हमारी स्थिति मैं बहुत संक्षेप में बताना चाहूँगा। कोई डॉ. रमन या छत्तीसगढ़ का मुख्यमंत्री या कोई दूसरा मंत्री नहीं कह रहा है। आर.बी.आई. की जो रिपोर्ट आई है, उसको देख लें। आर.बी.आई. ने अपने वर्ष 2013 के प्रतिवेदन में कहा है कि सामाजिक क्षेत्र में 41 प्रतिशत व्यय करके छत्तीसगढ़ देश के प्रथम तीन राज्यों में आया है। हमारा जो डेवलपमेंट एक्सपेंडीचर है, विकास के क्षेत्र में हमने जो व्यय किया है, वह छत्तीसगढ़ में सबसे ज्यादा है। यह छत्तीसगढ़ की सबसे बेहतर चीज है। चौबेजी, हमको इस पर गर्व करना चाहिए। इसमें कहीं पर हमारे मन में पश्चात्ताप नहीं होना चाहिए कि छत्तीसगढ़ का दिल्ली के लोग, दिल्ली के पेपर या दिल्ली के मंत्री तारीफ करते हैं। यह छत्तीसगढ़ की जनता के लिए गौरव का विषय है।

अध्यक्ष महोदय, एक दूसरा विषय कहा गया कि छत्तीसगढ़ की आर्थिक स्थिति ठीक नहीं है और हम विकास दर में पीछे हो गए। ग्यारहवीं पंचवर्षीय योजना वर्ष 2006-2011 की अवधि में हमारी विकास दर 8.4 प्रतिशत रही, जोकि देश के प्रथम पाँच राज्यों में शामिल है। हिंदुस्तान के पाँच ऐसे राज्य हैं, जिनकी ग्यारहवीं पंचवर्षीय योजना में विकास दर बेहतर रही और उन पाँच राज्यों में हमारे छत्तीसगढ़ का स्थान है, यह छत्तीसगढ़ के लिए गौरव का विषय है। कृषि-क्षेत्र में हम हिंदुस्तान में दूसरे नंबर पर रहे, यह छत्तीसगढ़ की उपलब्धि है। (मेजों की थपथपाहट) हमारे राज्य ने कृषि-क्षेत्र में एक लंबी छलाँग लगाई है। राज्यपाल के अभिभाषण की चर्चा में इस बात का जिक्र नहीं आया या आप लोगों में से किसी ने इस बात का जिक्र नहीं किया कि छत्तीसगढ़ का निर्माण कैसे हुआ। निर्माण की उस कल्पना को साकार करने के लिए इस देश के पूर्व प्रधानमंत्री आदरणीय अटल बिहारी वाजपेयीजी ने पहल की और छत्तीसगढ़ का निर्माण किया था। उस निर्माण के बाद छत्तीसगढ़ में 16 जिलों में से 11 और नए जिले बनाकर 27 जिलों के निर्माण की जवाबदारी हमारी थी। अध्यक्ष महोदय, आप वहाँ का

उत्साह देखिए। उन जिलों के कार्यक्रम में मैं महले भी गया और उसके बाद एक वर्ष होने के बाद गया, हमने सबको आमंत्रित किया तो लाखों लोगों की भीड़ थी। उम्मीद और विकास के प्रति ललक और उनके आँखों की चमक देखकर लगता था कि जैसे उन्होंने जीवन का सबकुछ पा लिया। जिले के निर्माण और विकास के साथ-साथ वहाँ अधोसंरचना के निर्माण के लिए जिस काम की शुरुआत हुई है, वह वहाँ दिखाई देता है। हम अब जिलों के निर्माण से और आगे बढ़ रहे हैं। हमने आयोग का गठन कर दिया है और आनेवाले समय में नए विकासखंडों का भी गठन होगा। हम विकास की उस आखिरी किरण तक जाना चाहते हैं। (मेजों की थपथपाहट) यह कार्य विकास की दिशा दिखाता है। हमने जो प्रशासनिक निर्णय लिया और उसका क्रियान्वयन किया, उस दिशा में हम आगे बढ़ने में सफल रहे।

माननीय अध्यक्ष महोदय, उद्योगों के विषय में चौबेजी को चिंता थी। उद्योगों के क्षेत्र में पूरे देश में अद्भुत मंदी है। जिस प्रकार से केंद्र सरकार की नीतियाँ लगातार बनीं, इंटर डिपार्टमेंटल को-ऑर्डिनेशन बिखरा, उससे उद्योग जगत् देश में आज पूरी तरह से गिरावट की ओर है। उसके बावजूद छत्तीसगढ़ ने औद्योगिक क्षेत्र के उत्साह के वातावरण को बनाए रखा, क्योंकि उद्योग चलानेवाले मजदूरों की रोजी-रोटी का सवाल है। उद्योग से लाखों परिवारों, मजदूरों को काम मिलता है। इस सेक्टर में वर्ष 2012-13 में हमारी विकास की दर 6.74 प्रतिशत रही। यदि इसी अवधि में राष्ट्रीय विकास दर की बात करें तो वह 3.1 प्रतिशत रही। औद्योगिक विकास की दर के मामले में हम हिंदुस्तान के राष्ट्रीय औसत से दुगुने पर रहे। चौबेजी ने इस मुद्दे को उठाया था।

अध्यक्ष महोदय, सभी सदस्यों ने जो बातें कहीं, मैं उसका जवाब दूँगा, पर मूल विषय किसानों को लेकर है। किसानों को लेकर इस सरकार की पहली सोच रही है। आज हमने जो काम किया, वह इसलिए कि जब देश और छत्तीसगढ़ का किसान खुशहाल होगा, किसान और मजदूर के हाथ में काम होगा, उनके खलिहान भरे रहेंगे, तभी छत्तीसगढ़ का विकास होगा; क्योंकि छत्तीसगढ़ की 75-80 प्रतिशत आबादी कृषि से आजीविका कमाती है। मुझे यह बताते हुए खुशी हो रही है कि अभी तक इन 09 वर्षों में 42 हजार 49 करोड़ रुपए का भुगतान हुआ। धान की खरीदी में इस साल हमने जो कीर्तिमान स्थापित किया, वह छत्तीसगढ़ की खुशहाली और किसान के हालात बताते हैं। अगर मैं कहूँ कि 2003 से लेकर 2012 की यात्रा में धान की खरीदी 6 लाख, 7 लाख, 8 लाख मीट्रिक टन होती थी, वह बढ़ते-बढ़ते 70-71 लाख मीट्रिक टन हो गई है। फिर इसमें कहा जाता है कि किसान फर्जी धान बेचता है। मैं इस बात को बार-बार इस विधानसभा में कह चुका हूँ कि छत्तीसगढ़ का किसान सबसे ईमानदार किसान है। मेहनत करता है, मजदूरी करता है, तपस्या करता है। भगवान् के लिए अब किसान को

कम-से-कम बेईमान कहना बंद कर दो। महासमुंद का किसान, जाँजगीर का किसान, धमतरी का किसान है, क्या किसी कारखाने में धान पैदा होता है ? यह मेहनत से आता है और यह उनकी मेहनत से उगाया गया धान है।

अध्यक्ष महोदय, इस बार धान की खरीदी के बारे में बताना चाहूँगा कि 1947 उपार्जन केंद्र, धान बेचनेवाले किसान 10 लाख 6 हजार, उपार्जित धान 71 लाख 21 हजार टन उपार्जित धान की कीमत 8976 करोड़ रुपया, और बोनस जोकि किसानों को मिलेगा 1923 करोड़ (मेजों की थपथपाहट)। यदि प्रति किसान औसत बोनस देखें और छत्तीसगढ़ के 10 लाख किसानों को जोड़ लिया जाए तो 19,100 रुपए का बोनस प्रत्येक किसान को मिलेगा, यह मैं औसत बता रहा हूँ। अध्यक्ष महोदय, हमारे शक्राजीत नायकजी बहुत धान उत्पादन करते हैं। इनसे पूछिए कि इनको कितना बोनस मिलेगा? जब से 270 रुपए की घोषणा हुई है, कागज लेकर हिसाब लगा रहे हैं। इन्होंने जितना धान बेचा है, उसके हिसाब से इनको 3 लाख 27 हजार बोनस मिलेगा, आपको बधाई दे रहा हूँ। ठीक बोल रहा हूँ या कम बोल रहा हूँ? अध्यक्ष महोदय, चौबेजी का, ये किसान हैं, ट्रेक्टर चलाते हैं। मैंने कई बार चौबेजी को फोन किया¨।

श्री अमरजीत भगत—एक मिनट, बधाई दे रहा हूँ। आपने धान का बोनस देने की घोषणा की, उसके लिए मैं बधाई देता हूँ। लेकिन साथ ही यह भी उम्मीद करता हूँ कि आपने 3 साल का रोक दिया है, उसको भी बहाल करने की कृपा करेंगे।

डॉ. रमन सिंह—हम लोग दिल्ली जाएँगे और दिल्ली जाकर केंद्र सरकार से माँग करेंगे। हम तो केंद्र सरकार के लिए, दिल्ली के लिए धान खरीदते हैं, हम सिर्फ काँटा और बाट लगाते हैं। धान खरीदी के लिए न्यूनतम समर्थन मूल्य तय करने का अधिकार दिल्ली की सरकार को है। कृषि मंत्रालय को है, हमने उनसे कहा है और पूरी विधानसभा ने कहा है कि न्यूनतम समर्थन मूल्य 1000 रुपए से बढ़ाकर 1500 रुपया किया जाए। लेकिन आज तक 1500 और 2000 में बात नहीं हुई। हम एक बार फिर जाएँगे कि हमने तो 270 दे दिया अब आप भी 270 दे दें तो किसानों के जीवन में परिवर्तन आ जाएगा (मेजों की थपथपाहट)। हम चलेंगे, कोई दिक्कत नहीं है। मैं चौबेजी और धरमजीत की तारीफ कर रहा था, ये लोग किसान हैं। कई बार मैं फोन करता हूँ कि चौबेजी कहाँ हैं तो पता चलता है कि चौबेजी ट्रैक्टर में बैठे हैं। छत्तीसगढ़ के जितने विधायक हैं, चंद्रशेखरजी, कितना बोनस मिलेगा आपको?

डॉ. शक्राजीत नायक : माननीय मुख्यमंत्रीजी, आप 270 रुपए धान के बोनस की बात कर रहे हैं। राज्यपाल के भाषण में कहाँ पर 270 रुपया लिखा है, बता दीजिए?

डॉ. रमन सिंह—आपने प्रश्न उठाया नहीं होता, इस विधानसभा में नेता प्रतिपक्ष ने इस बात को छेड़ा नहीं होता, माननीय सदस्यों ने मुझसे आग्रह किया नहीं होता, तो

मैं उसी लिमिटेशन में रहता। जब कोई प्रश्न कर देता है। मैं तो सोचता था कि मैं इसके बारे मे अंत में बात करूँगा, मगर नेताजी ने कहा है तो मुझे थोड़ा-बहुत जवाब देना ही है। मैं बता रहा था कि इसका लाभ सबको मिल रहा है।

डॉ. शक्राजीत नायक—माननीय अध्यक्ष महोदय, केंद्र सरकार ने दो साल में समर्थन मूल्य में 300 रुपए की वृद्धि की है। 950 से 1250 रुपए हो गए और आप 4 साल के बाद 270 रुपए बोनस दे रहे हैं।

डॉ. रमन सिंह—माननीय अध्यक्ष महोदय, शक्राजीतजी, 3 लाख, 27 हजार के लिए धन्यवाद तो दे दो, बाकी तो बाद में देखेंगे।

डॉ. शक्राजीत नायक—माननीय अध्यक्ष महोदय, धन्यवाद।

श्री देवजी भाई पटेल—माननीय अध्यक्ष महोदय, खाद भी तो 450 रुपए से 900 हो गया। उसके बारे में भी बोलिए।

डॉ. रमन सिंह—माननीय अध्यक्ष महोदय, अब यह किसानों की दर्द और पीड़ा का मूल विषय उठाया है। देवजी ने जिस बात को उठाया और गंभीरता से रखा है, उस ओर से आप और हम सब पीड़ित हैं। सुपर फॉस्फेट, यूरिया, डीजल, पेट्रोल से लेकर किसानों के लिए जो-जो चीज उपयोग में आती है, बीज की कीमत में 60 से 70 प्रतिशत वृद्धि हुई है। इंफ्लेशन तो जहाँ गया वहाँ गया। इसको दूर करने के लिए हम मिनीमम सपोर्ट प्राइस बढ़ाने की बात करते हैं, इसके लिए दिल्ली जाने की बात करते हैं, मगर दिल्लीवाले इनकी बात नहीं सुनते हैं। वे बुलाकर पेशी करते हैं और खिसका देते हैं। दिल्लीवालों से यदि काम करा लेते तो हमारा सारा काम हलका हो जाता, समर्थन मूल्य बढ़ जाता।

माननीय अध्यक्ष महोदय, छत्तीसगढ़ के विकास की दिशा और विकास-यात्रा में किसानों की बड़ी भागीदारी है। किसानों की संपन्नता से ही छत्तीसगढ़ के विकास की दिशा आगे बढ़ेगी और हम किसानों को बिजली, पानी और बेहतर बीज तथा स्प्रिंकलर के लिए, ड्रिप के लिए भी सुविधा दे रहे हैं। उन सारी योजनाओं को हमने बेहतर ढंग से किया है और इंटरेस्ट को एक प्रतिशत किया है। इनपुट कॉस्ट (लागत) कम कैसे हो, ब्याज दर को हमने कम किया है। 7500 हजार यूनिट की बात मैं बाद में करूँगा। यह बजट किसानों को समर्पित रहा है। उनके खून-पसीने से ही छत्तीसगढ़ में खुशहाली है, छत्तीसगढ़ का भविष्य है। उनके लिए कुछ पंक्तियाँ कहना चाहूँगा—

जिनके खून-पसीने से माटी की किस्मत जगती है,
जिनके हाथों की ताकत से धरती हरियाली रचती है,
जिनके पुण्यों की दौलत से हर पेट की आग बुझती है
उस अन्नदाता को नमन, जिससे दुनिया सजती है। (मेजों की थपथपाहट)

ये वही अन्नदाता हैं। उस अन्नदाता को हम नमन करते हैं।

माननीय अध्यक्ष महोदय, दूसरी बात यह आई कि प्रति व्यक्ति आय में कितनी वृद्धि हुई है और छत्तीसगढ़ के विकास में उसकी भागीदारी क्या है ? 2003 के आँकड़ों को मैं नहीं कहना चाहूँगा, उस समय जो प्रति व्यक्ति आय 11 हजार थी, मगर अब वह आँकड़ा 11 हजार से बढ़कर 46 हजार हुआ है। प्रति व्यक्ति आमदनी 46743 रुपए। जो वृद्धि हुई है और 2012-13 में प्रति व्यक्ति आय बढ़कर 52690 रुपया हुआ है। ये 15 प्रतिशत की वृद्धि है, जिसको हम चिह्नांकित करना चाह रहे थे।

माननीय अध्यक्ष महोदय, एक महत्त्वपूर्ण विषय, जिसके बारे में सभी सम्माननीय सदस्यों ने चर्चा की। हमारे एक सदस्य तो कह रहे थे कि आपको खाद्यान्न सुरक्षा अधिनियम लाने की जल्दी थी ? दिल्लीवाले विधेयक ला रहे हैं। मुझे इनकी सोच में, समझ में और इनके बचपने में हँसी आती है। दिल्लीवाले तो 65 साल तक झुनझुना दिखाकर गरीबों को 'गरीबी हटाओ, गरीबी हटाओ' का नारा देते हुए दिल्ली में काम कर रहे हैं। आज भी खाद्यान्न सुरक्षा बिल के बारे में पिछले पाँच साल से बहस ही चल रही है। लोकसभा में कब ये बिल आएगा, कब पास होगा, कब इसकी व्यवस्था होगी ? दिल्ली के चुनाव आने में अभी डेढ़ साल हैं। दिल्ली की चर्चा में जो खाद्यान्न सुरक्षा की बात हो रही है, उसके संबंध में मैं दुष्यंतजी को याद करना चाहता हूँ—भूख है तो सब्र कर⋯।

श्री अमरजीत भगत—अभी खाद्य मंत्रीजी दिल्ली गए थे तो खाद्य सुरक्षा कानून से संबंधित समीक्षा बैठक में थे तो दूसरे से चार्ज मिला है।

डॉ. रमन सिंह—माननीय अध्यक्ष महोदय, आपकी समझ से परे है, अभी चौबेजी बैठे हैं, उनसे समझ लेना। दिल्ली की सरकार पर एक लाइन कहना चाहूँगा—

भूख है तो सब्र कर, रोटी नहीं तो क्या हुआ,
आजकल दिल्ली में है, जेरे बहस ये मुद्दा।

मुद्दा बहस में है। रोटी नहीं है, पर दिल्ली की लोकसभा में बहस हो रही है। पता नहीं कि कब पास होगा, इसकी दूरी कब दूर होगी। मगर छत्तीसगढ़ सिर्फ विधेयक नहीं लाया, बल्कि हम इसका क्रियान्वयन कर रहे हैं। क्रियान्वयन का मतलब यह है कि जिन परिवारों को आज हम एक रुपए, दो रुपए किलो चावल दे रहे हैं, नमक दे रहे हैं, चना दे रहे हैं, दाल दे रहे हैं। देश के सामाजिक क्षेत्र में काम करनेवाले लोगों ने आज इसकी तारीफ की है। आईएमआर, एमएमआर, माल न्यूट्रिशियन, कुपोषण के खिलाफ लड़ाई में यदि आयोडाइज नमक दिया जा रहा है, दाल दी जा रही है तो यह हमारी बड़ी लड़ाई है। यह वोट की राजनीति नहीं है कि मैंने 34-35 लाख परिवार

को बढ़ाकर 42 लाख कर दिया। उन सारे किसानों को, जिनके पास जमीन नहीं है, उनको भी इसमें जोड़ दिया है। सीमांत किसानों को जोड़ दिया, विकलांगों को जोड़ दिया। डॉ. रमन यह वोट की राजनीति के लिए नहीं कर रहा है। छत्तीसगढ़ के उन लोगों को दोनों टाइम चावल की व्यवस्था होनी चाहिए और भूख मिटाने का अधिकार, भोजन का अधिकार यह सरकार का दायित्व है। रोटी, कपड़ा और मकान नारा लगाने से नहीं होता, छत्तीसगढ़ सरकार ने इसका क्रियान्वयन करके दिखाया है। (मेजों की थपथपाहट) छत्तीसगढ़ हिंदुस्तान का पहला राज्य है, जिसने हिम्मत और हौसला करके इस विधेयक को पारित किया है। अध्यक्ष महोदय, इसी सदन में आपने इसको मंजूरी दी है। अब आनेवाले समय में हम उनको बेहतर सुरक्षा कैसे दे सकते हैं, इस ओर हमारा ध्यान रहेगा। इस कुपोषण और इस लड़ाई के लिए दिल्ली की सरकार क्या कर रही है, मैं इस विषय में नहीं जाना चाहता।

अध्यक्ष महोदय, हम कई योजनाएँ लाए हैं। हमारे फोकस में युवा हैं। हम युवाओं के लिए एक बेहतर योजना लेकर आए हैं। इस यात्रा में हमने नई योजनाओं को जन्म दिया। मुख्यमंत्री युवा भारत दर्शन योजना, छत्तीसगढ़ खेल विश्वविद्यालय, विवेकानंद युवा प्रोत्साहन योजना, छत्तीसगढ़ युवा कौशल विकास, अधिकार विधेयक, सेंटर ऑफ एक्सीलेंसी फॉर बस्तर स्टडीज—इन सब योजनाओं से छत्तीसगढ़ को क्या फर्क पड़ा और छत्तीसगढ़ में उच्च शिक्षा में हम कहाँ खड़े हैं? मैं इसके संबंध में थोड़ा बताना चाहूँगा कि छत्तीसगढ़ में युवकों के लिए जो काम इस सरकार ने किया, जो नए महाविद्यालय, नए आईटीआई, ट्राइबल क्षेत्र में नए स्कूल खोले, लाइवलीहुड कॉलेज की स्थापना की, रोजगार के अवसरों का सृजन हो, बस्तर से लेकर दंतेवाड़ा में, जिसके बारे में चौबेजी मुझे चिह्नांकित कर रहे थे कि रोजगार के अवसर कैसे मिले? 10वीं, 11वीं, 12वीं फेल युवकों को भी हम ट्रेनिंग देकर रोजगार से कैसे जोड़ सकते हैं। चाहे वह दंतेवाड़ा का हो, सुकमा का हो, काँकेर का हो। बस्तर में, राजनांदगाँव और दूसरे जिलों में जो शुरुआत हुई है, उसके तहत 25 हजार से ज्यादा लोगों को रोजगार से जोड़ने का लक्ष्य है। उनको प्रशिक्षण देना और प्रशिक्षण के साथ-साथ सीधे रोजगार से जोड़ना है।

अध्यक्ष महोदय, मैं उच्च शिक्षा के बारे में कहना चाहूँगा। उच्च शिक्षा संस्थानों की संख्या बढ़ने से जो हमारा ग्रास एनरॉलमेंट रेशियो जी.आर. जो 2.5 था, वह बढ़कर 20 हो गया है। राष्ट्रीय औसत 7 प्रतिशत है। राज्य में उच्च शिक्षा महाविद्यालयों में प्रवेश लेनेवालों की संख्या 1 लाख 60 हजार हो गई है। छत्तीसगढ़ में एक केंद्रीय विद्यालय और चार अन्य विश्वविद्यालय थे। अब उनकी संख्या बढ़कर 13 हो गई है। महाविद्यालयों की संख्या 116 से बढ़कर 181 हो गई है। इंजीनियरिंग कॉलेज

की संख्या 11 से बढ़कर 49 हो गई है। पॉलिटेक्निक 10 से बढ़कर 23, 01 फार्मेसी बढ़कर 16, कृषि और पशु चिकित्सा महाविद्यालय 03 से बढ़कर 30, 01 से बढ़कर 02 मेडिकल कॉलेज, 01 से बढ़कर 06 डेंटल कॉलेज। अध्यक्ष महोदय, छत्तीसगढ़ में एक भी नर्सिंग कॉलेज नहीं था, अब 48 नर्सिंग कॉलेज हैं। इन सबको मिलाकर देखें तो युवकों के अंदर एक उत्साह का वातावरण निर्मित हुआ है। युवा बेहतर तरीके से काम में जुड़ा हुआ है। उससे आगे बढ़कर छत्तीसगढ़ के युवाओं को हाईटेक बनाने के लिए, कैसे बेहतर तरीके से प्रतियोगी परीक्षा में आगे बढ़े। बी.ए., बी.एस-सी, बी. कॉम., एम.ए., एम.एस-सी. फाइनल ईयर के बच्चों के लिए हमने टेबलेट की व्यवस्था की है। मेडिकल और इंजीनियरिंग कॉलेज के विद्यार्थियों के लिए लैपटॉप की व्यवस्था की है। एक उत्साह का वातावरण बनाने के लिए हमने इन योजनाओं की शुरुआत की है। इंजीनियरिंग कॉलेज में जहाँ 3445 युवा पढ़ते थे, आज उसकी संख्या 18 हजार से ऊपर हो गई है।

श्री अमरजीत भगत—आपने अंबिकापुर में मेडिकल कॉलेज खोलने की घोषणा की थी। उसके लिए हम लोग आपको धन्यवाद दे चुके हैं, आपका आभार व्यक्त कर चुके हैं। उसका क्या हुआ?

श्री टी.ए. सिंहदेव—आपने उत्तर क्षेत्र प्राधिकरण में सैद्धांतिक स्वीकृति दी है। मुख्य सचिव महोदय भी उपस्थित हैं। यह कहकर स्वीकृति दी थी कि पहला कदम है, हमने बस्तर में भी दिया था। उसके बाद बस्तर में शासकीय मेडिकल कॉलेज खोला। पीपीपी की कहानी नहीं, राज्य शासन की ओर से हमें मेडिकल कॉलेज की स्वीकृति प्रदान की जाए। एडवांस में ही आपको बहुत-बहुत आभार।

श्री अमरजीत भगत—इसके लिए मेडिकल कॉलेज काउंसिल ऑफ इंडिया तैयार है।

डॉ. रमन सिंह—अध्यक्ष महोदय, अंबिकापुर के लिए मेडिकल काउंसिल ऑफ इंडिया से अनुमति लेकर हम इसको आगे बढ़ा रहे हैं। इस प्रक्रिया को हम आगे बढ़ाएँगे। अध्यक्ष महोदय, एक नया क्षेत्र है, जिसके बारे में आज तक चिंता नहीं की गई। हमने सभी क्षेत्रों में काम किए। उन क्षेत्रों को छोड़कर एक नए क्षेत्र के बारे में बताना चाहूँगा कि जो श्रमिक हैं, निर्माण श्रमिक, जो गिट्टी-पत्थर तोड़ता है और मजदूरी करता है, जिसके परिश्रम से आज बड़ी-बड़ी इमारतें बनी हैं। उस क्षेत्र में काम करनेवाले लाखों मजदूरों के लिए आज तक कोई योजना नहीं बनी। हमने निर्माण श्रमिकों के लिए 42 प्रकार के निर्माण श्रमिकों को 'कर्मकार कल्याण मंडल' के अंतर्गत लाभान्वित किया है। ये अभी तक 4 लाख निर्माण श्रमिक पंजीकृत हो गए हैं और 2 लाख 37 हजार श्रमिकों को 19 योजनाओं में लाभ दिया जा रहा है। अभी तक इनमें से 42 हजार निर्माण श्रमिकों

को साइकिल, सिलाई मशीन और औजारों का वितरण किया जा चुका है। सभी श्रमिकों को इसका लाभ दिया जाएगा। अभी हमने 42 हजार किया है।

माननीय अध्यक्ष महोदय, एक बड़ी योजना, जो अनूठी भी है और जिसे छत्तीसगढ़ ने प्रारंभ करने की हिम्मत की है। देश में पहली बार 'स्वावलंबन पेंशन योजना' मजदूरों के लिए लागू की जाएगी। असंगठित मजदूरों के मामलों में पेंशन की कल्पना और सोच कभी नहीं रही। यदि दुर्घटना में मजदूर की मौत हो जाए तो उसके लिए बीमा की राशि की व्यवस्था नहीं थी। उसकी बेटी की शादी की व्यवस्था करने के लिए कोई योजना नहीं थी, लेकिन अब उनकी बेटियों की शादी मुख्यमंत्री कन्यादान योजना के माध्यम से हो जाएगी। यदि उसकी दुर्घटना में मृत्यु हो जाए, उसके लिए बीमा की योजना है। सबसे बड़ी योजना 'स्वावलंबन पेंशन योजना', जो देश में पहली बार लागू की जा रही है। यह निर्माण श्रमिकों को साल भर में कुल 1 हजार की किश्त जमा करने पर कर्मकार मंडल, केंद्र सरकार और राज्य सरकार की ओर से 1-1 हजार रुपए की राशि जमा की जाएगी। यह राशि 3 गुनी बढ़ जाएगी। 60 साल की उम्र होते-होते, उनको जीवन भर के लिए एक हजार रुपए की पेंशन मिलेगी। हमने मजदूरों के लिए इस कल्पना को साकार किया है और इस योजना को प्रारंभ कर दिया है, इससे हजारों मजदूर जुड़ रहे हैं। उनको जीवन की सुरक्षा मिलेगी। उनको 60 साल तक प्रतिमाह 1 हजार रुपए उनके जीवित रहते तक हमेशा मिलेगी। हमने एक बड़ी योजना की शुरुआत की है। 'स्वावलंबन पेंशन योजना' से 4 लाख निर्माण श्रमिक व 4 लाख 50 हजार अंसगठित श्रमिकों को इसका लाभ मिलेगा। हमने इसी क्षेत्र में असंगठित श्रमिकों के कल्याण के लिए योजना बनाई है। इसमें 50 हेक्टेयर में काम करनेवाले असंगठित श्रमिकों को पंजीकृत किया है। 4 लाख 50 हजार असंगठित श्रमिकों का पंजीयन हो गया है और हम उनको एक साथ 13 योजनाओं का लाभ दे रहे हैं। हमने आगे बढ़कर एक काम किया है कि अभी तक समाचार-पत्र बाँटनेवाले हॉकर्स की कोई चिंता नहीं करता था। छत्तीसगढ़ में जितने भी हॉकर्स हैं, जो सुबह 4:00, 5:00 बजे उठकर अपनी पढ़ाई छोड़कर अखबार बाँटते हैं और दोपहर में स्कूल-कॉलेज में जाकर पढ़ाई करते हैं, हमने उनकी चिंता की और 1 हजार 200 हॉकर्स को नि:शुल्क साइकिल वितरण का काम किया है। (मेजों की थपथपाहट) हम छत्तीसगढ़ के सारे हॉकर्स को जोड़ रहे हैं।

अध्यक्ष महोदय, मुझे पूछा गया कि ग्रामीण विकास की उस कल्पना को साकार करने के लिए इस सरकार की योजना और सरकार का लक्ष्य क्या है? हमने सीमेंट कंक्रीट सड़क की कल्पना की। हमें 'मुख्यमंत्री ग्राम गौरव पथ योजना' में 3 हजार 300 गाँवों में 500 करोड़ रुपए की लागत से सी.सी. रोड की स्वीकृति मिली है। ग्रामीण क्षेत्रों में 'मुख्यमंत्री ग्राम सड़क योजना' एवं अन्य योजनाओं में छत्तीसगढ़ में तेजी के साथ

उन ग्रामीण क्षेत्रों का विकास हुआ है।

माननीय अध्यक्ष महोदय, एक जो चर्चा हो रही थी और एक सम्माननीय सदस्य ने कहा कि जनपद के सशक्तीकरण के लिए क्या-क्या योजनाएँ हैं? जिला और पंचायत में काम है। लेकिन हमने जनपद पंचायतों, उन सारी पंचायतों में भी एक-एक करोड़ की राशि दी है, जिसका वे उपयोग करनेवाले हैं और सब ब्लॉक मुख्यालय में पंचायत सदन के लिए 10-10 लाख रुपए की राशि दी जाएगी। सदस्यगण जो चिंता कर रहे थे कि सभी ब्लॉक मुख्यालय में 10-10 लाख रुपए की लागत के पंचायत सदन की स्वीकृति हो चुकी है और पैसा जा चुका है।

माननीय अध्यक्ष महोदय, ऊर्जा के क्षेत्र में बहुत सारी चर्चा हुई और बहुत सारी बातें सामने आई हैं। मैं बहुत संक्षिप्त में कहना चाहूँगा। हमने छत्तीसगढ़ के आनेवाले 10-15 सालों की कल्पना की है। यहाँ विद्युत् का जो विस्तार हुआ है, उसे आँकड़ों सहित बताऊँगा। छत्तीसगढ़ ने इस क्षेत्र में क्या प्रगति, तरक्की की है। वर्ष 2003 में 6 लाख 89 हजार कुल एकल बत्ती कनेक्शन थे, ये एकल बत्ती कनेक्शन 6 लाख से बढ़कर 14 लाख की संख्या में हो गए हैं। पंप ऊर्जीकरण के बारे में बताना चाहूँगा कि 94 हजार पंप विद्युत् ऊर्जीकृत थे। 94 हजार से बढ़कर 2 लाख 88 हजार पंपों को ऊर्जीकृत किया है। कुल मिलाकर जो उपभोक्ता 20 लाख थे, बढ़कर वे 37 लाख हो गए हैं। जो डिमांड 600,700,800 यूनिट हुआ करती थी, पीक डिमांड 800, 900 से बढ़कर 3000 मेगावाट हो गई है। छत्तीसगढ़ में 3000 मेगावाट बिजली की आवश्यकता है। इसको हम पूरा करने में सफल हो रहे हैं। एक विषय आया कि किसानों से विद्युत् कर, उपकर लिया जा रहा है। मैं स्पष्ट करना चाहूँगा कि किसानों को विद्युत् कर, उपकर दोनों से छूट मिली है। किसानों को फिक्स चार्ज और मीटर रेट में भी छूट मिली है। बी.पी.एल. उपभोक्ता को भी उपकर से छूट दी गई है। बजट में एकल बत्ती कनेक्शन में जो एक या दो बल्ब जलाकर अपना जीवन-यापन करते हैं, हमने एवरेज देखा कि उनका काम 30 यूनिट से नहीं चलता, उस 30 यूनिट को बढ़ाकर 40 यूनिट तक बढ़ा दिया है।

माननीय अध्यक्ष महोदय, हमारा जो लक्ष्य है और विकास की जिस कल्पना को हम साकार करना चाहते हैं। वित्तीय प्रबंधन को जिस तरीके से किया है, हमने अनुसूचित क्षेत्र और सामान्य क्षेत्रों में राशि खर्च की है। यह सरकार की सोच और दिशा दिखाती है। जितने कॉलेज, स्कूल और महाविद्यालय खोले गए, इस पूरे बजट में और पिछले 05 सालों में, 09 सालों में जहाँ इसकी सबसे ज्यादा कमी थी, हमने बस्तर और सरगुजा में सबसे ज्यादा महाविद्यालय प्रारंभ किए हैं। उन क्षेत्रों में स्कूल प्रारंभ किए गए हैं। (मेजों की थपथपाहट) मैं अभी उनकी संख्या डिटेल में बताना नहीं चाहूँगा।

लेकिन बजट जिस दिशा में गया है, हमारे कुल बजट की 35 प्रतिशत की राशि उन अनुसूचित क्षेत्रों में खर्च की गई है, जहाँ इसकी आवश्यकता थी। छत्तीसगढ़ सरकार की प्राथमिकता क्रम में वही हैं। हम सिर्फ वोट के लिए बस्तर और सरगुजा को नहीं देखते, वह हमारे विकास की प्राथमिकता में इसलिए है, क्योंकि उस क्षेत्र ने वर्षों की उपेक्षा झेली है। वह हमारी प्राथमिकता में आज भी है, कल भी हैं और हमेशा रहेगा। जब तक वह मूलधारा में समाज के विकास की दिशा में बराबरी में आकर न खड़ा हो जाए। उसमें हमने पूरा पैसा दिया है।

(माननीय सदस्य श्री टी.एस. सिंहदेवजी के खड़े होने पर)

आपकी एक माँग है, मैं आपको खामोशी से 'हाँ' बोल देता हूँ। यह मेरे और आपके बीच की बात है। आप समझ गए और मैं समझ गया।

श्री टी.एस. सिंहदेव—मैं आपको उसके लिए धन्यवाद दे देता हूँ। मैं समझ गया। धन्यवाद।

श्री अमरजीत भगत—एके झन को दे रहे हैं, माननीय मुख्यमंत्रीजी, इधर क्या होगा?

डॉ. रमन सिंह—आपका क्या है?

श्री धरमजीत सिंह—ऐसे में अगर आप दोनों खामोशी से बात करेंगे तो माननीय नेतामजी तो निपट जाएँगे।

डॉ. रमन सिंह—उस खामोशी में नेतामजी भी शामिल हैं। वह उच्च शिक्षा मंत्री हैं।

माननीय अध्यक्ष महोदय, मैं उस क्षेत्र के बारे में दो-तीन मोटी बात रखूँगा। हमने नीतिगत फैसला क्या किया है। शिड्यूल एरिया के लिए देश में छत्तीसगढ़ राज्य अपने आप में प्रथम स्थान पर है। रोजगार के अवसरों का सृजन और रोजगार देने के अवसर में हमने माननीय राज्यपाल महोदयजी से अनुमति माँगी, जिन्होंने अपना अभिभाषण दिया। यदि रायपुर, बिलासपुर का लड़का दंतेवाड़ा, बीजापुर में काम करता है तो वह नौकरी लगने के बाद वापस आ जाते हैं। हमने तय किया कि उस क्षेत्र में रहनेवाले स्थानीय युवाओं के लिए जिला काडर बनाया जाए। माननीय राज्यपाल महोदयजी ने अनुमति दी है। हमने उस क्षेत्र में जिला काडर कर दिया है और हमने वहाँ जिला स्तर पर लोकल भर्तियाँ प्रारंभ कर दी हैं। आज दंतेवाड़ा, बीजापुर के युवा वहीं बस्तर में ही तृतीय और चतुर्थ वर्ग में नौकरी पा रहे हैं। जिला काडर करनेवाला इस देश में छत्तीसगढ़ पहला या दूसरा राज्य है, जहाँ 3-4 हजार लोगों को जॉब मिल चुकी है और आनेवाले समय में जो रिक्तियाँ हैं, उनमें करीब 12 से 15 हजार लोगों को भरने का काम भी हम करेंगे।

माननीय अध्यक्ष महोदय, हमने दूसरा बड़ा काम उन क्षेत्रों में रहनेवाले वनवासी भाइयों के लिए किया है। वर्ष 2006-07 में राज्य में 'वन अधिकार-पत्र' की मान्यता के लिए कुल 6,59,585 दावे आए। मुझे यह बताते हुए खुशी हो रही है कि हिंदुस्तान में

सबसे ज्यादा निराकरण प्रतिशत पर और संख्या में हमने 24,4,426 वन अधिकार-पत्र का शत-प्रतिशत वितरण किया है। 217126 हेक्टेयर भूमि का वितरण किया जा चुका है। यह छत्तीसगढ़ में अपने आप में कीर्तिमान है कि इतने पट्टों का वितरण किया। हमने पट्टों का वितरण नहीं किया बल्कि उनमें से उन क्षेत्रों में समतलीकरण का काम भी किया है। मैं उनके आवास के लिए दिल्ली गया, मंत्रीजी से बात की कि जिन्हें पट्टा दिया गया है, उनमें कम-से-कम एक लाख लोग ऐसे हैं, जिनको आवास की आवश्यकता है। इसमें भी कहूँगा कि एक लाख इंदिरा आवास उन क्षेत्रों की वनवासी पट्टेधारी का लोगों को मिलना प्रारंभ हो गया है। अध्यक्ष महोदय, हमने बाँटना भी शुरू कर दिया है। हम उस क्षेत्र को विकास की दिशा में कैसे ले जा सकते हैं, इस बारे में काम करते हैं। जब छत्तीसगढ़ की अधोसंरचना और छत्तीसगढ़ के बारे में चर्चा होती है कि हमने अपना इन्वेस्टमेंट किस दिशा में फोकस किया है तो हमारी प्राथमिकता वे लोग हैं, जिनको आज इसकी जरूरत है।

अध्यक्ष महोदय, स्वास्थ्य के बारे में, जिसके बारे में आप चर्चा कर रहे थे, छत्तीसगढ़ के स्वास्थ्य क्षेत्र में आज यदि 56 लाख परिवार को चिह्नांकित कर रहे हैं, उनको 30 हजार रुपए तक सरकारी और प्राइवेट अस्पतालों में इलाज की सुविधा दे रहे हैं, तो यह अपने आम में एक ऐसी योजना है, जो हिंदुस्तान में कोई सरकार नहीं कर रही है। अकेला छत्तीसगढ़ राज्य है, जहाँ 30 हजार रुपए तक उनके इलाज के लिए व्यवस्था कर रही है। स्वास्थ्य के क्षेत्र में इन योजनाओं में जो नए सी.एच.सी, पी.एच.सी. खोले गए हैं, मैं बहुत डिटेल में नहीं जाना चाहूँगा। मुझे लगता है कि हम जिन योजनाओं को चिह्नांकित कर रहे हैं, जिनके बारे में चौबेजी, माननीय सदस्यों ने देखा है, सरकार की दिशा और सरकार की सोच तथा सरकार विकास की दिशा में जो काम कर रही है, मैं इस पर आनेवाले समय में डिटेल में चर्चा करूँगा। यह नीति, रीति और सरकार को दिशा देनेवाला राज्यपाल महोदय का अभिभाषण हुआ। हम चाहेंगे कि 9 साल की इस यात्रा और 10वें साल का बजट यह दिखाता है कि छत्तीसगढ़ की जनता ने हमें आशीर्वाद दिया है, समर्थन दिया है, आनेवाले समय में छत्तीसगढ़ के लोगों का समर्थन मिलता रहे। मैं उन सभी सदस्यों को धन्यवाद देते हुए अपनी बात को समाप्त करूँगा, जिन्होंने राज्यपाल महोदय के अभिभाषण में चर्चा में हिस्सा लिया। जिन माननीय सदस्यों ने चर्चा में हिस्सा लिया, उन सभी को बहुत-बहुत धन्यवाद। मैं अपनी बात समाप्त करता हूँ। (मेजों की थपथपाहट)

माननीय अध्यक्ष महोदय, वर्ष 2013-14 के आय-व्यय पर सामान्य चर्चा में सभी सम्मानित सदस्यों ने सुझाव दिए। सम्मानित टी.एस. सिंहदेव, श्री देवजी पटेल, डॉ. प्रेमसाय टेकामजी, विरेंद्र कुमार साहूजी, डॉ. शक्राजीत नायक, श्री फूलचंदजी, भजनसिंहजी

निरंकारी, डॉ. कृष्णमूर्ति बाँधीजी, श्रीमती प्रतिमा चंद्राकर, श्री रामजी भारती, डॉ. हरिदास भारद्वाजजी, श्री डोमन लाल कोर्सेवाड़ाजी, श्री धर्मजीत सिंहजी, श्री नारायण चंदेलजी, श्री परेश बागबाहरा, श्री खेदूराम साहू, डॉ. रेणु जोगीजी, श्री दूजराम बौद्ध, श्री गुरुमुख सिंह होरा, श्री अमरजीत भगत और माननीय नेता प्रतिपक्ष रविंद्र चौबेजी।

माननीय अध्यक्ष महोदय, छत्तीगढ़ और छत्तीसगढ़ की इस गौरवशाली विधानसभा में मुझे यह बात बताते हुए खुशी है कि मेरे जैसा व्यक्ति, जो अर्थशास्त्री नहीं है, उसने यह बजट प्रस्तुत किया है। दिल्ली में जो बड़े-बड़े अर्थशास्त्री तथा बड़े-बड़े विद्वान् बैठते हैं, जिन्होंने हिंदुस्तान की अर्थव्यवस्था को कहाँ से कहाँ पहुँचा दिया! मैं तो एक डॉक्टर हूँ और लोगों की नब्ज पकड़ता हूँ। छत्तीसगढ़ की 2 करोड़ 50 लाख जनता की नब्ज जानता हूँ। मैं गाँव, गरीब और किसान की मानसिकता को समझता हूँ। उन बड़े-बड़े अर्थशास्त्रियों ने केंद्र में बैठकर देश की वित्तीय व्यवस्था का बंटाधार कर दिया। देश के विकास की गति, जीडीपी की ग्रोथ को कहाँ से कहाँ पहुँचा दिया? किस प्रकार से हिंदुस्तान की अर्थव्यवस्था पूरी तरह से चौपट हो गई। उन विशेषज्ञों से तो हम जैसे कम पढ़े-लिखे लोग अच्छे हैं। छत्तीसगढ़ के गाँव, गरीब और किसान की खुशहाली के लिए इन 9-10 सालों में जो काम हुए हैं, उसके लिए छत्तीसगढ़ की जनता हमें धन्यवाद दे रही है। अध्यक्ष महोदय, हमने टारगेट (लक्षित) किया है। (मेजों की थपथपाहट) हमारा लक्ष्य उन बड़ी-बड़ी योजनाओं, अधोसंरचनाओं के काम के साथ-साथ यह देखना है कि छत्तीसगढ़ के आर्थिक, सामाजिक परिवेश के अनुसार और छत्तीसगढ़ के जो गरीब हैं, उनके आर्थिक हालात, किसानों की आर्थिक हालात में परिवर्तन कैसे आए, अनुसूचित जाति, जनजाति के कार्य कैसे हों।

अध्यक्ष महोदय, समावेशी विकास ही हमारा लक्ष्य है। हम 41 प्रतिशत की राशि सामाजिक क्षेत्र में खर्च करते हैं। छत्तीसगढ़ हिंदुस्तान का पहला राज्य है, जो उस सामाजिक क्षेत्र में 41 प्रतिशत खर्च करनेवाला है। हिंदुस्तान में और कोई दूसरा राज्य इस दिशा में इतना खर्च नहीं कर सकता। इसलिए जनता की नब्ज को पहचानकर, उनकी आवश्यकताओं को पहचानकर किसानों के हालात में परिवर्तन आए, मजदूर के घर में खुशहाली आए, आखिरी घर में रोशनी पहुँचे। पं. दीनदयाल उपाध्याय के अंत्योदय के बड़े लक्ष्य को सामने रखकर हमने कार्य किया है। आखिरी झोंपड़ी में जब रोशनी होगी, उनके लिए खाने की व्यवस्था होगी तो छत्तीसगढ़ अपने आप खुशहाल होगा। किसान का खलिहान भरा रहेगा, भंडार भरा रहेगा, तो छत्तीसगढ़ में खुशहाली और तरक्की आएगी। इसी मूलमंत्र को लेकर हमने पूरे बजट को इस प्रकार रखा है कि सभी का विकास हो, मगर आम आदमी के जीवन में परिवर्तन भी आए। छत्तीसगढ़ के उन लोगों के जीवन में परिवर्तन आए। चौबेजी और सिंहदेव साहब ने जब अपने बजट भाषण की शुरुआत की,

तब उन्हें सबसे ज्यादा चिंता इस बात की थी कि विकास की दर में, विकास की दिशा में छत्तीगसढ़ कहाँ खड़ा है। छत्तीसगढ़ के विकास में पिछले चार-पाँच सालों में 11वीं पंचवर्षीय योजना में हमारा टारगेट क्या था और आज हम कहाँ पहुँचे हैं? सिंहदेव साहब ने बहुत गंभीरता से अपनी बात कही थी। मैं उनसे कहना चाहूँगा कि आर्थिक विकास की दर में आज जो इंफ्लेशन (मुद्रास्फीति) बढ़ा है, जिस प्रकार देश के हालात हैं, जिस प्रकार आज महँगाई बढ़ी है, उस महँगाई के इस दौर में भी हमने छत्तीसगढ़ में आर्थिक विकास दर को 8.5 प्रतिशत रखा है। राष्ट्रीय विकास दर 5 प्रतिशत है और छत्तीसगढ़ की 8.57 प्रतिशत। माननीय अध्यक्ष महोदय, यह छत्तीसगढ़ की ग्रोथ बताती है। (मेजों की थपथपाहट) जब हम केंद्रीय स्तर पर तुलना करते हैं तो देखें कि हम कहाँ खड़े हैं? वह राज्य, जिसका जन्म 12 साल पहले हुआ, जो आर्थिक संसाधन और कमियों से जूझनेवाला राज्य था। नक्सल समस्या और दूसरी समस्याओं से जिसमें अधोसंरचनाओं का काम होना है, उस राज्य में ग्रोथ को मेनटेन (सतत) करना, राष्ट्रीय औसत से ऊपर ले जाना, यह कुशल वित्तीय प्रबंधन से ही संभव हो सकता है।

अध्यक्ष महोदय, एक विषय आया है—हमारे बाबा चिंता कर रहे थे कि एग्रीकल्चर सेक्टर में हमारी ग्रोथ कम हुई है, उत्पादन कम हुआ है। अध्यक्ष महोदय, कृषि क्षेत्र में विकास-दर यदि राष्ट्रीय औसत को पढ़ लिए होते, राष्ट्रीय औसत से तुलना छत्तीसगढ़ की ग्रोथ के बारे में यदि की होती, 1.8 परसेंट राष्ट्रीय औसत के खिलाफ छत्तीसगढ़ ने 5.27 प्रतिशत पर कृषि दर में तीन गुना वृद्धि की है। (मेजों की थपथपाहट)

आप वे आँकड़े नहीं बोलते हैं। आप उन आँकड़ों को दबाकर रख लेते हैं। चौबेजी बोलते हैं कि हम दिल्ली जाएँगे तो बोलेंगे। चौबेजी, आप दिल्ली किसको-किसको भेजेंगे? जब आप तुलनात्मक अध्ययन करेंगे तो आपको भी गर्व होगा। आप हिंदुस्तान की किसी जगह में भी जाकर अपनी ग्रोथ के बारे में बोल सकते हैं; जी.डी.पी. के बारे में बोल सकते हैं; एग्रीकल्चर सेक्टर की ग्रोथ के बारे में बोल सकते हैं।

माननीय अध्यक्ष महोदय, औद्योगिक मंदी का दौर चला है। यहाँ नीतियाँ फेल हो चुकी हैं। पूरे देश के अंदर पॉलिसी पैरालिसिस की स्थिति बन चुकी है, देश में पूरा सेक्टर चौपट हो चुका है। चौबेजी, आप मुझसे इस बात को अच्छे से समझते हैं। कोयले का कोई प्रोजेक्ट, जिसको लिंकेज दिया गया था, उसे लिंकेज नहीं मिल रहा है। कोल ब्लॉक घोटालों के परत में ऐसा छुप गया है कि कोई कोयले को छूना नहीं चाहता। विद्युत् का उत्पादन ठप हो गया है, नई परियोजनाएँ बिखर चुकी हैं, देश में एक संकट आनेवाला है। 20 हजार मेगावाट की जो डिस्ट्रीब्यूशन और डिमांड है, उसमें यह गैप होनेवाला है। यदि सारी परियोजनाएँ बंद कर दी जाएँगी, देश के सारे प्रोजेक्ट बंद हो जाएँगे, लिंकेज नहीं है, विदेशों से कोल लाने की जरूरत पड़ रही है। मैं सिंहदेव

साहब को बताऊँगा कि बिजली महँगी क्यों हो रही है ? इस पर भी मैं कहना चाहता हूँ कि हमारा इंडस्ट्रियल ग्रोथ 6.74 प्रतिशत है और पिछले साल से अभी तक इन वर्षों में देश का क्या ग्रोथ रहा है ? 3.1 प्रतिशत के अगेंस्ट में हमारी ग्रोथ 7.4 प्रतिशत रही है। यह बताता है कि छत्तीसगढ़ का इंडस्ट्रियल, एग्रीकल्चरल ग्रोथ और सर्विस सेक्टर जो है, इसमें भी हम कमजोर नहीं हैं। सेवा में 12.6 प्रतिशत हैं, जबकि राष्ट्रीय विकास दर सर्विस सेक्टर में 6.59 रहा है। हम भला किस क्षेत्र में पीछे हैं ?

वित्तीय प्रबंधन से स्टेट की इकोनॉमी इन 9 सालों के अंदर बनी है और यहाँ एक उत्साह का वातावरण बना है, जो मजबूती आई है, उसी का नतीजा है कि सर्विस सेक्टर में प्राइमरी, सेकेंडरी, नर्सरी सेक्टर में हमने बेहतर ग्रोथ किया है। इसका नतीजा यह है कि प्रति व्यक्ति आमदनी 46 हजार से बढ़कर 52 हजार 679 रुपए हुई है। यह ग्रोथ प्रति व्यक्ति आमदनी का 13 प्रतिशत ज्यादा है। समग्र विकास में छत्तीसगढ़ का ग्रोथ देश की विकस दर से आप किसी भी क्षेत्र में तुलना करेंगे तो दुगुने और ढाई गुने विकास की दर है। अभी केंद्र सरकार के वित्तीय प्रबंधन के सारे मामले लोगों के सामने आ रहे हैं। हमसे कहा गया कि वित्तीय प्रबंधन में छत्तीसगढ़ सरकार ने बेहतर कार्य नहीं किया है। हमने मंदी के दौर में ग्रोथ किया। राज्य ने स्वयं के राजस्व में 19 प्रतिशत की वृद्धि की है, केंद्रीय प्राप्तियों में 12 प्रतिशत की वृद्धि हुई है। कुल 15 प्रतिशत वृद्धि में ले जाकर हम 44 हजार 169 करोड़ का बजट लाए हैं।

माननीय अध्यक्ष महोदय, बजट का जो दूसरा प्रमुख विषय है, जिस पर चर्चा हो रही थी कि हमारी दिशा क्या है ? हमारी सोच क्या है ? विकासमूलक कार्य की दृष्टि से हमने आयोजना व्यय पर विशेष महत्त्व दिया है और हमारी ग्रोथ 56 प्रतिशत रही है। भारतीय रिजर्व बैंक के अद्यतन प्रतिवेदन के अनुसार विकासमूलक व्यय के मापदंड में छत्तीसगढ़ हिंदुस्तान के टॉप थ्री, तीन अग्रणी राज्यों में से एक है। यह मैं नहीं कह रहा हूँ। यह आर.बी.आई. की रिपोर्ट कह रही है (मेजों की थपथपाहट) तो अब देखें हमारा स्तर क्या है ? हम कहाँ खड़े हैं ?

माननीय अध्यक्ष महोदय, राज्य के आयोजना व्यय में जो 22 हजार, 491 करोड़ रुपए है; 86 प्रतिशत स्वयं के संसाधन से पोषित हैं। मैं इस महत्त्वपूर्ण बात को बताना चाहूँगा कि राज्य के आयोजना व्यय का जो 22 हजार 491 करोड़ रुपए है, वह 86 प्रतिशत स्वयं के संसाधन से पोषित है। ये केवल दिल्ली की बात करते हैं। ये 86 प्रतिशत स्टेट के संसाधन से तैयार किए हैं, छत्तीसगढ़ की इकोनॉमी, अर्थव्यवस्था यहाँ पहुँची है तो हम किसी के सहारे से विकास नहीं करना चाहते। हम छत्तीसगढ़ के संसाधन को छत्तीसगढ़ में लगाकर छत्तीसगढ़ का विकास करना चाहते हैं। हमने 86 प्रतिशत प्रावधान करके दिखा दिया है। (मेजों की थपथपाहट) पूँजीगत व्यय में 15 प्रतिशत की वृद्धि हुई

है। मैंने सामाजिक क्षेत्र में बताया ही है कि क्या स्थिति है ?

माननीय अध्यक्ष महोदय, मैं ट्रायबल सब प्लान के विषय में कहना चाहता हूँ कि हमारी अनुसूचित जनजाति क्षेत्र की पॉपुलेशन 32 प्रतिशत है, लेकिन हमने 35 प्रतिशत खर्च किया है। आप ट्रायबल सब प्लान में हमारा पूरा बजट पढ़कर एक-एक आँकड़े देखेंगे तो 35 प्रतिशत खर्च किया है। माननीय परेश बागबाहराजी, आप बैठकर मुसकरा रहे हैं। आपने इस बार भाषण ठीक नहीं दिया। इस बार नंबर वन पर पीछेवाले आ गए। यह हमारी ग्रोथ बता रही है। जी.एस.डी.पी. में कुल 30.4 प्रतिशत का ग्रोथ हुआ है और यह सबसे महत्त्वपूर्ण विषय होता है किसी राज्य के आर्थिक प्रबंधन का। एक आईना, नजरिया होता है, जो देश के सामने साफ झलक जाता है। हमारा ब्याज भुगतान का प्रतिशत कितना है ? लाइबिलिटी में हम कितना इंट्रेस्ट दे रहे हैं, यह पूरे राज्य और देश में सबसे महत्त्वपूर्ण संकेत है। हमारे जी.एस.डी. के अनुपात में कुल ऋण दायित्व 13.4 प्रतिशत और ब्याज भुगतान 0.8 प्रतिशत है, माननीय चौबेजी, जो अन्य राज्यों की तुलना में सबसे कम है। यह एक महत्त्वपूर्ण विषय है कि इस राज्य की आर्थिक स्थिति को बेहतर करने के लिए ब्याज के रिटर्न को हमने सीमित और संसाधित किया है। इस प्रकार सकल वित्तीय घाटा निर्धारित जी.एस.डी.पी. 03 प्रतिशत के अनुरूप है। यह जो निर्धारित वित्तीय घाटा है, केंद्र अपना वित्तीय घाटा 06 प्रतिशत तक ले जा रहा है, 5.6 प्रतिशत, 5.8 प्रतिशत और बढ़ते-बढ़ते 6 प्रतिशत हो गया है। लेकिन राज्य का सकल वित्तीय घाटा जी.एस.डी.पी. के 03 प्रतिशत तक रखना अनिवार्य है और इसको हमने कायम भी रखा है, इसमें कहीं कमी नहीं की है। कुछ महत्त्वपूर्ण विषयों के बारे में मैं चर्चा करना चाहूँगा और जिसकी चिंता भाषण की शुरुआत में ही की गई है।

संसदीय कार्य मंत्री (श्री बृजमोहन अग्रवाल)—माननीय धर्मजीतजी आपको कुछ समझ में आया ?

डॉ. रमन सिंह—उनका गणित ठीक है।

श्री धर्मजीत सिंह—पूरा जी.डी.पी. सब याद हो गया है, उनका रिकॉर्ड वही चल रहा है न। कोई नया रिकॉर्ड भेजें तो हम उसका नोटिस लें।

डॉ. रमन सिंह—मैं आपको बधाई दूँगा कि आपको कम-से-कम याद हो गया। कई लोग तो आज तक जी.डी.पी. समझ नहीं पाए हैं। आप कम-से-कम छत्तीसगढ़ और देश की जी.डी.पी. को समझते हैं।

श्री धर्मजीत सिंह—माननीय मुख्यमंत्रीजी, मैं तो आपके भाषण को बहुत गंभीरता से सुनता हूँ।

डॉ. रमन सिंह—नहीं, मैं देख रहा था।

श्री धर्मजीत सिंह—फिर उसको बाहर खोजता हूँ, वह बाहर नहीं दिखता। यहाँ

तो पूरा रामराज्य टाइप का लगता है। लेकिन उसको बाहर भी दिखवाइए।

डॉ. रमन सिंह—अभी मैं आपको बाहर भी ले जाऊँगा।

श्री परेश बागबाहरा—माननीय अध्यक्ष महोदय, गाँव में पूछते हैं कि जी.डी.पी. क्या होता है ? हम बताते हैं कि जो शीशी में ग्रोथ होती है, उसको जी.डी.पी. बोलते हैं।

डॉ. रमन सिंह—माननीय परेश बागबाहराजी, जी.डी.पी. वह नहीं होता है। यदि आपके चेहरे में लालिमा है तो छत्तीसगढ़ की जी.डी.पी. बढ़ रही है। गरीब किसान के घर में खुशहाली है तो छत्तीसगढ़ की जी.डी.पी. बढ़ रही है, 1900 करोड़ को बोनस मिल रहा है तो छत्तीसगढ़ के आम आदमी की पर कैपिटा इनकम बढ़ रही है। जब 3 लाख मजदूरों को उनके जीवन की सुरक्षा के लिए बीमा की गारंटी की योजना शुरू होती है तो लगता है कि छत्तीसगढ़ की जी.डी.पी. बढ़ रही है। आम आदमी जब रात में चावल खाकर चैन से सोता है, रात में उसको नींद आ जाती है तो लगता है कि जी.डी.पी. बढ़ रहा है। यही जी.डी.पी. है।

श्री परेश बागबाहरा—तीन साल का और बोनस दे देंगे तो सबके चेहरे पर लालिमा आ जाएगी।

डॉ. रमन सिंह—वह तो आपके चेहरे में दिख रही है। अध्यक्ष महोदय, यहाँ एक विषय आया कि कृषि क्षेत्र में उत्पादन में कमी आई है। अध्यक्ष महोदय, मैं कुछ आँकड़े इसलिए बताना चाह रहा हूँ कि माननीय चौबेजी ने, सिंहदेवजी ने और बहुत से सम्माननीय सदस्यों ने कहा कि एग्रीकल्चर सेक्टर में हमारी स्थिति कमजोर हुई है। पैसा कहाँ जा रहा है, बज़ट की राशि कहाँ गई ? जो सबसे बड़ा इन्वेस्टमेंट है, हमने कृषि बजट लाने के लिए कृषि के साथ-साथ हॉर्टिकल्चर, कोऑपरेटिव सेक्टर और सभी सेक्टरों को सम्मिलित करके जो एक कार्य-योजना बनाई है, जिसमें सिंचाई का रकबा भी बढ़ाया। उसके साथ-साथ इस साल पंप के 20 हजार नए कनेक्शन हुए हैं। यदि मैं वर्ष 2003 से तुलना करता हूँ कि कहाँ 89 हजार पंप कनेक्शन से लेकर 03 लाख पंप कनेक्शन पहुँचे हैं। यदि 01 लाख पंप कनेक्शन में 10 लाख एकड़ में अतिरिक्त सिंचाई का संसाधन तो विकसित हुए हैं। यह आँकड़े आप मैंदान में देख सकते हैं। स्प्रिंकलर और ड्रिप यहाँ से लेकर बेमेतरा तक चले जाएँ, साजा चले जाएँ, आपको रास्ते में स्प्रिंकलर और ड्रिप किसानों के खेत में दिखेंगे। आप यहाँ से कवर्धा चले जाएँ, गन्ने, सोयाबीन की खेती हो रही है। यह परिवर्तन छत्तीसगढ़ में आया है। यदि 01 लाख 90 हजार से ज्यादा किसानों के घर में पंप लगा है तो वह 02 लाख परिवार कहीं-न-कहीं संपन्न हुए हैं। उसकी जी.डी.पी. बढ़ी है। उसका अनाज का उत्पादन बढ़ा है। धान का उत्पादन बढ़ा है। हमारी जो ग्रोथ हुई है, यह तो राज्य के आँकड़े भी बताते हैं।

अध्यक्ष महोदय, जो ग्रोथ हुआ है, जो उत्पादन हुआ है, उसकी यदि वर्ष 2006-

07 के आँकड़े से तुलना करें तो वर्ष 2006-07 में 80 लाख मीट्रिक टन से बढ़कर के वर्ष 2010-11 में 91 लाख मीट्रिक टन हो गया। हमने इस साल 70 लाख मीट्रिक टन से ऊपर धान खरीदा है और जो मार्केट में गया। यहाँ एक करोड़ मीट्रिक टन से ज्यादा धान का उत्पादन होता है। तो उत्पादकता बढ़ी है, प्रति एकड़ उत्पादन बढ़ा है। उन्नत किस्म के बीज का उपयोग हुआ है, बिजली का उपयोग किए हैं, बेहतर खाद का उपयोग किए हैं। माननीय अध्यक्ष महोदय, मक्का के उत्पादन में 55 प्रतिशत की वृद्धि हुई है। धान के उत्पादन में 13 प्रतिशत की वृद्धि हुई है। सोयाबीन के उत्पादन में 74 प्रतिशत की वृद्धि हुई है। वर्ष 2006-07 की तुलना में वर्ष 2010-11 से तुलना करें, तो इतने प्रतिशत की वृद्धि हुई है। इस साल धान की खेती में और ग्रोथ आ रही है, इससे मुझे लगता है कि राज्य इस ग्रोथ को और कंटीन्यू करेगा। अध्यक्ष महोदय, यह ग्रोथ वर्षों में हुई है। यह कहा जाना कि उत्पादन में कमी आई है, मैं समझता हूँ कि यह उचित नहीं है।

अध्यक्ष महोदय, रविंद्र चौबेजी ने विद्युत् के बारे में कहा कि छत्तीसगढ़ में विद्युत् उत्पादन की क्या स्थिति है और हम कहाँ खड़े हैं। मैं विद्युत् की दरों के बारे में बड़े स्पष्ट रूप से सदन में कहना चाहूँगा कि देश में सबसे गहरा संकट कोयले का उत्पादन, परिवहन का शुल्क, डीजल का रेट, इनपुट कास्ट, जो बिजली के उत्पादन में आती है, इन सबमें 30 से 40 प्रतिशत की वृद्धि हुई है। एन.टी.पी.सी. से हम जो पावर खरीदते हैं, उसकी कीमत में 20 से 25 प्रतिशत की वृद्धि हुई है। उसके साथ-ही-साथ हमने जो पावर प्लांट का काम शुरू किया है, आज यदि बिजली का उत्पादन, उसकी माँग बढ़ी है। छत्तीसगढ़ में 7-8 साल पहले पीक आवर में टोटल डिमांड 8 सौ, 9 सौ मेगावाट हुआ करती थी। वही बिजली 9 सौ मेगावाट से बढ़कर तीन हजार, 33 सौ मेगावाट की उपलब्धता रहती है। जब पीक आवर रहता है तो हमारा मैक्सीमम (अधिकतम) तीन हजार तीन सौ मेगावाट रहता है। आप देखिए कि 9 सौ मेगावाट से डिमांड धीरे-धीरे बढ़कर तीन हजार तीन सौ मेगावाट हो गई है। चार सौ गुना वृद्धि बिजली के खपत में हुई है, किसानों के पंप लगे हैं, ऊर्जीकरण के काम हुए हैं। यह कृषि के क्षेत्र में काम होने का असर है। यह डिमांड बढ़ती जा रही है और हम उस डिमांड की पूर्ति के लिए तैयारी भी किए हुए हैं। हम एक हजार पाँच सौ मेगावाट पावर प्लांट की बात कर रहे हैं, पाँच सौ मेगावाट एक-डेढ़ महीने के अंदर आ जाएगा, फिर दूसरे और तीसरे प्लांट से जनरेशन आ जाएगा। 15 सौ मेगावाट एडिशनल पावर जनरेशन करने जा रहे हैं। जब 15 सौ मेगावाट आ जाएगा तो छत्तीसगढ़ का कुल उत्पादन 1924 मेगावाट, 15 सौ मेगावाट से बढ़कर 03 हजार 02 सौ मेगावाट का हो जाएगा।

जो विकास हुआ है, उसमें महँगाई की वजह से विपरीत असर पड़ रहा है। बायलर, टरबाइन, जो नए प्लांट आ रहे हैं, उसका लागत मूल्य बढ़ रहा है। सन् 2007

में कोयले की दर 540 रुपया प्रति मीट्रिक टन थी, 2007 में 540 रुपया प्रति मीट्रिक टन से बढ़कर के आज 2012 में 994 रुपया प्रति मीट्रिक टन हो गई है। कहाँ 540 रुपया और कहाँ 990 रुपया, दोगुने से ज्यादा कीमत बढ़ गई है। जब कोयला ही उसके लिए प्राथमिक आवश्यकता है और उसमें ही दोगुनी कीमत में वृद्धि हो गई, डीजल की कीमत में वृद्धि हो गई। इसके साथ ही पुलिंग प्राइज सिस्टम हम सब के लिए एक बहुत बड़ी दिक्कत है, यह केंद्र सरकार की नीति लेकर आई है कि हम यदि कोल बैरिंग स्टेट हैं तो भी इंपोर्ट कोल का परसेंटेज उस प्लांट के लिए लगाना पड़ेगा। जिससे इंपोर्ट कास्ट से हमारा प्राइज (मूल्य) बढ़ेगा।

अध्यक्ष महोदय, वर्तमान दर में यदि आप तुलना करेंगे तो 2007-2008 में कीमत बढ़ने की वजह क्या है, हमने कीमत नहीं बढ़ाई है। हमने कोशिश की है कि स्थिति संतुलित की जाए। मगर एन.टी.पी.सी. से 2007-2008 में 1.59 रुपया प्रति यूनिट की दर पर छत्तीसगढ़ को बिजली प्राप्त होती थी। आज बढ़कर 2.58 रुपए प्रति यूनिट हो गई है। यह विषय जब सामने आते हैं तो चिंता होती है। छत्तीसगढ़ में प्लांट आ रहे हैं, जब ट्रांसमिशन और डिस्ट्रीब्यूशन का नेटवर्क प्रदेश में बिछ रहा है, ट्रांसमिशन लाइन की इतनी बड़ी कमी थी कि यहाँ से लेकर सरगुजा और यहाँ से लेकर बस्तर तक उसको बिछाने के लिए, उसको लगाने के लिए पावर प्लांट 1500 मेगावाट का और ट्रांसमिशन लाइन, डिस्ट्रीब्यूशन लाइन करीब-करीब 15 हजार करोड़, 17 हजार करोड़ रुपए की राशि छत्तीसगढ़ में यूचर के हिसाब से आनेवाले 20 सालों में छत्तीसगढ़ में बिजली की दिक्कत न हो, कमी न हो, इसके लिए भी कार्ययोजना बनाई है। अध्यक्ष महोदय, इसके लिए आज छत्तीसगढ़ देश का अग्रणी राज्य है। इसलिए याद करें, खराब परिस्थिति में हिंदुस्तान की 40 करोड़ आबादी पावर ग्रिड फेल्योर की वजह से अँधेरे में डूब गई थी। दिल्ली से लेकर हरियाणा, पंजाब तथा अन्य राज्यों की बात नहीं करता, बिहार और उत्तर प्रदेश को देखें, जहाँ आठ-आठ घंटे, 14-14 घंटे बिजली की कटौती होती है, जब 40 करोड़ लोग अँधेरे में बैठे थे तो छत्तीसगढ़ ही बिजली दे रहा था देश के उस अँधेरे को मिटाने के लिए, यही इस छत्तीसगढ़ की क्षमता है। इस क्षमता को हम और बढ़ा रहे हैं। पीक आवर में जरूर यह बात होती है कि हमारी डिमांड बहुत ज्यादा बढ़ती है, थोड़ी-बहुत कमी रहती है तो उसको आनेवाले समय में पूरा करेंगे। मगर हिंदुस्तान में सबसे सस्ती बिजली, किसानों को दी जानेवाली सबसे सस्ती बिजली हिंदुस्तान में कोई राज्य देता है तो वह छत्तीसगढ़ देता है। अध्यक्ष महोदय, बिजली की बेहतर व्यवस्था है। सबसे ज्यादा कोई समय पर बिजली देश के अंदर देता है, मैं कह सकता हूँ कि वह छत्तीसगढ़ है। आधे घंटे या एक घंटे की कहीं दिक्कत आ सकती है, लेकिन पावर सप्लाई को हम बेहतर करने का प्रयास कर रहे हैं और आनेवाले समय

में शत-प्रतिशत इसको बेहतर और करेंगे। बिजली की दर, माँग और आपूर्ति में चिंता करने की आवश्यकता नहीं है। छत्तीसगढ़ अपने पैरों में खड़ा होकर बेहतर तरीके से काम को आगे बढ़ा रहा है।

अध्यक्ष महोदय, मैंने तीन विषयों को चिह्नांकित किया है। इस बजट की मूल भावना क्या है, मूल उद्देश्य क्या है, इसके पीछे हमारी नीति क्या रही है? मैं दिल्ली गया था। जब दिल्ली में प्रधानमंत्रीजी के साथ बैठकर बात की तो दो विषयों की आपत्ति छत्तीसगढ़ को थी। पहला विषय कि छत्तीसगढ़ जैसे राज्यों को अपने पैरों पर खड़ा होना है, स्वावलंबन की दिशा में आगे बढ़ना है तो केंद्र सरकार से जो मिलनेवाला अनुदान है, जो केंद्रीय सहायता है, केंद्र प्रवर्तित एवं राज्य प्रवर्तित योजनाओं को दिए गए फंड हैं, उन पर विचार करें। इसमें हमने कहा है कि सारा का सारा पैसा टाईड फंड (बद्ध राशि) के रूप में मत दीजिए। छत्तीसगढ़ के विकास के लिए यदि योजना देनी है, अनटाईड (अनाबद्ध) फंड दीजिए। योजनाओं में बाँधकर राशि देने से छत्तीसगढ़ का नुकसान ही होता है। छत्तीसगढ़ जैसे राज्य में सड़कों का जाल बिछाना है, बिजली का विस्तार करना है, इसकी तुलना हरियाणा और पंजाब से नहीं की जा सकती। हमारी भौगोलिक स्थिति अलग है। हमारे पारे-टोले मजरे की स्थिति अलग है। यदि आप दूसरे राज्यों से प्रति व्यक्ति के हिसाब से तुलना करेंगे तो छत्तीसगढ़ के लिए यह दिक्कत का विषय होगा। यह मापदंड बदलना चाहिए; और आज की स्थिति यह है कि छत्तीसगढ़ को यदि पैसे की जरूरत पड़ती है तो हम पर तो अंकुश लगाया जाता है कि एफ.आर.बी.एफ. ऐक्ट में आप इस दबाव में रहकर अपना काम कीजिए और केंद्र सरकार के लिए उस अनुशासन का पालन करना जरूरी नहीं है। वे तो कर्ज ले सकते हैं, नोट छाप सकते हैं, लेकिन छत्तीसगढ़ सरकार को जब अपना वित्तीय प्रबंधन करना है तो हमने उस बैठक में सुझाव दिया था कि बारहवीं पंचवर्षीय योजना में केंद्रीय बजट से जो कुल सहायता राशि होती है, उसमें 70 प्रतिशत केंद्र प्रवर्तित योजनाओं के लिए और मात्र 23 प्रतिशत राज्य योजनाओं के लिए होता है। इस विषय के साथ-साथ एक और दिक्कत है। यह चिंताजनक बात है कि राज्य आयोजना के लिए मिलनेवाली केंद्रीय सहायता, जो 23 प्रतिशत होती है, उसका लगभग 80 प्रतिशत केंद्रीय सहायता के रूप में जो छत्तीसगढ़ को दिया जाता है, यानी 80 प्रतिशत केंद्रीय योजनाओं के रूप में दिया जाता है। यदि आप इस फंड को राज्य के ऊपर छोड़ दें तो देखेंगे कि हमें कहाँ सड़क बनानी है, कहाँ योजनाओं का क्रियान्वयन करना है। यदि यह राज्य के ऊपर छोड़ दिया जाए तो हम बेहतर तरीके से अपना वित्तीय प्रबंधन कर सकते हैं।

□

सामाजिक परिवर्तन के लिए बजट

(वर्ष 2012-13 के लिए वित्तमंत्री के रूप में बजट प्रस्तुति)

बारहवीं पंचवर्षीय योजना का यह प्रथम वर्ष है। मैं सदन का ध्यान इस ओर आकर्षित करना चाहूँगा कि ग्यारहवीं पंचवर्षीय योजना की ज्यादातर अवधि आर्थिक मंदी के कठिन दौर से गुजरी है, जिसके कारण हमें आर्थिक विकास की लक्ष्य-प्राप्ति में कठिनाई हुई। मुझे उम्मीद है कि बारहवीं पंचवर्षीय योजना में हम इस स्थिति से उबर पाएँगे।

बारहवीं पंचवर्षीय योजना का दृष्टिकोण तीव्र, सतत एवं अधिक समावेशी विकास है। दरअसल, प्रारंभ से ही अंत्योदय हमारा मूल मंत्र रहा है एवं हमने समावेशी विकास को बुनियादी अवधारणा के रूप में अंगीकृत किया है। विकास की प्रक्रिया में क्षेत्रीय असंतुलन दूर करने तथा सुदूर अंचलों में निवासरत अनुसूचित जाति, जनजाति, ग्रामीण तथा शहरी गरीबों, लघु एवं सीमांत कृषकों को, विकास को मुख्य प्रवाह से जोड़ने के लिए अनेक जन कल्याणकारी योजनाएँ लागू की गई हैं, जिनके उत्साहवर्धक परिणाम मिले हैं। अब हमारी रणनीति समावेशी विकास के साथ तीव्र तथा सतत विकास के उद्देश्यों की पूर्ति की दिशा में प्रभावी एवं निर्णायक कदम उठाने की है। इन्हीं उद्देश्यों को ध्यान में रखते हुए हमने बजट की प्राथमिकताएँ तय की हैं एवं कृषि को विशेष महत्त्व देते हुए पहली बार 'कृषि बजट' तैयार किया है।

विगत वर्षों में हमने 'सहस्राब्दी विकास लक्ष्य' की प्राप्ति पर विशेष जोर दिया है एवं इस दिशा में उल्लेखनीय प्रगति की है। वर्ष 2015 तक गरीबी घटाने, शिशु एवं मातृ-स्वास्थ्य में सुधार जैसे कठिन लक्ष्यों को हासिल करने के लिए अब हमें नए संकल्प के साथ आगे बढ़ना होगा।

प्रशासन को जनमुखी तथा प्रभावी बनाने के उद्देश्य से हमने 9 नवीन जिले गठित किए हैं। इनमें से 5 जिले अनुसूचित जनजाति बाहुल्य क्षेत्र में हैं।

आर्थिक स्थिति

अध्यक्ष महोदय, अब मैं राज्य की आर्थिक स्थिति पर प्रकाश डालना चाहूँगा। 2004-05 के स्थिर मूल्य पर वर्ष 2011-12 के अग्रिम अनुमान अनुसार राज्य का सकल घरेलू उत्पाद 87,723 करोड़ होना अनुमानित है, जोकि वर्ष 2010-11 के 79,166 करोड़ की तुलना में 10.81 प्रतिशत अधिक है। कृषि क्षेत्र में यह वृद्धि 7.35, प्राथमिक क्षेत्र में 6.71, द्वितीयक क्षेत्र में 11.41 तथा सेवा क्षेत्र में 13.54 प्रतिशत अनुमानित है। इस अवधि में देश के सकल घरेलू उत्पाद में 6.9 प्रतिशत वृद्धि अनुमानित है। इस प्रकार राज्य की वृद्धि दर राष्ट्रीय वृद्धि दर से 57 प्रतिशत अधिक है।

इसी अवधि में प्रचलित मूल्य पर राज्य का सकल घरेलू उत्पाद 1,35,536 करोड़ होना अनुमानित है, जो कि वर्ष 2010-11 के 1,17,567 करोड़ की तुलना में 15.28 प्रतिशत अधिक है। इसका मुख्य कारण अच्छी वर्षा से कृषि उत्पादन में उल्लेखनीय वृद्धि होना है।

वर्ष 2011-12 में प्रति व्यक्ति आय 46,573 रुपए होने का अनुमान है, जोकि वर्ष 2010-11 की 41,167 रुपए की तुलना में 13.13 प्रतिशत अधिक है।

ग्यारहवीं पंचवर्षीय योजना की अवधि 31 मार्च, 2012 को पूर्ण हो रही है। इस अवधि में राज्य की आर्थिक विकास दर, निर्धारित लक्ष्य 8.6 प्रतिशत के विरुद्ध 8.4 प्रतिशत होना अनुमानित है। कृषि एवं संबद्ध क्षेत्र की विकास दर निर्धारित लक्ष्य 1.7 प्रतिशत के विरुद्ध 6.29 प्रतिशत, औद्योगिक विकास दर निर्धारित लक्ष्य 1.2 प्रतिशत के विरुद्ध 7.18 प्रतिशत एवं सेवा क्षेत्र के लिए निर्धारित लक्ष्य 8 प्रतिशत के विरुद्ध 11.17 प्रतिशत होना अनुमानित है।

प्रदेश की 70 प्रतिशत आबादी कृषि पर निर्भर है एवं इनमें से 76 प्रतिशत लघु एवं सीमांत कृषक हैं। विगत 8 वर्षों में हमने कृषि पर लागत को कम करने, खेती को लाभप्रद बनाने एवं किसानों के सर्वांगीण हित में अनेक महत्त्वाकांक्षी योजनाएँ प्रारंभ की हैं, जिनमें 3 प्रतिशत ब्याज दर पर अल्पकालीन कृषि ऋण सुविधा, 5 हॉर्स पावर क्षमतायुक्त सिंचाई पंपों के लिए निःशुल्क बिजली सुविधा, समर्थन मूल्य पर धान उपार्जन योजना, बीज संवर्धन योजना, बलराम कृषि यांत्रिकीकरण योजना, शाकंभरी योजना, किसान समृद्धि योजना एवं सिंचाई पंपों का ऊर्जीकरण प्रमुख हैं।

राज्य शासन की इन किसानोन्मुखी योजनाओं के सुखद परिणाम मिले हैं। वर्ष 2010-11 में अब तक के सर्वाधिक धान उत्पादन के लिए भारत सरकार द्वारा छत्तीसगढ़ को 'कृषि कर्मण पुरस्कार' से पुरस्कृत किया गया है। ग्यारहवीं पंचवर्षीय योजना अवधि में अनाज के उत्पादन में 19 प्रतिशत तथा तिलहन में 46 प्रतिशत वृद्धि हुई है। इन उपलब्धियों के बावजूद वर्षा आधारित कृषि, छोटे तथा बिखरे हुए कृषि जोत, बढ़ती

हुई कृषि लागत, कृषि क्षेत्र में अपर्याप्त पूँजीगत निवेश तथा उन्नत तकनीक का अभाव जैसी समस्याओं का निदान हमारे लिए अभी भी चुनौती बनी हुई है। इसे ध्यान में रखते हुए कृषि से संबंधित सभी योजनाओं को समग्र रूप से 'कृषि बजट' के अंतर्गत प्रस्तुत किया जा रहा है।

अध्यक्ष महोदय, अब मैं कृषि तथा कृषि से संबद्ध क्षेत्र के लिए बजट अनुमान प्रस्तुत करना चाहूँगा।

कृषि बजट के लिए कुल 6,244 करोड़ का प्रावधान किया गया है, जो कि कुल बजट का 17 प्रतिशत है। इसमें कृषि एवं उद्यानिकी के लिए 1,472 करोड़, पशुपालन के लिए 275 करोड़, सहकारिता के लिए 271 करोड़, सिंचाई के लिए 1,848 करोड़, समर्थन मूल्य पर खाद्यान्न उपार्जन के लिए 1,452 करोड़, ऊर्जा हेतु 337 करोड़ प्रमुख हैं। वर्ष 2011-12 में इन योजनाओं के लिए कुल 5,155 करोड़ का प्रावधान था। वर्ष 2012-13 में इसमें 21 प्रतिशत की वृद्धि की गई है।

सिंचाई क्षमता में विस्तार को सर्वोच्च प्राथमिकता देते हुए बजट में 16 प्रतिशत की वृद्धि की गई है। वर्ष 2012-13 में केलो वृहद परियोजना का कार्य पूर्ण हो जाएगा, जिससे 25,000 हेक्टेयर अतिरिक्त सिंचाई क्षमता निर्मित होगी। इसके लिए 100 करोड़ का प्रावधान है। हसदेव बांगो परियोजना के आधुनिकीकरण तथा विस्तारीकरण के लिए 50 करोड़ का प्रावधान है। बिलासपुर में 625 करोड़ की लागत से अरपा-भैंसाझार वृहद परियोजना का कार्य प्रारंभ किया जाएगा, जिससे 25 हजार हेक्टेयर अतिरिक्त सिंचाई क्षमता निर्मित होगी।

75 करोड़ की लागत से हरदोली मध्यम परियोजना का निर्माण किया जाएगा। इस परियोजना से ढाई हजार हेक्टेयर अतिरिक्त सिंचाई क्षमता निर्मित होगी। योजना के क्रियान्वयन हेतु बजट में प्रावधान किया गया है।

156 लघु सिंचाई परियोजनाओं हेतु 491 करोड़ का प्रावधान किया गया है। इससे 30 हजार हेक्टेयर अतिरिक्त सिंचाई क्षमता निर्मित होगी।

सिंचाई क्षमता में वृद्धि के उद्देश्य से निर्मित 150 एनिकट के जल-ग्रहण क्षेत्र में सिंचाई पंपों के ऊर्जीकरण हेतु विद्युत् लाइन विस्तार के लिए 10 करोड़ का प्रावधान है। इससे 20 हजार हेक्टेयर अतिरिक्त सिंचाई क्षमता निर्मित होगी।

सुनिश्चित सिंचाई में वृद्धि हेतु विगत 8 वर्षों में 2 लाख से अधिक सिंचाई पंपों का ऊर्जीकरण किया गया है। अब प्रति पंप कनेक्शन के लिए देय अनुदान राशि 50,000 से बढ़ाकर 75,000 रुपए की जाएगी। वर्ष 2012-13 में 21,000 पंपों के ऊर्जीकरण हेतु विद्युत् वितरण कंपनी को अनुदान के लिए 150 करोड़ का प्रावधान है।

सूक्ष्म सिंचाई को प्रोत्साहित करने के उद्देश्य से 'राज्य पोषित सूक्ष्म सिंचाई

योजना' प्रारंभ की जाएगी, जिसके अंतर्गत किसानों को इकाई लागत का 75 प्रतिशत अनुदान के रूप में दिया जाएगा। इस हेतु 25 करोड़ का प्रावधान किया गया है।

किसानों को उनकी फसल का वाजिब मूल्य-प्राप्ति सुनिश्चित करने की दिशा में 'समर्थन मूल्य पर धान उपार्जन' हमारी सबसे महत्त्वपूर्ण योजना है। वर्ष 2011-12 में रिकॉर्ड 59.7 लाख मीट्रिक टन धान का उपार्जन किया जाकर किसानों को समर्थन मूल्य के रूप में 6,537 करोड़ का भुगतान किया गया है। मुझे सदन को यह सूचित करते हुए हर्ष है कि वर्ष 2011-12 में उपार्जित धान पर 50 रुपए प्रति क्विंटल की दर से बोनस दिया जाएगा।

इस योजना के क्रियान्वयन हेतु वर्ष 2012-13 में मार्कफेड एवं नागरिक आपूर्ति निगम को ऋण तथा अनुदान के रूप में 1,452 करोड़ दिया जाएगा।

कृषि लागत को कम करने के उद्देश्य से निम्नानुसार प्रावधान हैं—

वर्ष 2008 में हमारी सरकार ने अल्पकालीन कृषि ऋण पर ब्याज दर को घटाकर 3 प्रतिशत किया था। सदन को यह सूचित करते हुए मुझे प्रसन्नता हो रही है कि वर्ष 2012-13 से इसे घटाकर 1 प्रतिशत किया जाएगा। यह सुविधा सहकारी बैंकों तथा ग्रामीण बैंकों के माध्यम से वितरित अल्पकालीन कृषि ऋण पर लागू होगी। इससे प्रदेश के 17 लाख किसान परिवार लाभान्वित होंगे। इस हेतु 122 करोड़ का प्रावधान किया गया है।

वन भूमि अधिकार मान्यता अधिनियम-2006 के अंतर्गत प्रदेश के सुदूर अंचलों में निवासरत 2.16 लाख वनवासियों को अधिकार-पत्र प्रदान किए गए हैं। विगत 2 वर्षों में इनमें से 1.16 लाख हितग्राहियों को बीज एवं उर्वरक की आदान सामग्री की सहायता दी जा चुकी है। वर्ष 2012-13 में शेष 1 लाख हितग्राहियों को निःशुल्क धान बीज एवं उर्वरक की मिनी किट वितरित की जाएगी। इसके लिए 12.40 करोड़ का प्रावधान है।

वर्तमान में 5 हॉर्स पावर तक सिंचाई पंपों के लिए 6,000 यूनिट तक निःशुल्क बिजली प्रदाय की जा रही है। अब 3 हॉर्स पावर पंपों के लिए 6,000 यूनिट एवं 3 से 5 हॉर्स पावर तक पंपों के लिए इस सीमा को बढ़ाकर 7,500 यूनिट किया जाएगा। इसके अतिरिक्त इन पंपों पर फिक्सड चार्जेस एवं मीटर किराए में छूट दी जाएगी। इसके लिए 177 करोड़ का प्रावधान किया गया है।

प्रचलित किसान समृद्धि योजना में राज्य के वृष्टिछाया क्षेत्र एवं प्राधिकरण क्षेत्र के 114 विकासखंडों के अनुसूचित जाति एवं जनजाति कृषकों को नलकूप खनन एवं पंप प्रतिस्थापन पर 40,000 रुपए का अनुदान दिया जा रहा है, जबकि शेष 32 विकासखंडों में इन्हीं वर्गों के कृषकों को 25,000 रुपए का अनुदान प्राप्त हो रहा है। अब इस योजना में प्रदेश के सभी अनुसूचित जाति एवं जनजाति के कृषकों को 40,000

रुपए की दर से अनुदान देय होगा। इस हेतु बजट में 22 करोड़ 20 लाख का प्रावधान है।

कृषि यांत्रिकीकरण की बढ़ती हुई उपयोगिता तथा माँग को ध्यान में रखते हुए आर्थिक रूप से कमजोर कृषकों को किराए पर कृषि यंत्र उपलब्ध कराने के लिए 'कृषि सेवा केंद्र' योजना प्रारंभ की गई है, जिसके अंतर्गत कृषि उद्यमियों को बैंक ऋण पर 40 प्रतिशत अनुदान दिया जा रहा है। इस वर्ष 20 केंद्र स्वीकृत किए गए हैं। वर्ष 2012-13 में 50 नए केंद्र स्थापित किए जाएँगे। इस हेतु 10 करोड़ का प्रावधान किया गया है।

राष्ट्रीय कृषि बीमा योजनांतर्गत देय प्रीमियम राशि का 5 प्रतिशत भारत सरकार द्वारा तथा 5 प्रतिशत राज्य सरकार द्वारा वहन किया जाता है। कृषकों के प्रीमियम बाबत देय भार को कम करने के लिए राज्य सरकार के अंशदान को 5 प्रतिशत से बढ़ाकर 20 प्रतिशत किया जाएगा। इससे प्रदेश के 24 लाख लघु एवं सीमांत कृषक लाभान्वित होंगे।

कृषि उत्पादन तथा उत्पादकता में वृद्धि हेतु निम्नानुसार प्रावधान हैं—

उत्पादकता की वृद्धि में भू-स्वास्थ्य सुधार का विशेष महत्त्व है। वर्तमान में प्रदेश में 7 मिट्टी परीक्षण प्रयोगशाला संचालित हैं। वर्ष 2012-13 में 4 नवीन प्रयोगशालाएँ स्थापित की जाएँगी।

मृदा स्वास्थ्य सुधार के उद्देश्य से हरी खाद के उपयोग को प्रोत्साहित करने के लिए आगामी खरीफ मौसम में कृषकों को अनुदान पर हरी खाद के बीज उपलब्ध कराए जाएँगे, जिसके लिए 4.25 करोड़ का प्रावधान है।

अक्ती बीज संवर्धन योजना के फलस्वरूप ग्यारहवीं पंचवर्षीय योजना अवधि में प्रमाणित बीज उत्पादन में 234 प्रतिशत वृद्धि हुई है। इसे ध्यान में रखते हुए योजना का निम्नानुसार विस्तार किया जाएगा—

कृषकों को रियायती दर पर प्रमाणित बीज उपलब्ध कराने हेतु बीज उत्पादक किसानों को देय उत्पादन अनुदान 300 रुपए को बढ़ाकर 500 रुपए प्रति क्विंटल तथा वितरण अनुदान 200 रुपए को बढ़ाकर 500 रुपए प्रति क्विंटल किया जाएगा। इसके लिए 30 करोड़ का प्रावधान किया गया है।

प्रदेश में दलहन फसलों के क्षेत्राच्छादन अपेक्षाकृत कम है। इसका मुख्य कारण उन्नत बीज की उपलब्धता में कमी है। दलहन बीज उत्पादन को बढ़ावा देने के लिए बीज उत्पादक किसानों को 1,000 रुपए प्रति क्विंटल की दर से उत्पादन अनुदान दिया जाएगा।

प्रदेश में बीज उत्पादन को प्रोत्साहित करने के उद्देश्य से बीज उत्पादक सहकारी समितियों को उत्पादन तथा वितरण अनुदान दिया जाएगा।

विगत वर्षों में धान की श्री विधि के प्रदर्शनों के अच्छे परिणाम प्राप्त हुए हैं।

परंपरागत रोपा पद्धति की तुलना में श्री विधि में औसतन 30 प्रतिशत तक अधिक उत्पादन दर्ज किया गया है। इस विधि के क्षेत्र विस्तार हेतु आगामी खरीफ मौसम में 20,000 हेक्टेयर में वृहद प्रदर्शन आयोजित किया जाएगा, जिसके लिए 7 करोड़ का प्रावधान है।

राज्य की 70 प्रतिशत कृषि भूमि वर्षा आधारित है। इन क्षेत्रों में शुष्क खेती की आधुनिक तकनीक अपनाते हुए किसानों को खरीफ के साथ-साथ रबी फसल लेने के लिए प्रोत्साहित किया जाएगा। इस हेतु 40,000 हेक्टेयर में इस पद्धति का प्रदर्शन किया जाएगा।

उर्वरकों की बढ़ती हुई माँग के मद्देनजर 'मार्कफेड' द्वारा अग्रिम भंडारण किया जाता है। इस हेतु 'मार्कफेड' को 300 करोड़ का ब्याज-मुक्त ऋण दिया जाएगा।

प्राथमिक सहकारी समिति स्तर पर उर्वरक के भंडारण व्यवस्था सुनिश्चित करने के उद्देश्य से 'नाबार्ड' की सहायता से 700 गोदामों का निर्माण किया जाएगा, जिनके लिए 52 करोड़ 50 लाख का प्रावधान है।

अनुसूचित जनजाति विकासखंडों में प्राथमिक कृषि साख सहकारी समितियों को बहूद्देशीय सहकारी समितियों के रूप में विकसित किया जाएगा। इस हेतु 8 करोड़ 50 लाख का प्रावधान किया गया है।

उद्यानिकी विकास के लिए निम्नानुसार नवीन योजनाएँ प्रारंभ की जाएँगी—

नदी के कछार एवं तटों पर खेती करनेवाले अनुसूचित जाति, जनजाति तथा लघु एवं सीमांत सब्जी उत्पादकों को उन्नत उद्यानिकी तकनीक की जानकारी देने एवं प्रोत्साहित करने हेतु प्रदर्शन आयोजित किए जाएँगे।

अनुसूचित जनजाति बाहुल्य क्षेत्र में कृषकों की बाड़ी में सब्जी की खेती हेतु टपक सिंचाई योजना के अंतर्गत इकाई लागत का 75 प्रतिशत अनुदान दिया जाएगा।

उन्नत कृषि तकनीक के प्रसार तथा अनुसरण में कृषि विज्ञान केंद्र की महत्त्वपूर्ण भूमिका है। वर्तमान में इंदिरा गांधी कृषि विश्वविद्यालय द्वारा जिला स्तर पर 18 कृषि विज्ञान केंद्र संचालित हैं। वर्ष 2012-13 में अनुसूचित जनजाति बाहुल्य गरियाबंद एवं बलरामपुर जिले में 'नवीन कृषि विज्ञान केंद्र' प्रारंभ किए जाएँगे।

राज्य में 9 शासकीय कृषि महाविद्यालय संचालित हैं। वर्ष 2012-13 में भाटापारा में नवीन कृषि महाविद्यालय स्थापित किया जाएगा।

पशुधन के संरक्षण एवं विकास हेतु हमारी सरकार निरंतर प्रयासरत है। इस दिशा में निम्नानुसार नवीन योजनाएँ प्रारंभ की जाएँगी—

इस बजट में पशु चिकित्सा एवं प्रजनन सुविधा के विस्तार हेतु 25 नवीन पशु औषधालयों की स्थापना एवं 15 पशु औषधालय का पशु चिकित्सालय में उन्नयन किया

जाएगा, जिसके लिए 3 करोड़ का प्रावधान है।

गौ-वंशीय तथा भैंस-वंशीय पशुओं के नस्ल सुधार के उद्देश्य से नवीन योजना प्रारंभ की जाएगी, जिसके अंतर्गत ग्रामीण युवकों को 'प्राइवेट कृत्रिम गर्भाधान कार्यकर्ता' का प्रशिक्षण दिया जाएगा तथा उन्हें उपकरण किट प्रदान किया जाएगा। इससे दूरस्थ अंचलों में पशुपालकों को कृत्रिम गर्भाधान सेवाओं का लाभ प्राप्त होगा।

प्रदेश के पशुपालकों के कौशल उन्नयन हेतु देश की प्रमुख संस्थाओं में भ्रमण कराया जाकर प्रगतिशील कृषकों से परिचर्चा भी आयोजित की जाएगी। इस हेतु 1 करोड़ 50 लाख का प्रावधान किया गया है।

राज्य की गौशालाओं में पशुओं के रख-रखाव हेतु 'गौ-सेवा आयोग' के माध्यम से अनुदान वितरण किया जाता है। इस मद में प्रचलित अनुदान राशि 80 लाख को बढ़ाकर 2 करोड़ किया गया है।

पशुपालकों में उद्यमिता विकास प्रोत्साहन हेतु डेयरी, बकरी एवं मुरगी पालन के लिए 'नाबार्ड' पोषित योजनांतर्गत स्वीकृत ऋण पर भारत सरकार द्वारा सामान्य वर्ग को 25 प्रतिशत तथा अनुसूचित जाति एवं जनजाति वर्ग को 33 प्रतिशत अनुदान दिया जा रहा है। योजनांतर्गत ऋणभार को कम करने के उद्देश्य से राज्य शासन की ओर से केंद्र शासन के बराबर क्रमशः 25 एवं 33 प्रतिशत अतिरिक्त अनुदान दिया जाएगा। इसके लिए 11 करोड़ 60 लाख का प्रावधान किया गया है।

उन्नत नस्ल की बकरी प्रजनन हेतु ग्राम रामपुर, जिला कबीरधाम में नवीन 'बकरी पालन प्रक्षेत्र' की स्थापना की जाएगी। इस हेतु 1 करोड़ 76 लाख का प्रावधान किया गया है।

पशुधन से संबंधित शिक्षा एवं अनुसंधान को बढ़ावा देने के उद्देश्य से आगामी शिक्षण सत्र से 'कामधेनु विश्वविद्यालय' प्रारंभ किया जाएगा।

मत्स्य पालन के लिए निम्नानुसार नवीन योजनाएँ प्रारंभ की जाएँगी—

वर्तमान में प्रदेश के जलाशयों में फिंगरलिंग संचय किया जा रहा है। इससे ग्यारहवीं पंचवर्षीय योजना अवधि में मत्स्य उत्पादन में 150 प्रतिशत की वृद्धि हुई है। मत्स्य उत्पादन के राष्ट्रीय औसत 69 किलो ग्राम प्रति हेक्टेयर की तुलना में प्रदेश का औसत उत्पादन 125 किलो ग्राम प्रति हेक्टेयर है। वर्ष 2012-13 में सिंचाई विभाग द्वारा निर्मित एनिकटों के जल-संग्रहण क्षेत्र में फिंगरलिंग संचयन किया जाएगा एवं स्थानीय मछुआरों की सहकारी समितियाँ बनाकर उन्हें 'मत्स्याखेट अधिकार' दिया जाएगा।

मत्स्य बीज उत्पादन में हम आत्मनिर्भर हो चुके हैं। मत्स्य उत्पादन में वृद्धि के लिए पट्टेधारी बी.पी.एल. मछुआरों को रियायती दर पर फिंगरलिंग उपलब्ध कराया जाएगा। इस हेतु 1 करोड़ 10 लाख का प्रावधान है।

अध्यक्ष महोदय, मेरा मानना है कि किसानों की खुशहाली से ही प्रदेश की खुशहाली संभव है। निम्न पंक्तियों के साथ मैं कृषि बजट किसानों को समर्पित करता हूँ—

'जब खुशहाली छलकेगी, खेतों में खलिहानों में,
तभी भरेंगे रंग सुनहरे, हम सबके अरमानों में।
जो धरती माँ के सीने पर, वैभव की गाथा लिखता है,
उसी किसान का वंदन होगा, नवयुग के वेद पुराणों में।'

शिक्षा

शिक्षा के लिए बजट में सर्वाधिक 5,301 करोड़ का प्रावधान है, जोकि कुल बजट का 14 प्रतिशत है। इसमें केंद्र प्रवर्तित योजनाओं में राज्यांश के रूप में सर्व शिक्षा अभियान के लिए 933 करोड़, मध्याह्न भोजन कार्यक्रम हेतु 257 करोड़, राष्ट्रीय माध्यमिक शिक्षा अभियान हेतु 186 करोड़ सम्मिलित हैं।

शिक्षा के लोकव्यापीकरण की दिशा में प्रदेश के प्रत्येक बसाहट के 1 किलोमीटर की परिधि में प्राथमिक तथा 3 किलोमीटर की परिधि में पूर्व माध्यमिक विद्यालयों की स्थापना की नीति के अनुरूप अब तक 33,000 प्राथमिक एवं 13,520 पूर्व माध्यमिक विद्यालय स्थापित किए गए हैं तथा शाला भवनों की शत-प्रतिशत पूर्ति की जा चुकी है। बच्चों की दर्ज संख्या में वृद्धि के कारण वर्ष 2012-13 में 3,000 अतिरिक्त कक्षों का निर्माण किया जाएगा।

शिक्षा की गुणवत्ता सुनिश्चित करने हेतु ग्यारहवीं पंचवर्षीय योजना अवधि में 1,45,000 शिक्षकों की नियुक्ति की गई है, जिसके फलस्वरूप छात्र शिक्षक अनुपात अब 25 छात्रों के लिए 1 शिक्षक हो गया है, जोकि राष्ट्रीय मापदंड 30 छात्रों पर 1 शिक्षक से बेहतर है।

शिक्षा के अधिकार कानून के क्रियान्वयन के लिए 'छत्तीसगढ़ नि:शुल्क एवं अनिवार्य बाल शिक्षा का अधिकार नियम-2010' लागू किया गया है एवं इसके अंतर्गत कक्षा एक से आठवीं तक सभी छात्रों को नि:शुल्क पाठ्यपुस्तक, बी.पी.एल. एवं अनुसूचित जाति/जनजाति के छात्रों को नि:शुल्क गणवेश एवं सभी विद्यालयों में मध्याह्न भोजन दिया जा रहा है। इन प्रयासों से छात्रों की शाला प्रवेश दर बढ़कर 98 प्रतिशत तथा शाला-त्याग दर घटकर 1.5 प्रतिशत रह गई है।

हमारी सरकार की नीति प्रत्येक बसाहट के 5 किलोमीटर की परिधि में हाई स्कूल तथा 7 किलोमीटर की परिधि में हायर सेकेंडरी स्कूल खोलने की है। इस दिशा में चरणबद्ध रूप में पूर्व माध्यमिक शालाओं को हाई स्कूलों में तथा हाई स्कूलों को हायर सेकेंडरी स्कूलों में उन्नयन किया जा रहा है। बजट में 200 हाई स्कूलों को हायर

सेकेंडरी में उन्नयन हेतु 24 करोड़ का प्रावधान है।

हमारी सरकार द्वारा वर्ष 2004-05 में हाई स्कूल की बालिकाओं को निःशुल्क पाठ्यपुस्तक प्रदान करने का निर्णय लिया था। माध्यमिक शिक्षा के लोक व्यापीकरण को ध्यान में रखते हुए बालिकाओं के साथ-साथ हाई स्कूल के बालकों को भी अब निःशुल्क पाठ्य-पुस्तक उपलब्ध कराई जाएगी।

वर्ष 2004-05 में हमने हाई स्कूल की बालिकाओं के लिए 'सरस्वती साइकिल योजना' लागू की थी। इसके फलस्वरूप ग्यारहवीं पंचवर्षीय योजना अवधि में हाई स्कूल स्तर पर बालिकाओं की दर्ज संख्या में 82 प्रतिशत की वृद्धि हुई है एवं छात्र-छात्रा का दर्ज अनुपात में अंतर कम हुआ है। पूर्व में यह अनुपात 55 छात्र—45 छात्रा था, जो अब 51 छात्र—49 छात्रा हो गया है। योजना की सफलता को देखते हुए अब शासकीय हाई स्कूल के साथ-साथ अनुदान प्राप्त अशासकीय हाई स्कूल की छात्राओं को भी निःशुल्क साइकिल प्रदान की जाएगी।

वर्ष 2012-13 में 100 नवीन हायर सेकेंडरी स्कूल भवन, 10 कन्या छात्रावास भवन तथा दूरस्थ अंचलों में 40 शिक्षक आवास-गृहों का निर्माण किया जाएगा।

प्रदेश के नक्सल प्रभावित जिले दंतेवाड़ा, बीजापुर एवं नारायणपुर में 500 सीटर पर 58 आवासीय विद्यालय खोले गए हैं, जिनमें 26,000 बच्चे प्राथमिक शिक्षा प्राप्त कर रहे हैं।

बारहवीं पंचवर्षीय योजना में 'गुणवत्ता के साथ शिक्षा का विस्तार' पर जोर दिया गया है। इसे ध्यान में रखते हुए शिक्षकों के प्रशिक्षण तथा प्रोत्साहन हेतु विशेष योजना लागू की जाएगी।

प्रदेश में 20 पॉलीटेक्निक तथा 108 आई.टी.आई. स्थापित किए जा चुके हैं। तकनीकी शिक्षा के विस्तार हेतु वर्ष 2012-13 में बलौदा बाजार में नवीन पॉलीटेक्निक तथा कोरिया जिले के जनकपुर, सूरजपुर जिले के रामानुज नगर, राजनांदगाँव जिले के टेडेसरा, दुर्ग जिले के दल्लीराजहरा, धमतरी जिले के मेघा, जाँजगीर जिले के हसौद तथा जाँजगीर में नवीन आई.टी.आई. एवं दुर्ग में महिला आई.टी.आई. स्थापित किए जाएँगे। इसके अतिरिक्त राजनांदगाँव में जन-निजी भागीदारी मॉडल पर आई.आई.-आई.टी. प्रारंभ की जाएगी।

बजट में 5 पॉलीटेक्निक तथा 17 आई.टी.आई. भवन निर्माण हेतु 23 करोड़ का प्रावधान है। रायगढ़, काँकेर, कोरबा एवं अंबिकापुर में रोजगार कार्यालय के भवन निर्माण हेतु 2 करोड़ 70 लाख का प्रावधान है।

उच्च शिक्षा में विस्तार करते हुए कोरिया जिले के पटना, जशपुर जिले के आरा, सरगुजा जिले के प्रेमनगर, बलरामपुर जिले के शंकरगढ़, बिलासपुर जिले के कोतरी,

धमतरी जिले के मगरलोड, दुर्ग जिले के कोरी, महासमुंद जिले के बलौदा तथा बेमेतरा में नवीन शासकीय कन्या महाविद्यालय प्रारंभ किए जाएँगे।

उच्च शिक्षा हेतु तकनीकी एवं व्यावसायिक पाठ्यक्रमों में प्रवेश प्राप्त विद्यार्थियों के लिए 'मुख्यमंत्री उच्च शिक्षा ब्याज अनुदान योजना' लागू की जा रही है। इस योजनांतर्गत 2 लाख रुपए तक वार्षिक आय वर्ग के पालकों के बच्चों की उच्च शिक्षा हेतु 4 प्रतिशत के रियायती ब्याज दर पर शिक्षा ऋण उपलब्ध कराया जाएगा।

अनुसूचित जाति/जनजाति कल्याण

अनुसूचित जाति, जनजाति वर्ग के कल्याण हेतु विभाग के बजट में 17 प्रतिशत वृद्धि की जाकर 3,080 करोड़ का प्रावधान किया गया है।

विगत 8 वर्षों में प्रदेश के दूरस्थ अंचलों में 447 आश्रम शालाएँ एवं 737 छात्रावास स्थापित किए गए हैं। इसकी उपयोगिता को ध्यान में रखते हुए इस बजट में अनुसूचित जनजाति छात्रों के लिए 21 तथा अनुसूचित जाति छात्रों के लिए 8 नवीन आश्रम शालाएँ प्रारंभ करने हेतु प्रावधान है। इसके अतिरिक्त अनुसूचित जनजाति छात्रों के लिए 30, अनुसूचित जाति के छात्रों के लिए 16 एवं पिछड़ा वर्ग छात्रों के लिए 10 नवीन छात्रावास खोलने का प्रावधान है। वर्तमान में संचालित 60 छात्रावासों में 1,840 सीटों की वृद्धि की जाएगी।

अनुसूचित जनजाति क्षेत्र में संचालित 100 हाई स्कूलों को हायर सेकेंडरी में उन्नयन किया जाएगा।

नक्सल प्रभावित जिलों के छात्रों को गुणवत्तापूर्ण शिक्षा उपलब्ध कराने हेतु जगदलपुर एवं दुर्ग में 500-500 सीटर बालक एवं बालिका 'आवासीय विज्ञान एवं वाणिज्यिक शिक्षण केंद्र' स्थापित किए जाएँगे।

30 उच्चतर माध्यमिक विद्यालयों के भवन निर्माण के लिए 6 करोड़ तथा 10 छात्रावास भवन निर्माण के लिए 5 करोड़ 50 लाख का प्रावधान है।

अनुसूचित जाति, जनजाति तथा पिछड़े वर्ग के बच्चों के निःशुल्क एयर क्राफ्ट मेंटेनेंस इंजीनियरिंग पाठ्यक्रम में प्रवेश हेतु 1 करोड़ 5 लाख का प्रावधान है।

स्वास्थ्य

स्वास्थ्य संबंधी कार्यक्रम के लिए बजट में 1,344 करोड़ का प्रावधान है, जोकि वर्ष 2011-12 के प्रावधान की तुलना में 11 प्रतिशत अधिक है।

मानव संसाधन विकास में शिक्षा के साथ-साथ स्वास्थ्य संबंधी सूचकांकों में सुधार का विशेष महत्त्व है। इस दिशा में हमने उल्लेखनीय प्रगति की है। भारत सरकार

द्वारा 2010 में कराए गए वार्षिक स्वास्थ्य सर्वेक्षण के अनुसार 2005 से 2010 की अवधि में राज्य में शिशु मृत्यु दर में 19 प्रतिशत तथा मातृ मृत्यु दर में 18 प्रतिशत की कमी हुई है। लेकिन सहस्राब्दी विकास लक्ष्य प्राप्ति के लिए शिशु मृत्यु दर को 51 से 30 प्रति हजार जन्म तथा मातृ मृत्यु दर को 269 से 100 प्रति 1 लाख प्रसव तक लाना होगा। इस लक्ष्य की प्राप्ति कठिन अवश्य है, लेकिन विगत 8 वर्षों में प्राप्त सफलता के आधार पर हम इस लक्ष्य को हासिल करने के लिए आशावान एवं दृढ़ संकल्पित हैं। इस हेतु स्वास्थ्य संबंधी अधोसंरचना तथा मानव संसाधन की कमी को दूर करने के लिए बजट में विशेष प्रावधान किए गए हैं।

राज्य में विगत पाँच वर्षों में संस्थागत प्रसव 18 प्रतिशत से बढ़कर 53 प्रतिशत हो गया है। गंभीर रूप से कुपोषित बच्चों के उपचार हेतु राज्य के 20 अस्पतालों में पोषण पुनर्वास केंद्रों की स्थापना की गई है। आगामी वित्तीय वर्ष में 20 अतिरिक्त केंद्र स्थापित किए जाएँगे।

हमारी सरकार द्वारा बुनियादी स्वास्थ्य सुविधा उपलब्ध कराने के लिए लगातार प्रयास किया गया है एवं इस दिशा में राष्ट्रीय मापदंड के अनुरूप पर्याप्त संख्या में उप-स्वास्थ्य केंद्र, प्राथमिक स्वास्थ्य केंद्र, सामुदायिक स्वास्थ्य केंद्र तथा जिला चिकित्सालयों की स्थापना की जा चुकी है। प्रदेश की विशिष्ट भौगोलिक संरचना को ध्यान में रखते हुए इस बजट में 50 नवीन उप-स्वास्थ्य केंद्र, 20 प्राथमिक स्वास्थ्य केंद्र एवं 13 सामुदायिक स्वास्थ्य केंद्र की स्थापना हेतु 16 करोड़ का प्रावधान है। इसके अतिरिक्त नव गठित 9 जिलों के मुख्यालय में जिला अस्पताल की स्थापना की जाएगी।

स्वास्थ्य संबंधी अधोसंरचना के सुदृढ़ीकरण के लिए हमने निरंतर प्रयास किए हैं। बजट में 8 जिला अस्पताल भवनं, 4 सामुदायिक स्वास्थ्य केंद्र भवन, 20 प्राथमिक स्थास्थ्य केंद्र एवं 100 उप-स्वास्थ्य केंद्र भवनों, 10 आयुष औषधालय भवन के निर्माण हेतु 36 करोड़ का प्रावधान है। सदन को यह जानकर प्रसन्नता होगी कि इसके फलस्वरूप प्रदेश के सभी जिला अस्पतालों व सामुदायिक स्वास्थ्य केंद्रों तथा 90 प्रतिशत प्राथमिक स्वास्थ्य केंद्र एवं 85 प्रतिशत उप-स्वास्थ्य केंद्र भवनों की पूर्ति हो जाएगी।

राष्ट्रीय स्वास्थ्य बीमा योजना के अंतर्गत प्रदेश के 24 लाख बी.पी.एल. एवं असंगठित क्षेत्र के श्रमिक परिवारों को निःशुल्क उपचार सुविधा प्रदान की जा रही है। मुझे सदन को सूचित करते हुए हर्ष है कि हमने खाद्य सुरक्षा के साथ-साथ अब स्वास्थ्य सुरक्षा के लोकव्यापीकरण के उद्देश्य से राज्य के सभी परिवारों को निःशुल्क स्वास्थ्य बीमा सुविधा उपलब्ध कराने का निश्चय किया है। इस हेतु 'मुख्यमंत्री स्वास्थ्य बीमा योजना' प्रारंभ की जाएगी। योजना के क्रियान्वयन हेतु 60 करोड़ का प्रावधान है।

अध्यक्ष महोदय, मैं दो पंक्तियाँ सदन के सामने रखना चाहूँगा—

'नेक कामों से बनाता है बशर अपना मुकाम
जनम से जहाँ में कोई देवता नहीं होता।'

राज्य में आपातकालीन स्वास्थ्य सेवाओं हेतु अत्याधुनिक उपकरणों से सुसज्जित '108-संजीवनी एक्सप्रेस' एंबुलेंस सेवा प्रदेश के सभी विकासखंडों में प्रारंभ की गई है। प्रदेश में अब तक लगभग 1 लाख मरीज इस सुविधा से लाभान्वित हुए हैं।

राज्य के वनांचलों में मलेरिया के प्रकोप में कमी लाने की दृष्टि से विगत दो वर्षों में 10 लाख कीटनाशक उपचारित मच्छरदानियों का वितरण किया गया है। वर्ष 2012-13 में 5 लाख मच्छरदानियाँ वितरित की जाएँगी, जिसके लिए 15 करोड़ का प्रावधान है।

ग्रामीण क्षेत्रों के अनुरूप प्रदेश के सभी 11 नगरपालिका निगम क्षेत्रों में निवासरत गरीबों तथा मलिन बस्तियों के रहवासियों को बेहतर स्वास्थ्य सुविधाएँ उपलब्ध कराने हेतु 'मुख्यमंत्री शहरी स्वास्थ्य कार्यक्रम' प्रारंभ किया जाएगा। इस योजनांतर्गत शहरी मलिन बस्तियों के पास प्राथमिक स्वास्थ्य केंद्र स्थापित किए जाएँगे तथा ए.एन.एम. व मितानिन के माध्यम से महिलाओं एवं बच्चों को नियमित स्वास्थ्य जाँच, टीकाकरण व उपचार सुविधाएँ उपलब्ध कराई जाएँगी।

जिला चिकित्सालय एवं सामुदायिक स्वास्थ्य केंद्रों में दिवंगतों के शवों को उनके निवास स्थान तक पहुँचाने हेतु निःशुल्क शव-वाहन सुविधा उपलब्ध कराई जाएगी।

प्रदेश में आयुर्वेदिक चिकित्सा सुविधा का विस्तार करने के उद्देश्य से बिलासपुर में आयुर्वेदिक चिकित्सा महाविद्यालय स्थापित किया जाएगा। इसके अतिरिक्त राजनांदगाँव एवं दुर्ग में 50 सीटोंवाले नर्सिंग महाविद्यालयों की स्थापना की जाएगी।

प्रदेश के चिकित्सा महाविद्यालयों में अत्याधुनिक चिकित्सा उपकरण उपलब्ध कराने हेतु 36 करोड़ 75 लाख का प्रावधान किया गया है। इसके अंतर्गत रायपुर मेडिकल कॉलेज में न्यूरो सर्जरी, स्टेम सेल थेरैपी तथा एंजियोप्लास्टी की सुविधाएँ प्रारंभ की जाएँगी तथा ब्लड बैंक का आधुनिकीकरण किया जाएगा।

खाद्य सुरक्षा

हमारे द्वारा प्रारंभ की गई 'मुख्यमंत्री खाद्य सुरक्षा योजना' की राष्ट्रीय स्तर पर प्रशंसा हुई है एवं अन्य राज्यों में इस योजना का अनुकरण किया गया है। बजट में इस हेतु 700 करोड़ का प्रावधान है।

इस वर्ष हमने खाद्य सुरक्षा के साथ-साथ सुपोषण हेतु अनुसूचित जनजाति

बाहुल्य बस्तर संभाग में बी.पी.एल. परिवारों को रियायती दर पर चना उपलब्ध कराने की योजना लागू की है। वर्ष 2012-13 में इस योजना का विस्तार करते हुए सरगुजा संभाग में भी लागू किया जाएगा। इससे 10 लाख परिवार लाभान्वित होंगे। इसके लिए 40 करोड़ का प्रावधान है।

उचित मूल्य दुकानों में खाद्यान्नों के संग्रहण तथा उपलब्धता सुनिश्चित करने के उद्देश्य से रायपुर के अतिरिक्त दुर्ग, भिलाई एवं बिलासपुर में 350 दुकान सह गोदाम निर्मित किए जाएँगे। इस हेतु 35 करोड़ का प्रावधान है।

महिला एवं बाल विकास

महिलाओं में रक्ताल्पता एवं शिशुओं में कुपोषण में सुधार हमारे लिए सबसे बड़ी चुनौती है। इसे ध्यान में रखते हुए विभागीय बजट में 16 प्रतिशत की वृद्धि करते हुए वर्ष 2012-13 के लिए 1,015 करोड़ का प्रावधान किया गया है।

वर्ष 2005 के राष्ट्रीय परिवार एवं स्वास्थ्य सर्वेक्षण अनुसार राज्य के बच्चों में कुपोषण की दर 61 प्रतिशत से घटकर 45 प्रतिशत तथा महिलाओं में रक्ताल्पता 68.7 प्रतिशत से घटकर 57.5 प्रतिशत हो गई है। ग्यारहवीं पंचवर्षीय योजना के दौरान इन सूचकांकों में सुधार की दिशा में हमने लगातार प्रयास किए हैं, जिसके परिणाम आगामी सर्वे में परिलक्षित होंगे। सहस्राब्दी विकास लक्ष्य अनुसार वर्ष 2015 तक इसे क्रमशः 27.4 एवं 29 प्रतिशत तक लाना है। इस लक्ष्य-प्राप्ति की दिशा में प्रदेश में 'न्यूट्रीशन सर्वेलेंस कार्यक्रम' लागू किया गया है, जिसके माध्यम से कुपोषित बच्चों की ग्रामवार पहचान करके उनका सुपोषण सुनिश्चित किया जा रहा है। इस उद्देश्य से पूरक पोषण आहार कार्यक्रम के अंतर्गत 361 करोड़ का प्रावधान रखा गया है। चालू वित्तीय वर्ष से पंचायतों, स्वसहायता समूह तथा स्वैच्छिक संस्थाओं की सहभागिता से बच्चों में कुपोषण दूर करने के उद्देश्य से 'नवा जतन योजना' प्रारंभ की गई है।

महिलाओं की सुरक्षा एवं अस्मिता की रक्षा हेतु 'घरेलू हिंसा से महिलाओं का संरक्षण अधिनियम' के प्रावधानों के अधीन पीड़ित महिला को चिकित्सा, आश्रय एवं विधिक सहायता उपलब्ध कराने के लिए 'नवा बिहान' योजना प्रारंभ की जाएगी। इसके लिए इस बजट में 1 करोड़ 50 लाख का प्रावधान रखा गया है।

प्रदेश में महिला एवं बाल विकास सेवाओं का लोकव्यापीकरण करके प्रत्येक बसाहट स्तर पर 50,311 आँगनबाड़ी एवं मिनी आँगनबाड़ी केंद्र स्थापित किए गए हैं। अब तक राज्य में लगभग 29,000 आँगनबाड़ी केंद्रों के भवन निर्मित किए जा चुके हैं। इस बजट में 1,133 आँगनबाड़ी भवन निर्माण हेतु 51 करोड़ का प्रावधान रखा गया है।

आर्थिक रूप से कमजोर वर्गों के लिए संचालित 'मुख्यमंत्री कन्यादान योजना' के लिए रुपए 5 करोड़ का प्रावधान है।

समाज कल्याण

हमारी सरकार समाज के कमजोर एवं वृद्ध नागरिकों को आर्थिक संबल उपलब्ध कराने के लिए कृत-संकल्पित है। इस उद्देश्य से अनेक योजनाएँ संचालित की जा रही हैं।

राष्ट्रीय वृद्धावस्था पेंशन योजनांतर्गत 182 करोड़ एवं विधवा महिलाओं के लिए संचालित पेंशन योजनांतर्गत 32 करोड़ 74 लाख का प्रावधान किया गया है।

राष्ट्रीय परिवार सहायता योजनांतर्गत 14 करोड़ 31 लाख एवं नि:शक्त जन की पेंशन के लिए 6 करोड़ 69 लाख का प्रावधान किया गया है।

पेयजल

लोक स्वास्थ्य यांत्रिकी विभाग के बजट में 13 प्रतिशत की वृद्धि के साथ 521 करोड़ का प्रावधान किया गया है।

हमने सुदूर ग्रामीण अंचलों तक पेयजल की उपलब्धता सुनिश्चित करने पर विशेष ध्यान दिया है। वर्ष 2011-12 के बजट में बस्तर एवं सरगुजा संभाग के 9 जिलों में पेयजल की गुणवत्ता सुनिश्चित करने हेतु 9 चलित प्रयोगशालाओं की स्थापना हेतु प्रावधान किया गया था। वर्ष 2012-13 में 9 और जिलों में प्रयोगशालाओं की स्थापना हेतु 1 करोड़ 35 लाख का प्रावधान किया गया है।

26 नवीन नगरीय जल प्रदाय योजनाओं हेतु 19 करोड़ 75 लाख, 11 समूह तथा 3 ग्रामीण नलजल योजनाओं हेतु 20 करोड़ का प्रावधान किया गया है।

ग्रामीण क्षेत्रों में पेयजल आपूर्ति हेतु राष्ट्रीय ग्रामीण पेयजल कार्यक्रम के अंतर्गत राज्यांश के रूप में 117 करोड़ तथा समस्याग्रस्त ग्रामों में पेयजल, नलकूप खनन, स्पॉट सोर्स आदि योजनाओं हेतु 86 करोड़ का प्रावधान है। इसी प्रकार शहरी क्षेत्रों में जल प्रदाय हेतु 95 करोड़ का प्रावधान है।

शालाओं में पेयजल तथा शौचालय व्यवस्था हेतु 15 करोड़ का प्रावधान किया गया है।

वन

वन विभाग के लिए बजट में 1,021 करोड़ का प्रावधान है, जोकि वर्ष 2011-12 की तुलना में 15 प्रतिशत अधिक है।

प्रदेश का 44 प्रतिशत क्षेत्र वनाच्छादित है। वनों के संरक्षण, संवर्धन एवं विकास

हेतु चालू वर्ष की तुलना में 15 प्रतिशत की वृद्धि करते हुए इस बजट में 1,021 करोड़ का प्रावधान किया गया है।

बिगड़े वनों के सुधार हेतु 110 करोड़, बाँस वनों के पुनरोद्धार हेतु 49 करोड़, वन मार्गों पर रपटा पुलिया निर्माण हेतु 22 करोड़, वन क्षेत्रों में भू-जल एवं जल संरक्षण हेतु 21 करोड़ 50 लाख एवं तेरहवें वित्त आयोग के अंतर्गत अनुदान बाबत 102 करोड़ 78 लाख का प्रावधान इस बजट में किया गया है।

राज्य में तेंदूपत्ता संग्राहक परिवारों को चरणपादुका वितरण हेतु 15 करोड़ तथा इन परिवारों के सदस्यों के समूह बीमा हेतु 8 करोड़ का प्रावधान किया गया है।

नया रायपुर क्षेत्र में जंगल सफारी की स्थापना की जाएगी। सफारी के संचालन हेतु बजट में 50 लाख का प्रावधान किया गया है।

आवास एवं पर्यावरण

प्रदेश के विकासखंड स्तर पर कमजोर वर्गों के लिए आवास निर्माण हेतु 'अटल विहार योजना' प्रारंभ की गई है। इस योजना में राज्य शासन के अंशदान के रूप में 50 करोड़ का प्रावधान है।

नया रायपुर में अल्प आय वर्ग के लोगों के लिए रात्रि विश्राम-गृह का निर्माण तथा आंतरिक सड़कों में सौर ऊर्जा आधारित स्ट्रीट लाइट हेतु 5 करोड़ का प्रावधान है।

पंचायत एवं ग्रामीण विकास

पंचायत एवं ग्रामीण विकास के बजट में 66 प्रतिशत वृद्धि करते हुए वर्ष 2012-13 के लिए 3,301 करोड़ का प्रावधान रखा गया है।

इस वर्ष से 'मुख्यमंत्री ग्राम सड़क एवं विकास योजना' प्रारंभ की गई है। आगामी 2 वर्षों में इस योजनांतर्गत 4,000 किलोमीटर ग्रामीण सड़कों का निर्माण किया जाएगा। वर्ष 2012-13 में इस हेतु 750 करोड़ का प्रावधान है। इससे ग्रामीण बसाहटों को पक्की सड़क के माध्यम से बेहतर कनेक्टिविटी उपलब्ध होगी।

प्रदेश के ग्रामों की मुख्य आंतरिक सड़क को सीमेंट कंक्रीट सड़क के रूप में विकसित करने के लिए 'मुख्यमंत्री ग्राम गौरव पथ योजना' प्रारंभ की जाएगी। प्रथम चरण में 1,000 गाँवों में योजना क्रियान्वित की जाएगी एवं इसके लिए इस बजट में 250 करोड़ का प्रावधान है।

बस्तर एवं सरगुजा विकास प्राधिकरण तथा अनुसूचित जाति विकास प्राधिकरण के तर्ज पर राज्य के सामान्य ग्रामीण क्षेत्र के विकास हेतु 'छत्तीसगढ़ राज्य ग्रामीण विकास प्राधिकरण' का गठन किया गया है। इस हेतु बजट में 50 करोड़ का प्रावधान है।

महात्मा गांधी रोजगार गांरटी योजना, राष्ट्रीय आजीविका ग्रामीण मिशन योजना तथा इंदिरा आवास योजनांतर्गत राज्यांश के रूप में 358 करोड़ का प्रावधान है।

प्रधानमंत्री ग्राम सड़क योजना के अंतर्गत निर्मित सड़कों के संधारण हेतु बजट में 186 करोड़ का प्रावधान है।

मुख्यमंत्री ग्राम उत्कर्ष योजना, ग्राम विकास योजना, छत्तीसगढ़ ग्रामीण निर्माण योजना एवं हमारा छत्तीसगढ़ योजना के अंतर्गत कुल 180 करोड़ का प्रावधान किया गया है। इसके अतिरिक्त ग्राम पंचायतों में मूलभूत कार्यों हेतु अनुदान के रूप में 180 करोड़ का प्रावधान शामिल है।

त्रि-स्तरीय पंचायत व्यवस्था के अंतर्गत पंचायत राज संस्थाओं के पदाधिकारियों को देय मानदेय में पर्याप्त वृद्धि की जा रही है। पूर्व में जिला पंचायत एवं जनपद पंचायत सदस्यों को मानदेय दिए जाने का प्रावधान नहीं था, अब उन्हें भी मानदेय दिया जाएगा।

लोक निर्माण

इस बजट में लोक निर्माण मद में 3,116 करोड़ का प्रावधान है, जोकि वर्ष 2011-12 की तुलना में 32 प्रतिशत अधिक है। इसमें नवीन निर्माण हेतु 2,186 करोड़ तथा अनुरक्षण मद में 930 करोड़ का प्रावधान शामिल है।

राज्य राजमार्ग के उन्नयन हेतु 86 करोड़, मुख्य जिला सड़कों के उन्नयन बाबत 76 करोड़ तथा अन्य जिला सड़कों के उन्नयन हेतु 33 करोड़ का प्रावधान है। इसके अतिरिक्त 12 रेलवे ओवर ब्रिज, 13 रेलवे अंडर ब्रिज के निर्माण हेतु 17 करोड़ तथा 84 पुलों के निर्माण के लिए 36 करोड़ का प्रावधान है।

एशियन डेवलपमेंट बैंक की सहायता से आगामी 5 वर्षों में प्रदेश के 1,500 किलोमीटर राज्य राजमार्ग तथा मुख्य जिला मार्ग का उन्नयन किया जाएगा, जिसके लिए इस बजट में 200 करोड़ का प्रावधान है।

नाबार्ड की सहायता से 161 ग्रामीण सड़कों का निर्माण किया जाएगा, जिसके लिए 300 करोड़ का प्रावधान है।

नवगठित चार जिले सूरजपुर, बलरामपुर, कोंडागाँव तथा गरियाबंद में शासकीय अधिकारियों एवं कर्मचारियों के लिए ट्रांजिट हॉस्टल के निर्माण की स्वीकृति दी जा चुकी है। इस बजट में शेष पाँच जिले बलौदा बाजार, बालोद, बेमेतरा, मुंगेली एवं सुकमा तथा जगदलपुर में ट्रांजिट हॉस्टल निर्माण के लिए 3 करोड़ का प्रावधान है।

नगरीय विकास

नगरीय विकास के लिए इस बजट में 1972 करोड़ का प्रावधान है, जोकि वर्ष 2011-12 के प्रावधान की तुलना में 48 प्रतिशत अधिक है।

प्रदेश के नगरीय निकायों में अधोसंरचना विकास हेतु 600 करोड़ का प्रावधान है, जिसमें 250 करोड़ ऋण तथा 350 करोड़ का अनुदान सम्मिलित है। इस मद के अंतर्गत सड़क, अवशिष्ट निकासी एवं प्रबंधन तथा पेयजल सुविधा का विस्तार संबंधी कार्य किए जाएँगे।

प्रदेश के नवगठित जिला मुख्यालयों के मुख्य मार्ग को गौरव-पथ के रूप में विकसित किया जाएगा।

प्रदेश के शहरी क्षेत्रों में बी.पी.एल. परिवारों को नि:शुल्क पेयजल आपूर्ति सुनिश्चित करने के उद्देश्य से 'भागीरथी नल जल योजना' प्रारंभ की गई है। इस योजना से 5 लाख परिवार लाभान्वित होंगे। इस योजना पर 5 वर्षों में 150 करोड़ व्यय होगा, जिसका 80 प्रतिशत राज्य शासन द्वारा नगरीय निकायों को अनुदान के रूप में देय होगा। इस योजना के क्रियान्वयन हेतु बजट में 24 करोड़ 43 लाख का प्रावधान है।

रायपुर, बिलासपुर, भिलाई एवं कोरबा में 'राजीव आवास योजना' संचालित की जा रही है। योजना अंतर्गत इन शहरों को आगामी 5 वर्षों में झुग्गी-मुक्त करने का लक्ष्य रखा गया है एवं इसमें 1 लाख 40 हजार गरीब परिवारों को अधोसंरचना सहित पक्के आवास की सुविधा उपलब्ध कराया जाना शामिल है। इस बजट में राज्यांश के रूप में 100 करोड़ का प्रावधान किया गया है।

प्रदेश की राजधानी रायपुर, नया रायपुर, समीपस्थ ट्विन सिटी भिलाई-दुर्ग एवं राजनांदगाँव भविष्य में एक महानगर के रूप में विकसित होगा। इसे ध्यान में रखते हुए त्वरित यातायात व्यवस्था के अंतर्गत रायपुर से राजनांदगाँव तक मेट्रो रेल के सर्वेक्षण कार्य हेतु इस बजट में 1 करोड़ का प्रावधान है।

उद्योग एवं ग्रामोद्योग

वर्ष 2009 से लागू नवीन औद्योगिक नीति के अंतर्गत औद्योगिक निवेश को प्रोत्साहित करने के उद्देश्य से उद्योगों को ब्याज एवं लागत पूँजी अनुदान के लिए 54 करोड़ का प्रावधान रखा गया है। नए औद्योगिक क्षेत्र एवं औद्योगिक पार्कों की स्थापना हेतु 25 करोड़ का प्रावधान है।

हमारे राज्य के हस्तशिल्पियों एवं बुनकरों द्वारा तैयार की गई सामग्री की ख्याति विश्वव्यापी है। हस्तशिल्पियों के प्रोत्साहन हेतु वर्ष 2012-13 के बजट में 'हस्तशिल्प सिटी' की स्थापना हेतु 50 लाख, राज्य में कंबल प्रोसेसिंग इकाई प्रारंभ करने हेतु 1

करोड़ 3 लाख तथा 'ग्रामीण हस्तशिल्प डिजाइन विकास संस्थान' की स्थापना के लिए 50 लाख का प्रावधान किया गया है।

राज्य के मिट्टी शिल्पियों के प्रोत्साहन हेतु माटी बोर्ड के गठन का निर्णय लिया गया है।

श्रम

असंगठित कर्मकारों की सामाजिक सुरक्षा एवं कल्याण के लिए संचालित विभिन्न योजनाओं के लिए वर्तमान प्रावधान 5 करोड़ को बढ़ाकर 7 करोड़ किया गया है।

संगठित श्रमिकों के कल्याण हेतु 'श्रम कल्याण निधि' का गठन किया गया है। इस निधि में राज्य शासन की ओर से देय प्रति श्रमिक अंशदान की प्रचलित दर 36 रुपए में 150 प्रतिशत वृद्धि करते हुए 90 रुपए प्रति श्रमिक प्रति वर्ष किया गया है।

ऊर्जा

वर्ष 2012-13 में राज्य विद्युत् उत्पादन कंपनी की उत्पादन क्षमता में 1,500 मेगावाट की वृद्धि संभावित है। इसी प्रकार पारेषण तथा वितरण कंपनियों द्वारा अधोसंरचना का उन्नयन एवं सुदृढ़ीकरण किया जा रहा है। विद्युत् कंपनियों की अंशपूँजी में राज्य शासन के धनवेष्ठन बाबत 400 करोड़ का प्रावधान है।

एकल बत्ती विद्युत् कनेक्शन योजना के अंतर्गत बजट प्रावधान में 44 प्रतिशत वृद्धि करते हुए 86 करोड़ 39 लाख का प्रावधान किया गया है। इससे 12 लाख परिवार लाभान्वित होंगे।

नगरीय क्षेत्र में विद्युत् अधोसंरचना के विस्तार हेतु 'मुख्यमंत्री शहरी विद्युतीकरण योजना' प्रारंभ की जाएगी, जिसके लिए 25 करोड़ का प्रावधान है।

संस्कृति एवं पर्यटन

छत्तीसगढ़ की संस्कृति के संरक्षण एवं संवर्धन हेतु सार्थक प्रयास किए जा रहे हैं। इस उद्देश्य से आयोजित किए जानेवाले सांस्कृतिक उत्सव एवं मेले के लिए 4 करोड़ का प्रावधान किया गया है।

राज्य स्तरीय पुरातत्त्व संग्रहालय के लिए 2 करोड़ 42 लाख एवं पुरखौती मुक्तांगन संग्रहालय के विकास के लिए 5 करोड़ का प्रावधान किया गया है।

पुरातत्त्व की दृष्टि से महत्त्वपूर्ण स्थलों के सर्वेक्षण तथा उत्खनन हेतु 1 करोड़ का प्रावधान है।

पर्यटन स्थलों के विकास हेतु छत्तीसगढ़ राज्य पर्यटन विकास मंडल को अनुदान

के रूप में 36 करोड़ 20 लाख तथा केंद्र प्रवर्तित योजनाओं में राज्य शासन के अंशदान के रूप में 20 करोड़ का प्रावधान है।

खेल एवं युवक कल्याण

राज्य के खिलाड़ियों को राष्ट्रीय एवं अंतरराष्ट्रीय स्तर पर मिली सफलताओं से अन्य खिलाड़ियों का उत्साह बढ़ा है। राज्य में खेल गतिविधियों के विस्तार हेतु अधोसंरचना का विकास किया गया है। इसी क्रम में साइंस कॉलेज परिसर में सिंथेटिक एथलेटिक ट्रेक निर्माण हेतु 1 करोड़ तथा जाँजगीर-चाँपा में स्टेडियम निर्माण हेतु 1 करोड़ का प्रावधान है।

प्रदेश में विकासखंड स्तर से राज्य स्तर तक खेल महोत्सव का आयोजन किया जाएगा। इसके लिए 3 करोड़ का प्रावधान है।

राजस्व प्रशासन

राजस्व अभिलेखों के समुचित संधारण एवं त्वरित उपलब्धता सुनिश्चित करने हेतु जिलों के मिसल अभिलेखों का डिजिटीकरण किया जाएगा। इस हेतु बजट में 5 करोड़ का प्रावधान है।

प्रदेश में 14 नवीन राजस्व अनुविभाग तथा पटवारी के 650 अतिरिक्त पद सृजित किए जाएँगे।

राज्य में नवगठित 9 जिलों में 108 करोड़ की लागत से कंपोजिट कार्यालय भवन निर्माण किए जाएँगे। इसके अतिरिक्त इन जिलों में विभिन्न विभागों के जिला स्तरीय कार्यालयों की स्थापना हेतु वर्ष 2011-12 में 949 पद सृजित किए गए हैं एवं इस बजट में 2,645 पद शामिल किए गए हैं।

पुलिस एवं जेल प्रशासन

गृह विभाग के बजट में 21 प्रतिशत की वृद्धि करते हुए 1,862 करोड़ का बजट प्रावधान किया गया है।

पिछले 8 वर्षों में पुलिस बल में 38,000 की वृद्धि की गई है। वर्ष 2012-13 में 2 'विशेष भारत रक्षित वाहिनी' के गठन सहित 3,500 नवीन पदों का सृजन किया जाएगा।

वर्ष 2012-13 में 3 नवीन पुलिस थाना तथा 3 नवीन पुलिस चौकी स्थापित की जाएँगी। वर्ष 2012-13 में 20 पुलिस थाना भवन तथा 650 पुलिस आवास गृह का निर्माण किया जाएगा।

जेलों में सुरक्षा व्यवस्था के सुदृढ़ीकरण हेतु 25 जेलों में एक्सरे बैगेज स्कैनर सिस्टम स्थापित किए जाएँगे।

8 जेलों में विडियो कॉन्फ्रेंस की व्यवस्था तथा क्लोज सर्किट टी.वी. स्थापित किए जाएँगे।

न्याय प्रशासन

राज्य में त्वरित एवं सुलभ न्याय उपलब्ध कराने के लिए रायगढ़, सूरजपुर, अंबिकापुर, दंतेवाड़ा, जाँजगीर, दुर्ग एवं रायपुर में एक-एक तथा बिलासपुर जिले में तीन अतिरिक्त जिला एवं सत्र न्यायाधीश के न्यायालय, जशपुर में कुटुंब न्यायालय, बलरामपुर एवं राजपुर में व्यवहार न्यायाधीश वर्ग-2 न्यायालय तथा नवगठित 9 जिलों में व्यवहार न्यायाधीश वर्ग-1 एवं मुख्य न्यायिक दंडाधिकारी न्यायालय की स्थापना की जाएगी।

विधिक सेवा प्राधिकरण की योजनाओं के प्रचार-प्रसार हेतु 8 मोबाइल क्लीनिक प्रारंभ किए जाएँगे।

कर्मचारी कल्याण

हमारी सरकार कर्मचारियों के हितों की रक्षा हेतु दृढ़ संकल्पित है। सदन को यह अवगत कराते हुए मुझे प्रसन्नता हो रही है कि वर्ष 2012-13 में केंद्र सरकार एवं राज्य सरकार द्वारा दिए जा रहे महँगाई भत्ता के अंतर को समाप्त किया जाएगा।

संविदा पर कार्यरत कर्मचारियों के संविदा वेतन में वृद्धि की जाएगी।

आगामी वित्तीय वर्ष से राज्य के पंचायत शिक्षकों को भी नवीन अंशदायी पेंशन योजना में शामिल किया जाएगा।

वर्ष 2011-12 का पुनरीक्षित अनुमान

अध्यक्ष महोदय, अब मैं वर्ष 2011-12 के पुनरीक्षित बजट अनुमान सदन के समक्ष प्रस्तुत करना चाहूँगा—

वर्ष 2011-12 में कुल व्यय 30,725.96 करोड़ अनुमानित था, जोकि पुनरीक्षित अनुमान में बढ़कर 32,747.46 करोड़ संभावित है। यह वृद्धि मुख्यतः पेंशन पुनरीक्षण बाबत 281.65 करोड़, विद्युत् कंपनियों के अंशपूँजी में राज्य शासन के धनवेष्ठन बाबत 900 करोड़ तथा केंद्रीय योजनाओं के अंतर्गत प्राप्त अनुदान में 694.89 करोड़ वृद्धि के कारण है।

राजस्व-प्राप्ति का बजट अनुमान 25,809.90 करोड़ की तुलना में पुनरीक्षित

अनुमान 27,708.30 करोड़ है। राजस्व प्राप्ति में यह वृद्धि, राज्य के कर राजस्व तथा केंद्रीय करों में राज्य का हिस्सा एवं केंद्रीय अनुदान में वृद्धि के कारण है।

वर्ष 2011-12 के बजट में अनुमानित राजस्व आधिक्य 1,348.13 करोड़ की तुलना में पुनरीक्षित अनुमान 2,140.61 करोड़ है। बजट में सकल वित्तीय घाटा 3,819.79 करोड़ अनुमानित था, जोकि पुनरीक्षित अनुमान में घटकर 3,786.08 करोड़ होगा। पुनरीक्षित अनुमान में सकल वित्तीय घाटा, सकल घरेलू उत्पाद का 2.79 प्रतिशत है, जोकि राजकोषीय उत्तरदायित्व तथा बजट प्रबंध अधिनियम के अंतर्गत निर्धारित सीमा 3 प्रतिशत से कम है।

वर्ष 2012-13 का बजट अनुमान

अध्यक्ष महोदय, अब मैं वर्ष 2012-13 के लिए बजट अनुमान प्रस्तुत करने जा रहा हूँ—

वर्ष 2012-13 के लिए अनुमानित कुल व्यय 37,573.61 करोड़ है, जिसमें आयोजना व्यय 21,931.19 करोड़ तथा आयोजनेतर व्यय 15,642.42 करोड़ है। वर्ष 2011-12 के पुनरीक्षित अनुमान की तुलना में वर्ष 2012-13 का कुल व्यय 15 प्रतिशत अधिक है। आयोजना व्यय में यह वृद्धि 16 प्रतिशत तथा आयोजनेत्तर व्यय में 14 प्रतिशत अनुमानित है।

वर्ष 2012-13 में आयोजना व्यय कुल व्यय का 58 प्रतिशत अनुमानित है, जबकि वर्ष 2011-12 में यह 56 प्रतिशत था। कुल आयोजना व्यय के अनुमान 21,931.19 करोड़ में केंद्रीय क्षेत्रीय योजनांतर्गत 396.17 करोड़ एवं केंद्र प्रवर्तित योजनांतर्गत 1274.86 करोड़, कुल 1671.03 करोड़ व्यय सम्मिलित है। राज्य का प्रति व्यक्ति आयोजना व्यय 8,600 रुपए अनुमानित है।

वर्ष 2012-13 में राज्य आयोजना व्यय 20,260.16 करोड़ अनुमानित है, जो कि वर्ष 2011-12 के पुनरीक्षित अनुमान 17,237.04 करोड़ की तुलना में 18 प्रतिशत अधिक है। राज्य आयोजना व्यय में केंद्रीय सहायता 2,973.98 करोड़ शामिल है तथा शेष 17,286.18 करोड़ राज्य के स्वयं के संसाधन से उपलब्ध कराया जाएगा। इस प्रकार राज्य आयोजना का 85 प्रतिशत स्वयं के संसाधन से पोषित है।

राज्य आयोजना में सामान्य क्षेत्र के लिए 54.78 प्रतिशत, अनुसूचित जनजाति क्षेत्र के लिए 34 प्रतिशत तथा अनुसूचित जाति क्षेत्र के लिए 11.22 प्रतिशत का प्रावधान किया गया है।

वर्ष 2012-13 में पूँजीगत व्यय 7,189.89 करोड़ अनुमानित है, जोकि वर्ष 2011-12 के पुनरीक्षित अनुमान 5,844.13 करोड़ की तुलना में 23 प्रतिशत अधिक

है। पूँजीगत व्यय, कुल व्यय का 19 प्रतिशत एवं सकल घरेलू उत्पाद का 4.38 प्रतिशत अनुमानित है।

वर्ष 2011-12 के पुनरीक्षित अनुमान 13,762.68 करोड़ की तुलना में वर्ष 2012-13 में आयोजनेत्तर राजस्व व्यय 15,631.14 करोड़ अनुमानित है। इसमें वेतन भत्ते हेतु 6,318.72 करोड़, पेंशन हेतु 2,185.00 करोड़, ब्याज भुगतान हेतु 1,342.54 करोड़, विभिन्न योजनाओं हेतु आर्थिक सहायता के रूप में 372.61 करोड़ तथा विभिन्न संस्थाओं को अनुदान हेतु 2,687.64 करोड़ शामिल है। आयोजनेत्तर राजस्व व्यय में वृद्धि मुख्यतः राज्य सरकार द्वारा छठवें वेतन आयोग की अनुशंसाओं को लागू किए जाने के फलस्वरूप वेतन भत्ते तथा पेंशन मद में अतिरिक्त राशि के प्रावधान के कारण है।

वर्ष 2012-13 के बजट में सामाजिक क्षेत्र के लिए 41 प्रतिशत, आर्थिक क्षेत्र के लिए 39 प्रतिशत एवं सामान्य क्षेत्र के लिए 20 प्रतिशत का प्रावधान किया गया है।

वर्ष 2012-13 हेतु कुल राजस्व प्राप्तियाँ 31,378.64 करोड़ अनुमानित हैं, जो कि पुनरीक्षित अनुमान 2011-12 की तुलना में लगभग 13 प्रतिशत अधिक है। कुल राजस्व में राज्य का स्वयं का राजस्व 17,521.15 करोड़ एवं केंद्र सरकार से प्राप्तियाँ 13,857.49 करोड़ हैं। राज्य के स्वयं के राजस्व में 17 प्रतिशत एवं केंद्रीय प्राप्तियों में 9 प्रतिशत वृद्धि अनुमानित है। राज्य के कर राजस्व में 16 प्रतिशत तथा करेतर राजस्व में 18 प्रतिशत वृद्धि अनुमानित है।

राजकोषीय स्थिति

अध्यक्ष महोदय, राज्य के स्वयं के राजस्व में निरंतर वृद्धि के फलस्वरूप इस बजट में पूर्व वर्षों की भाँति 2,959.26 करोड़ का राजस्व आधिक्य अनुमानित किया गया है।

राज्य का सकल वित्तीय घाटा 4,623.27 करोड़ अनुमानित किया गया है, जो कि सकल घरेलू उत्पाद का 2.82 प्रतिशत है तथा 'राजकोषीय उत्तरदायित्व एवं बजट प्रबंध अधिनियम' में निर्धारित सीमा 3 प्रतिशत से कम है। वित्तीय घाटे की पूर्ति ऋण लेकर की जाएगी। अध्यक्ष महोदय, सदन को यह जानकर प्रसन्नता होगी कि गत वर्ष की आर्थिक मंदी के बावजूद सकल वित्तीय घाटे को सीमित रखने में हम सफल रहे हैं।

वर्ष 2012-13 हेतु कुल प्राप्तियाँ 37,172.54 करोड़ तथा कुल व्यय 37,573.61 करोड़ अनुमानित किया गया है। इन वित्तीय संव्यवहारों के फलस्वरूप 401.07 करोड़ का शुद्ध घाटा अनुमानित है। वर्ष 2011-12 के संभावित घाटा 2031.73 करोड़ को शामिल करते हुए वर्ष 2012-13 का कुल बजटीय घाटा 2432.80 करोड़ अनुमानित है। इस घाटे की पूर्ति वित्तीय अनुशासन तथा अतिरिक्त आय के संसाधन जुटाकर की जाएगी।

अध्यक्ष महोदय, कर राजस्व के लिए हमारी सरकार की प्रारंभ से ही यह नीति रही है कि कर की दरों में युक्तियुक्तकरण कर कर प्रक्रिया को सरल एवं पारदर्शी बनाया जाकर एवं कर प्रशासन को चुस्त किया जाकर ही राजस्व में वृद्धि की जाए। गत वर्षों के इन्हीं प्रयासों के कारण न केवल राज्य के राजस्व में निरंतर वृद्धि हुई है, वरन् करदाताओं में स्व-प्रेरणा से कर अदायगी की प्रवृत्ति बढ़ी है, जिसके फलस्वरूप प्रदेश के व्यापार एवं उद्योग में उत्तरोत्तर वृद्धि हुई है। हमारी यही रणनीति आगे भी जारी रहेगी।

गत वर्ष हमने राज्य की वाणिज्यिक कर जाँच चौकियों को प्रायोगिक तौर पर एक वर्ष के लिए समाप्त किया था, जिसका राजस्व पर कोई प्रतिकूल असर नहीं हुआ है। इसे ध्यान में रखते हुए जाँच चौकी समाप्त किए जाने संबंधी व्यवस्था 31 मार्च, 2013 तक लागू रखी जाएगी।

वेट एवं प्रवेश कर

प्रदेश के किसानों, आम उपभोक्ताओं को राहत पहुँचाने के लिए वेट एवं प्रवेश कर में निम्नानुसार संशोधन प्रस्तावित हैं—

- किसानों के हित में कृषि यंत्रों को वेट से मुक्त रखा गया है। इसी क्रम में शक्तिचलित थरहा लगाने की मशीन (ट्रांसप्लांटर) पर प्रचलित वेट की दर 5 प्रतिशत को समाप्त कर इसे करमुक्त श्रेणी में शामिल किया जाएगा।
- लालटेन पर प्रचलित वेट की दर 5 प्रतिशत को समाप्त कर इसे करमुक्त किया जाएगा।
- थैलीसीमिया से पीड़ित मरीजों के उपचार में उपयोग की जानेवाली दवाइयों पर प्रचलित 5 प्रतिशत वेट को समाप्त कर करमुक्त किया जाएगा।
- प्रदेश के ग्रामीण अंचल की महिलाओं द्वारा उपयोग की जानेवाली राज्य में निर्मित 10 रुपए खुदरा मूल्य तक की नेल पॉलिश पर प्रचलित 5 प्रतिशत वेट को समाप्त कर इसे करमुक्त किया जाएगा।
- भारत सरकार स्वास्थ्य एवं परिवार कल्याण मंत्रालय द्वारा ग्रामीण क्षेत्र की महिलाओं को वितरित की जानेवाली 'फ्री-डेज' सेनेटरी पर प्रचलित वेट की दर 14 प्रतिशत को समाप्त कर इसे कर-मुक्त किया जाएगा।
- नि:शक्त जनों के उपयोग में आनेवाले मोटर वाहन का राज्य के बाहर से क्रय करने पर लगनेवाला 10 प्रतिशत प्रवेश कर समाप्त किया जाएगा।
- अध्यक्ष महोदय, पर्यावरण संरक्षण तथा वैकल्पिक ऊर्जा के उपयोग को प्रोत्साहित करने के उद्देश्य से वेट में निम्नानुसार राहत प्रस्तावित है—
    - प्रदेश में लाईएश जनित प्रदूषण में कमी तथा वेस्ट मैटीरियल के उपयोग

को बढ़ावा देने के लिए पूर्व में लाईएश ब्रिक्स को वेट से मुक्त किया जा चुका है। इसी क्रम में लाईएश आधारित उद्योगों द्वारा निर्मित लाईएश ब्लॉक्स, होलो ब्रिक्स, पेवर्स, पेविंग ब्लाक्स पर प्रचलित 14 प्रतिशत वेट को समाप्त कर इन्हें कर–मुक्त किया जाएगा।

- बैटरी चलित इलेक्ट्रिक वाहन पर प्रचलित 5 प्रतिशत वेट को समाप्त कर इसे कर–मुक्त किया जाएगा।
- सौर–ऊर्जा जनित उपकरण एवं कंपोनेंट पर प्रचलित वेट की दर 5 प्रतिशत को समाप्त कर इन्हें कर–मुक्त किया जाएगा।
- व्यापार विचलन को रोकने तथा आर्थिक मंदी को ध्यान में रखते हुए स्थानीय औद्योगिक इकाइयों के लिए करों में निम्नानुसार राहत प्रस्तावित है—
    - आयरन ऐंड स्टील उद्योग में कच्चा माल के रूप में उपयोग होनेवाले राज्य के भीतर क्रय किए गए आयरन ओर तथा कोयला पर प्रचलित प्रवेश कर की दर 1 प्रतिशत से घटाकर 0.5 प्रतिशत की जाएगी।
    - प्रदेश के स्टील ट्यूब एवं पाईप निर्माताओं द्वारा अधिकांश विक्रय राज्य के बाहर किया जाता है जिस पर केंद्रीय विक्रय कर की दर 2 प्रतिशत है, किंतु इन उद्योगों को कच्चा माल राज्य में 5 प्रतिशत वेट चुकाकर क्रय करना पड़ता है, जिससे रिफंड की स्थिति निर्मित होती है। अतः इन इकाइयों को घोषणा–पत्र पर 2 प्रतिशत की रियायती दर से कच्चा माल आयरन ऐंड स्टील का क्रय किए जाने की सुविधा प्रदान की जाएगी।
    - निर्माण हेतु उपयोग होनेवाले पूँजीगत माल पर प्रचलित वेट की दर 5 प्रतिशत है। इसी क्रम में लाईएश ब्रिक्स के निर्माण तथा पोल्ट्री एवं मधुमक्खी पालन उद्योग में लगनेवाली मशीनरी एवं कंपोनेंट पर प्रचलित वेट की दर 14 प्रतिशत को घटाकर 5 प्रतिशत करते हुए इसे पूँजीगत माल की श्रेणी में शामिल किया जाएगा।
    - प्लाईवुड एवं लेमिनेट्स पर पड़ोसी राज्यों में कर की दर 5 प्रतिशत है। अतः व्यापार विचलन रोकने के उद्देश्य से युक्तियुक्तकरण करते हुए इन पर प्रचलित वेट की दर 14 प्रतिशत से घटाकर 5 प्रतिशत की जाएगी।
    - वर्तमान में वेट लग चुके पुराने मोटर वाहनों के विक्रय पर पुनः वेट

लगता है। इस विसंगति को दूर करने के लिए वेट लग चुके पुराने मोटर वाहनों के विक्रय को वेट से मुक्त किया जाएगा।

- उपर्युक्त रियायतों से लगभग 15 करोड़ रुपए की राजस्व हानि अनुमानित है।
- अध्यक्ष महोदय, हमारे द्वारा कर प्रणाली में सरलीकरण तथा सूचना एवं प्रौद्योगिकी के उपयोग को बढ़ावा देने की प्रक्रिया के अंतर्गत ऑन-लाईन रजिस्ट्रेशन, ऑन-लाइन रिटर्न, ऑन-लाइन सी फार्म तथा इ-पेमेंट की व्यवस्था लागू की जा चुकी है। इसी अनुक्रम में मैं निम्नानुसार सरलीकरण प्रस्तावित करता हूँ—
  - वर्ष 2012-13 से व्यवसायियों को ऑन-लाइन रिफंड देने की व्यवस्था लागू की जाएगी।
  - प्रचलित व्यवस्था में 60 हजार रुपए से अधिक वार्षिक कर देय होने पर मासिक कर का भुगतान करना पड़ता है। छोटे व्यवसायियों को राहत पहुँचाने के उद्देश्य से इसे बढ़ाया जाकर 2 लाख रुपए वार्षिक किया जाना प्रस्तावित है।
  - वर्तमान में 5 लाख से अधिक वार्षिक कर देय होने पर इ-पेमेंट करना अनिवार्य है। वर्ष 2012-13 से समस्त मासिक करदाताओं के लिए इ-पेमेंट अनिवार्य किया जाएगा।
  - वर्तमान में 40 लाख से अधिक वार्षिक टर्नओवरवाले व्यवसायी के लिए इ-रिटर्न प्रस्तुत करना अनिवार्य है। वर्ष 2012-13 से समस्त पंजीकृत व्यवसायियों द्वारा इ-रिटर्न प्रस्तुत करना अनिवार्य किया जाएगा।

केंद्र सरकार द्वारा केंद्रीय विक्रय कर 4 प्रतिशत से घटाकर 2 प्रतिशत करने से राज्य को प्रति वर्ष लगभग 700 करोड़ की राजस्व हानि हो रही है। केंद्र सरकार द्वारा इस हानि की प्रतिपूर्ति करने का वादा किया गया था, लेकिन वर्ष 2011-12 से राज्यों को इस बाबत हुई क्षतिपूर्ति नहीं दी जा रही है। इससे वर्ष 2012-13 में प्रदेश को लगभग 900 करोड़ की राजस्व हानि संभावित है।

प्रतिपक्ष में बैठे मित्रों की केंद्र में सरकार है। मेरा उनसे आग्रह है कि अपने प्रभाव का उपयोग करते हुए राज्य को केंद्र सरकार से क्षतिपूर्ति दिलाने में मदद करें।

केंद्र सरकार द्वारा कपड़ा एवं शक्कर पर अतिरिक्त उत्पाद शुल्क समाप्त किया जाकर इससे राज्यों को मिलनेवाले हिस्से की क्षतिपूर्ति इन पर वेट लगाकर करने हेतु कहा गया है। प्रदेश के पड़ोसी राज्यों मध्य प्रदेश, आंध्र प्रदेश, उड़ीसा, बिहार आदि द्वारा

कपड़ा एवं शक्कर पर 5 प्रतिशत वेट लगाया जा चुका है। प्रदेश के आम उपभोक्ताओं के हितों को ध्यान में रखते हुए मैं कपड़ा एवं शक्कर पर अगले वित्तीय वर्ष हेतु केवल 1 प्रतिशत की दर से वेट आरोपित किया जाना प्रस्तावित करता हूँ। इससे लगभग 8 करोड़ का अतिरिक्त राजस्व प्राप्त होने की संभावना है।

अध्यक्ष महोदय, हमने सभी वर्गों के विकास के लिए भरपूर ध्यान दिया है। इस बजट में जो प्राथमिकताएँ तय की गई हैं, उन पर अमल करने के लिए परिणाममूलक, समयबद्ध कार्यक्रम तय किए जाएँगे। मुझे पूर्ण विश्वास है कि सभी के सहयोग से हमारा राज्य विकास के नए शिखर छूने में कामयाब होगा। इस अवसर पर मुझे दो पंक्तियाँ याद आ रही हैं—

'मंजिल पर ही रुकना हमको, हो कितनी भी दूर,
लंबी राह नहीं कर सकती, हमें कभी मजबूर।'

□

उद्देश्यपूर्ण वित्तीय प्रबंधन

(मार्च 2013 में विनियोग विधेयक पर चर्चा के दौरान)

अध्यक्ष महोदय, सरकार के इस बजट को प्रस्तुत-सुविचारित करने का उद्देश्य है। हमें देखना था कि इस बजट के माध्यम से छत्तीसगढ़ में सामाजिक, आर्थिक, परिवर्तन कैसे लाया जा सकता है? ऐसा छत्तीसगढ़, जिसका निर्माण 13 साल पहले हुआ और वह छत्तीसगढ़ जो क्षेत्रीय असंतुलन का शिकार था। राज्य के निर्माण के पीछे छत्तीसगढ़ के करोड़ों लोगों की माँग रही, उनकी इच्छा रही और उस इच्छा का कारण छत्तीसगढ़ संसाधन की दृष्टि से मजबूत जरूर रहा है, मगर अधोसंरचना और विकास की दृष्टि से पिछड़ा रहा। राज्य निर्माण के बाद एक उम्मीद और खासतौर से 9-10 सालों में जो एक आशा और उम्मीद की किरण मुझे दिख रही है। चारों तरफ जनता के बीच से सभी क्षेत्रों में विकास के बारे में जब खुलकर चर्चा होती है तो चुनौती हमारे सामने रही। छत्तीसगढ़ की आबादी का बड़ा हिस्सा, जिस क्षेत्र में संसाधन जाना चाहिए, अनुसूचित जाति, अनुसूचित जनजाति, पिछड़ा वर्ग गरीब तबके के लोग जहाँ रहते हैं, इन सारे लोगों की उम्मीद को, एक बजट के द्वारा उन उम्मीदों को पूरा करने की, एक सपने को पूरा करने की बड़ी जवाबदारी है। जब मैं वित्त मंत्री और मुख्यमंत्री की हैसियत से बात करता हूँ तो यह दायित्व और बढ़ जाता है कि उनकी आशाओं को हम कैसे पूरा करेंगे? अध्यक्ष महोदय, इन चुनौतियों को सामना करने के लिए पिछले पाँच सालों में हमने कार्ययोजना बनाई है। यह जनता का पैसा है और जनता के इस पैसे के लिए मुख्यमंत्री और वित्त मंत्री के नाते हम संरक्षक की हैसियत से काम करते हैं। जनता के उस एक-एक पैसे का सही उपयोग हो, अंतिम व्यक्ति तक लाभ पहुँचे, इस कल्पना को साकार करने के लिए इस बार का बजट हमने पेश किया है। बजट में हमारी प्रमुख प्राथमिकता सीमित संसाधन पर रही है। छत्तीसगढ़ में जो सीमित संसाधन है, उस सीमित संसाधन के बावजूद हमने जो कीर्तिमान स्थापित किया है, जिस ऊँचाई पर छत्तीसगढ़ को ले जाने का प्रयास किया है, यह प्रयास कहीं-न-कहीं आम आदमी के मन में विश्वास अर्जित कर रहा है। समाज के सभी वर्ग आज उम्मीद और आशा

के साथ देख रहे हैं।

पूरी दुनिया में और देश में अध्यक्ष महोदय, मैं कहूँ कि मंदी का एक दौर है। जिस जी.डी.पी. की बात रविंद्र चौबेजी कर रहे थे, ग्लोबल इकोनॉमी में 4.5 और 4.6 प्रतिशत का जी.डी.पी. है, देश के जी.डी.पी. का ग्रोथ 4.6 और 4.7 प्रतिशत है। ज्यादा-से-ज्यादा 4.8 प्रतिशत तक हो सकता है। अध्यक्ष महोदय, इस मंदी के दौर में हमारे सामने चुनौती थी, मगर मुझे खुशी है कि राष्ट्रीय औसत का जो ग्रोथ हुआ है, उससे दोगुनी वृद्धि छत्तीसगढ़ ने जी.डी.पी. में दिखाई है। इस कठिन दौर में, इस चुनौतीपूर्ण दौर में, हम सब के लिए एक आशा की किरण है। अध्यक्ष महोदय, ऐसे आँकड़े हैं, जो मेरे आँकड़े नहीं हैं, उसकी तुलना मैं जब करता हूँ तो पाता हूँ कि छत्तीसगढ़ कहाँ खड़ा है। यह नया राज्य है, जिसका जन्म सिर्फ 13 साल पहले हुआ है। केंद्र सरकार की वित्तीय स्थिति और राज्य के वित्तीय संकेतक देखकर मैं बताना चाहूँगा कि 2001 से प्रारंभ करके जब जी.डी.पी. एक और दो प्रतिशत होता था, इन संसाधनों को बढ़ाने में इन 10 साल और 11 सालों की यात्रा में हम कहाँ पहुँच गए? अध्यक्ष महोदय, ये आँकड़े देखेंगे कि हमने वित्तीय प्रबंधन किस तरीके से बेहतर संपादित किया है।

अध्यक्ष महोदय, यदि हम इसकी तुलना करेंगे तो पाएँगे कि हमारी राशि जो हम राज्य में खर्च करते हैं, ज्यादा है। चूँकि केंद्र का बजट पास हो चुका है। अब हमारे पास वे आँकड़े भी हैं कि केंद्र सरकार ने अपने पैसे का कहाँ और कैसे उपयोग किया है? और कितना कर्ज हमने लिया? आयोजना पर कितना व्यय हमने किया और केंद्र सरकार का कितना है, इसकी तुलना करनी है। ये तुलना इसलिए कि जब हम तुलना करते हैं और दो करोड़ पचास लाख जनता के लिए जवाबदारी से बात करते हैं तो हम उस दिल्ली की ओर देखते हैं, जहाँ पर सारे पैसे और सारे वित्तीय प्रबंधन की बड़ी जवाबदारी है। एक छोटी बात मैं कहूँगा कि जो छत्तीसगढ़ का आयोजना व्यय है और इस आयोजना व्यय के कुल प्रतिशत में अगर तुलना करें कि छत्तीसगढ़ का आयोजना व्यय कितना है और केंद्र सरकार का कितना है। श्री सिंहदेव साहब बैठे हैं, आप थोड़ा ध्यान से सुनिएगा। छत्तीसगढ़ आयोजना व्यय कुल बजट का 56 प्रतिशत है, जबकि केंद्र सरकार का 33 प्रतिशत है। यह फर्क केंद्र सरकार और छत्तीसगढ़ में है। (मेजों की थपथपाहट) उनके 33 प्रतिशत आयोजना व्यय के विरुद्ध हमारा आयोजना व्यय 56 प्रतिशत है। आयोजना व्यय में जो वृद्धि होती है, वह वृद्धि हमें बताती है कि हम कैसे हर साल तेजी के साथ विकास कर रहे हैं। यदि हम वर्ष 2011-2012 की तुलना में कहें तो छत्तीसगढ़ के प्रतिशत में वृद्धि वर्ष 2011-2012 की तुलना में 13 प्रतिशत रही है। केंद्र सरकार का उससे आधा 6.5 प्रतिशत ही रहा है। ये छत्तीसगढ़ और केंद्र सरकार का ग्रोथ है। ये आँकड़े केंद्र सरकार के हैं, जिन्होंने बजट प्रस्तुत किया और अपने बजट

से आज मैं प्रस्तुत कर रहा हूँ। यह मेरा सौभाग्य है कि मुझे बाद में यह प्रस्तुत करना पड़ा और आज तुलनात्मक अध्ययन करने के लिए मेरे पास वे विषय हैं। छत्तीसगढ़ और देश की जनता को यह बताने का अवसर है कि छत्तीसगढ़ बेहतर वित्तीय प्रबंधन के बाद आर्थिक दृष्टि से कहाँ खड़ा है।

माननीय अध्यक्ष महोदय, एक महत्त्वपूर्ण बात पूँजीगत व्यय की होती है, जो सबसे बड़ा इन्वेस्टमेंट होता है। कुल पूँजीगत व्यय का प्रतिशत हमारा 16 प्रतिशत है, केंद्र का 14 प्रतिशत है। अगर हम ऋण की बात करें, तो जो ऋण विकास के लिए लिया जाता है, जी.एस.डी.पी. का कितना प्रतिशत छत्तीसगढ़ ले रहा है और केंद्र सरकार कितना ले रही है? श्री चौबेजी बोल रहे थे कि 1500 करोड़ का कर्ज लिया है। मैं उन्हीं के आँकड़े उन्हीं को बताना चाहता हूँ कि छत्तीसगढ़ की नियत सीमा के नीचे, अभी तक जो हमारा कुल ऋण दायित्व है, वह जी.एस.डी.पी. का 03 प्रतिशत कम है। अभी हम और चाहते तो कर्ज ले सकते थे, मगर वही केंद्र सरकार अगर उनके ऋण की जी.एस.डी.पी. से तुलना करें तो छत्तीसगढ़ के 03 प्रतिशत की तुलना में 4.77 प्रतिशत है। ये फर्क है कि हम वहीं ऋण लेते हैं, जहाँ जरूरी हो। हम इस ऋण का उपयोग कैसे करते हैं? ऋण के हिस्से का उपयोग, यदि हमने कर्ज भी लिया है, तो उसका उपयोग क्या किया है और केंद्र सरकार जो ऋण लेती है, उसका क्या उपयोग करती है। आपको जानकर आश्चर्य होगा कि केंद्र सरकार ने जो ऋण लिया था, उसका शत-प्रतिशत गैर-पूँजीगत व्यय में खर्च किया। केंद्र सरकार के कर्ज का जो खर्च है, वह गैर-पूँजीगत व्यय हुआ और छत्तीसगढ़ ने जो ऋण लिया, वह शत-प्रतिशत पूँजीगत संपत्ति के निर्माण में खर्च किया। (मेजों की थपथपाहट)

माननीय श्री चौबेजी, यदि हम कर्ज भी लेते हैं, यदि हमारे पास कर्ज लेने के लिए सीमा है, मगर उस कर्ज का शत-प्रतिशत हम पूँजीगत निर्माण खर्च करते हैं और केंद्र सरकार ने जो ऋण लिया है, वह गैर-पूँजीगत व्यय के रूप में 58 प्रतिशत है। यह तुलना इसलिए हो रही कि हमारी वित्तीय स्थिति के बारे में जिस प्रकार की बातें आई हैं। मैं इस बात को सम्माननीय प्रेस के माध्यम से बताना चाहूँगा कि तुलनात्मक दृष्टि से आपके माध्यम से मैं यह जानकारी देना चाहूँगा कि ब्याज भुगतान, किसी राज्य के, दिल्ली की हालत आज क्या है? दिल्ली की हालत है—'ऋणं कृत्वा, घृतं पिबेत।' ऋण लो और घी खाओ। मैं उसका उदाहरण भी आपको दे रहा हूँ, देश कहाँ जाए, ये 'भस्मीभूता शरीरस्य किमर्थ', चार्वाक ने कहा था।

डॉ. रमन सिंह—ब्याज भुगतान किसी भी सरकार के लिए सबसे बड़ी चुनौती होता है। हम इसका कैसे प्रबंधन करें कि हमारे पास जो लायबिलिटी है, उसके ब्याज का भुगतान हम कितना प्रतिशत कर रहे हैं? छत्तीसगढ़ में राजस्व-प्राप्ति के प्रतिशत से

ब्याज का भुगतान 3.3 प्रतिशत है और यदि दिल्ली की केंद्र सरकार का ब्याज भुगतान उनकी राजस्व प्राप्ति से तुलना करें तो 3.3 प्रतिशत के विरुद्ध 35 प्रतिशत राशि का उपयोग सिर्फ ब्याज भुगतान में दिल्ली की सरकार करती है। (मेजों की थपथपाहट) क्या हालत है ? यानी ब्याज, पूरा का पूरा पैसा मार्केट से आप ले रहे हैं, 35 परसेंट।

नेता प्रतिपक्ष (श्री रविंद्र चौबे)—माननीय अध्यक्ष महोदय, अभी दिल्ली में इनकी पार्टी का बड़ा राष्ट्रीय क्या हुआ ? 3 नेताओं के बारे में सारे देश मे चर्चा हो रही थी कि नेतृत्व। आज मुख्यमंत्रीजी अपने पूरे भाषण में दिल्ली की सरकार। कल ही परसों एक टीवी चैनल में हमने देखा, उधर गुजरात से वो दिल्ली के बारे में बात, उसके सात दिन पहले भोपाल से, आखिर यह हो क्या रहा है ? हमने छत्तीसगढ़ के खर्चे का प्रश्न किया है, हमने छत्तीसगढ़ के विकास का प्रश्न किया है। आपकी कुछ मंशा 10 साल के बाद ज्यादा सिचुएशन कुछ मूड यानी माननीय मुख्यमंत्रीजी, क्या दिल्ली जाने का कुछ ज्यादा जल्दी मूड है ?

डॉ. रमन सिंह—माननीय अध्यक्ष महोदय, यदि आप हमारे वित्तीय प्रबंधन की बात करते हैं। मेरे पास तुलना करने के लिए दो रास्ते हैं कि हमने अपने वित्तीय प्रबंधन को कितना मजबूत बनाकर रखा ? ऋण का हमारा प्रबंधन कैसा रहा ? एफ.आर.बी.एम. ऐक्ट का हमने कैसे पालन किया ? स्टेट आर्थिक रूप से मजबूती की ओर खड़ा है तो इसकी तुलना मैं दिल्ली से नहीं करूँगा तो जापान–कोरिया और चाइना से तो करूँगा नहीं, क्योंकि चाइना का जी.डी.पी. तो डबल डिजिट में पिछले 10 सालों से चल रहा है। वहाँ पर कैपिटा इनकम प्रति व्यक्ति आय हमसे दस गुनी है तो मैं हिंदुस्तान में हूँ तो हिंदुस्तान की सरकार से ही तुलना करूँगा, क्योंकि उन्हीं के द्वारा ये आँकड़े मुझे दिए गए हैं। मैं एक उदाहरण देना चाहूँगा। यदि आप कर्ज लेते हैं तो कर्ज का क्या उपयोग किया हमने और केंद्र सरकार ने क्या किया ? केंद्रीय बजट के कुल ऋण का 5.79 लाख करोड़ का कुल ऋण केंद्र सरकार ने लिया है, इसमें से पूँजीगत व्यय केवल 2.29 लाख करोड़ खर्च किया है। यह हालत है कि 5.79 लाख करोड़ रुपए से यदि पूँजीगत व्यय किया जाए तो केवल 2.29 लाख करोड़ का व्यय हुआ यानी गैर–पूँजीगत व्यय में 58 प्रतिशत राशि खर्च हुई है। अब आप इसको समझ गए होंगे कि इस देश के क्या हालात हैं। अब मैं दिल्ली से हटता हूँ। अन्य राज्यों से हमारी तुलना करें! हमारा राज्य तो 13 साल का है, बाकी राज्य 60 साल, 70 साल पुराने हैं। अन्य राज्यों से तुलना करें तो हम छत्तीसगढ़ के लोगों के मुख्यमंत्री के नाते और वित्त मंत्री के नाते मैं गौरवान्वित हूँ कि छत्तीसगढ़ ने जिस भली प्रकार से अपनी राशि को खर्च किया है। जी.एस.डी.पी. में हमारा ग्रोथ रहा है, विकासमूलक व्यय 18 प्रतिशत है। छत्तीसगढ़ देश के तीन अग्रिम राज्यों में है। बिहार, झारखंड के बाद छत्तीसगढ़ है, जो जी.एस.डी.पी. का विकासमूलक 18 प्रतिशत

व्यय करता है। हम देश के तीसरे स्थान पर हैं। दिल्ली की बात नहीं है, अन्य राज्यों से तुलना करें। माननीय अध्यक्ष महोदय, हमारा सामाजिक क्षेत्र में जो व्यय है, उसको कुल व्यय के प्रतिशत में कहें तो छत्तीसगढ़ देश के अग्रणी राज्यों में है और वह सोशल सेक्टर में 49.3 प्रतिशत व्यय करता है। हम पहले और दूसरे नंबर पर आते हैं। सभी राज्यों का देश का राष्ट्रीय स्तर पर जोड़ा जाए तो यह 40 प्रतिशत है। हम 49 प्रतिशत राशि सोशल सेक्टर में खर्च करते हैं। यह हमारा प्राथमिकता क्रम में है। शिक्षा के व्यय में कुल व्यय 18 प्रतिशत है। यह अपने आपमें दिखाता है कि हमारी प्राथमिकता सामाजिक क्षेत्र, शिक्षा के क्षेत्र में क्या है। हम इस दिशा में इस बजट को खर्च करना चाहते हैं। शिक्षा के क्षेत्र में कुल बजट का 18 प्रतिशत हिंदुस्तान के पाँच राज्यों में हम वह राज्य हैं, जो शिक्षा के क्षेत्र में सबसे ज्यादा राशि खर्च करते हैं। हम इसमें 18 प्रतिशत राशि खर्च करते हैं। आयोजना व्यय का 86 प्रतिशत स्वयं के संसाधनों से पोषित है। यह बात आ रही थी कि दिल्ली सरकार, दिल्ली का पैसा, दिल्ली से संसाधन। अध्यक्ष महोदय, दिल्ली का पैसा नहीं। मैं आपके माध्यम से सदन को यह जानकारी देना चाहूँगा कि आयोजना व्यय का 86 प्रतिशत छत्तीसगढ़ के स्वयं के संसाधन से होता है।

अब जो यह कहा जाता है कि दिल्ली का पैसा है। हमने अपने रिसोर्सेस बढ़ाए हैं, अपनी ताकत बढ़ाई है, अपने संसाधन बढ़ाए हैं और आज आयोजना व्यय में 86 प्रतिशत राशि छत्तीसगढ़ की है। इन 13 सालों में विकास की दिशा में हम आगे बढ़े हैं। मैं अपनी बात नहीं कहूँगा, मैं अन्य राज्य सरकारों से तुलना नहीं करूँगा, मगर सी.ए.जी. की रिपोर्ट उद्धृत करना चाहता हूँ। सी.ए.जी. ने छत्तीसगढ़ की प्राथमिकता तय की। सी.ए.जी. की रिपोर्ट में उन्होंने कहा के कृषि पर होनेवाले बजट व्यय प्रति व्यक्ति देश में यदि किसी राज्य में सबसे ज्यादा है तो वह छत्तीसगढ़ में है।

माननीय अध्यक्ष महोदय, सभी राज्यों का औसत 430 रुपए है और छत्तीसगढ़ कृषि पर होनेवाला प्रति व्यक्ति व्यय 1016 रुपए है, यानी हम राष्ट्रीय औसत से ढाई गुना ज्यादा हैं। यह हमारी प्राथमिकता है। लोग पूछ रहे थे कि पैसा कहाँ जाता है? पैसा यहाँ जाता है। कृषि के क्षेत्र में हमारा व्यय बता रहा है कि हम प्रति व्यक्ति राष्ट्रीय औसत से ढाई गुना ज्यादा हैं। ग्रामीण विकास पर होनेवाला व्यय अन्य राज्यों की तुलना में छत्तीसगढ़ का डेढ़ गुना है छत्तीसगढ़ विकास को शीर्ष पर रखता है।

माननीय अध्यक्ष महोदय, चौबेजी का एक प्रश्न था कि किसके लिए विकास, खर्च कहाँ हो रहा है, मुख्यमंत्री जवाब दें? मैं उसी का जवाब देने के लिए खड़ा हुआ हूँ। इस बजट की राशि कहाँ जा रही है, किसके लिए, किसके विकास के लिए जा रही है, इसको मैं आँकड़ों के माध्यम से बताना चाहूँगा कि छत्तीसगढ़ ने कितनी लंबी छलाँग लगाई है। प्राथमिकता के क्षेत्र में जिसके लिए छत्तीसगढ़ की ढाई करोड़ जनता ने आज

यदि हमारी सरकार बनाई है, इस देश के प्रधानमंत्री ने, अटल बिहारी वाजपेयीजी ने इस प्रदेश का निर्माण किया है तो यह हमारी प्राथमिकता है कि हम उस क्षेत्र में खर्च करें, जहाँ लोगों को इस पैसे की ज्यादा जरूरत है। मैं सामाजिक क्षेत्र में बता रहा था कि 49 प्रतिशत खर्च कर रहे हैं। मैं सबसे पहले उसमें शिक्षा में बताना चाहूँगा कि 2008-2009 में शिक्षा में 1732 करोड़, मैं 2008-2009 से तुलना कर रहा हूँ, 2008-2009 में शिक्षा में 1732 करोड़ खर्च किया गया था और 2012 आते-आते 1700 करोड़ से बढ़कर 5000 करोड़ रुपए छत्तीसगढ़ में खर्च हुए। (मेजों की थपथपाहट) एवरेज पर इयर 30 परसेंट का ग्रोथ। हर साल 30 प्रतिशत का ग्रोथ। 1700 करोड़ से बढ़कर 5000 करोड़, यह प्राथमिकता है। वहाँ पर यह पैसा जा रहा है। वहाँ यह पैसा जा रहा है। इस दिशा में पैसा जा रहा है। स्वास्थ्य के क्षेत्र में 2008-09 में 754 करोड़ रुपए खर्च करते थे और आज 1345 करोड़ रुपए खर्च कर रहे हैं, 15 प्रतिशत का ग्रोथ है। महिला एवं बाल विकास के क्षेत्र में 2008-09 में 394 करोड़ रुपए खर्च करते थे और आज 1015 करोड़ रुपए खर्च कर रहे हैं। अनुसूचित जाति, जनजाति क्षेत्र के विकास के लिए 2008-09 में 1372 करोड़ रुपए खर्च करते थे और आज 3080 करोड़ रुपए खर्च कर रहे हैं, जो कि 22 प्रतिशत प्रतिवर्ष का ग्रोथ है। अब एक ऐसा क्षेत्र आ गया है, जिसके लिए सभी चिंतित रहते हैं कि कृषि और किसानों के लिए क्या किया? हमने कृषि बजट प्रस्तुत किया। यह हमारी प्राथमिकता रही है। मैं आपको आँकड़े बताऊँगा कि कृषि बजट में 2008-09 में 1930 करोड़ रुपए की राशि थी वर्ष 2012-13 के इस बजट में 4487 करोड़ की राशि का प्रावधान है। यह 43 प्रतिशत एवरेज पाँच साल का ग्रोथ है। (मेजों की थपथपाहट) इन पाँच सालों में इस सरकार को जो अवसर मिला, हमें इस पाँच साल में बजट में जो पैसा मिला, उस एक-एक पैसे का सदुपयोग वित्त मंत्री डॉ. रमन सिंह के हिसाब से किया गया है। हमने हमारे मंत्रियों और हमारे विधायक साथियों के साथ बैठकर उस प्राथमिकता क्रम को तय किया और इन पाँच कृषि क्षेत्र में एवरेज ग्रोथ 43 प्रतिशत का रहा और बजट 1930 करोड़ रुपए से बढ़कर 4487 करोड़ रुपए हो गया। एक लंबी छलाँग है। उसका रिजल्ट आनेवाले समय में बताऊँगा। सिंचाई में 1102 करोड़ रुपए खर्च करते थे और आज 2512 करोड़ रुपए खर्च कर रहे हैं, पंचायत एवं ग्रामीण विकास में 1425 करोड़ रुपए खर्च करते थे और आज 3301 करोड़ रुपए खर्च कर रहे हैं, जोकि 29 प्रतिशत का ग्रोथ है। नगरीय विकास में 837 करोड़ रुपए खर्च करते थे और आज 1972 करोड़ रुपए खर्च कर रहे हैं, 20 प्रतिशत का ग्रोथ है।

माननीय अध्यक्ष महोदय, चौबेजी ने कहा कि यदि पैसा लग रहा है तो उस पैसे का रिजल्ट क्या आ रहा है? यह प्रश्न मुझसे किया गया था। उन्होंने कहा मुख्यमंत्रीजी यह बताएँ कि अभी तक जो इन्वेस्ट किया, उसका रिजल्ट क्या निकला? मैंने इन चार

सालों की यात्रा में जो रिजल्ट दिए, वह मैं बताना चाहता हूँ। आर्थिक विकास दर में राष्ट्रीय प्रतिशत 5 प्रतिशत है और उसके विरुद्ध हमारा 8.57 प्रतिशत है। राष्ट्रीय विकास दर से 3.5 प्रतिशत ज्यादा है। जब हमने कृषि क्षेत्र में इन्वेस्टमेंट बढ़ाया है और कृषि क्षेत्र में 43 प्रतिशत का ग्रोथ बता रहे हैं तो उसका रिजल्ट मैं बताना चाहूँगा कि कृषि क्षेत्र में राष्ट्रीय विकास दर 1.8 प्रतिशत है, जबकि छत्तीसगढ़ का विकास दर 5.48 प्रतिशत है यानी राष्ट्रीय विकास दर से हम तीन गुना ज्यादा कृषि क्षेत्र में आगे बढ़ रहे हैं। (मेजों की थपथपाहट) सेवा क्षेत्र में 6.6 प्रतिशत से 12 प्रतिशत, प्रति व्यक्ति आय में 11.1 प्रतिशत से 12 प्रतिशत है। माननीय नेता प्रतिपक्ष पूछ रहे थे कि जी.डी.पी. में किसानों का कितना हिस्सा रहता है? अब यह तुलना कर लें। यदि कृषि विकास दर 5.48 प्रतिशत है, औद्योगिक विकास दर 6.74 प्रतिशत है तो छत्तीसगढ़ के किसानों की बड़ी भागीदारी छत्तीसगढ़ के जीडीपी में है। कृषि क्षेत्र में विकास दर राष्ट्रीय औसत से तीन गुना है। आज छत्तीसगढ़ में मजबूत आधार बना है, इसलिए हम कृषि और उद्योग के क्षेत्र में बराबर आगे बढ़ रहे हैं। हम उतनी ही रफ्तार से कृषि के क्षेत्र में आगे बढ़ रहे हैं और जी.डी.पी. के विकास में हमारी भागीदारी है।

अध्यक्ष महोदय—विधानसभा की प्रक्रिया तथा कार्य संचालन संबंधी नियमावली के नियम 158 के उप नियम (2) की अपेक्षानुसार विनियोग विधेयक पर चर्चा पूर्ण होने के लिए सायं 5.00 बजे तक का समय निर्धारित है। माननीय मुख्यमंत्रीजी का उत्तर समाप्त होने तक समय में वृद्धि की जा सकती है।

मैं समझता हूँ, सदन इससे सहमत है।

(सदन द्वारा सहमति प्रदान की गई)

डॉ. रमन सिंह—अध्यक्ष महोदय, संसाधन सीमित हैं और हमको प्राथमिकता तय करनी थीं। हमने प्राथमिकता तय की और उस प्राथमिकता क्रम में 4 बिंदु निर्धारित किए। मैं बताना चाहूँगा कि जो हमने जो बजट प्रस्तुत किया है, उसकी दिशा क्या है। वह छत्तीसगढ़ की 2 करोड़ 40 लाख जनता तक अलग-अलग मुद्दों में कहाँ तक खुशियाँ लानेवाला है। इन चार प्राथमिकताओं में से पहली प्राथमिकता है—सर्वाधिक व्यक्तियों के सर्वाधिक हित। अध्यक्ष महोदय, मैं दोहराऊँगा, सर्वाधिक व्यक्तियों के सर्वाधिक हित की अवधारणा, जिसमें हमारे किसान, गरीब और युवा आते हैं। हमारी दूसरी प्राथमिकता है—समावेशी विकास, इन्क्लूसिव ग्रोथ, जिसमें अनुसूचित जाति, जनजाति, पिछड़ा वर्ग, वनवासी, श्रमिक, महिला और क्षेत्रीय असंतुलन को कम करना। हमारी तीसरी प्राथमिकता है मिलेनियम डेवलपमेंट गोल्स, जो आज देश और छत्तीसगढ़ की सबसे बड़ी चुनौती है। चौथी प्राथमिकता है—तीव्र विकास, फास्ट ग्रोथ, अधोसंरचना और उसके साथ-साथ औद्योगिक विकास। अध्यक्ष महोदय, मैं

अपनी पहली प्राथमिकता में आना चाहूँगा जिसके लिए हमने सबसे ज्यादा मेहनत की। सर्वाधिक व्यक्तियों के सर्वाधिक हित। उसमें पहली प्राथमिकता किसान हैं। खेती को लाभप्रद और किसानों के सर्वांगीण विकास दर पर फोकस किया। उसमें सबसे बड़ा काम 37 लाख कृषक परिवार, जो आबादी का 67 प्रतिशत हैं। बजट किस-किस व्यक्ति तक कैसे-कैसे पहुँच रहा है, इस बजट की पूरी राशि को हम कैसे उस आखिरी व्यक्ति तक ले जाना चाहते हैं। ऐसे 37 लाख कृषक परिवारों के लिए कृषि बजट 8542 करोड़ है, यह कुल बजट का 20 प्रतिशत है, जिसे हम कृषि पर खर्च करने जा रहे हैं। विगत 3 वर्षों में कृषि विकास दर औसत ग्रोथ 12 प्रतिशत रही है, जो अन्य राज्यों की तुलना में बेहतर है। 71 लाख मीट्रिक टन धान का उपार्जन हुआ और 9 हजार करोड़ की राशि का भुगतान हुआ। 270 रुपए बोनस की बात हुई, 1 हजार 9 सौ करोड़ व 9 हजार करोड़, इस साल धान के विक्रय के बाद कुल मिलाकर करीब-करीब 11 हजार करोड़ किसानों के पास जाएगा। हिंदुस्तान में किसी राज्य किसानों के धान के बोनस के लिए 71 लाख मीट्रिक टन धान के लिए 270 रुपए के हिसाब से 1900 करोड़ देने का साहस इसलिए किया, क्योंकि हमने वित्तीय प्रबंधन बेहतर रखा, इसलिए हम किसानों को 1900 करोड़ देने जा रहे हैं। (मेजों की थपथपाहट)। इस 11 सौ करोड़ से किसानों के जीवन में खुशहाली आएगी। आप ध्यान करेंगे कि 2002 और 2003 में किसानों के कुल धान की खरीदी में जो पैसा मिलता था, वह 3 हजार, 4 हजार करोड़। जब हम एग्रीकल्चर सेक्टर की बात करते हैं तो यह असर है। हमने किसनों को 1 प्रतिशत ब्याज में कृषि ऋण दिया है। 80 हजार सीमांत और लघु कृषकों के कालातीत ऋण माफ किए। बीज उत्पादन अनुदान 300 से बढ़ाकर 500 रुपया प्रति क्विंटल। वितरण अनुदान 200 से बढ़ाकर 500 रुपए प्रति क्विंटल किया। बलराम कृषि यांत्रिकीकरण योजना में 50 प्रतिशत अनुदान। केंद्र सरकार की योजना एक सीमित वर्ग के लिए थी, राज्य सरकार ने एक पैरलल योजना शुरू की है, इसलिए हमने स्प्रिंकलर और ड्रिप के लिए राज्य पोशित सूक्ष्म सिंचाई योजना शुरू की। इसमें इकाई की लागत का 75 प्रतिशत अनुदान दिया जाता है। इसके लिए 35 करोड़ की राशि को बढ़ाकर 37 करोड़ का प्रावधान किया है, ताकि बड़े स्तर पर इसका विस्तार हो। 3 और 5 हॉर्स पावर की छूट में 6 और साढ़े सात हजार, इस छूट के साथ जो बिल की शिकायत थी, उसके फिक्स चार्ज का, मीटर चार्ज का बिल आता था, यह सब हमने बंद कर दिया। हमने सेस खत्म कर दिया, फिक्स चार्ज खत्म हो गया। अध्यक्ष महोदय, कृषि क्षेत्र में कृषि बीमा के प्रीमियम के अनुदान को 5 प्रतिशत से बढ़ाकर 20 प्रतिशत। दलहन, तिलहन, मक्का की फसल बढ़ाने के लिए प्रोत्साहन। गौ-पालन, मत्स्य पालन, उद्यानिकी के लिए यह बात होती थी कि हम किसानों को ऋण दे रहे हैं, मगर किसानों को हार्टिकल्चर में, डेयरी में जोड़ने के

लिए, क्योंकि यदि उनके जीवन में परिवर्तन आएगा तो उन्हें खेती के साथ-साथ उनको पशुपालन में जाना पड़ेगा, उनको दूसरे कामों में जाना पड़ेगा, इसलिए लगातार यह माँग आती रही कि गौ पालकों को, मत्स्य पालकों को, उद्यानिकी को बेहतर तरीके से ऋण की व्यवस्था हो और मुझे खुशी है कि गौ पालक, मत्स्य पालन और उद्यानिकी के लिए एक लाख तक ऋण एक प्रतिशत की ब्याज दर में दिया जाएगा, ताकि किसान ज यादा-से-ज्यादा डेयरी में काम करें और तीन लाख तक जो ऋण लेना चाहेंगे, वह तीन लाख तक कर्ज़ तीन प्रतिशत ब्याज दर में दिया जाएगा। डेयरी को बढ़ावा देने के लिए यह एक बेहतर योजना है।

माननीय अध्यक्ष महोदय, पाँच नवीन कृषि महाविद्यालय, एक उद्यानिकी महाविद्यालय की स्थापना की गई। कृषि ऋण से संबंधित बंधक विलेख पर स्टांप शुल्क की छूट है। एक अच्छी योजना और है, जिसको मैं बताना चाहूँगा। खेतिहर मजदूर, जिसमें अधिकांश महिलाएँ खेत में जाती हैं। धान काटना, रोपा लगाना, खेती के सारे काम करने हैं तो हमारी खेतिहर बहनों के लिए, मजदूरों के लिए निःशुल्क कृषि उपकरण किट, जिसमें उन्नत किस्म का हँसिया दिया जाएगा, उनके लिए सीड कम फर्टिलाइजर ड्रिल दिया जाएगा। मार्कर, अंबिका फीडर, सीड ट्रिडिंग ड्रम, स्पेयर और डोरा, जो महिलाएँ खेत में धान काटने जाती हैं, उनको उन्नत किस्म की हँसिया से लेकर दूसरी चीजें, जो बाजार में खरीद नहीं सकतीं, यह सुविधा लाखों खेतिहर मजदूर बहनों को मिलेगी, जिससे पहली बार उनको लगेगा कि सरकार उनकी चिंता कर रही है।

माननीय अध्यक्ष महोदय, उसके साथ-साथ जो बड़ी योजना, जो चौबेजी पूछ रहे थे कि पैसा कहाँ जा रहा है ? पैसा सही जगह पर जा रहा है। इस पैसे का उपयोग जैसे खाद्य और पोषण सुरक्षा में 42 लाख परिवार हैं। जिन 42 लाख परिवारों को हम खाद्य सुरक्षा दे रहे हैं, हम उनको सिर्फ चावल ही नहीं दे रहे हैं, हम उनको नमक भी दे रहे हैं, कुछ क्षेत्रों में जो ट्राइवल क्षेत्र हैं, वहाँ चना दे रहे हैं और दूसरे सामान्य क्षेत्रों में उनको दाल दे रहे हैं। ये खाद्यान्न सुरक्षा के साथ पोषण सुरक्षा, उनके जो बच्चे हैं, जहाँ माल न्यूट्रिशियन हैं, वहाँ कुपोषण है, जो मैं मिलेनियम डेवलपमेंट गोल्ड्स की बात करता हूँ तो यह एक बड़ी लड़ाई है। इसमें सिर्फ चावल देने से काम नहीं चलेगा, चावल के साथ आयोडाइज सॉल्ट, सॉल्ट के साथ उनको चना या नमक देने की योजना है और देश में किसी सरकार ने हिम्मत नहीं की कि खाद्यान्न सुरक्षा को कानून बनाकर राज्य में लागू करे। लोगों के लिए खाद्यान्न सुरक्षा और उसके साथ-साथ 55 लाख परिवारों को शामिल कर रहे हैं। (मेजों की थपथपाहट) यदि सरकार उनको राशन सामग्री नहीं दे रही है, कोई भी व्यक्ति उस कानून का उपयोग कर सकता है।

मैं यह बता रहा हूँ कि जो खुशफहमी पालकर रखे हैं न, जिस दिन बिल आ

जाएगा, उसकी कॉपी मैं दे दूँगा। जो प्रपोस्ड है और जो डिस्कशन में है, उसमें प्रस्ताव है कि परिवार को नहीं, व्यक्ति को यूनिट माना जाए और प्रति व्यक्ति पाँच किलो चावल या गेहूँ दिया जाए। यदि तीन लोगों का परिवार है तो 15 किलो मिलेगा, चार लोगों का परिवार है तो 20 किलो मिलेगा। माननीय अध्यक्ष महोदय, हमने छत्तीसगढ़ में परिवार को यूनिट माना है। तीन लोगों का परिवार है तो भी 35 किलो दिया जाएगा। (मेजों की थपथपाहट) पहली बात! आप इस गलतफहमी से दूर हो जाएँ।

डॉ. हरिदास भारद्वाज—जिनके 11 बच्चे हैं, उनको तो ज्यादा मिलेगा न?

डॉ. रमन सिंह—वह तो मिलेगा ही। माननीय अध्यक्ष महोदय, आप इस गलतफ़हमी से दूर हो जाएँ। वह इतना लचर है। उस बिल में दूसरा प्रावधान है। छत्तीसगढ़ में हमने 42 लाख परिवारों को शामिल किया है। केंद्र सरकार का बिल आने के बाद सिर्फ छत्तीसगढ़ के 26–30 लाख परिवार इसमें सम्मिलित होंगे। उसमें एपीएल के लिए कोई प्रावधान नहीं रखा गया है। बहुत सारी विसंगति के साथ यह बिल आ रहा है। इसलिए छत्तीसगढ़ सरकार में 42 लाख परिवारों का कवरेज है। चौबेजी, हम इस बजट का पैसा कहाँ खर्च कर रहे हैं? छत्तीसगढ़ में खाद्यान्न सुरक्षा कानून बनाकर लाए हैं और बजट का 850 करोड़ रुपया हम इसमें लगानेवाले हैं। (मेजों की थपथपाहट) चौबेजी, पैसा यहाँ जा रहा है। कृषि में 8 हजार करोड़ से ज्यादा पैसा जा रहा है। दूसरा सिर्फ खाद्यान्न सुरक्षा, पोषण सुरक्षा ही नहीं, सड़क, पुलिया, अस्पताल बना देना हमारी अंतिम जवाबदारी नहीं है। पीढ़ियों के निर्माण में यदि सरकार चूक जाती है, कुपोषण की लड़ाई में हम चूक जाते हैं, स्वास्थ्य सुरक्षा में यदि चूक जाते हैं, इसलिए हमने बड़ा निर्णय लिया है। स्वास्थ्य सुरक्षा में सभी परिवारों के लिए स्वास्थ्य बीमा योजना के तहत 56 लाख परिवारों को कवर किया जा रहा है। (मेजों की थपथपाहट) माननीय अध्यक्ष महोदय, हिंदुस्तान में कोई सरकार है, कोई सरकार यह दावा कर सकती है? मैं मुख्यमंत्री के नाते यह कह सकता हूँ कि 42 लाख परिवार, 42 लाख परिवार से बढ़कर 55 लाख परिवार को खाद्यान्न सुरक्षा और 55–56 लाख परिवारों को स्वास्थ्य सुरक्षा, तीस हजार रुपए प्रति परिवार देने जा रहे हैं। आनेवाले चार महीने में सभी को तीस हजार रुपए तक के खर्च की सरकारी और प्राइवेट अस्पताल में इलाज की व्यवस्था हो जाएगी। माननीय अध्यक्ष महोदय, गरीब दस रुपए के लिए तरसता है। उस गरीब की पीड़ा को मैंने नजदीक से देखा है। डॉक्टर प्रिस्क्रिप्शन लिख देता है, वह दवाई की दुकान में खड़ा रहता है, वहाँ से भाग जाता है, अपने बच्चों को ले जाता है और बिना दवाई के उस परिवार के बच्चे की मौत हो जाती है। इसलिए हमने निर्णय लिया है कि हम इस गरीब के स्वाभिमान को खत्म नहीं होने देंगे। उसके गरीब परिवार में दवाई के बिना किसी की मौत हो, यह सरकार के लिए अच्छी बात नहीं है। इसलिए हम हर

गरीब व्यक्ति को तीस हजार का स्मार्ट कार्ड दे रहे हैं।

वह गरीब किसी भी सरकारी या प्राइवेट अस्पताल में जाकर अपना इलाज करवा सकता है। देश की सबसे बड़ी योजना का क्रियान्वयन हम कर रहे हैं। माननीय चौबेजी, बजट का पैसा यहाँ जा रहा है। आपको चिंता होती है कि हम कहाँ जा रहे हैं, कहाँ खर्च कर रहे हैं?

माननीय अध्यक्ष महोदय, युवकों के लिए योजना है। अलग-अलग वर्ग को लेकर मैं बात कर रहा हूँ। युवकों के लिए 'विवेकानंद युवा प्रोत्साहन योजना' है। हम 2013 में स्वामी विवेकानंदजी की 150वीं जयंती मना रहे हैं। युवकों के अंदर आत्मविश्वास लाने के लिए, नेतृत्व विकास के लिए युवकों को रोजगार के अवसर, उनके अधिकार, दायित्व और परंपरागत कला एवं संस्कृति को प्रोत्साहित करने के लिए 'विवेकानंद युवा प्रोत्साहन योजना' लागू की गई है। इसमें दस करोड़ राशि का प्रावधान किया गया है। पंचायत स्तर पर हम उसको एक्टिवेट करने जा रहे हैं। छत्तीसगढ़ के युवकों को कौशल विकास का अधिकार। अध्यक्ष महोदय, हमने खाद्य का अधिकार दिया, उनको खाद्यान्न सुरक्षा दी, स्वास्थ्य सुरक्षा बीमा दिया, अब हम आगे बढ़ रहे हैं। मैं फिर कहता हूँ कि देश में हमारा छत्तीसगढ़ पहला राज्य है, जहाँ हम छत्तीसगढ़ के युवकों को कौशल विकास का अधिकार देने जा रहे हैं। कोई राज्य दु:साहस नहीं कर सकता, हिम्मत नहीं कर सकता। इस कानून के बन जाने के बाद 14 साल से 45 साल तक के युवकों के कौशल उन्नयन हेतु कानूनी अधिकार प्राप्त होगा। (मेजों की थपथपाहट) अध्यक्ष महोदय, देश का यह प्रथम राज्य है। आवेदन के बाद 90 दिवस के अंदर कौशल प्रशिक्षण का अवसर प्रदान करना अनिवार्य होगा। जैसे कि मनरेगा मे काम करने के लिए यदि कागज दे दिया, इस प्रकार कौशल उन्नयन के लिए मेरा युवा यदि कोई एप्लीकेशन देता है तो सरकार की जवाबदारी बनेगी कि 90 दिन के अंदर उसके कौशल उन्नयन के लिए प्रशिक्षण की व्यवस्था करे। यह हम कानून बनाकर ला रहे हैं। चौबेजी, आप रोजगार की बात कर रहे थे कि कितने लोगों को रोजगार दिया? चौबेजी भूल गए हैं। छत्तीसगढ़ में भारतीय जनता पार्टी की यह वही सरकार है, जिन्होंने ऐसे उदाहरण पेश किए कि वर्षों तक दैनिक वेतनभोगी के रूप में काम करनेवाले 40 हजार कर्मचारियों को स्थायी किया तो यह छत्तीसगढ़ की सरकार ने किया। (मेजों की थपथपाहट) बूढ़े हो रहे थे, बाल पक गए थे, दाँत टूट गए थे, मगर दैनिक वेतनभोगी के रूप में काम कर रहे थे। लेकिन वे दैनिक वेतनभोगी ही थे। इस सरकार ने उनको हिम्मत दिलवाई। हमने उनको स्थायी किया। आपकी सरकार में लगातार वर्षों तक, बूढ़े होने तक उनको स्थायी नहीं किया था। अभी 1 हजार 91 फॉरेस्ट गार्ड को ट्रेनिंग-प्रशिक्षण के बाद नौकरी दी गई। मेरे सामने 1 हजार से ज्यादा नए फॉरेस्ट गार्ड की

नौकरी पानेवाले लड़के-लड़कियाँ बैठे थे, मैं फॉरेस्ट गार्ड जवान देखने के लिए तरसता था, क्योंकि पहले फॉरेस्ट गार्ड की उम्र 50-55-56 हो चुकी थी, लेकिन 1 हजार 90 फॉरेस्ट गार्ड एक साथ ट्रेनिंग पाकर निकले और अब नौकरियों में जा रहे हैं। छत्तीसगढ़ पुलिस बल में 30 हजार लोगों की भरती की गई। मैं कोई सी.आर.पी.एफ. की बात नहीं कर रहा हूँ या सेंट्रल पेरामिलिट्री फोर्सेस की बात है या मैं रिजर्व फोर्सेस की बात नहीं कर रहा हूँ। हमने अपनी सरकार में छत्तीसगढ़ पुलिस बल में 30 हजार युवकों को नौकरी का अवसर प्रदान किया। (मेजों की थपथपाहट) उन्होंने कहा कि ये रोजगार की बात कर रहे हैं। आज लाखों युवक शिक्षक के रूप में काम कर रहे हैं, शिक्षा कर्मी के रूप में काम कर रहे हैं। बस्तर और सरगुजा में हमने प्रयोग को आगे बढ़ा दिया। प्रदेश का काडर, यहाँ का लड़का बस्तर में जाकर काम नहीं कर सकता था और तृतीय-चतुर्थ वर्ग में डेस्टिक काडर किया और वहाँ पर बस्तर और सरगुजा में 6 हजार युवकों की भरती हुई। (मेजों की थपथपाहट)

श्री अमरजीत भगत—आप हमारे क्षेत्र में मेडिकल कॉलेज खोलने की बात भी कह दीजिए।

डॉ. रमन सिंह—अरे बैठ जा भाई! मैं तुम्हारी बीमारी यहीं ठीक करवा दूँगा। इसका इलाज यहीं पूरा कर देंगे। मैं वादा करता हूँ वहाँ मेडिकल कॉलेज तो जरूर खुलेगा ही।

श्री अमरजीत भगत—ठीक है। अगर आप वहाँ मेडिकल कॉलेज खोलेंगे तो हम धन्यवाद भी देंगे।

डॉ. रमन सिंह—माननीय अध्यक्ष महोदय, हमने कौशल उन्नयन के साथ-साथ आई.टी.आई. से प्रशिक्षण लेनेवाले बच्चों के लिए छात्रवृत्ति में वृद्धि की है। 100-125 रुपए से बढ़कर 300 रुपए किया, उच्च शिक्षा में 4 प्रतिशत ब्याज दर पर ऋण उपलब्ध करवाया और उसके साथ-साथ उच्च शिक्षा के विद्यार्थियों के शिक्षा ऋण के संबंध में बंधक दस्तावेजों में वर्तमान जो 2 प्रतिशत स्टांप शुल्क लगता था, उसकी भी छूट दी है। सबसे महत्त्वपूर्ण बात यह है कि युवकों को हाईटेक बनाने के लिए इस नई तकनीक के साथ देश और दुनिया से जोड़ने के लिए, छत्तीसगढ़ का मेरा युवा देश और दुनिया के युवकों से पीछे न रह जाए, इसके लिए हम अगले महीने से 1 लाख स्नातक छात्रों को निःशुल्क लैपटॉप और टेबलेट वितरण प्रारंभ करने जा रहे हैं। (मेजों की थपथपाहट)

माननीय चौबेजी, देश में पहली बार असंगठित क्षेत्र के मजदूरों के लिए पेंशन की योजना छत्तीसगढ़ शुरू करनेवाला है। हम इस योजना में 3 लाख लोगों को शामिल करेंगे। यह योजना मजदूरों की पेंशन के लिए है। शासकीय कर्मचारी और दूसरे असंगठित क्षेत्रों के लिए नहीं, बल्कि असंगठित क्षेत्र के मजदूरों के लिए यह योजना लागू की जाएगी। यह देश

का सबसे बड़ा अभियान है। एक हजार रुपए वह देगा, एक हजार रुपए राज्य सरकार देगी और एक हजार रुपए केंद्र देगा, एक हजार रुपए जमा करने पर तीन हजार रुपए 20-30 साल तक जमा करेगा। जब वह 58 साल का हो जाएगा तो उसको जीवन भर 1 हजार रुपए मिलता रहेगा। यदि उसकी मौत होती है तो पूरा पैसा उसके वारिस को मिलेगा। लेकिन उसको आजीवन 100 साल की उम्र तक या जब तक वह जीवित है, यह पेंशन मिलेगी। हम इस योजना को 3 लाख लोगों के लिए शुरू कर रहे हैं।

बी.पी.एल. परिवार के लिए हमारी प्राथमिकता है। 42 लाख गरीब परिवारों के लिए रियायती दर पर खाद्यान्न उपलब्ध कराया जाएगा। एकलबत्ती कनेक्शन में हम अभी तक 30 यूनिट तक फ्री बिजली देते थे, उसको बढ़ाकर 40 यूनिट तक कर दिया है। बी.पी.एल. शिक्षित बेरोजगारों का भत्ता 500 रुपए था, उसको बढ़ाकर 1 हजार रुपए किया गया है। महिलाओं के लिए स्वसहायता समूह में 3 प्रतिशत ब्याज दर पर ऋण दिया जा रहा है, जो कि पहले 7 प्रतिशत था। उसके साथ ही साथ आँगनबाड़ी कार्यकर्ताओं एवं सहायिकाओं के वेतनमान में राज्य सरकार का हिस्सा दुगुना हुआ है। अब आँगनबाड़ी कार्यकर्ताओं को 4000 रुपए और सहायिकाओं को 2000 रुपए प्रतिमाह मानदेय दिया जाएगा। मुख्यमंत्री कन्यादान योजना के अंतर्गत सहायता राशि 10 हजार रुपए से बढ़ाकर 15 हजार रुपए की जाएगी।

क्षेत्रीय असंतुलन को दूर करने के लिए हम जिस इन्क्लूसिव ग्रोथ की बात करते हैं। आदिवासी उपयोजना हेतु 32 प्रतिशत की आबादी में बजट का 35 प्रतिशत खर्च उस दिशा में ले जा रहे हैं। हम यह बताने की कोशिश कर रहे हैं कि उस क्षेत्र के विकास में हमारी प्राथमिकता है। नवगठित 9 जिले बने, उसमें से 5 जिले अनुसूचित जाति के थे। विकास में क्षेत्रीय असंतुलन दूर करने के लिए जो उपाय किए गए हैं। अनुसूचित क्षेत्र के 4607 ग्राम पंचायतों में मूलभूत सुविधा देने के लिए विकास के लिए प्रत्येक ग्राम पंचायतों को 2 लाख रुपए का विशेष आवंटन उन सभी 4607 ग्राम पंचायतों को दिया जाएगा। स्टेट से उनको मूलभूत सुविधाओं के लिए 2 लाख रुपए प्रतिवर्ष दिया जाएगा। प्रत्येक नगर पंचायत को 1 करोड़ रुपए की एक बार की सहायता एवं जिला मुख्यालय की नगर पंचायतों के लिए 2 करोड़ का अनुदान दिया जाएगा। अनुसूचित जनजाति बाहुल्य क्षेत्र में 77 नवीन छात्रावास, 20 आश्रम शालाओं की स्थापना, अनुसूचित बाहुल्य क्षेत्र के 50 पूर्व माध्यमिक शाला को हाई स्कूल, 100 हाई स्कूलों को हायर सेकेंडरी स्कूल में उन्नयन, शेष 90 भवन विहीन कन्या छात्रावास एवं आश्रम शालाओं के लिए भवन का निर्माण किया जाएगा। माननीय अध्यक्ष महोदय, हम उन क्षेत्रों में गए हैं, 25 नवीन महाविद्यालयों में से 12 महाविद्यालय ट्राइबल क्षेत्र में हैं, पॉलिटेक्निक 2 में से 1 हैं, नवीन आई.टी.आई. 7 में से 4 हैं। इस प्रकार हमने क्षेत्रीय असंतुलन को

समाप्त करने का काम किया है।

माननीय अध्यक्ष महोदय, छत्तीसगढ़ के लिए जो एक चुनौती है, उस चुनौती को लेकर इस सरकार की सबसे बड़ी प्राथमिकता है। छत्तीसगढ़ की नई पीढ़ी के निर्माण में शिशु मृत्यु दर, मातृ मत्यु दर, कुपोषण और साक्षरता हमारी चुनौती थी। राष्ट्रीय स्तर और प्रदेश स्तर में जो सबसे बड़ा गैप था, शिशु मृत्यु दर वर्ष 2000 में 79, मातृ मृत्यु दर 407 और कुपोषण 60.8 प्रतिशत था। मुझे यह बताते हुए खुशी हो रही है कि शिशु मृत्यु दर 79 से घटकर 48 हो गई है। देश में शिशु मृत्यु दर में सबसे बड़ी गिरावट यहाँ आई है। जो आई.एम.आर. बोलते हैं, उसमें गिरावट आई है। शिशु मृत्यु दर को दूर करने के लिए हमने जो उपाय किए हैं, उस उपाय का रिजल्ट आने लगा है। मातृ मृत्यु दर 407 से घटकर 269 हो गई है। कुपोषण 60 प्रतिशत से कम होकर 41 प्रतिशत हुआ है। मिलेनियम डेवलपमेंट गोल में हमने सारे उपाय जो किए हैं, पोषण आहार से लेकर बाकी व्यवस्थाएँ कीं। अध्यक्ष महोदय, मैं उस पोषण आहार का एक छोटा सा उदाहरण दूँगा कि हमने बजट का बेहतर उपयोग कैसे किया? हमने पिछले साल से इस साल कुपोषित बच्चों के लिए कुपोषण मुक्ति के लिए 33 प्रतिशत की वृद्धि की है। कुपोषित बच्चों तथा महिलाओं के लिए संचालित पूरक पोषण आहार योजना के अंतर्गत आहार दरों में 50 प्रतिशत की वृद्धि की गई है। भारत सरकार द्वारा प्रथम चरण में इसे केवल विशेष रूप से प्रभावित 82 विकासखंडों में लागू किया गया था, जिसमें व्यावहारिक कठिनाइयाँ हो रही थीं। इसे दृष्टिगत रखते हुए हमने शेष 64 विकासखंडों में राज्य के संसाधनों से बढ़ी हुई दरों पर पोषण आहार प्रदाय करने का निर्णय लिया गया। इसमें 459 करोड़ रुपए की राशि खर्च होगी। एक बड़ी योजना है कि हम बच्चों के स्वास्थ्य के लिए क्या कर रहे हैं? पूरक पोषण आहार के लिए क्या कर रहे हैं? अभी तक तीन साल और छह साल तक के बच्चों की चिंता हुई। मगर हमने उससे आगे बढ़कर चिंता की, छह महीने से लेकर तीन साल तक के बच्चों के लिए क्या किया जा सकता है, इसके लिए फुलवारी केंद्र बनाया है और छह महीने से लेकर तीन वर्ष तक के बच्चों में कुपोषण दूर करने के लिए उनके लिए संतुलित पका हुआ गरम आहार उपलब्ध कराने की योजना शुरू की है। यह देश की अनूठी योजना है। इस बड़ी चुनौती को दूर करने के लिए फुलवारी केंद्र चालू किया है। मैंने स्वास्थ्य में बहुत सारी बातों को बता दिया है। मैं दो बातों को कोट करूँगा। खासकर के दूरस्थ अंचल बस्तर और सरगुजा में जिस प्रकार अस्पताल और डॉक्टरों की कमी की बात रोज आती है, हमने उसका विकल्प ढूँढ़ा है। यदि मरीज अस्पताल तक नहीं आ पाता है तो डॉक्टर को वहाँ तक जाना पड़ेगा। हमने उसके लिए एक बेहतर योजना 'मोबाइल यूनिट' शुरू की है। 85 अनुसूचित जनजाति विकासखंडों में 'मोबाइल यूनिट' शुरू किया है। उसमें एक डॉक्टर, कंपाउंडर व नर्स

रहेंगे। वे हाट-बाजार में जाकर इलाज और व्यवस्था करेंगे। लोग चलकर डॉक्टर के पास नहीं आ सकते तो मोबाइल यूनिट उनके पास जाएगा और बेहतर इलाज की व्यवस्था करेगा। आप 108 के बारे में जानते हैं कि उसने किस बेहतर तरीके से काम किया है।

दूसरी महत्त्वपूर्ण योजना है, मुख्यमंत्री शहरी स्वास्थ्य कार्यक्रम योजना। गाँव में स्वास्थ्य क्षेत्र की हालत ठीक हो रही है। ट्रायबल एरिया में भी सुधार आ रहा है, मगर मैंने देखा कि शहर के जो स्लम हैं, उसमें आई.एम.आर.ए., एम.एम.आर. मॉल न्यूट्रीशियन में गिरावट क्यों नहीं आ रही है? हमें शहरी बस्तियों के लिए एक अलग से कार्ययोजना बनानी पड़ी। वह हमेशा केंद्र सरकार की योजनओं से अछूती है। हमने मुख्यमंत्री शहरी स्वास्थ्य कार्यक्रम में 200 नए स्वास्थ्य केंद्र और 3000 शहरी मितानिनें को निश्चित किया है। हम इसमें शहर के आस-पास के जितनी भी स्लम बस्तियाँ हैं, वहाँ डॉक्टर रहेंगे, पेरामेडिकल स्टाफ रहेंगे, वहाँ पर मितानीन रहेंगी। ऐसी 40 हजार की बस्तियों को कवर करते हुए पूरे शहरों को हम अपने राडार में रखेंगे। जितने बड़े शहर हैं, जहाँ पर लोग नहीं पहुँच पाते हैं, वहाँ पर इंस्टीट्यूशनल डिलीवरी को प्रमोट करने के लिए, वहाँ पर वैक्सीनेशन के लिए, वहाँ पर उनके रेगुलर चैकअप के लिए एक बड़ी योजना पर काम कर रहे हैं। शासकीय स्वास्थ्य संस्थाओं में सभी मरीजों को निःशुल्क जैनेरिक दवाइयाँ यूज करेंगे। संजीवनी कोष, जिसके लिए सारे विधायकगण सबसे ज्यादा मेरे पास आते हैं। आजकल सबसे ज्यादा चिंता मरीजों की होने लगी है। पक्ष का हो, विपक्ष का हो, बाहर से कोई आदमी हो, सबसे बड़ी एक चिंता, मेरे पास जितने आवेदन आते हैं, उनमें से 20 प्रतिशत तो इलाज के लिए होते हैं।

संजीवनी कोष के लिए 5 करोड़ रुपए का प्रावधान था, उसको 10 करोड़ रुपया किया गया है। यदि यह भी कम होगा तो इसको और भी बढ़ा लिया जाएगा। जितने हमारे विधायकगण हैं और आप लोग भी जिसके लिए आते हैं, इसमें अभी तक 17 बीमारी थीं, उनको बढ़ाकर 31 बीमारी कर दिया गया है। कहीं ब्रेन हेमरेज हो गया है, कहीं एक्सीडेंट हो गया, कैंसर, किडनी तथा दूसरे रोगों के लिए राशि को भी बढ़ा दिया है। तो अब हम 31 बीमारियों को संजीवनी में कवर कर रहे हैं, ताकि इसमें ग्रामीण क्षेत्र के गरीब परिवारों के लिए कुछ बेहतर हो, उनके लिए राहत हो।

शिक्षा के क्षेत्र के बजट में 16 प्रतिशत की वृद्धि हुई है। मैं इसमें सिर्फ एक आँकड़ा बोलूँगा। जब हमने एजूकेशन के सेक्टर में इन्वेस्ट किया है तो उसका रिजल्ट क्या है? रिजल्ट यह है कि शिक्षक-छात्र अनुपात जो प्राथमिक और मिडिल स्कूल में प्रति 1 शिक्षक 21 बच्चे और बाकी में 30 बच्चों में 1 प्राथमिक शिक्षक और प्रत्येक 30 बच्चों में 1 माध्यमिक शिक्षक उपलब्ध है। यह राष्ट्रीय औसत से बहुत बेहतर है। हम इस हालत में हैं। इस शिक्षा का विस्तार आखिरी गाँव तक हुआ है। 50 पूर्व माध्यमिक

'प्रयास' के मेधावी विद्यार्थी प्रधानमंत्री डॉ. मनमोहन सिंह से भेंट करते हुए। साथ हैं मुख्यमंत्री डॉ. रमन सिंह और आदिवासी कल्याण मंत्री श्री केदार कश्यप।

बागवानी को आजीविका के रूप में बढ़ावा देने के लिए कृषकों को उन्नत श्रेणी के कृषि यंत्र एवं उपकरण वितरित किए जाते हैं।

ग्रामीणों तथा आदिवासियों को आयोडिन युक्त नमक निःशुल्क वितरित किया जाता है। पहले नमक के बदले उनकी मूल्यवान वनोपज लेकर व्यापारियों द्वारा उन्हें ठगा जाता था।

पौष्टिकता और उच्च गुणवत्ता का मध्याह्न भोजन स्कूलों में विद्यार्थियों को निःशुल्क प्रदान करना राज्य का दायित्व है।

ग्रामीण विकास में राष्ट्रीय कीर्तिमान स्थापित करने के लिए छत्तीसगढ़ को पुरस्कार देते हुए प्रधानमंत्री और केंद्रीय ग्रामीण विकास मंत्री श्री जयराम रमेश।

प्रशासन को दूरस्थ गाँवों तक चुस्ती से पहुँचाने के ध्येय से नए जिलों का गठन।

महिला साक्षरता को घर और गाँव तक पहुँचाने के अभियान ने ज्ञान के अबूझ द्वार खोले।

किसी भी वय में शिक्षा के माध्यम से महिला सशक्तीकरण में गतिशील छत्तीसगढ़।

ग्रामीणों को निकटस्थ हाट-बाजार में सस्ती दर पर मिट्टी तेल सुलभ कराने की व्यवस्था।

मुख्यमंत्री की कन्यादान योजना से विगत एक दशक में लाखों परिवार लाभान्वित हुए हैं।

बस्तर में मेडिकल और इंजीनियरिंग छात्रों को लैपटॉप प्रदान करते हुए
छत्तीसगढ़ के मुख्यमंत्री डॉ. रमन सिंह।

दूरस्थ गाँवों की चौपाल में समस्याओं का त्वरित निराकरण करते मुख्यमंत्री।

कृषकों को शासकीय अनुदान से ट्रैक्टर।

वनवासियों के 'हरे सोने' तेंदू पत्ता पर शासन द्वारा मोहक बोनस देकर ग्रामीण अर्थव्यवस्था को संबल।

महिलाओं के आर्थिक स्वावलंबन के लिए बड़ी संख्या में दोना-पत्तल बनानेवाले उपकरण वितरित।

राशन लाने के लिए साइकिल।

छ.ग. पाठ्य-पुस्तक निगम द्वारा प्रदेश के समस्त शालेय छात्रों को नि:शुल्क पाठ्य-पुस्तकें प्रदान की जाती हैं।

शताब्दियों से निरक्षरता के अभिशाप से ग्रस्त पहाड़ी कोरवा आदिजाति के वनग्रामों के निकट स्कूलों का संचालन।

सतनामी समाज के श्रद्धा स्थल गिरौदपुरी में कुतुब मीनार से भी ऊँचे जैतखाम का निर्माण।

शालाओं को हाई स्कूल और 150 हाई स्कूल को हायर सेकंडरी में उन्नयन किया गया है। 45 हजार शिक्षकों को प्रशिक्षण का काम दिया गया है। अध्यक्ष महोदय, मैं फास्टर ग्रोथ के बारे में बहुत फास्ट बोलूँगा, तेजी से बोलूँगा, क्योंकि बहुत सारे विषय हैं, जिसके बारे में फिर आऊँगा। चौबेजी की चिंता थी कि कोर सेक्टर में माइनिंग बेस इंडस्ट्रीज, कोल बेस इंडस्ट्रीज, आयरन ओर इंडस्ट्रीज, हमने तीन साल कह दिया है। चौबेजी को तो चिंता ही नहीं करनी चाहिए। तीन साल से बंद ही कर दिया है। अभी जो एमओयू हुआ है, वह सारे नॉन कोर सेक्टर की इंडस्ट्रीज है, कोर सेक्टर में उसी दिन से विधानसभा में तय करने के बाद तय कर लिया था कि नए इन्वेस्टमेंट हम नहीं लाएँगे। अभी जितने भी आ रहे हैं, नॉन कोर सेक्टर में आ रहे हैं, नए क्षेत्र में आ रहे हैं। बहुत अच्छा है, नए सेक्टर में लोग आएँ। मुझे लगता है कि रोजगार के अवसर भी होंगे, इसका स्वागत है। अध्यक्ष महोदय, हमने सोलर ऊर्जा के लिए नीति बनाई है। एक हजार मेगावाट सोलर ऊर्जा हम छत्तीसगढ़ में उत्पादित कर सकते हैं, यह हमारी क्षमता है। हम इसको आगे बढ़ाएँगे। अध्यक्ष महोदय, इन्वेस्टर्स मीट में जो विषय आए थे, उनका क्रियान्वयन हम तेजी से कर रहे हैं। एक बात बार-बार आती है, उसे मैं क्लियर करना चाहता हूँ कि छत्तीसगढ़ सरकार एमओयू करती जाती है और एमओयू का क्या रिजल्ट आता है ? स्टेट को क्या फायदा हुआ है ? अध्यक्ष महोदय, छोटा-छोटा फायदा गिना दूँगा। यह समझ में आ जाएगा कि हमने एमओयू, करने के बाद कितनी गंभीरता के साथ केंद्र सरकार से, केंद्र सरकार की पीएसयू से, केंद्र सरकार के मंत्रालय से, उन योजनाओं को क्रियान्वयन करने में सफलता हासिल की है। अध्यक्ष महोदय, दो एग्जांपल हैं। एक एग्जांपल है कि 2007 में मैं दिल्ली जाकर एमओयू किया था। उस समय दिल्ली राजहरा, रावघाट, 2135 किलोमीटर का पहला एमओयू किया था। उसमें रेलवे मिनिस्टर थे, हम लोग थे। उस एमओयू का फर्क यह पड़ा कि सेल और एनएमडीसी के बीच में समझौता हुआ और 235 किलोमीटर रेल लाइन का काम प्रारंभ हो गया। अध्यक्ष महोदय, दूसरा एमओयू किया, जो हमने रेलवे कॉरीडोर के लिए गेवरा-पेण्ड्रा, भूपदेवपुर, घरघोड़ा, धरमजयगढ़, कोरबा, सूरजपुर, परसा और कोरबा के बीच एमओयू किया है। यह सिर्फ एमओयू नहीं रहा है। इसका क्रियान्वयन भी हो गया और इसका काम भी प्रारंभ करने के लिए बजट में प्रावधान हो गया है। प्रधानमंत्रीजी ने इसकी घोषणा कर दी। रेलवे बजट में इसको शामिल कर दिया गया। हमारे दो एमओयू का रिजल्ट यह आया कि 50 साल में छत्तीसगढ़ को 40 किलोमीटर रेलवे लाइन नहीं मिला था, मगर दो एमओयू करने के बाद 687 किलोमीटर रेलवे लाइन का सेंक्शन हो गया है। यह दिखाता है कि आनेवाले 20-30-40 साल के लिए छत्तीसगढ़ में यह एमओयू का नतीजा है कि आज 600-700 किलोमीटर सड़क, रेलवे बजट में एक

किलोमीटर भी रेलवे लाइन नेरो गेट ब्रॉड गेज करने में दिक्कत है। तीसरा जो एमओयू किया है, जिसका छत्तीसगढ़ की इकोनॉमी में असर कैसे होता है, वह एमओयू गेल के साथ किया है और सूरत से लेकर पारादीप तक एक गैस पाइप लाइन जा रही है। महानदी के नीचे से पाइप लाइन जा रही है, 50 फीट नीचे से जा रही है, नीचे ड्रिल करके ले जा रहे हैं। यह पाइप लाइन दुर्ग, राजनांदगाँव, रायपुर, महासमुंद, कोरबा को भी लाभ देगी, इस परियोजना में 2000 करोड़ का निवेश होगा और 12 हजार लोगों को रोजगार मिलेगा। सभी शहरों में पाइप के द्वारा गैस कनेक्शन देंगे। रायपुर, बिलासपुर, दुर्ग से लेकर कोरबा और बिलासपुर में पूरी पाईप लाइन बिछ रही है। यह हमने समझौता किया है, जमीन दी है, सरकार की गतिशीलता क्या है, हमने उनको लैंड एलॉटमेंट किया है। वही काम हमने रेलवे में किया है। वही हमने गेल के साथ समझौते में किया है। फास्टर ग्रोथ इकोनॉमी तब आएगी, जब हम सिर्फ यहाँ बैठकर ताली नहीं बजाते रहेंगे, हम फील्ड में निर्णय लेकर उसका क्रियान्वयन करेंगे। रेलवे कॉरीडोर छत्तीसगढ़ की इस योजना का क्रियान्वयन देश और दुनिया का एकमात्र उदाहरण है, जिसको हमने क्रियान्वयन करने दिखाया है। हमने सरकार की इच्छाशक्ति बता दी है और दिल्ली के लोगों को मानना पड़ा है। यह सरकार की इच्छाशक्ति है। अध्यक्ष महोदय, मुझे यह कहा जाता है कि हमने इन परियोजनाओं में काम किया। इंटिग्रेटेड टाऊनशिप डेवलपमेंट के लिए हमारी नीति है, औद्योगिक मंदी से उबरने के लिए इंडस्ट्रीज यदि बंद हो जाएँगी, निश्चित रूप से छत्तीसगढ़ को एग्रीकल्चर और इंडस्ट्री दोनों ही चाहिए। यहाँ आयरन ओर, कोयला और बाक्साइट है तो उस पर उद्योग जरूर चलेगा और यहाँ की ग्रोथ के लिए उनकी भागीदारी है। प्रदेश में आयरन ओर और स्टील उद्योगों के लिए वेट तथा प्रवेश कर में हमने रियायतें दी हैं। नगरीय क्षेत्र में संपत्ति के क्रय-विक्रय पर स्टांप शुल्क में एक प्रतिशत की छूट दी है, जो 7.2 प्रतिशत से घटकर 6.25 प्रतिशत हो गया है। वर्क्स कॉन्ट्रेक्ट के लिए प्रचलित कंपोजिंग सुविधा को सरल बनाया है। विकास में सड़कों का जाल बिछाने के लिए ए.डी.बी. के माध्यम से 917 किलोमीटर सड़कों के उन्नयन का काम आगे काफी गति से होगा।

नए रायपुर से राजनांदगाँव तक मेट्रो के संबंध में अब लोग बोलेंगे कि ये 1000 रुपए रखकर मेट्रो में क्या कर लोगे ? यही 1000, 1000 रुपए रखकर हम ये बड़े-बड़े प्रोजेक्ट धरती पर ले आए। आप कल्पना कीजिए, सपना देखिए, उसका डिटेल प्रोजेक्ट बनाइए। फिर फंड के लिए, उपयोग के लिए लोगों के पास जाइए। दुनिया मानती है कि यदि आपके पास इच्छाशक्ति है, योजना है तो उसका क्रियान्वयन होगा, और मैं कल्पना करता हूँ कि रायपुर से लेकर राजनांदगाँव तक मेट्रो परियोजना का सपना छत्तीसगढ़ में सही साबित होगा और हम उसको करके दिखाएँगे। (मेजों की थपथपाहट) आनेवाले

समय में इस परियोजना को भी धरती पर उतारेंगे।

हमारी विद्युत् क्षमता वर्ष 2013-14 में 1500 मेगावाट है। 1500 मेगावाट एडीशनल हम वर्ष 2013-14 में कर रहे हैं। श्री चौबेजी बोलते हैं कि पैसा कहाँ जाता है? पैसा यहाँ जाता है। 1500 मेगावॉट बिजली का उत्पादन, हजारों किलोमीटर ट्रांसमिशन, डिस्ट्रीब्यूशन लाइन हैं। सैकड़ों-हजारों परिवारों को बिजली के पंप कनेक्शन दिए जा रहे हैं। सिंचाई में केलो, अरपा और भैंसाझार, हसदेव-बांगो वृहद योजनाओं के लिए राशि का प्रावधान रखा गया है। ये काम छत्तीसगढ़ के निर्माण और विकास के लिए उपयोगी होंगे।

हमने स्वास्थ्य के क्षेत्र में पी.पी. किया है। एक विषय आता है कि नया रायपुर बन गया, नया स्टेडियम बन गया। अब नया स्टेडियम बन गया तो छत्तीसगढ़ को पहचान मिल गई। नया स्टेडियम में अप्रैल में आईपीएंल भी आ रहा है। (यह विश्व भर में धूम मचाकर ठीक समय पर संपन्न हुआ था।) लोग बोलते हैं कि आई.पी.एल. का छत्तीसगढ़ में क्या असर होगा? क्या सिर्फ क्रिकेट देखने, खेलने और 20-20 मैच का मजा लेने के लिए? नहीं, छत्तीसगढ़ को देश और दुनिया के 160 देश देखेंगे कि आईपीएल छत्तीसगढ़ के रायपुर में शहीद वीर नारायण स्टेडियम में हो रहा है ।(मेजों की थपथपाहट) यह हमारे लिए गौरव बनेगा। उसका प्रसारण 160 देशों में होता है और वह शहीद वीर नारायण स्टेडियम, छत्तीसगढ़ नया-रायपुर, जिससे पूरे देश में रहनेवाले छत्तीसगढ़ियों को लगेगा कि हाँ, यह मेरा छत्तीसगढ़ है, जो विकास कर रहा है। उस दिन श्री चौबेजी आप धीरे से मुसकराओगे। यह टर्निंग पॉइंट है। हम यह बताना चाहते हैं कि यह छत्तीसगढ़ हमारा है। इसको हमने गढ़ा है। आईपीएल का मतलब यह नहीं है, हम उससे छत्तीसगढ़ के विकास को दिखाएँगे। छोटे-छोटे 02-02 मिनट की पिक्चर दिखाएँगे कि हमारे छत्तीसगढ़ की लेगशीप स्कीम क्या है? हमारा पर्यटन कहाँ है? हमारा विकास क्या है और यह एक नई छलाँग लगा रहे हैं। अब आईपीएल होगा, 05 डे क्रिकेट होगा, 03 क्रिकेट होगा, क्रिकेट का प्रोत्साहन मिलेगा। हम एक नई यूनिवर्सिटी ला रहे हैं। खेल के वातावरण के लिए, देश और दुनिया में छत्तीसगढ़ तथा नया रायपुर के शो केसिंग के लिए हम करोड़ों, अरबों रुपए खर्च कर लेते, मगर एक मैच कराकर हिंदुस्तान और दुनिया के कोने-कोने तक, जो 100 देशों में लोग फैले हुए हैं, उन तक यह छत्तीसगढ़ पहुँचेगा। इसलिए श्री चौबेजी, हम इस मैच का आयोजन कर रहे हैं। (टीप : विश्व के क्रिकेटरों ने शहीद वीर नारायण सिंह स्टेडियम को विश्वस्तरीय कहते हुए उसकी मुक्त कंठ से प्रशंसा की।)

माननीय अध्यक्ष महोदय, उपभोक्ताओं को राहत देने के लिए कुछ रियायतें बता रहा हूँ, मिनरल वॉटर और सील्ड कंटेनर वॉटर पर प्रचलित वेट दर 14 प्रतिशत

से घटाकर 5 प्रतिशत दुग्ध उत्पाद श्रीखंड, पनीर, क्रीम पर प्रचलित वेट दर को 14 प्रतिशत से घटाकर 5 प्रतिशत; मार्बल, ग्रेनाइट, धौलपुर पत्थर, कोटा स्टोन पर 14 प्रतिशत से घटाकर 5 प्रतिशन किया जाएगा। छोटे-छोटे व्यवसायियों को राहत देने के लिए कंपोजिशन सुविधा में युक्तियुक्तकरण, कंपोजिशन सुविधा हेतु टर्नओवर की वर्तमान वार्षिक सीमा 50 लाख से बढ़कर 60 लाख रुपए की जाएगी। इससे प्रदेश के 10 हजार छोटे व्यवसायियों को कर निर्धारण की प्रक्रिया से मुक्ति मिल जाएगी। 50 लाख से 60 लाख होगा तो व्यापार बेहतर तरीके से कर सकते हैं और दूसरा कंपोजिशन फीस की दर वर्तमान में 0.50 प्रतिशत है, उसको घटाकर 0.25 प्रतिशत किया जाएगा, आधा कर दिया, इसके कर अपवंचन पर नियंत्रण होगा। स्वकर अनुपालन की प्रवृत्ति प्रोत्साहित होगी और 40 हजार छोटे व्यापारियों को इसका लाभ मिलेगा। हमने इसका एक युक्तियुक्तकरण करने का प्रयास किया। बजट में हमने टी.एम.टी. बार पर वेट की दर 5 प्रतिशत से घटाकर 3 प्रतिशत का प्रस्ताव दिया। प्रदेश की रोलिंग मिलों द्वारा निर्माण किए जानेवाले मॉलों में अनेक प्रकार के स्टील बार, स्टील स्ट्रक्चर भी शामिल हैं, अतः टी.एम.टी. बार के स्थान पर स्टील बार तथा स्टील स्ट्रक्चरल पर वेट 5 प्रतिशत से घटकार 3 प्रतिशत किया जाएगा। स्टील पिग पर प्रवेश कर 1.5 प्रतिशत से घटाकर 0.50 प्रतिशत किया जाएगा। अधोसंरचना का विकास तेजी से हो, इंफ्रास्ट्रक्चर तेजी से बढ़े, इसके लिए हमने इसे कुछ बढ़ावा देने के लिए काम किया है। बजट में सड़क निर्माण करनेवाले ठेकेदारों के लिए प्रचलित कंपोजिशन शुल्क आयात के लिए 4 प्रतिशत से घटाकर 2 प्रतिशत, अन्य प्रकार के लिए 2 प्रतिशत से घटाकर 1 प्रतिशत प्रस्तावित किया है। विस्तृत परीक्षण पर यह पाया गया है कि आयातकों को छोड़कर अन्य सड़क निर्माण करनेवाले ठेकेदारों के प्रकारण पर वास्तविक कर भार .06 प्रतिशत आता है, अतः ठेकेदारों के लिए कंपोजिशन शुल्क पूर्व से प्रस्तावित 2 प्रतिशत से घटाकर 1 प्रतिशत के स्थान पर .60 प्रतिशत किया जाएगा। सड़क निर्माण को छोड़कर अन्य सिविल ठेकेदारों के भवन, पुल, बाँध, बैराज का जो निर्माण करते हैं, इनके लिए आयात की स्थित प्रचलित कंपोजिशन शुल्क 4 प्रतिशत से घटाकर 2 प्रतिशत आयात को छोड़कर अन्य ठेकेदारों के लिए 2 प्रतिशत से घटाकर 1 प्रतिशत किया जाएगा। अधोसंरचना विकास को प्रोत्साहन करने के लिए सिविल निर्माण कार्य में उपयोग में आनेवाली मशीनरी, इक्यूपमेंट पर वेट 14 प्रतिशत से घटाकर 5 प्रतिशत किया जाएगा।

माननीय अध्यक्ष महोदय, कुछ महत्त्वपूर्ण विषय बेरोजगार युवकों को स्वरोजगार में आसान ऋण उपलब्ध कराने के लिए 'मुख्यमंत्री युवा स्वरोजगार योजना' प्रारंभ की जाएगी। जो ऋण लेते हैं, उसकी व्यवस्था को और बेहतर और सरल बनाने के लिए हम एक योजना प्रारंभ करने जा रहे हैं। युवकों के लिए 'मुख्यमंत्री युवा भारत दर्शन योजना'

और उसके साथ-साथ राज्य में खेल विश्वविद्यालय की स्थापना की जाएगी। (मेजों की थपथपाहट) स्पोर्ट्स यूनिवर्सिटी छत्तीसगढ़ की आवश्यकता है।

माननीय अध्यक्ष महोदय, जो पुराने शिक्षक थे, जो डाइंक ऑर्डर हो गए। जो दो सालों से आंदोलन कर रहे हैं, वे कभी छुट्टी नहीं लेते, वे कभी आंदोलन में स्कूल बंद नहीं करते, संडे में आकर आंदोलन करते रहे हैं और दो साल हो गए हैं, उनकी एक छोटी सी माँग थी कि ऐसे सहायक शिक्षक, शिक्षक, व्याख्याता, प्राचार्यों को दिनांक 01.04.2013 से इसे विशेष प्रकरण मानते हुए 600 रुपए प्रतिमाह की दर से गतिरोध भत्ता प्रदान किया जाएगा; क्योंकि वे ऐसा आंदोलन कर रहे थे कि किसी को पता ही नहीं चल रहा था कि वे आंदोलन कर रहे हैं, लेकिन दो सालों से उनका यह आंदोलन चल रहा था, बहुत साइलेंट। उनको हमने 600 रुपए प्रतिमाह गतिरोध भत्ता देने का निर्णय लिया। करीब 50-60 हजार शिक्षक हैं। (मेजों की थपथपाहट)

माननीय अध्यक्ष महोदय, आम उपभोक्ताओं के हित के लिए विद्युत् शुल्क की दर का युक्तियुक्तकरण किया जाएगा, युवकों के लिए एक नई योजना पर काम कर रहे हैं। युवा के अंदर टेलेंट होता है, वह रिसर्च करना चाहता है, वह स्टेट से जुड़ना चाहता है, देश और दुनिया के जितने भी हमारे यूथ हैं, वे ऐसे यूथ प्रेक्टिसेस, जो नई योजनाओं और नई कार्ययोजनाओं को चिह्नांकित करता है, ऐसे यूथ को हम आईडेंटिफाई करके उनको हम स्टेट के अंदर बुलाएँगे, उनको प्रमोट करेंगे और उन्हें मुख्यमंत्री फेलोशिप प्रोग्राम में, जो वर्ष 2013-14 से चालू होगा। छह माह से एक वर्ष तक हम प्रतिमाह एक लाख रुपए देंगे और इस प्रोजेक्ट से जोड़ेंगे तथा छह महीने और साल भर में ऐसी योजनाओं में हमको मदद करेगा जो छत्तीसगढ़ को विकास की दिशा में आगे ले जाए। इससे देश भर के युवक हामरी ओर आकर्षित होंगे और अच्छा वर्किंग ग्रुप मिलेगा, उनसे बहुत अच्छे सुझाव मिलेंगे। अपनी कार्ययोजना को क्रियान्वयन करने में उनकी काफी मदद रहेगी। योजनाओं की मॉनिटरिंग के लिए हमने तीन काम किए हैं। जिसकी चिंता माननीय नेताजी कर रहे थे कि शासकीय योजनाओं में प्रभावी क्रियान्वयन हेतु क्या किया जा रहा है? तो जीआईएस की आधारित मॉनिटरिंग और इव्यूल्यूशन प्रणाली को अनिवार्य किया जाएगा। हम एक-एक योजना की बेहतर मॉनिटरिंग करेंगे। 'छत्तीसगढ़ सेवा गारंटी अधिनियम' में सम्मिलित सेवाओं का विस्तार करेंगे। शासकीय खरीदी में सेनिस्टा और पारदर्शिता सुनिश्चित करने के लिए कानून बनाएँगे। मैं जिस घोषणा के बारे में कहना चाहता हूँ, यह घोषणा कोई ऐसी घोषणा नहीं है, जिसकी बहुत ज्यादा लोगों को उम्मीद थी। मगर हम इस बहस को लंबे समय तक छेड़े हुए थे। हमने प्रधानमंत्री को पत्र लिखा। मैं कई बार प्रधानमंत्री से मिला कि छत्तीसगढ़ में काम करनेवाले मजदूरों को, जो मनरेगा का 100 दिन का काम मिलता है, उसमें दो लाख से

ज्यादा ऐसे मजदूर हैं जिनके समय के पहले ही 100 दिन पूरे हो जाते हैं। हमने पंचायत एवं ग्रामीण विकास मंत्री से प्रार्थना की। मगर लगातार छह महीने, साल भर के प्रयास के बाद उन मजदूरों के लिए कभी सुनवाई नहीं हुई। अब हमने यह तय किया कि यदि केंद्र सरकार उन्हें 100 दिन से ऊपर रोजगार नहीं देती है तो प्रदेश के ऐसे लाखों मजदूरों के लिए, जो 100 दिवस पूर्ण कर लेते हैं, उनको रोजगार नहीं मिलता। अध्यक्ष महोदय, राज्य सरकार के बजट से इस सीमा को बढ़ाकर 150 दिन करने के लिए पत्र लिखा है। (मेजों की थपथपाहट) 100 दिन से ऊपर का जितना पैसा लगेगा, राज्य सरकार 50 दिन का पैसा देगी ? हम इसको अपने बजट में सम्मिलित कर रहे हैं। (मेजों की थपथपाहट) मनरेगा में काम करनेवाले मजदूरों को अब 100 दिन काम करने की बाध्यता को छत्तीसगढ़ ने, चौबेजी फिर बोलेंगे आप, पहले नंबर पर कैसे बोल रहे हैं ? हम पहले नंबर पर हैं, इसमें भी पहले नंबर पर हैं। (मेजों की थपथपाहट) हिंदुस्तान में किसी राज्य ने मनरेगा में काम करनेवाले मजदूरों के लिए 150 दिन के रोजगार की गारंटी नहीं दी है। केंद्र सरकार 100 दिन देगी और हम छत्तीसगढ़ के बजट से 50 दिन और देंगे। इस प्रकार हम अपने बजट से 50 दिन अतिरिक्त देंगे। यह एक बहुत बड़ा कदम है। देश शायद बाद में इसका अनुसरण करेगा। हम माँग करते रहे, लेकिन हमने इसकी अगुआई की है। इसको पहले क्रम में रखा है कि 150 दिन की मजदूरी मिले। दूसरी दिक्कत थी कि मनरेगा में काम करनेवाली मजदूर, हमारी बहन काम करने जाती थीं, परंतु काम के दौरान यदि वह महिला गर्भवती हो गई तो उस हालत में उसको खेत में काम करने की मजबूरी रहती थी, क्योंकि परिवार का पेट पालना होता था। हमने उस बहन, महिला की तकलीफ को समझा और राज्य सरकार ने यह तय किया है कि ऐसी गर्भवती बहन, जो मनरेगा में काम करती है, उसको राज्य सरकार पूरे एक महीने का, 30 दिन की, जो मनरेगा में मजदूरी मिलती है, वह राज्य सरकार अपने बजट से देगी। हम उस बहन को एक महीने का पूरा पैसा देंगे। (मेजों की थपथपाहट) ये दो काम हुए हैं। ये ऐसे काम हैं कि हिंदुस्तान में बाकी राज्यों को आज नहीं तो कल, कल नहीं तो परसों करने पड़ेंगे। माननीय अध्यक्ष महोदय, मगर यह सौभाग्य है कि आपके नेतृत्व में छत्तीसगढ़ की विधान सभा ने इसकी शुरुआत की है। (मेजों की थपथपाहट) चौबेजी, कम-से-कम इसमें तो आपको कहना चाहिए कि हमने इसकी पहल की, इसकी शुरुआत की। उनके जीवन में परिवर्तन लाने के लिए विधान सभा की ताकत क्या हो सकती है, वह बताई। 42 लाख परिवारों के लिए खाद्यान्न सुरक्षा, 56 हजार लोगों को स्वास्थ्य सुरक्षा, लाखों मजदूरों को रोजगार की गारंटी की व्यवस्था, नवयुवकों के लिए सुनहरे कल के लिए कौशल उन्नयन के माध्यम से उनको जोड़ने का काम किया है। यह ताकत विधान सभा की है। अध्यक्ष महोदय, मुझे अच्छा लगता है कि आपकी

अध्यक्षता में इस विधान सभा ने उस ऊँचाई को छूने का काम किया है।

डॉ. रमन सिंह—इस बजट के माध्यम से प्रदेश के किसान, गरीब, युवा, महिला, श्रमिक, अनुसूचित जाति, जनजाति, पिछड़ा वर्ग, उद्यमी एवं अन्य सभी वर्गों के हित का समुचित ध्यान रखा गया है। मुझे पूर्ण विश्वास है यह बजट समृद्धि, प्रगतिशीलता और छत्तीसगढ़ के विकास में सहायक होगा। अध्यक्ष महोदय, मैं सदन से अनुरोध करता हूँ कि विनियोग विधेयक में दर्शित राशि को सर्वसम्मति से पारित किया जाए। इस क्षेत्र के बजट में 16 प्रतिशत की वृद्धि हुई है। मैं इसमें सिर्फ एक आँकड़ा बोलूँगा। जब हमने एजूकेशन के सेक्टर में इन्वेस्ट किया है तो उसका रिजल्ट क्या है? रिजल्ट यह है कि शिक्षक-छात्र अनुपात, जो प्राथमिक और मिडिल स्कूल में प्रति 1 शिक्षक 21 बच्चे और बाकी में 30 बच्चों में 1 प्राथमिक शिक्षक और प्रत्येक 30 बच्चों में 01 माध्यमिक शिक्षक उपलब्ध हैं। यह राष्ट्रीय औसत से बहुत बेहतर है। हम इस हालत में हैं। इस शिक्षा का विस्तार आखिरी गाँव तक हुआ है। 50 पूर्व माध्यमिक शालाओं को हाई स्कूल और 150 हाई स्कूल को हायर सेकंडरी में उन्नयन किया गया है। 45 हजार शिक्षकों को प्रशिक्षण का काम दिया गया है।

डॉ. रमन सिंह—इस बजट के माध्यम से प्रदेश के किसान, गरीब, युवा, महिला, श्रमिक, अनुसूचित जाति, जनजाति, पिछड़ा वर्ग, उद्यमी एवं अन्य सभी वर्गों के हित का समुचित ध्यान रखा गया है। मुझे पूर्ण विश्वास है यह बजट समृद्धि, प्रगतिशीलता और छत्तीसगढ़ के विकास में सहायक होगा। अध्यक्ष महोदय, मैं सदन से अनुरोध करता हूँ कि विनियोग विधेयक में दर्शित राशि को सर्वसम्मति से पारित किया जाए।

□

नक्सलवाद : राष्ट्रीय चुनौती

(आंतरिक सुरक्षा पर मुख्यमंत्रियों का सम्मेलन विज्ञान भवन, नई दिल्ली 5 जून, 2013 को छत्तीसगढ़ के मुख्यमंत्री डॉ. रमन सिंह का भाषण)

माननीय प्रधानमंत्रीजी, माननीय गृहमंत्रीजी, माननीय मंत्रीगण, माननीय मुख्यमंत्रीगण एवं उपस्थित अधिकारीगण!

छत्तीसगढ़ के दुर्गम आदिवासी अंचल, बस्तर जिले की जीरम घाटी में एक बेहद दुर्भाग्यपूर्ण तथा बर्बर नक्सलवादी हमले की ताजा पृष्ठभूमि में आज की बैठक अत्यंत महत्त्वपूर्ण है। हमारा राज्य नक्सलवाद का मुखौटा पहने हुए आतंकवाद का सामना कर रहा है, इसलिए यहाँ मैं नक्सलवादी समस्या पर केंद्रित अपने राज्य के विचार रखना चाहूँगा। यद्यपि मुझे पता है कि नक्सलवाद पर एक विशेष सत्र आज शाम पृथक् से आयोजित है, लेकिन विषय की गंभीरता तथा प्रकृति को देखते हुए नक्सलवाद पर इस मंच से चर्चा आवश्यक है।

राज्य में पक्ष-विपक्ष के अंतर के बिना विभिन्न राजनीतिक दल अंदरूनी क्षेत्रों तक जाकर अभियान चला रहे हों, राज्य सरकार विभिन्न माध्यमों से जनहितकारी योजनाओं का प्रचार-प्रसार कर रही हो, स्थानीय जनता इन अभियानों से जुड़ रही हो और इन सभी प्रयासों से प्रजातंत्र की जड़ें मजबूत करने में सहभागी बन रही हो, ऐसे वातावरण में बौखलाकर नक्सलवादियों द्वारा 25 मई, 2013 को किया गया जघन्य हत्याकांड वास्तव में छत्तीसगढ़ ही नहीं बल्कि देश की लोकतांत्रिक व्यवस्था पर किया गया हमला है।

माननीय प्रधानमंत्रीजी, आपको विदित ही है कि छत्तीसगढ़ सहित अन्य राज्यों में इसके पहले भी नक्सली हमलों में वरिष्ठ राजनेता, कार्यकर्ता, सुरक्षाबल के जवानों, शासकीय सेवकों तथा आम जनता ने शहादत दी है। इसके बावजूद लोकतंत्र की शक्ति से, आम जनता के हौसले से देश आगे बढ़ता रहा है। मैं आपके माध्यम से देश को आश्वस्त करना चाहता हूँ कि नक्सलवादियों के विरुद्ध हमारी सरकार द्वारा विगत वर्षों से जारी अभियान और भी ज्यादा ताकत के साथ जारी रहेगा। हमने जीरम घाटी घटना की न्यायिक जाँच के आदेश जारी कर दिए हैं, जाँच के मुद्दे भी बहुत व्यापक रखे गए हैं। हमारा हर संभव प्रयास है कि प्रदेश में लोकतांत्रिक शक्तियाँ सबल हों तथा संविधान

विरोधी, विकास विरोधी एवं लोकतंत्र विरोधी ताकतों का मुकाबला डटकर किया जाए।

प्रधानमंत्रीजी, मैं आपको विगत वर्षों में आंतरिक सुरक्षा पर आयोजित बैठकों का स्मरण दिलाना चाहता हूँ, जिसमें आपने हमारी चिंताओं पर सहमति जाहिर की है। आपने और हमने हर बार स्पष्ट कहा है कि नक्सलवाद आंतरिक सुरक्षा के लिए सबसे बड़ी चुनौती है। नक्सलवाद सिर्फ छत्तीसगढ़ की नहीं बल्कि अनेक राज्यों की समस्या है। इससे निपटने के लिए समन्वित राष्ट्रीय रणनीति की आवश्यकता है। नक्सलवाद और आतंकवाद एक ही सिक्के के दो पहलू हैं, लेकिन काफी समय तक जो लोग यह नहीं मानते थे, उन्होंने भी अब नक्सलवाद को आतंकवाद का पर्याय मानना शुरू किया है।

नक्सलवाद की समस्या से निपटने के नजरिए में आमूलचूल बदलाव की जरूरत है, चाहे वह रणनीति, प्रौद्योगिकी, संसाधन, सोच या जनमानस में इसकी प्रतिक्रिया का मुद्दा हो। आतंकवाद के समान ही नक्सलवादी हिंसा पर भी सिर्फ एक दृष्टिकोण की गुंजाइश है, और वह है इस हिंसावाद से सख्ती से निपटना, वरना नक्सलवाद से मुकाबला करना मुश्किल हो जाएगा। नक्सलवादियों को देश के संविधान और लोकतंत्र पर विश्वास नहीं है बल्कि वे बर्बर हिंसा के माध्यम से दुर्गम अंचलों में आतंक का वातावरण बनाते हैं, ताकि वहाँ ऐसी अधोसंरचना का विकास न हो पाए, जिससे ग्रामीणों को लाभ मिल सके। इस तरह विध्वंस के बीच विकास की कठिन चुनौती है।

जो तत्त्व निर्दोष ग्रामीणों के जीवन में सुख-सुविधा की एक किरण भी नहीं पड़ने देना चाहते, जो तत्त्व अपने स्वार्थों के लिए निर्दोष तथा भोली-भाली जनता की निर्ममता से हत्या करते हैं, उन्हें सिर्फ इनसानियत का दुश्मन ही कहा जाएगा। नक्सलियों ने तो बारात, स्कूल, सवारी बस, अस्पताल, बिजली लाइनों, राशन दुकानों आदि सार्वजनिक स्थानों पर हमला कर दुधमुँहे बच्चों से लेकर महिलाओं और बुजुर्गों, हर किसी को अपना शिकार बनाया है। इतना ही नहीं, बल्कि अपने स्वार्थों के लिए नक्सलवादी आदिवासियों को मानव कवच (ह्यूमन शील्ड) के रूप में उपयोग करते हैं। ऐसे नक्सलियों को किसी वर्ग का हितैषी कहना हास्यास्पद है।

यह वक्त का तकाजा ही नहीं बल्कि हम सबका दायित्व है कि हममें से कोई ऐसी बातें न कहे, जिससे हमारे लोकतंत्र का सबसे बड़ा आधार, स्थानीय जनता का मनोबल गिरे। कठिन परिस्थितियों में काम कर रहे जनप्रतिनिधियों और अमले का धैर्य व विश्वास टूटे। मैं तो यह कहना चाहूँगा कि देश की अखंडता के लिए सबसे बड़ी लड़ाई आज छत्तीसगढ़ लड़ रहा है। सुकमा, दंतेवाड़ा, बस्तर, बीजापुर, नारायणपुर जैसे हमारे दूरस्थ जिलों में लड़ी जा रही यह लड़ाई वास्तव में इन जिलों या सिर्फ छत्तीसगढ़ की लड़ाई नहीं है। यह लड़ाई तो दिल्ली का लक्ष्य साधने और लालकिले पर बंदूक के बल पर कब्जे की बदनीयती रखनेवालों के खिलाफ है। राष्ट्रविरोधी शक्तियों को रोकने का शंखनाद दरअसल छत्तीसगढ़ के इन वनांचलों में हुआ है; क्योंकि लोकतंत्र बचेगा,

तभी तो संविधान और लोकतंत्र पर आस्था रखनेवाले दल बचेंगे और देश में लोकतांत्रिक विकास के अवसर बचेंगे। अगर हम समय रहते ही प्रभावी निर्णय तथा कठोर कार्यवाही करने में और देरी करेंगे तो आनेवाली पीढ़ियों को देने के लिए हमारे पास जवाब भी नहीं बचेगा। इसलिए मैं चाहूँगा कि इस सम्मेलन के माध्यम से यह संदेश जाए कि नक्सलवाद के विरुद्ध निर्णायक काररवाई के लिए पूरा देश एकजुट है। लोकतंत्र की जीत सुनिश्चित करने के लिए हमको पूरी ताकत के साथ आगे आना होगा।

माननीय प्रधानमंत्रीजी, नक्सली समस्या के स्थायी हल के लिए क्षेत्र का विकास और स्थानीय जनता की विकास में भागीदारी एक अनिवार्य शर्त है। छत्तीसगढ़ में विगत 9 वर्षों से जो सतत विकास की प्रक्रिया जारी है, समय-समय पर उसे आपकी शुभेच्छाएँ भी मिली हैं। आदिवासी अंचल का विकास हमारी सबसे बड़ी प्राथमिकता रही है। अनुसूचित क्षेत्रों की जनसंख्या प्रदेश की कुल जनसंख्या का 32 प्रतिशत है, लेकिन हमने आदिवासी उपयोजना क्षेत्रों के लिए कुल बजट का 35 प्रतिशत प्रावधान रखा है। इससे इस अंचल में अधोसंरचना का विकास, शिक्षा, स्वास्थ्य सुविधाओं में तेजी से बढ़ोतरी के नए प्रयास किए जा सके हैं। शासन-प्रशासन की सुविधाएँ आम जनता के करीब ले जाने के लिए विगत नौ वर्षों में हमने 11 नए जिले बनाए हैं, जिनमें से 8 जिले आदिवासी अंचल में हैं। समन्वित प्रशासनिक पहल से अधोसंरचना विकास की गति तेज करने के लिए बस्तर तथा सरगुजा अंचल में पृथक्-पृथक् आदिवासी विकास प्राधिकरण गठित किए गए हैं। 'प्रधानमंत्री ग्राम सड़क योजना' के दायरे में नहीं आनेवाली 500 या कम आबादीवाले उन क्षेत्रों की बसाहटों के लिए हमने 'मुख्यमंत्री ग्राम सड़क एवं विकास योजना' लागू की है।

प्रधानमंत्रीजी, नक्सलवाद या आतंकवाद के विरुद्ध मैदानी जंग तो है ही, यह एक कुत्सित विचारधारा द्वारा युवा वर्ग को दिशाभ्रमित करनेवालों से व्यापक समाज की वैचारिक जंग भी है। अत: यह आवश्यक है कि हम नक्सलवाद प्रभावित क्षेत्रों के युवाओं को उनके उज्ज्वल भविष्य के प्रति आश्वस्त करें। 'आस्था', 'निष्ठा' तथा 'प्रयास' जैसी योजनाओं से नक्सल प्रभावित अंचलों के बच्चों को राज्य के बड़े शिक्षण संस्थानों में प्रवेश दिलाकर उनकी अच्छी शिक्षा तथा कोचिंग की व्यवस्था की गई है। आपको याद होगा कि बस्तर जैसे सुदूर अंचल के इन बच्चों को लेकर मैं आपसे मिलाने दिल्ली आया था, तब आपने इसे देश का भविष्य बनाने का प्रयास कहा था। वहीं इन बच्चों के लिए दिल्ली यात्रा कितना बड़ा सपना था, यह तो कोई सोच भी नहीं सकता, क्योंकि इन बच्चों ने जीवन में पहली बार रेलयात्रा की थी।

हमने बहुत से ऐसे कदम उठाए हैं, जिनसे जरूरतमंद तबकों की बुनियादी जरूरतें भी पूरी हों, और उन्हें यह अहसास भी हो कि ऐसी सुविधाएँ पाना उनका कानूनी अधिकार है। हमने देश में पहली बार जनता को भोजन का अधिकार प्रदान करने के लिए

'छत्तीसगढ़ खाद्य सुरक्षा अधिनियम' लागू किया है, जिससे राज्य के 42 लाख परिवारों को 1 रुपए तथा 2 रुपए किलो में हर माह 35 किलो चावल दे रहे हैं। इसका लाभ प्रदेश की 90 प्रतिशत आबादी को तथा आदिवासी अंचलों की लगभग शत-प्रतिशत आबादी को मिल रहा है। इसके साथ ही हम प्रोटीनयुक्त पोषक आहार काफी रियायती दरों पर दे रहे हैं, ताकि राज्य में खाद्य सुरक्षा से लेकर पोषण सुरक्षा तक का सफर जल्दी तय कर सकें। क्या दिल्ली में बैठकर कोई सोच सकता है कि बस्तर के दुर्गम गाँवों में नक्सलवादी जब ग्रामीणों से चावल छीनने जाते हैं, और अगर कोई उन्हें देने से इनकार करे तो वहीं उसकी हत्या कर देते हैं? आदिवासी अंचलों में तेंदूपत्ता पर आश्रित परिवारों की आय बढ़ाने हेतु संग्रहण मजदूरी दर 450 रुपए प्रति मानक बोरा से बढ़ाकर 1200 रुपए की गई है। इतना ही नहीं, काफी बड़ी राशि हर वर्ष बोनस के रूप में भी दे रहे हैं। इस वर्ष 312 करोड़ रुपए का बोनस दिया जा रहा है।

हमारा मानना है कि बड़े पैमाने पर वनांचलों में युवाओं के हाथों में कौशल और औजार नहीं दिए जाएँगे तो उनके हाथों में नक्सलवादियों के हथियार पहुँचने से रोकना भी कठिन होगा। इसलिए हमने देश में पहली बार कौशल उन्नयन का अधिकार युवाओं को दिया है। 'छत्तीसगढ़ कौशल उन्नयन अधिनियम' लागू किया है, जिसका उद्देश्य स्किल डवलपमेंट द्वारा युवाओं में जीवकोपार्जन की क्षमता बढ़ाना है। इसका लाभ आदिवासी अंचलों सहित प्रदेश में 14 से 45 वर्ष तक के आयुवाले प्रत्येक व्यक्ति को मिलेगा। महात्मा गांधी नरेगा में रोजगार की सीमा 100 दिन से बढ़ाकर 150 दिन करनेवाला देश का पहला राज्य भी छत्तीसगढ़ है। इसके साथ ही हमने देश में पहली बार एक और नई पहल की है, जिसमें महात्मा गांधी नरेगा के तहत गर्भवती महिलाओं को एक महीने के प्रसूति अवकाश पर भी महीने भर की पूरी मजदूरी दी जा रही है।

आश्चर्य होता है, जब संविधान को ही सिरे से नकारनेवाले तत्व यह आरोप लगाते हैं कि देश में संविधान का पालन सही ढंग से नहीं हो रहा। हमने छत्तीसगढ़ में पाँचवीं अनुसूची के तहत अनेक कारगर उपाय किए हैं, जिसका ताजा उदाहरण आदिवासी विकास परिषद् की अनुशंसा पर आदिवासियों की समिति से टिन अयस्क, टेंटलम, नियोबियम संग्रहण का विशेष कानूनी प्रावधान किया जाना है। आदिवासी जिलों में शासकीय विभागों में भरती जिला काडर बनाकर की गई है। आप शिक्षा का अधिकार बनाते हैं, हम बच्चों को स्कूल लाते हैं। जब हम निःशुल्क किताबें, गणवेश, मध्याह्न भोजन आदि देकर छोटे-छोटे बच्चों के मन में पढ़ाई की ललक जगाते हैं तब नक्सलवादी स्कूलों में विस्फोट करते हैं और कॉपी, पेन पकड़ने की उम्र में बच्चों को हथियार थमाते हैं। बच्चों के लिए दिए गए गणवेश पहनकर बंदूक थामे नक्सलवादियों की तसवीरें भेजी जाती हैं, जिससे कि जवाबी काररवाई में ग्रामीणों को नुकसान हो।

मुझे दुःख होता है कि कभी नदी, पहाड़ों, घाटियों में चलकर पहुँचने की जहमत

उठाने के बारे में सोच भी नहीं पानेवाले तथाकथित चिंतक ऐसे बच्चों की चिंता भी करते नहीं पाए जाते। तमाम विस्फोटों और धमकियों के बावजूद हमने नक्सलियों द्वारा ध्वस्त किए गए शाला भवनों के स्थान पर नए आवासीय विद्यालय एवं आश्रम स्थापित किए हैं। 60 स्थानों पर 500 सीटर प्री-फेब्रिकेटेड स्ट्रक्चर (पोटा केबिन) स्थापित किए गए हैं, जिससे 30 हजार से ज्यादा बच्चे अपनी पढ़ाई जारी रख सके हैं। लाइवलीहुड कॉलेजों की स्थापना से स्थानीय युवाओं को रोजगार के नए अवसर मिले हैं। दंतेवाड़ा जिले से शुरू हुई इस पहल को प्रधानमंत्रीजी, आपने स्वयं रेखांकित और पुरस्कृत भी किया है। इतना ही नहीं, आजादी के 60 वर्ष बाद हमने बस्तर में विश्वविद्यालय, मेडिकल कॉलेज स्थापित करने सहित आई.टी.आई., पॉलीटेक्निक जैसी संस्थाओं का जाल भी बिछा दिया है।

माननीय प्रधानमंत्रीजी, नक्सलवाद के विरुद्ध इस लड़ाई में हमने शुरू से ही सुरक्षा एवं विकास की समन्वित रणनीति को अपनाया है और दोनों पहलुओं पर निरंतर काम किया है। मैं कहना चाहता हूँ कि हमारे अभियान को समय-समय पर केंद्र सरकार का महत्त्वपूर्ण सहयोग भी मिला है। राज्य के पुलिस बल की संख्या में वृद्धि, पुलिस बल के प्रशिक्षण, उनको हथियार एवं साजो-सामान, उनके मनोबल में वृद्धि और इस संघर्ष के लिए प्रोत्साहन देने हेतु अनेक प्रयास किए गए हैं, जिसके कारण वर्ष 2003-04 की तुलना में पुलिस का बजट वर्ष 2013-14 में लगभग 6 गुना अर्थात् 288 करोड़ रुपए से बढ़कर 1970 करोड़ रुपए कर दिया गया है। जंगल युद्ध के लिए एवं आतंकवादियों के विरुद्ध लड़ाई के संबंध में प्रशिक्षण हेतु संस्थान खोले गए हैं। केंद्र सरकार की विभिन्न योजनाओं, केंद्र से तालमेल, समन्वय और सहयोग का सकारात्मक असर हुआ है। यद्यपि यह अवसर आँकड़े बताने का नहीं है। प्रत्येक मौत दुःखद होती है और 25 मई, 2013 की घटना तो अत्यंत दुःखदायी है, लेकिन विगत वर्षों में नक्सली घटनाओं में, सुरक्षा बलों की शहादत में और नक्सलियों द्वारा की जानेवाली निर्दोष व्यक्तियों की हत्याओं में निरंतर कमी आई है। लोकतांत्रिक अभियानों, सुरक्षा बलों द्वारा लगातार चलाए जा रहे अभियानों एवं बढ़ते विकास कार्यों की वजह से नक्सलियों में घबराहट और बौखलाहट के प्रमाण भी मिले हैं। नक्सल विरोधी अभियानों में हमारा आंध्र प्रदेश एवं महाराष्ट्र से तालमेल और समन्वय रहा है। जिसके लिए मैं दोनों राज्य सरकारों को धन्यवाद देना चाहूँगा।

छत्तीसगढ़ में नक्सलियों का मुख्य हथियार आई.ई.डी. है। इस वर्ष हमने छत्तीसगढ़ में एक आई.ई.डी. स्कूल की स्वीकृति दी है, जिसमें इससे संबंधित विषयों का प्रशिक्षण विशेषज्ञों द्वारा दिया जाएगा। इस हेतु हमें केंद्रीय संगठनों से विशेषज्ञों की जरूरत भी पड़ेगी। सही समय पर लैंड माइंस का पता लगाने के लिए कारगर उपकरणों की कमी सर्वविदित है। मैं चाहूँगा कि केंद्र सरकार के स्तर से इस संबंध में दुनिया में

उपलब्ध उन्नत तकनीकी एवं उपकरण प्रभावित राज्यों को उपलब्ध कराए जाएँ। नक्सली संगठनों में शामिल युवकों को बंदूक छोड़कर समाज की मुख्यधारा में लौटने के लिए हमने आत्मसमर्पण की कार्ययोजना जारी की है। मुझे उम्मीद है कि हमारे सशक्त कदमों से जो लोग नक्सली संगठनों को छोड़कर वापस मुख्यधारा में आना चाहते हैं, उन्हें प्रेरणा मिलेगी और आत्मसमर्पण की गति तेज होगी।

इसमें छत्तीसगढ़ की कोई मतभिन्नता नहीं है कि राष्ट्रीय स्तर पर इंटेलिजेंस (आसूचना) एकत्रित करने में समन्वय स्थापित हो, ताकि सुरक्षा दृष्टिकोण से राज्य के अनुभवों व केंद्र की सूझबूझ का लाभ मिले, लेकिन हमने प्रस्तावित एन.सी.टी.सी. के मूल स्वरूप का विरोध कुछ महत्त्वपूर्ण कारणों से किया था। हम चाहते हैं कि एन.सी. टी.सी. जैसी संस्था यदि बने तो उसमें हमारे संविधान के संघीय ढाँचे का सम्मान हो। एन.सी.टी.सी. में राज्यों की भागीदारी केवल कागजों पर सीमित न रहे, बल्कि प्रभावी भागीदारी को और संस्थागत व्यवस्था को संसद् द्वारा अधिनियमित कराया जाए। हमने तत्समय एन.सी.टी.सी. का विरोध इसलिए भी किया था कि उसे इंटेलिजेंस ब्यूरो के अंतर्गत प्रस्तावित किया गया था। हमारा स्पष्ट मत है कि इसे आई.बी. का भाग बनाने से आई.बी. की कार्यप्रणाली को भी नुकसान होगा और उसे पब्लिक स्क्रूटनी से गुजरना पड़ सकता है। मुझे खुशी है कि नए प्रस्ताव में एन.सी.टी.सी को गृह मंत्रालय के अधीन लाया गया है, लेकिन इसके अलावा भी कई ऐसे बिंदु हैं, जिसमें संशोधन की आवश्यकता है। सबसे बड़ी आवश्यकता तो एन.सी.टी.सी. को संसद् में कानून बनाकर लाने की है, ताकि प्रजातंत्र में ऐसी संस्था की जवाबदेही सुनिश्चित की जा सके।

यद्यपि केंद्र ने माओवादियों के वित्तीय स्रोतों और उनके द्वारा की जानेवाली अवैध उगाही के तौर-तरीकों पर कई महत्त्वपूर्ण जानकारियाँ राज्य सरकार को दी है, लेकिन इस संबंध में स्पष्ट नीति एवं कार्ययोजना का अभाव है कि नक्सलियों का इस तरह से होनेवाला वित्त पोषण कैसे रुके। अवैध उगाही के बल पर ही नक्सलवादी हथियार तथा विस्फोटक खरीदते हैं। मेरा मानना है कि माओवादियों/नक्सलवादियों को मिलनेवाले अवैध धन और संसाधनों पर रोक लगाने के लिए समुचित निर्णय लेने का भी यह सही समय है। मेरा निवेदन है कि केंद्रीय गृह मंत्रीजी की अध्यक्षता में राज्य के गृह मंत्रियों की एक उपसमिति का गठन तत्काल किया जाना चाहिए, जो हर स्तर पर ऐसी गतिविधि से जुड़े लोगों व संगठनों की भूमिका पर अंकुश लगाने के लिए ठोस कार्य योजना यथासंभव शीघ्र प्रस्तुत करे। ऐसे कदम उठाने से नक्सलवादियों के हौसले पस्त होंगे, साथ ही भूमिगत संगठनों के बीच स्थापित हो रहे उनके नेटवर्क को भी ध्वस्त किया जा सकेगा।

नक्सलवाद प्रभावित अंचलों में सड़क, पुल बनाने जैसे अन्य अधोसंरचना विकास के काम करने में अत्यंत कठिनाई का सामना करना पड़ता है। विध्वंस के बीच निर्माण की चुनौती का सामना करने के लिए दुर्गम तथा हिंसा प्रभावित क्षेत्रों में निर्माण कार्यों के

लिए विशेषज्ञता प्राप्त एजेंसी का गठन भी किया जाना चाहिए। इन क्षेत्रों में अधोसंरचना निर्माण की निविदाओं के राष्ट्रीय मापदंडों में भी छूट होनी चाहिए, ताकि कार्य की गुणवत्ता पर समझौता किए बिना सड़क इत्यादि निर्माण स्थानीय स्तर पर छोटे पैकेज में, समय पर हो सकें।

मेरा मानना है कि नक्सलवाद एक राष्ट्रीय खतरा है और इसके विरुद्ध लड़ाई में राष्ट्रीय एकजुटता और राष्ट्रीय नीति का होना अत्यंत आवश्यक है। इस समस्या के स्वरूप और फैलाव को देखते हुए देश में बहुआयामी सतर्कता की आवश्यकता है। नक्सलवादी हिंसा को कहीं भी सहानुभूति न मिले, अनावश्यक अटकलों से जनमत भ्रमित न हो, हमारे अनावश्यक आरोप-प्रत्यारोप से नक्सलियों को बचाव का अवसर न मिले, ऐसा वातावरण बनाना भी आवश्यक है।

हमें यह याद रखना होगा कि छत्तीसगढ़ के दूरस्थ गाँव में रहनेवाले किसान का कोई बेटा विधायक बनता है, सांसद बनता है, मंत्री बनता है, नेता प्रतिपक्ष बनता है, तो उसे यह सब अवसर लोकतंत्र के कारण ही मिलते हैं। नक्सली हिंसा में शहीद बेटे की माँ, पत्नी, बच्चे जब यह संकल्प लेते हैं कि कुछ भी हो जाए, वे अपना गाँव नहीं छोड़ेंगे और नक्सलवादियों से लड़ते हुए मरना पसंद करेंगे, तो मुझे नहीं लगता कि इसके बाद हमें कुछ और कहने-सुनने की जरूरत है। लेकिन ऐसे वीर सपूतों और शहीदों का शव सैकड़ों गोलियों से छलनी किया जाता है, फिर भी जी नहीं अघाता तो चाकुओं से गोदा जाता है, तो क्या ऐसी वीभत्स हरकतें करनेवालों को मानव कहा जाना भी ठीक होगा? और उनके पक्ष में खड़े लोगों को क्या मानवता का पक्षधर कहा जाएगा?

एक ओर प्रजातंत्र के रखवाले, अपने प्राणों का बलिदान करनेवाले वीर सपूत हों, लोकतांत्रिक मूल्यों के लिए जान की बाजी लगाकर विकास की गंगा बहाने को तत्पर अमला हो और दूसरी ओर लोकतंत्र के भक्षक नक्सलवादी, तो हमारी महान् परंपरावाले देश के लिए यह फैसला करना बिलकुल आसान है कि हम कहाँ खड़े होंगे! मेरी धारणा नहीं, बल्कि दृढ़ विश्वास है कि हम सब नक्सलवाद के खिलाफ निर्णायक लड़ाई के लिए तैयार हैं। हमारी जीत किसी प्रदेश की नहीं बल्कि देश की जीत होगी। अजूबे तर्कों के सहारे राक्षसी कृत्यों का समर्थन करनेवालों को जनता अच्छे से पहचानती है। हमारी एकजुटता ऐसे सभी राष्ट्रीय तथा अंतरराष्ट्रीय षड्यंत्रों को नेस्तनाबूद कर देगी। अतः मेरा पुनः अनुरोध है कि नक्सलवाद पर एक समन्वित नीति एवं कार्ययोजना बनाकर उसे अमल में लाया जाए। नक्सल प्रभावित राज्यों में सुरक्षा तंत्र की मजबूती से देश का सुरक्षा तंत्र मजबूत होगा और यहाँ समुचित विकास का वातावरण बनने से ही देश का समग्र विकास होगा। सांप्रदायिक सौहार्द और समरसता की परंपरावाले हमारे प्रदेश का राष्ट्रीय एकता और अखंडता के लिए संपूर्ण योगदान हमेशा मिलता रहेगा, इसके लिए हम वचनबद्ध हैं। □

पीडीएस को जनोन्मुखी बनाया जाए

डॉ. रमन सिंह का भाषण नई दिल्ली—दिनांक 6 फरवरी, 2010

माननीय प्रधानमंत्रीजी, माननीय कृषि मंत्रीजी, माननीय मुख्यमंत्रीगण एवं उपस्थित महानुभावो, सबसे पहले मैं माननीय प्रधानमंत्रीजी एवं कृषि मंत्रीजी को धन्यवाद देना चाहता हूँ कि आपने इस सम्मेलन के माध्यम से आम आदमी से जुड़ी देश की सबसे बड़ी समस्या पर विचार-विमर्श में शामिल होने का हमें मौका दिया है। कृषि की स्थिति और आवश्यक वस्तुओं के मूल्यों में गहरा रिश्ता है। मूल्यों का संबंध शासन, प्रशासन की नीति-रीति तथा बाजार को प्रभावित करनेवाले अनेक पहलुओं से भी है। मुझे खुशी है कि इस बैठक के माध्यम से हम छत्तीसगढ़ में किए गए उपायों तथा केंद्र शासन से हमारी अपेक्षाओं के बारे में भी चर्चा कर सकेंगे।

माननीय, आपको विदित ही है कि छत्तीसगढ़ में हमने सार्वजनिक वितरण प्रणाली के सुदृढ़ीकरण के अभिनव उपाय किए हैं, जिसका अध्ययन समय-समय पर केंद्र एवं अन्य राज्यों के विशेषज्ञ दलों द्वारा भी किया गया है। इसी तरह हमने राज्य में खाद्यान्न सुरक्षा के कारगर उपाय भी किए हैं, जिसके कारण हमारे राज्य की लगभग आधी गरीब आबादी को महँगाई के इस दौर में काफी राहत मिली है। आप सहमत होंगे कि खुले बाजार में आवश्यक वस्तुओं के मूल्यों में होनेवाली वृद्धि से देश के गरीब एवं अंत्योदय परिवारों को सुरक्षित रखने का एकमात्र विकल्प हमारी सार्वजनिक वितरण प्रणाली है। किंतु यह अत्यंत दु:ख का विषय है कि देश में गरीबों की वास्तविक संख्या का निर्धारण करने में भी हम लोग पूरी तरह से सफल नहीं रहे हैं, जिसके कारण हम प्रत्येक गरीब और जरूरतमंद व्यक्ति को लाभ पहुँचाने में सफल नहीं हो पा रहे हैं। फिलहाल योजना आयोग छत्तीसगढ़ में मात्र 42.5 प्रतिशत परिवारों को गरीब मानकर सार्वजनिक वितरण प्रणाली के माध्यम से राशन सामग्री के वितरण की अनुमति दे रहा है, जबकि डॉ. एन.सी. सक्सेना की रिपोर्ट में छत्तीसगढ़ में 73 प्रतिशत परिवारों को गरीबी रेखा के नीचे बताया गया है। योजना आयोग द्वारा राज्य में गरीबी का सही

आकलन नहीं कर पाने के कारण राज्य शासन को स्वयं के संसाधन से अतिरिक्त गरीब परिवारों को मात्र 2 रुपए किलो की दर से खाद्यान्न उपलब्ध कराना पड़ रहा है, जिसके लिए मेरी सरकार हर साल लगभग 1200 करोड़ रुपए व्यय कर रही है। देश में गरीबी के आकलन के संबंध में डॉ. एन.सी. सक्सेना की रिपोर्ट यथार्थ के काफी करीब लगती है। अत: आपसे अनुरोध है कि इस रिपोर्ट के आधार पर सार्वजनिक वितरण प्रणाली के लिए बीपीएल परिवारों का निर्धारण कर खाद्यान्न का आवंटन जारी किया जाए। इसके अलावा एपीएल परिवारों के लिए 35 किलो खाद्यान्न का आवंटन प्रतिमाह जारी किया जाए और छत्तीसगढ़ राज्य का 61,000 टन एपीएल चावल का मासिक कोटा बहाल किया जाए। साथ ही भारत सरकार के प्रस्तावित खाद्य सुरक्षा अधिनियम में देश के सभी बीपीएल परिवारों के लिए प्रतिमाह कम-से-कम 35 किलो खाद्यान्न की पात्रता निर्धारित की जाए।

भारत सरकार द्वारा जनवरी माह में एपीएल, बीपीएल एवं अंत्योदय अन्न योजना के कार्डधारियों के लिए 44,110 टन खाद्यान्न का अतिरिक्त आवंटन जारी किया गया है; किंतु भारतीय खाद्य निगम से राज्य शासन द्वारा उठाव किए जानेवाले गेहूँ की प्रदाय दर 10.80 रुपए प्रति किलो तथा चावल की प्रदाय दर लगभग 15 रुपए प्रति किलो रखी गई है। ऐसी स्थिति में इस खाद्यान्न के परिवहन एवं उचित मूल्य दुकान के कमीशन को जोड़ने के बाद यह काफी अधिक मूल्य पर उपभोक्ताओं के लिए उपलब्ध होगा। आपसे अनुरोध है कि इसे एपीएल की प्रदाय दर पर राज्य को उपलब्ध कराया जाए और इसका आवंटन साल भर जारी रखा जाए।

इस वित्तीय वर्ष के दौरान दिसंबर माह तक बीपीएल एवं अंत्योदय योजना में 99 प्रतिशत चावल का उठाव हुआ है। छत्तीसगढ़ राज्य द्वारा पीडीएस को मजबूत बनाने के लिए अनेक उपाय किए गए हैं, जिनका जिक्र मैं करना चाहूँगा। हमने निजी व्यक्तियों को दुकान संचालन से प्रतिबंधित कर दुकानें ग्राम पंचायतों, सहकारी समितियों, महिला स्व-सहायता समूहों को आवंटित की हैं। ग्राम पंचायतों तथा महिला स्व-सहायता समूहों को दुकान संचालन हेतु 75,000 रुपए की कार्यशील पूँजी के रूप में 42 करोड़ का ऋण दिया है। राज्य की सभी 10518 राशन दुकानों को 'द्वार प्रदाय योजना' के द्वारा खाद्यान्न प्रदाय किया जा रहा है। सभी 18 जिलों की उचित मूल्य दुकानों को एक माह की राशन सामग्री क्रेडिट में प्रदाय की जा रही है। जनवरी, 2008 से पीडीएस के आवंटन एवं दुकानों को राशन सामग्री का ऑनलाइन प्रदाय हो रहा है और सभी 36.16 लाख राशनकार्डधारियों का विवरण आम लोगों हेतु ऑनलाइन उपलब्ध है। सभी दुकानों में माह की सात तारीख के पूर्व राशन सामग्री का अग्रिम भंडारण, सभी राशन दुकानों में प्रत्येक माह चावल उत्सव के द्वारा वितरण के सोशल ऑडिट की व्यवस्था की गई

है। इस वर्ष 1.16 लाख डुप्लीकेट, बोगस राशन कार्ड निरस्त किए गए हैं। राज्य शासन द्वारा प्रदेश के सभी 36 लाख गरीब परिवारों को प्रतिमाह पीडीएस के द्वारा दो किलो नमक नि:शुल्क वितरित किया जा रहा है। धान और चावल उपार्जन की समस्त प्रक्रिया का कंप्यूटरीकरण कर दिया गया है और पीडीएस के राशन प्रदाय की जानकारी आम नागरिकों को उपलब्ध कराने हेतु मोबाइल पर एसएमएस सुविधा के साथ पीडीएस से संबंधित सुझाव और शिकायतों हेतु कॉल सेंटर का संचालन किया जा रहा है, जिसके द्वारा अब तक कुल 3,920 शिकायतें दर्ज तथा 3,668 शिकायतें निराकृत की जा चुकी हैं। मात्र पीडीएस से संबंधित सुझाव और शिकायत हेतु जन भागीदारी वेबसाइट भी संचालित है। भारत सरकार ने छत्तीसगढ़ राज्य में पीडीएस के सुदृढ़ीकरण हेतु किए गए उपायों से प्रभावित होकर पीडीएस कंप्यूटरीकरण कार्य हेतु राज्य के तीन जिलों को पायलट प्रोजेक्ट हेतु चिह्नांकन किया है। इस वित्तीय वर्ष में दिसंबर, 2009 तक पीडीएस की राशन सामग्री के दुरूपयोग के 44 प्रकरणों में दोषियों के विरुद्ध एफ.आई.आर. दर्ज कराई गई है और 5.4 करोड़ रुपए मूल्य की आवश्यक वस्तुएँ जब्त कर 65 उचित मूल्य दुकानों को निरस्त भी किया गया है।

छत्तीसगढ़ राज्य में शक्कर पर वेट शुल्क लागू नहीं है और शक्कर में पूर्व में लागू प्रवेश कर भी राज्य शासन द्वारा हटा लिया गया है। जुलाई, 2002 के पूर्व तक सार्वजनिक वितरण प्रणाली के माध्यम से बी.पी.एल. के साथ-साथ ए.पी.एल. वर्ग के लोगों को भी शक्कर प्राप्त हो जाती थी। इससे समाज के अधिकांश वर्ग की शक्कर की आवश्यकता की पूर्ति पीडीएस के माध्यम से सुनिश्चित हो जाती थी। वर्तमान में शक्कर के मूल्यों में हो रही वृद्धि पर प्रभावी नियंत्रण के लिए आवश्यक है कि सार्वजनिक वितरण प्रणाली के माध्यम से ए.पी.एल. वर्ग के लोगों को भी शक्कर प्रदाय की जाए।

सार्वजनिक वितरण प्रणाली की शक्कर के प्रदाय के बिंदु पर भी आपका ध्यान आकृष्ट करना चाहता हूँ। मेरे राज्य को प्रतिमाह 4600 टन लेबी शक्कर की आवश्यकता होती है; किंतु देश की शक्कर मिलों द्वारा पीडीएस के लिए शक्कर नियमित रूप से प्रदाय नहीं की जा रही है। अप्रैल, 2009 से जनवरी, 2010 तक शक्कर के कुल 62,875 टन आवंटन के विरुद्ध महाराष्ट्र की शक्कर मिलों द्वारा मात्र 39,481 टन शक्कर प्रदाय की गई है। ऐसी स्थिति में पीडीएस के उपभोक्ता भी खुले बाजार से शक्कर क्रय करने हेतु बाध्य हो रहे हैं एवं शक्कर के मूल्यों में अनावश्यक वृद्धि हो रही है। इसे रोकने के लिए भारत सरकार के शुगर कंट्रोल ऑर्डर, 1966 में आवश्यक संशोधन कर शक्कर मिलों के लिए लेवी की पात्रता बढ़ाकर 40 प्रतिशत कर देना उचित होगा।

इस वर्ष छत्तीसगढ़ राज्य में समर्थन मूल्य पर 42 लाख टन धान की खरीदी का अनुमान है। अब तक 38.50 लाख टन धान खरीदा जा चुका है और इसमें से 14.50

लाख टन धान की मिलिंग भी पूरी हो गई है। समर्थन मूल्य पर धान उपार्जन और धान की कस्टम मिलिंग के संबंध में राज्य से संबंधित महत्त्वपूर्ण समस्याओं की ओर आपका ध्यान आकृष्ट करना चाहता हूँ। इस वर्ष भारतीय खाद्य निगम का पर्याप्त सहयोग नहीं मिलने के कारण धान की मिलिंग का कार्य प्रभावित हो रहा है। इसलिए मेरा अनुरोध है कि विगत वर्षों की भाँति भारतीय खाद्य निगम द्वारा राज्य शासन से कम-से-कम 10 लाख मीट्रिक टन धान प्राप्त कर उसकी मिलिंग कराई जाए। सेंट्रल पूल के लिए प्राप्त किए जानेवाले चावल में 75 प्रतिशत उसना एवं 25 प्रतिशत अरवा चावल लिया जाए। भारतीय खाद्य निगम द्वारा राज्य से प्रतिमाह न्यूनतम 4 लाख टन चावल अन्य राज्यों हेतु परिवहन कराया जाए, ताकि चावल के भंडारण के लिए पर्याप्त स्थान उपलब्ध रहे। छत्तीसगढ़ राज्य के लिए अरवा मिलिंग चार्ज बढ़ाकर 45 रुपए प्रति क्विंटल निर्धारित किया जाए और अरवा मिलिंग हेतु चावल की झड़ती 67 प्रतिशत के बजाय 65 प्रतिशत की जाए।

देश में इस वर्ष खराब मानसून के कारण चावल के उत्पादन में कमी आई है और भारत सरकार को अधिक मात्रा में चावल प्राप्त करना है। इस कार्य में छत्तीसगढ़ राज्य पर्याप्त सहायता कर सकता है। भारतीय खाद्य निगम द्वारा राज्य में अधिक मात्रा में उसना चावल लेने पर राज्य में 40 लाख टन चावल प्राप्त किया जा सकता है। इसके अलावा राज्य में उत्पादित ग्रीष्मकालीन धान की उसना लेवी लिये जाने पर भारतीय खाद्य निगम को अतिरिक्त उसना चावल प्राप्त हो सकता है।

देश में खाद्य सुरक्षा सुनिश्चित करने में विकेंद्रीकृत उपार्जन योजना की भूमिका अत्यंत महत्त्वपूर्ण है, लेकिन यह बहुत दुःखद है कि इस योजना में कुछ भी विकेंद्रीकृत नहीं है। धान की मिलिंग की अवधि, ब्याज और भंडारण व्यय, परिवहन व कस्टम मिलिंग चार्ज, खाद्य सब्सिडी के भुगतान की प्रक्रिया, चावल की अंतिम इकोनॉमिक कॉस्ट के निर्धारण हेतु मानदंड आदि सभी कुछ भारत सरकार द्वारा तय किया जा रहा है। इस वर्ष इसमें और आगे बढ़कर भारतीय खाद्य निगम द्वारा प्राप्त किए जानेवाले चावल की मात्रा में अरवा और उसना चावल का अनुपात भी तय किया जा रहा है। ऐसी स्थिति में राज्य शासन के लिए यह योजना विकेंद्रीकृत नहीं रह गई है और राज्य शासन के प्रस्तावों को विशेष महत्त्व नहीं मिल रहा है। धान की मिलिंग हेतु दो माह की औसत अवधि तय की गई है, जबकि मेरे राज्य में किसी भी स्थिति में धान की मिलिंग दो माह में पूर्ण होना संभव नहीं, इसलिए इसे बढ़ाकर कम-से-कम चार माह किया जाना चाहिए।

विकेंद्रीकृत उपार्जन योजना की सफलता इसके बेहतर वित्तीय प्रबंधन और राज्यों को खाद्य सब्सिडी की राशि के त्वरित भुगतान पर निर्भर करती है, किंतु भारत सरकार

से खाद्य सब्सिडी की अग्रिम राशि प्राप्त होने में प्रायः विलंब होता है, जिससे राज्य शासन पर अनावश्यक ब्याज भार बढ़ रहा है। मेरे राज्य को भारत सरकार से वर्तमान वित्तीय वर्ष 2009-10 की खाद्य सब्सिडी की 781 करोड़ रुपए की राशि प्राप्त करना है। खाद्य सब्सिडी प्राप्ति की प्रक्रिया का सरलीकरण किया जाना अत्यंत आवश्यक है। चूँकि राज्य शासन द्वारा स्वयं धान एवं चावल का उपार्जन एवं वितरण किया जा रहा है, अतः उन्हें होनेवाली समस्त हानि की प्रतिपूर्ति केंद्र को उसी प्रकार करनी चाहिए, जैसे भारतीय खाद्य निगम को की जाती है।

माननीय प्रधानमंत्री महोदय, भारत सरकार द्वारा खाद्य सब्सिडी की अधिकतम 95 प्रतिशत राशि रिलीज की जाती है और शेष 5 प्रतिशत राशि धान और चावल के आंडिटेड एकाउंट भारत सरकार को प्रस्तुत किए जाने के उपरांत जारी किए जाने का प्रावधान है। खरीफ वर्ष 2006-07 तक के धान/चावल उपार्जन के लेखों का अंकेक्षण कराकर चावल की इकोनॉमिक कॉस्ट के निर्धारण हेतु भारत सरकार को प्रस्ताव भेजा जा चुका है। चावल की इकोनॉमिक कॉस्ट के अंतिम निर्धारण में भारत सरकार द्वारा ब्याज, भंडारण, परिवहन आदि सभी मदों में कटौती की जा रही है, जिससे राज्य को अत्यधिक हानि होगी। साथ ही वर्ष 2001-02 से लेकर 2006-07 तक के प्रस्ताव भारत सरकार के समक्ष लंबित होने के कारण राज्य को प्राप्ति योग्य 5 प्रतिशत खाद्य सब्सिडी की लगभग 330 करोड़ रुपए की राशि का भुगतान भी लंबित है। छत्तीसगढ़ राज्य के गठन से लेकर अब तक धान और चावल उपार्जन में 2296 करोड़ की हानि हो चुकी है, जिसमें से सिर्फ ब्याज मद में 1344 करोड़ की हानि हुई है। इससे स्पष्ट है कि विकेंद्रीकृत उपार्जन योजना हेतु राज्यों को अपेक्षित सहयोग नहीं मिलने के कारण राज्य सरकार की संस्थाएँ भारी ब्याज चुका रही हैं। यह स्थिति लंबे समय तक नहीं चल सकती है और छत्तीसगढ़ राज्य को अंततः आर्थिक मजबूरी के चलते इस योजना से अलग होना पड़ सकता है।

खाद्यान्न के उपार्जन हेतु भारतीय रिजर्व बैंक द्वारा ऊँची ब्याज दर (11.25 प्रतिशत) पर ऋण दिया जा रहा है। यह ब्याज दर न केवल चक्रवृद्धि ब्याज दर है बल्कि इसकी गणना मासिक आधार पर की जाती है। भारतीय रिजर्व बैंक की ऊँची ब्याज दर के कारण खाद्यान्न की इकोनॉमिक कॉस्ट में वृद्धि हो रही है, जोकि खुले बाजार में मूल्य-वृद्धि का एक प्रमुख कारण है और साथ ही राज्यों को खाद्यान्न उपार्जन में होनेवाली हानि का भी सबसे प्रमुख कारण है। यदि हम देश में सचमुच खाद्य सुरक्षा को सुदृढ़ करना चाहते हैं तो सबसे पहले भारतीय रिजर्व बैंक द्वारा खाद्यान्न उपार्जन हेतु 4 प्रतिशत सामान्य ब्याज दर पर ऋण उपलब्ध कराना होगा।

खाद्यान्न के स्टॉक के मूल्यांकन के संबंध में मैं बताना चाहूँगा कि भारत सरकार

से खाद्य सब्सिडी की राशि प्राय: विलंब से प्राप्त होती है, इसलिए प्राप्ति योग्य राशि को धान और चावल के स्टॉक के विरुद्ध भारतीय रिजर्व बैंक द्वारा मान्य किया जाना चाहिए। किंतु ऐसा नहीं किया जा रहा है और केवल इस आधार पर राज्य की एजेंसी के धान और चावल के स्टॉक मूल्यांकन में अनियमितता दरशाकर भारतीय रिजर्व बैंक द्वारा अब तक 62 करोड़ रुपए का दंड ब्याज वसूल किया गया है। ऐसे सारे बैंकिंग नियमों को खाद्यान्न उपार्जन के मामलों में लागू नहीं किया जाना चाहिए अथवा इस दंड ब्याज का भी भुगतान भारत सरकार द्वारा किया जाना चाहिए।

छत्तीसगढ़ राज्य में छत्तीसगढ़ राज्य भंडार-गृह निगम की स्व-निर्मित एवं किराए पर ली गई भंडारण क्षमता 10.4 लाख टन, एफसीआई की 5.12 लाख टन तथा केंद्रीय भंडार-गृह निगम की 2.46 लाख टन है। राज्य की कुल भंडारण क्षमता लगभग 18 लाख टन है। भारतीय खाद्य निगम की 'आरक्षण गारंटी योजना' के अंतर्गत राज्य के लिए मात्र 5000 टन के गोदाम प्रस्तावित हैं। हमारा प्रस्ताव है कि राज्य में न्यूनतम 5 लाख टन क्षमता के गोदाम का निर्माण कराया जाए।

राज्य सरकार द्वारा प्रदेश में खाद्यान्न उत्पादन में वृद्धि हेतु अनेक कार्य किए जा रहे हैं। प्रदेश सरकार ने किसानों के हित में एक बड़ा कदम उठाते हुए 3 प्रतिशत वार्षिक ब्याज दर पर कृषि ऋण लेना प्रारंभ किया है। यह दर आज से 6 वर्ष पूर्व 14 प्रतिशत थी। इस वर्ष किसानों को 1200 रुपए करोड़ की राशि कृषि ऋण के रूप में तीन प्रतिशत वार्षिक ब्याज पर दी गई है। पिछले चार वर्षों में प्रदेश में सिंचाई पंपों की संख्या दुगुनी हो गई है तथा सभी को विद्युत् कनेक्शन दिए गए हैं। 5 हॉर्स पावर के सिंचाईं पंपों पर 6,000 यूनिट तक मुफ्त बिजली प्रदाय की व्यवस्था की गई है। प्रदेश सरकार के इन कदमों से कृषि लाभप्रद हुई है, जिसका नतीजा यह हुआ है कि प्रदेश सेंट्रल पूल हेतु चावल उपार्जन में देश में चौथे स्थान पर आ गया है।

प्रदेश के सिंचित क्षेत्र में विस्तार हेतु राज्य शासन द्वारा लघु एवं सीमांत कृषकों के लिए सिंचाई कूप एवं पंप हेतु 'शाकुंभरी योजना' प्रारंभ की गई है। विगत 5 वर्षों में राज्य में लगभग 1,20,000 सिंचाई पंपों का ऊर्जीकरण, लगभग 45 हजारी नलकूपों का खनन एवं लगभग 35 हजार सिंचाई पंपों पर कृषकों को अनुदान उपलब्ध कराया गया है। राज्य शासन द्वारा कृषि यंत्रों पर वैट समाप्त कर दिया गया है तथा कुछ महत्त्वपूर्ण कृषि उपकरण, यथा पावर टिलर, रोटावेटर, जीरोसीड ड्रिल आदि उपकरण 80 प्रतिशत अनुदान पर उपलब्ध कराया जा रहा है। केंद्र प्रवर्तित 'मैक्रोमैनेजमेंट योजना' के अंतर्गत उन्नत कृषि यंत्रों पर देय 25 प्रतिशत अनुदान के अतिरिक्त 25 प्रतिशत राज्य अनुदान भी दिया जा रहा है। राज्य में सिचाई जल के बेहतर उपयोग एवं नगदी फसलों को बढ़ावा देने के उद्देश्य से स्प्रिंकलर एवं ड्रिप को बढ़ावा देने हेतु केंद्रीय अनुदान के

अतिरिक्त लघु एवं सीमांत कृषकों को 30 प्रतिशत एवं अन्य कृषकों को 10 प्रतिशत का अतिरिक्त अनुदान राज्य शासन द्वारा दिया जा रहा है। खरीफ फसलों के लिए उर्वरकों की आपूर्ति में भी वृद्धि की गई है। प्रदेश के सभी जिलों में कृषि विज्ञान केंद्र प्रारंभ किया जा चुका है। प्रदेश में किसान कॉल सेंटर एवं सामुदायिक रेडियो के माध्यम से कृषकों को तकनीकी जानकारी एवं सामयिक सलाह दी जा रही है। पशु-आहार पर भी राज्य में वैट शुल्क लागू नहीं है।

प्रदेश में खाद्यान्न का उत्पादन व उत्पादकता बढ़ाने हेतु किए गए विशेष प्रयासों से दो फसली क्षेत्रों में पिछले पाँच वर्षों में पूर्व की तुलना में 85 प्रतिशत की वृद्धि हुई है। दलहन फसलों के क्षेत्रफल में 44 प्रतिशत तथा तिलहन फसलों के क्षेत्रफल में 122 प्रतिशत वृद्धि हुई है। सोयाबीन की फसल पिछले पाँच वर्षों में 66 प्रतिशत बढ़कर 1.36 लाख टन तक पहुँच गई है। राज्य में विगत 5 वर्षों में बीज उत्पादन के कार्यक्रम में 574 प्रतिशत एवं वितरण में 614 प्रतिशत की वृद्धि हुई है। उर्वरक की खपत 54 किलोग्राम प्रति हेक्टेयर से बढ़कर लगभग 95 किलोग्राम प्रति हेक्टेयर तक पहुँच गई है।

राज्य स्थापना के समय राज्य में एक भी शक्कर कारखाना नहीं था। हमारे विशेष प्रयासों से राज्य में अब तीन शक्कर कारखाने स्थापित किए गए हैं। गन्ने के क्षेत्र विस्तार एवं उत्पादकता में वृद्धि हेतु गन्ना उत्पादक किसानों को प्रोत्साहित करने के लिए भारत सरकार द्वारा गन्ने हेतु निर्धारित मूल्य के अतिरिक्त 25 रुपए प्रति क्विंटल बोनस तथा परिवहन अनुदान भी दिया जा रहा है।

हमारा प्रस्ताव है कि राज्य में सिचाई सुविधाओं को बढ़ाने के उद्देश्य से केंद्र प्रवर्तित त्वरित सिंचाई लाभ योजना के अंतर्गत गैर अनुसूचित क्षेत्रों में भी 90 प्रतिशत अनुदान भारत सरकार द्वारा उपलब्ध कराया जाना चाहिए।

राज्य में आवश्यक वस्तुओं की कालाबाजारी एवं जमाखोरी पर नियंत्रण हेतु छत्तीसगढ़ आवश्यक वस्तु व्यापारी (अनुज्ञापन तथा जमाखोरी पर निर्बंधन), आदेश, 2009 राज्य में अगस्त, 2009 से प्रभावशील है, जिसके द्वारा चावल के लिए 2,000 क्विंटल, दाल के लिए 1,000 क्विंटल, तिलहन के लिए 1,000 क्विंटल, खाद्य तेल के लिए 500 क्विंटल और शक्कर के लिए अधिकतम 2,000 क्विंटल स्टॉक लिमिट तय की गई है। राज्य में इस आदेश के लागू होने के उपरांत मारे गए छापों में कुल 46 प्रकरण दर्ज किए गए हैं और 86,751 क्विंटल दाल, 6,345 क्विंटल खाद्य तेल एवं 9,497 क्विंटल शक्कर जब्त की गई है।

आवश्यक वस्तुओं के व्यापार में वायदा कारोबार के कारण भी राज्यों के लिए आवश्यक वस्तुओं के मूल्यों को नियंत्रित करना कठिन हो जाता है। इसलिए हमारा प्रस्ताव है कि गेहूँ, चावल, दलहन, शक्कर, खाद्य तेल जैसी आवश्यक वस्तुओं का

वायदा कारोबार तत्काल प्रतिबंधित कर दिया जाना चाहिए।

सामान्यत: अधिकांश आवश्यक वस्तुओं के थोक भाव में कमी आने के बावजूद रिटेल भाव में तुरंत कमी नहीं आती है। इसका प्रमुख कारण व्यापारियों द्वारा अधिक मुनाफा कमाने की प्रवृत्ति के साथ-साथ इसके नियंत्रण के लिए कानून का नहीं होना है। इसलिए राज्य शासन का प्रस्ताव है कि आवश्यक वस्तुओं के थोक एवं रिटेल व्यापारियों हेतु लाभ का मार्जिन तय किए जाने हेतु नियंत्रण आदेश भारत सरकार द्वारा जारी किया जाए अथवा राज्यों को इस संबंध में अधिकार दिया जाए। इस संबंध में छत्तीसगढ़ राज्य द्वारा भारत सरकार को प्रस्ताव दिया गया है।

इस वित्तीय वर्ष में दिसंबर, 2009 तक आवश्यक वस्तु अधिनियम के अंतर्गत मारे गए 751 छापे में 36 व्यक्ति गिरफ्तार किए गए और 80 व्यक्ति अभियोजित तथा 66 व्यक्ति दोषी सिद्ध हुए हैं। साथ ही 1,16,092 क्विंटल खाद्यान्न जब्त किया गया। राज्य शासन का प्रस्ताव है कि पीडीएस से संबंधित आवश्यक वस्तुओं का दुरूपयोग करने संबंधी अपराधों के लिए आवश्यक वस्तु अधिनियम की धारा 10 (क) को गैर-जमानती बनाया जाए। इस संबंध में राज्य शासन की ओर से भारत सरकार को प्रस्ताव भेजा गया है।

भारत सरकार द्वारा खुले बाजार में आवश्यक वस्तुओं की मूल्य वृद्धि पर नियंत्रण हेतु प्रारंभ की गई योजनाओं के संबंध में जिक्र करना चाहूँगा। भारत सरकार द्वारा गेहूँ एवं चावल के मूल्यों में वृद्धि को रोकने हेतु भारतीय खाद्य निगम के पास उपलब्ध गेहूँ एवं चावल को खुले बाजार में बेचने की योजना बनाई गई है। भारतीय खाद्य निगम द्वारा इस योजना के द्वारा उपलब्ध कराए जा रहे गेहूँ एवं चावल के परिवहन एवं अन्य व्ययों को जोड़कर राशन दुकान में गेहूँ की उपभोक्ता दर लगभग 14 रुपए किलो और चावल की उपभोक्ता दर लगभग 17 रुपए प्रति किलो हो रही है। खुले बाजार में उपलब्ध गेहूँ एवं चावल की रिटेल दर से पर्याप्त अंतर न होने के कारण इस योजना के खाद्यान्न के विक्रय में भी समस्या हो रही है। इस योजना के द्वारा गेहूँ 8 रुपए किलो तथा चावल 10 रुपए किलो की दर से राज्यों को उपलब्ध कराए जाने से ही यह योजना सफल हो सकती है।

केंद्र सरकार द्वारा चलाई जा रही सब्सिडी युक्त खाद्य तेल विक्रय की योजना का राज्य सरकार द्वारा लाभ उठाया गया है। वर्ष 2008 एवं 2009 के दौरान राज्य सरकार द्वारा केंद्र सरकार से कुल 7209 टन सोयाबीन खाद्य तेल प्राप्त किया गया था, जिसका सार्वजनिक वितरण प्रणाली के माध्यम से राज्य में वितरण किया गया; किंतु खुले बाजार में सोयाबीन खाद्य तेल के मूल्य अत्यधिक कम हो जाने के कारण भारत सरकार द्वारा प्रदाय किए जा रहे खाद्य तेल का विक्रय संभव नहीं हो पा रहा था। राज्य सरकार द्वारा

खाद्य तेल के विक्रय हेतु अधिक सब्सिडी दिए जाने की भारत सरकार से माँग भी की गई, किंतु भारत सरकार द्वारा इसकी अनुमति नहीं दी गई। इसलिए राज्य सरकार को स्वयं सब्सिडी देकर 40 रुपए लीटर के मूल्य पर इसका विक्रय करना पड़ा, जिसके कारण राज्य शासन को 6 करोड़ रुपए की हानि हुई। खाद्य तेल की 5 करोड़ रुपए की राशि भारत सरकार के उपक्रम पीईसी के पास लंबित है, जिसका राज्य को तत्काल भुगतान किया जाना चाहिए। देश के अन्य भागों की भाँति 'नाफेड' एवं एनसीसीएफ द्वारा छत्तीसगढ़ राज्य में भी रियायती खाद्य तेल के वितरण हेतु रिटेल आऊटलेट खोला जाए।

सब्सिडी युक्त दाल वितरण योजना के माध्यम से भारत सरकार द्वारा पीली मटर दाल 26 रुपए प्रति किलो की दर से उपलब्ध कराई जा रही है। राज्य में पीली मटर 20 रुपए प्रति किलो की दर से उपलब्ध है। राज्य में सामान्यत: लोगों द्वारा पीली मटर दाल का उपयोग नहीं किया जाता है, ऐसी स्थिति में इसका सार्वजनिक वितरण प्रणाली अथवा अन्य माध्यम से विक्रय करना संभव नहीं है। विगत सप्ताह में दालों के भाव में कमी आई है, इसलिए राज्यों के लिए दाल के भाव तय करते समय खुले बाजार में दाल के मूल्यों का ध्यान रखा जाए और भारत सरकार द्वारा अधिक रियायती दर पर राज्यों को दाल उपलब्ध कराए, ताकि इसका वितरण पीडीएस के माध्यम से संभव हो सके।

माननीय प्रधानमंत्री महोदय, अंत में आपसे अनुरोध है कि विकेंद्रीकृत उपार्जन योजना का वित्तीय प्रबंधन ठीक किया जाए और राज्यों को ज्यादा अधिकार दिया जाए। आवश्यक वस्तुओं के मूल्यों में वृद्धि पर प्रभावी नियंत्रण रखने के लिए आवश्यक विधिक उपायों के साथ-साथ सार्वजनिक वितरण प्रणाली को अधिक बेहतर और जनोन्मुखी बनाया जाए एवं अधिक-से-अधिक खाद्यान्न इसके माध्यम से आम लोगों को उपलब्ध कराया जाए। इससे हम देश के हर नागरिक को पूर्ण मानवीय गरिमा के साथ भोजन उपलब्ध कराने में सफल हो सकेंगे और फिर खाद्य सब्सिडी का बेहतर उपयोग भी सुनिश्चित हो सकेगा

□

सत्र समापन के अवसर पर आभार

माननीय मुख्यमंत्री (डॉ. रमन सिंह)—माननीय अध्यक्ष महोदय, इस विधानसभा का यह अंतिम सत्र है और इसके बाद यथासमय हम सब फिर जनादेश के लिए जाएँगे। इसलिए अवसर अपनी ओर से, अपने दल की ओर से आपके प्रति और सदन के प्रति विनम्र आभार प्रकट करना जरूरी है। तकलीफों को समझा जा सकता है। उन्हें दूर करने के प्रयास भी यथासंभव होते हैं; लेकिन इससे विचलित होकर अपने कर्तव्य छोड़ देना उचित नहीं है। संसदीय लोकतंत्र में संविधान-परंपरा और मर्यादा में रहते हुए इन समस्याओं को सुलझाया जा सकता है। विधानसभा में हमने जवाबदेही के सिद्धांत को चरितार्थ करते हुए जनहित के सभी मुद्दों पर यहाँ अपने पक्ष को सामने रखा। हमारे लिए विधानसभा महज बहस का मंच नहीं, यह प्रेरणा-स्थल भी रहा है। यहाँ से दिशा मिली है, समस्याओं का स्वरूप समझ में आया है, सहयोग मिला है। मतभेदों और कार्यशैली में भिन्नता के बावजूद हमने विपक्ष के प्रति पूरा सम्मान रखा है, उसकी हर बात ध्यान से सुनी है और अनेक अवसर पर सुझावों पर अमल किया है। मैं उनका आभारी हूँ।

अध्यक्ष महोदय, इस समापन की वेला में विशेष रूप से हमारे सदस्यों की ओर से, सदन की ओर से आपको मैं धन्यवाद देना चाहूँगा कि आपने पाँच साल जिस तरीके से इस विधानसभा का संचालन किया, हिंदुस्तान की विधानसभाओं में छत्तीसगढ़ की गिनती जो विधानसभा के कार्य और पद्धति के माध्यम से है, उसमें आपने विशिष्ट पहचान बनाई है। मैं पूरे सदन की ओर से आपको बधाई देना चाहता हूँ कि आपने जो मापदंड निर्धारित किया। (मेजों की थपथपाहट) और इन पाँच सालों में विधायकों ने इस विधानसभा का इतना बेहतर वातावरण बनाकर रखा कि मुझे लगता है कि आज हिंदुस्तान की किसी विधानसभा में ऐसा वातावरण नहीं है, जैसे आपने इस पाँच साल के पूरे कार्यकाल में सदस्यों के सामंजस्य से बनाया।

मैं माननीय उपाध्यक्षजी को धन्यवाद देना चाहूँगा, माननीय नेता प्रतिपक्ष, मेरे मंत्रिमंडल के साथी, सहयोगी और हमारे सभी सम्माननीय विधायक, जिन्होंने इस विधानसभा का पूरा उपयोग किया और बेहतर तरीके से छत्तीसगढ़ की दो करोड़

पचास लाख जनता की सेवा के लिए मेहनत की। मैं प्रमुख सचिव, विधान सभा, उनके सहयोगियों के प्रति भी धन्यवाद देना चाहूँगा, जिन्होंने इन पाँच सालों में इस विधानसभा की प्रक्रियाओं में पूरे समय जुड़कर बहुत बेहतर तरीके से काम किया। सुरक्षा में लगे हुए सभी कर्मचारियों के प्रति मैं आभार व्यक्त करना चाहता हूँ। मैं अपने सलाहकारों, मुख्य सचिव, छत्तीसगढ़ सहित सभी अधिकारियों, कर्मचारियों की उनकी बहुमूल्य सेवाओं का उल्लेख करते हुए उन्हें धन्यवाद देना चाहता हूँ। मीडिया ने विधानसभा से संबंधित समाचारों को बड़ी तत्परता और कुशलता से जनता तक पहुँचाया है। मीडिया के सभी साथी बधाई के पात्र हैं। मैं उन्हें भी धन्यवाद देना चाहूँगा।

अध्यक्ष महोदय, स्वर्गीय नंदकुमार पटेलजी को, स्वर्गीय दिनेश पटेलजी को, हमारे पूर्व नेता प्रतिपक्ष महेंद्र कर्माजी को, स्वर्गीय उदय मुदलियारजी को, स्वर्गीय विद्याचरण शुक्लजी को और शहीद हुए हमारे पुलिसकर्मी और कार्यकर्ताओं को आपने आज यहाँ पर फिर से एक बार याद किया। अध्यक्ष महोदय, यह संकल्प छत्तीसगढ़ विधानसभा का है कि जो शहादत हुई है, जिसके लिए पूरा राज्य और ढाई करोड़ जनता पूरी ताकत के साथ लड़ रही है। यह संकल्प भी हम लेते हैं कि इस समस्या का समाधान हमेशा के लिए करेंगे। छत्तीसगढ़ में शांति होगी, विकास होगा और इस प्रकार आतंक को हम मुँहतोड़ जवाब देंगे। हम यह संकल्प भी लेते हैं कि उनके द्वारा बहाया गया खून व्यर्थ नहीं जाएगा। छत्तीसगढ़ खुशहाली और तरक्की की दिशा में जब हम एक बड़ा कदम उठाने जा रहे हैं तो उसी दिशा में आगे बढ़ेगा। यह संकल्प पूरी विधानसभा का है।

सदन के माध्यम से मैं इस प्रदेश के सभी नागरिकों के प्रति आभार व्यक्त करना चाहूँगा। अध्यक्ष महोदय, एक बात बताना चाहूँगा। विधानसभा ढाई करोड़ लोगों के जीवन में परिवर्तन लाने का। आपके माध्यम से इस विधानसभा में कानून बनाकर हिंदुस्तान का अग्रणी राज्य होने का अवसर छत्तीसगढ़ को मिला है। (मेजों की थपथपाहट) मैं इसके लिए आपको बधाई देना चाहूँगा कि छत्तीसगढ़ में खाद्यान्न सुरक्षा अधिनियम यदि पूरे देश में चर्चा का विषय है और उसको पोषण सुरक्षा में बदला है तो यह इसी विधानसभा का महत्त्व है। आज देश की पार्लियामेंट में जिस बात की चर्चा हो रही है, जिसके लिए बात हो रही है, उसको लेकर पहल करनेवाली छत्तीसगढ़ की विधानसभा हिंदुस्तान की पहली विधानसभा है। प्रदेश के आम आदमी के जीवन में परिवर्तन इस विधानसभा के माध्यम से हम कैसे ला सकते हैं, यह बहुत बड़ा उदाहरण देश के सामने है और इसकी चर्चा देश में हो रही है। अध्यक्ष महोदय, मैं सदन के माध्यम से इस प्रदेश के सभी नागरिकों के प्रति आभार जताना चाहूँगा, जिन्होंने हर बार हमें ज्यादा स्नेह और भरोसा दिया। इन पाँच सालो में, जिस प्रकार आपने लोगों के लिए विधान सभा के दरवाजे खोल दिए, वह चाहे डॉक्टर हों, इंजीनियर हों, वकील हों,

छात्र हों, छात्राएँ हों, समाज के सभी वर्ग के लोगों को लगने लगा कि यह विधानसभा हमारी अपनी विधानसभा है, आम आदमी की विधानसभा है। इन पाँच सालों में आपने साबित किया है कि यह सिर्फ विधायकों की नहीं, छत्तीसगढ़ के ढाई करोड़ लोगों की विधानसभा है। इतनी बड़ी संख्या में आपने लोगों को दर्शक-दीर्घा में आने की अनुमति दी, मैं इसके लिए विशेष रूप से आपको बधाई देना चाहूँगा। हमारे एक-एक विधानसभा के विधायकों के क्षेत्र से हजारों की संख्या में लोगों ने इस विधानसभा का अवलोकन किया। माननीय अध्यक्ष महोदय, इस प्रजातंत्र को मजबूत बनाने के लिए आपने जो सहृदयता दिखाई है, वह निश्चित रूप से बाकी विधानसभा के लिए एक उदाहरण है।

अध्यक्ष महोदय, मैं छत्तीसगढ़ के नागरिकों को, जिन्होंने अपना स्नेह और भरोसा दिया, मैं विश्वास दिलाना चाहता हूँ कि इस प्रदेश के विकास और सुव्यवस्था के लिए हम अपनी पूरी ऊर्जा और क्षमता से काम करते रहेंगे। कोशिश करेंगे कि हम छत्तीसगढ़वासियों की आशा और अपेक्षाओं से ज्यादा बेहतर तरीके से काम करें।

अध्यक्ष महोदय, आपने आज सदन में उत्कृष्ट विधायकों के नामों की घोषणा की। मैं पूरे अपने दल की ओर से, सदन की ओर से विधायक श्री देवजी भाई पटेल को बधाई देना चाहूँगा। (मेजों की थपथपाहट) वे उत्कृष्ट विधायक चुने गए और प्रतिपक्ष से श्री हृदयराम राठिया को बधाई देना चाहूँगा। अध्यक्ष महोदय, आपने तृतीय विधान सभा के लिए जागरूक विधायक स्वर्गीय नंदकुमार पटेलजी, खरसिया को सम्मानित किया। उसके साथ-ही-साथ उत्कृष्ट संसदीय पत्रकार के रूप में 'सांध्य दैनिक छत्तीसगढ़' के श्री चंद्रभूषण मिश्राजी को मैं बधाई देना चाहूँगा। (मेजों की थपथपाहट) इलेक्ट्रॉनिक मीडिया से फ्रंट के श्री मनोज सिंह बघेलजी संवाददाता, मनीष गीते कैमरामैन इनको आज उत्कृष्ट इलेक्ट्रॉनिक मीडिया रिपोर्टर के रूप में आपने चयनित किया। मैं अपने और अपने साथियों की ओर से उन्हें बधाई देना चाहता हूँ।

□

दरभा की त्रासदी अभूतपूर्व

(मानसून सत्र 2013 में श्रद्धांजलि के अवसर पर मुख्यमंत्री का भाषण)

माननीय मुख्यमंत्री (डॉ. रमन सिंह)—माननीय अध्यक्ष महोदय, मेरे तीन दशक के संसदीय कार्यकाल का यह सबसे दुःखद क्षण है। आज हम अपने उन वरिष्ठ नेताओं, साथियों को याद कर रहे हैं, जो अभी तक कुछ महीने पहले हमारे बीच थे। हम एक-दूसरे से मिलते-जुलते थे, छत्तीसगढ़ सहित देश और दुनिया की तमाम समस्याओं पर, अपने राज्य के विकास की संभावनाओं पर एक-दूसरे के साथ चर्चा करते थे। अलग-अलग राजनीतिक दलों में होते हुए भी हम सब एक-दूसरे के साथ आत्मीयता के साथ जुड़े हुए थे।

अध्यक्ष महोदय, बस्तर जिले के दरभा क्षेत्र में झीरम घाटी के पास 25 मई की शाम नक्सलियों ने कांग्रेस की परिवर्तन रैली पर कायरतापूर्ण किंतु क्रूरतापूर्ण तरीके से हमला किया। इस घटना में नक्सलियों ने श्री नंदकुमार पटेल, उनके सुपुत्र श्री दिनेश पटेल, विधानसभा के नेता प्रतिपक्ष श्री महेंद्र कर्मा, पूर्व विधायक श्री उदय मुदलियार सहित हमारे वरिष्ठ नेता श्री विद्याचरण शुक्ल घायल हुए और बाद में जिनकी शहादत भी हुई। कई नागरिकों और पुलिसवालों की हत्या कर दी गई। मैं इन सभी दिवंगतों को श्रद्धांजलि अर्पित करते हुए उनके परिवारजनों के प्रति अपनी ओर से, प्रदेशवासियों की ओर से संवेदना प्रकट करता हूँ।

अध्यक्ष महोदय, नक्सल हिंसा की इस बर्बरतापूर्ण घटना ने साबित कर दिया है कि नक्सलियों को लोकतंत्र में, यहाँ तक कि मानवता में भी आस्था नहीं है। बस्तर अंचल में हमारी विकास-यात्रा में भारी संख्या में लोग शामिल हुए थे और कांग्रेस की परिवर्तन रैली में भी व्यापक जनभागीदारी देखी गई थी। दोनों आयोजन शांतिपूर्ण, शालीन, लोकतांत्रिक तरीके से चल रहे थे। दोनों कार्यक्रमों में जनता का जुड़ाव देखकर नक्सलियों ने सीधे-सीधे हमारे महान् लोकतंत्र पर हमला किया है। इस हमले में कांग्रेस के जितने भी नेता, कार्यकर्ता, उस अंचल की जनता और हमारे पुलिस के जवान शहीद हुए, उन सबकी शहादत लोकतंत्र के लिए थी। हमारे ये साथी लोकतंत्र के लिए शहीद

हुए। नक्सल हिंसा छत्तीसगढ़ सहित पूरे देश के लिए एक चुनौती बन गई है, यह लोकतंत्र के लिए गंभीर चुनौती है। संसदीय राजनीति में शामिल सभी दलों को नक्सली अपना शत्रु समझते हैं। यही कारण है चाहे कांग्रेस हो या भारतीय जनता पार्टी या अन्य कोई दल, नक्सलियों ने सभी दलों और कार्यकर्ताओं को अपना निशाना बनाया। हमारे दल के भी कई नेताओं को और कार्यकर्ताओं को इस हिंसा का शिकार होना पड़ा और वे शहीद हुए। इसलिए नक्सल समस्या के हल के लिए हम एक संकल्प के साथ पूरे देश में कार्य करें। जिस बात को प्रधानमंत्रीजी ने दोहराया है कि यह देश के लिए, डेमोक्रेसी के लिए सबसे बड़ी चुनौती है और छत्तीसगढ़ को इस चुनौती का सामना करना है। जो नुकसान हुआ है, उसके ऊपर दु:ख जताने के साथ यह समय संकल्प लेने का भी है कि नक्सली हिंसा और आतंक को हम इस देश व प्रदेश से समाप्त करेंगे।

अध्यक्ष महोदय, स्वर्गीय नंदकुमार पटेलजी की बहुत सी स्मृतियाँ हमारे और आपके मन में हैं। अपने राजनीतिक जीवन की शुरुआत में जब अर्जुन सिंहजी मुख्यमंत्री के नाते चुनाव लड़ रहे थे, उस समय स्वर्गीय नंदकुमार पटेलजी सरपंच थे। मैंने छोटेमुड़पार जैसे गाँव में 15 दिन रहकर चुनाव संचालन किया, मुझे सिर्फ 2 पंचायतें दी गई थीं। यह मेरे राजनीतिक जीवन का फील्ड में जाकर काम करने का पहला अवसर था। उस समय पहली बार अर्जुन सिंहजी ने बताया कि नंदकुमारजी सरपंच हैं और बहुत ही एक्टिव हैं। इसी तरह उनके बारे में पहली बार खरसिया में चर्चा हुई, जहाँ से वे विधायक बने। अध्यक्ष महोदय, यह डेमोक्रेसी की ताकत है, यह प्रजातंत्र है और यह छत्तीसगढ़ के लोग हैं कि सरपंच से आगे बढ़कर अपनी लोकप्रियता, अपने संघर्ष, अपनी मेहनत की बदौलत मध्य प्रदेश की विधानसभा में जल संसाधन से लेकर गृहमंत्री जैसे महत्त्वपूर्ण दायित्व उन्हें मिले। एक व्यक्ति पंचायत से निकलकर अपनी क्षमता के बल पर उस ऊँचाई तक पहुँचा, मध्य प्रदेश की विधानसभा में हमने साथ-साथ काम किया। वे मेरे पीछे ही रहते थे। उनके परिवार के साथ उतना ही आत्मीय संबंध था, जो हम सबके परिवारों में होता है। जब हम विपक्ष में थे, तब भी और आज, जब हम सरकार में आए, तब भी उन संबंधों में कोई फर्क नहीं पड़ा। वे अपने संघर्ष के बल पर जिस ऊँचाई तक पहुँचे, वह निश्चित रूप से हम सबके लिए मार्गदर्शक रहेगा कि कोई व्यक्ति अपनी ताकत से अपनी जमीन कैसे तैयार करता है। अध्यक्ष महोदय, उन्होंने हिंदुस्तान की राजनीति और छत्तीसगढ़ की राजनीति में बहुत तेजी से अपना स्थान बनाया। उनमें दृढ़ता, काम करने की शक्ति और अथाह ऊर्जा का स्रोत था। वे थकते नहीं थे। विधानसभा में मुसकराकर अपनी बात कहते थे। ऐसे व्यक्ति को हम इस विधानसभा और पूरे छत्तीसगढ़वासियों की ओर से श्रद्धांजलि अर्पित करते हैं।

डॉ. रमन सिंह—अध्यक्ष महोदय, श्री विद्याचरण शुक्लजी, आधी शताब्दी तक जिन्होंने सार्वजनिक जीवन जिया। राजनीतिक क्षेत्र में छत्तीसगढ़ से निकलकर हिंदुस्तान में उस सर्वोच्च ऊँचाई तक पहुँचना और ऐसा व्यक्ति, जिन्होंने अलग-अलग मंत्रिमंडल में, केंद्रीय मंत्रिमंडल में मंत्रालय का भार सँभाला। वे सबसे कम उम्र के सांसद की हैसियत से थे और हिंदुस्तान में ऐसे नेता थे, जिनकी पहचान से छत्तीसगढ़ की पहचान यदि दिल्ली में बनती थी तो विद्याचरण शुक्लाजी की वजह से बनती थी। उन्होंने अपने जीवन में जो स्थान पाया और जिस प्रकार 84 साल की उम्र में उनके अंदर जो ऊर्जा थी, लगातार, सतत काम करने की क्षमता थी। पहली बार मुझे उनसे मिलने का अवसर मिला, जब मैं मध्य प्रदेश विधानसभा में विधायक होने के नाते सीपीए के डेलीगेशन में भाग लेने के लिए गया था। मध्य प्रदेश की ओर से हम तीन लोग गए थे और विद्याचरणजी संसदीय कार्यमंत्री थे, पाटिल साहब उस समय लोकसभा के अध्यक्ष थे। मुझे जीवन में पहली बार विद्याचरण शुक्लाजी के सामने बैठकर उनके बीच बोलने का अवसर मिला और उस समय सीपीए के करीब 100 डेलीगेट्स थे। मैं तब का कार्यकाल याद करता हूँ और कॉलेज के दिनों को याद करता हूँ, जब हम लोगों को लगता था कि विद्याचरणजी को देखना ही एक अनुभव था। उनको देखने के लिए हम लोग कॉलेज छोड़कर उनके कार्यक्रम में आते थे, उनकी बातें सुनते थे। जो ऊर्जा से भरपूर जो आकर्षक व्यक्तित्व लगातार इतने लंबे समय तक, 84 साल तक सतत इस देश का नेतृत्व करते रहे। आज आखिरी दौर तक भी पार्टी के लिए काम करते-करते कार्यकताओं को ऊर्जा देनेवाले स्वर्गीय विद्याचरण शुक्लजी को हम विनम्र श्रद्धांजलि अर्पित करते हैं।

माननीय अध्यक्ष महोदय, उदय मुदलियार तो मैं जिस विधानसभा क्षेत्र राजनांदगाँव से हूँ, वहीं से वे लगातार विधायक रहे। वे जब पहली बार मध्य प्रदेश की विधानसभा में विधायक बनकर आए तो उस समय मैं उनका सीनियर था। मैं कवर्धा से विधायक था। मेरे कमरे में बैठकर प्रश्न कैसे करना, ध्यानाकर्षण प्रस्ताव कैसे लगाना, स्थगन कैसे लगाना, ये सब हम लोग बैठकर बातें करते थे, क्योंकि कवर्धा उस समय राजनांदगाँव जिला में था और हम लोग साथ में काम करते थे। वे बिलकुल छोटे भाई की तरह थे। उससे पहले जब वे यूथ कांग्रेस में काम करते थे और मैं युवा मोरचा में काम करता था, तो राजनांदगाँव के प्रदर्शन और रैलियों में उदय से हमेशा मुलाकात होती थी। उनकी शुरुआत की राजनीति थी, उनके साथ बड़ा आत्मीय संबंध था, और चूँकि उन्होंने लगातार दो बार राजनांदगाँव विधान सभा का प्रतिनिधित्व किया, वे बहुत ही मजबूती के साथ अपनी बात रखनेवाले, इस विधान सभा में अपनी बात रखनेवाले थे। राजनांदगाँव और छत्तीसगढ़ की समस्याओं को बेहतरी से उठानेवाले उदय मुदलियार आज हमारे

बीच नहीं हैं। उनके प्रति आज हम श्रद्धांजलि अर्पित करते हैं।

माननीय अध्यक्ष महोदय, आदरणीय महेंद्र कर्मा को हमने अलग-अलग रूप में मध्य प्रदेश में, छत्तीसगढ़ में देखा है। नेता प्रतिपक्ष के रूप में देखा है, मंत्री के रूप में देखा है। बस्तर में नक्सली आंदोलन हिंसा के खिलाफ पूरी ताकत, पूरी दमदारी के साथ, इस पूरे आंदोलन को जीवित रखने में उन्होंने अपना सबकुछ लगा दिया। उनके कार्यकाल को हम याद करते हैं, उनकी बातों को हम याद करते हैं, उनसे हुई चर्चाओं को हम याद करते हैं। वे छत्तीसगढ़ के इतिहास में मील के पत्थर हैं, जिन्होंने इस प्रजातंत्र के लिए नक्सल हिंसा के खिलाफ बेबाकी से अपनी बात करते हुए पूरी ताकत के साथ एक आवाज, बस्तर की आवाज नहीं, बल्कि छत्तीसगढ़ की आवाज बनकर और इसी फोरम, इसी मंच में बिना किसी संकोच के उठाई। बिना किसी डर के पूरी ताकत के साथ कोई अपनी बात करते थे ऐसे महेंद्र कर्मा की बात हमेशा हम सबके कानों में गूँजेगी। निश्चित रूप से प्रजातंत्र के लिए उन्होंने जो आहुति दी, उनके प्रति हम श्रद्धांजलि अर्पित करते हैं।

माननीय अध्यक्ष महोदय, हमारे मित्र स्वर्गीय लोकेंद्र यादव बहुत ही सरल व्यक्तित्व, बालोद के पूर्व विधायक थे, जो रंगमंच के कलाकार, अच्छे गायक, अच्छे पत्रकार और विविधता भरा उनका जीवन था और एकदम ठेठ गँवई व्यक्तित्व था। उनका बात करने का तरीका, उनका परिधान, उनके घर, उनके परिजन, उनकी बातचीत और उसके बाद छत्तीसगढ़ के लिए अद्‌भुत सोच व विचार उनके अंदर थे; आज हम उस कर्मठ किसान नेता के प्रति अपनी श्रद्धांजलि अर्पित करते हैं।

माननीय अध्यक्ष महोदय, स्वर्गीय जे.पी.एल. फ्रांसिस 1957 से लेकर 1962 तक राजनांदगाँव के विधायक रहे। यदि सादगी की प्रतिमूर्ति देखनी है तो उन्हें देख सकते थे। मैं जे.पी.एल. फ्रांसिस के घर जाता था। राजनांदगाँव के दौरे में जब भी मैं जाता था तो कभी-कभी उनसे मिलने के लिए उनके घर चला जाता था। रेलवे की पटरी से लगा हुआ 20 बाई 10 का एक कमरा, जिसमें परिवार के आठ लोग रहते थे। मैं जे.पी.एल. फ्रांसिस से पूछता था कि जे.पी.एल. दादा, आप हाउसिंग कॉलोनी का मकान लेकर क्यों नहीं रहते? तो वे बोलते थे कि रमन, ये मेरे लिए पर्याप्त है, मैं क्या करूँगा, मेरा परिवार यहीं हैं, मेरे बच्चे यहीं हैं। मैं यहीं पटरी के नीचे रेल की आवाज सुनता हूँ और मुझे अच्छा लगता है। आखिरी दौर तक भी वे इतने सजग, सक्रिय थे, उतने ही सादगी से, वही कुरर्ता, पैजामा और मजदूर नेता के रूप में बीएनसी में उन्होंने काम की शुरुआत की और आखिर तक मजदूरों के लिए संघर्ष करनेवाले जे.पी.एल. फ्रांसिस को हम याद करते हैं।

स्व. श्री कपिलदेव नारायण सिंह, जो स्व. फ्रांसिस के ही समकालीन थे, 1957

से 1962 तक मध्य प्रदेश की विधान सभा में सदस्य रहे। छत्तीसगढ़ के सरगुजा जिले के पाल विधान सभा का प्रतिनिधित्व किया। उनके प्रति मैं अपनी विनम्र श्रद्धांजलि अर्पित करता हूँ।

अध्यक्ष महोदय, स्व. अनंतराम वर्माजी छत्तीसगढ़ के किसान परिवार से आते थे। वे किसानों के सच्चे हितैषी थे। स्वतंत्रता आंदोलन में उन्होंने हिस्सा लिया। सहकारिता आंदोलन में भी वे काफी सक्रिय रहे। ग्राम पंचायत के, वार्ड के पंच से लेकर उन्होंने अपनी राजनीतिक शुरुआत की। जनपद सभा के सदस्य रहे। अविभाजित मध्य प्रदेश में छत्तीसगढ़ के पाटन विधान सभा क्षेत्र के विधायक के रूप में और मंत्री के रूप में हम सब उन्हें याद करते हैं। मैं उन्हें विनम्र श्रद्धांजलि अर्पित करता हूँ।

अध्यक्ष महोदय, अविभाजित मध्य प्रदेश के उपमुख्यमंत्री सुभाष यादवजी मध्य प्रदेश के खरगौन जिले से आते थे। उन्होंने लगातार 42 वर्षों तक सार्वजनिक जीवन में सक्रिय रहकर, विशेषकर सहकारिता के माध्यम से जनता की बेहतरी के लिए काम किया। यादवजी ने जनप्रतिनिधि के रूप में पंच, सरपंच पद से अपनी यात्रा शुरू की। सांसद, विधायक के पदों पर निर्वाचित होकर मध्य प्रदेश के उपमुख्यमंत्री बने। सहकारिता के क्षेत्र में उनके उल्लेखनीय कार्य की एक लंबी सूची है। निश्चित रूप से सहकारिता आंदोलन में उन्होंने अपनी पहचान बनाई। सहकारिता को जनता की बेहतरी का माध्यम बनाया। उनके निधन से हम छत्तीसगढ़वासियों को गहरा दु:ख है।

अध्यक्ष महोदय, उत्तराखंड की प्राकृतिक आपदा देश की इक्कीसवीं सदी की सबसे बड़ी प्राकृतिक विपदा है। इस भयानक हादसे में हम सबने बड़ी संख्या में अपने तीर्थयात्री और पर्यटकों को खोया है। इस इलाके के कई गाँवों के स्थानीय लोग भी इसके शिकार हुए। औपचारिक रूप से भले ही इसे राष्ट्रीय आपदा घोषित न किया गया हो, लेकिन विपत्ति के इस भयानक रूप को देखते हुए यह कहा जा सकता है कि 2004 के दिसंबर माह के अंतिम सप्ताह में तमिलनाडु में आए सुनामी के बाद उत्तराखंड की त्रासदी हम सबके लिए सबसे बड़ी राष्ट्रीय आपदा है। इसमें जिन लोगों ने भी अपने प्रियजनों को खोया है, हम सब उनके पारिवारिक दु:ख में सहभागी हैं। मैं अपनी ओर से और छत्तीसगढ़ की जनता की ओर से उनके प्रति संवेदना व्यक्त करता हूँ।

□

परिशिष्ट

नक्सली हिंसा विकट राष्ट्रीय चुनौती

डॉ. रमन सिंह से रमेश नैयर की बातचीत के अंश

छत्तीसगढ़ के मुख्यमंत्री डॉ. रमन सिंह की विकास-यात्रा में उनका पीछा करने के दौरान बीच-बीच में उनसे छोटे-छोटे संवाद के अवसर मिले। इस यात्रा में उनसे हुई बातचीत के टुकड़ों को इस साक्षात्कार में पिरोया गया है। इस बातचीत में राज्य में व्याप्त नक्सल-समस्या संबंधी अंशों को प्रमुखता दी गई है। इस मानवीय तथ्य को अवश्य रेखांकित किया गया है कि छत्तीसगढ़ देश का प्रथम राज्य है, जिसके द्वारा 27 लाख परिवारों को खाद्य सुरक्षा के साथ ही 56 लाख परिवारों को स्वास्थ्य सुरक्षा की गारंटी दी गई है।

प्रश्न : बस्तर फिर सुर्खियों में है तो यह जानने की इच्छा होती है कि नक्सलियों के सबसे मजबूत गढ़ अबुझमाड़ को आप कैसे और कब तक बूझेंगे? वहाँ प्रशासन को गतिशील करने और कानून व्यवस्था बहाल करने के लिए आपकी क्या कार्य योजना है?

डॉ. रमन सिंह : आपने पहले ही प्रश्न में मेरी दुखती हुई रग को छू दिया। बस्तर में नक्सलवाद या वामचरमपंथ का विस्तार छह दशकों में हुआ है। जब 1927 में कामरेड बी.टी. रणदिवे के आवाहन पर पंडित नेहरू की सरकार को उखाड़ फेंकने के ध्येय से सशस्त्र विद्रोह किया था तो सुरक्षा दस्तों ने त्वरित बल प्रयोग के द्वारा उसको बुरी तरह कुचल दिया था। तब बहुत सारे चरमपंथी कामरेड वारंगल से लगे दक्षिण बस्तर में दाखिल हो गए थे। तब वे लगभग शक्तिहीन और शस्त्रहीन हो गए थे। इसलिए डेढ़-दो दशकों तक चुप रहते हुए वे स्थितियाँ अनुकुल होने की प्रतीक्षा करते रहे। 25 मार्च, 1966 को जब विशुद्ध राजनीतिक कारणों से मध्य प्रदेश की

तत्कालीन कांग्रेस सरकार ने जगदलपुर के राजमहल में पुलिस से धावा बुलवाकर अनेक आदिवासियों सहित उनके लोकप्रिय पूर्व नरेश प्रवीरचंद्र भंजदेव की हत्या करवा दी तो वामचरमपंथियों को मर्माहत आदिवासियों का विश्वास पाने का एक अवसर मिल गया। तब तक काकतीय यूनिवर्सिटी वारंगल वामपंथियों का एक बड़ा संस्थान बन चुका था। चूँकि प्रवीरचंद्र भंजदेव स्वयं काकतीय राजपूत थे और उनके पूर्वजों ने वारंगल से आकर बस्तर में अपना राज्य स्थापित किया था, इसलिए वारंगल के इन चरम वामपंथियों को आदिवासियों को फुसलाने का एक भावनात्मक मुद्दा मिल गया।

मैं आपको इतिहास के विस्तार में न ले जाकर सीधे नक्सल समस्या और उसके निदान के उपायों पर आता हूँ। दरअसल, मात्र 13 वर्ष के छत्तीसगढ़ राज्य को भूख, कुपोषण और कुशासन विरासत में मिले थे। जहाँ ये तीन व्याधियाँ होती हैं, वहाँ किसी भी उग्रवाद के पनपने की स्थितियाँ बन जाती हैं।

प्रश्न : राजनीतिक चलन सा हो गया है कि राजनेता अपनी समस्याओं की तोहमत पूर्ववर्ती सरकारों पर मढ़ दिया करते हैं। इतनी गंभीर समस्या से किनारा करने के लिए क्या आप भी यही नहीं कर रहे हैं?

डॉ. रमन सिंह : मेरी बात तो पूरी हो जाने दीजिए। पेशे से डॉक्टर रहा हूँ। हमारे यहाँ मर्ज और मरीज को समझने के लिए उसकी केस हिस्टरी जानना जरूरी होता है। मध्य प्रदेश का सर्वाधिक अविकसित और सुविधाहीन क्षेत्र था बस्तर। सरकारी कर्मचारी इसे 'कालापानी' कहा करते थे। इसलिए मध्य प्रदेश में परिपाटी सी बनी हुई थी कि अक्षम और भ्रष्ट अधिकारियों को दंडित करने के लिए उनका तबादला दुर्गम स्थानों पर कर दिया जाए। कुछ अपवादों को छोड़कर बस्तर में इसी प्रवृत्ति के कर्मचारी-अधिकारी पदस्थ किए जाते रहे। जो बस्तर को जानते हैं, उनका कहना है कि बस्तर को पुलिस, वन विभाग और राजस्व के कर्मचारियों ने खूब लूटा। वनवासियों को लंबे समय तक प्रताड़ित-उत्पीड़ित किया। बस्तर के आदिवासी बहुत शांत हैं परंतु उतने ही स्वाभिमानी भी हैं। अंग्रेजों के समय से शोषण और दमन के खिलाफ वे सशस्त्र

विद्रोह करते रहे हैं। 1910 का भुमकाल प्रसिद्ध है। अपने समय के शिखर नक्सली नेता कोंडापल्ली सीतारमैया ने बस्तर की इस प्रकृति को पहचाना। उन्होंने बस्तर की स्थितियों का जायजा लिया। उनके एक निकट संबंधी दक्षिण बस्तर में आकर बस गए। वे बस्तर के वनवासी की विप्लवी प्रकृति को नक्सलवाद से जोड़ने की जुगत में जुटे रहे। तब से अब तक बस्तर की तीन-चार पीढ़ियों को वामचरम पंथ से जोड़ने के संगठित प्रयास किए जाते रहे हैं। शोषण और दमन करने वाले सरकारी अमले को जब नक्सलियों ने हिंसा के द्वारा भयभीत कर दिया तो उन्हें आदिवासियों का विश्वास जीतने में मदद मिली। नतीजतन, बस्तर में नक्सलवाद भरपूर फला-फूला।

प्रश्न : परंतु पिछले करीब दस वर्षों से छत्तीसगढ़ में भाजपा की सरकार है और आप निरंतर इसके मुख्यमंत्री भी हैं। आपने नक्सली समस्या के समाधान के लिए क्या किया?

डॉ. रमन सिंह : यह बेहद जटिल समस्या है। दरअसल, यह किसी एक राज्य की नहीं बल्कि राष्ट्रीय समस्या है। आठ-नौ राज्यों के 180 से अधिक जिले इसकी गिरफ्त में हैं। स्वयं प्रधानमंत्री कई बार मान चुके हैं कि नक्सली हिंसा देश की आंतरिक समस्या के लिए सबसे बड़ा खतरा है। इसलिए इसका समाधान राष्ट्रीय स्तर पर समन्वित रणनीति बनाकर करना चाहिए।

प्रश्न : वह तो ठीक है, लेकिन आपकी छत्तीसगढ़ सरकार ने क्या किया और क्या करने जा रही है?

डॉ. रमन सिंह : हमने पहली प्राथमिकता उन कारणों को तलाशने और उन्हें दूर करने को दी है, जिनसे किसी भी प्रकार का उग्रवाद या आतंकवाद जनमता और फैलता है। पहला कारण है भूख। मैंने बस्तर के वनवासी के जीवन-दर्शन, इतिहास, संस्कृति, लोक-परंपराओं और लोक-जीवन पर उपलब्ध साहित्य का यथासंभव अध्ययन किया है। मुख्यमंत्री के रूप में तथा उससे पूर्व केंद्रीय मंत्री और अविभक्त मध्य प्रदेश में विधायक के तौर पर बस्तर की खूब यात्राएँ की हैं। उनसे जीवंत संपर्क बनाए रखने का प्रयास किया है। सच कहूँ तो बस्तर के घने वन और वहाँ के भोले मदमस्त वनवासी मुझे सदा सम्मोहित करते रहे हैं। विश्वास कीजिए बस्तर स्थायी

रूप से मेरे चिंतन और चिंता में रहने लगा है। हमारी सरकार नक्सल समस्या की समाप्ति के लिए दीर्घकालिक और त्वरित, दोनों रणनीतियाँ बनाकर चल रही है। हम शिक्षा और विकास के विस्तार के द्वारा आदिवासी को शेष भारत की मुख्यधारा में लाने के लिए बड़े पैमाने पर योजनाएँ चला रहे हैं। परंतु दिक्कत यह है कि नक्सली पुल-पुलिया, सड़क और रेलमार्ग बनने नहीं देते हैं जो बने हुए हैं, उन्हें क्षतिग्रस्त करते रहते हैं। बिजली के तार काट देते हैं, खंबे गिरा देते हैं। इन्हीं कारणों से बिजली उत्पादन में 'सरप्लस स्टेट' छत्तीसगढ़ के दूरस्थ नक्सलग्रस्त गाँवों तक बिजली पहुँच नहीं पाती। नक्सली योजनाबद्ध ढंग से बस्तर को बीती सदियों के अँधेरे में ही रखना चाहते हैं। फिर भी बस्तर के प्रतिभाशाली बच्चे बड़ी दिलेरी से पढ़ने में रुचि दिखा रहे हैं। उनके स्कूलों और घरों में सरकार ने सोलर लैंप लगाए हैं। सौर ऊर्जा की बदौलत आदिवासी बच्चे गत चार-पाँच वर्षों से इंजीनियरिंग और डॉक्टरी की प्रवेश परीक्षाओं में अच्छी संख्या में शामिल हो रहे हैं। इनमें सफल भी हो रहे हैं। जरा उनकी आँखों में झाँककर देखिए। उन आँखों में रचे बस्तर के भविष्यफल को पढ़िए। जिन्हें नक्सलियों ने अनाथ कर दिया है, उनके मन में उफनते आक्रोश को भी जानने का प्रयास कीजिए।

प्रश्न : सुरक्षा दस्तों की गोलियों से भी आदिवासी बच्चे अनाथ होते हैं। उनकी आँखों में भी तो एक ज्वाला है। एक आक्रोश है। क्या ये उन्हें नक्सलियों के निकट नहीं ले जाएँगे?

डॉ. रमन सिंह : आप जिस एकाध घटना की ओर संकेत कर रहे हैं, उसकी न्यायिक जाँच के आदेश मैंने तत्काल जारी कर दिए थे। मामला न्यायाधीन है, इसलिए उस पर कोई टिप्पणी करना उचित नहीं होगा। उस मुठभेड़ में सुरक्षाकर्मी भी शहीद हुए। कुछ आहत भी हुए। फिर यह तथ्य भी बहुज्ञात है कि नक्सली बच्चों और महिलाओं को पुलिस मुठभेड़ के समय अपनी ढाल बनाकर चलते हैं। (सामने रखे एक प्रमुख दैनिक की ओर इशारा करते हुए) एक नजर दौड़ाइए, प्रथम पृष्ठ की आज की इन खबरों पर। ये सारी खबरें बस्तर की थीं, जिनमें नक्सली जनअदालत में तीन आदिवासियों की बेदम पिटाई की गई और फिर एक ग्रामीण को फाँसी पर

लटका दिया गया। तीन अन्य समाचार पुलिस कैंप पर गोलीबारी और भरे बाजार एसडीएम पर नक्सली हमले तथा धुर नक्सली इलाके में राज्य के गृहमंत्री के पहुँचने के बारे में थी। कभी नक्सली जनअदालत का वीडियो देखिए। उनकी बर्बरता पर आपकी आत्मा चीत्कार कर उठेगी। रातों की नींद हराम हो जाएगी।

प्रश्न : आपने चतुराई से मेरे प्रश्न को नजरअंदाज कर दिया।

डॉ. रमन सिंह : मैं पूरी प्रामाणिकता और आत्मविश्वास के साथ कह रहा हूँ कि कतई नहीं। आप छह मई को बस्तर के दंतेवाड़ा से आरंभ हुई विकास-यात्रा में रहे होते तो आपको यह प्रश्न उठाना ही अप्रासंगिक लगता। देवी दंतेश्वरी की उपासना के बाद आडवाणीजी ने जब हरी झंडी लहरा कर विकास-यात्रा का शुभारंभ किया था तो आदिवासी स्त्रियों, पुरुषों और किशोरों की भारी भीड़ देखकर वे आत्मविभोर हो गए थे। अनेक महिलाएँ थीं, जो अपने छह महीने के, साल-सवा साल के बच्चों को हाथों में उठाए मेरे निकट आने का प्रयास कर रही थीं।

प्रश्न : क्या इसलिए कि एक डॉक्टर के नाते आप उन्हें देखकर उनकी व्याधि दूर कर दें?

डॉ. रमन *(हँसते हुए)* : ये आपकी खोजी पत्रकारिता का विषय है। कोशिश कीजिए। जहाँ तक मैंने उनके हाव-भाव को देखा-समझा है, उसमें मैंने अपनी सरकार पर अटूट विश्वास पाया है। इसके साथ ही सरकार से अपेक्षाओं का ज्वार भी पाया है। उनकी आस्था, विश्वास, उत्साह और अपेक्षाओं को पढ़कर मैं प्रभु से प्रार्थना करता हूँ कि वे मुझे इतनी सामर्थ्य दें कि मैं उनकी उम्मीदों पर खरा उतर सकूँ। मेरा संकल्प है कि थोड़े में ही संतुष्ट हो जाने वाले इन भोले और भले वनवासियों का भरोसा नहीं टूटना चाहिए। विश्वास को तोड़ना ब्रह्महत्या जैसा पाप होता है।

प्रश्न : आप अधिक अभिभूत क्या इसलिए हैं कि दोनों बार आपकी सरकार आदिवासियों के भरोसे पर बनी थी?

डॉ. रमन *(मुसकराते हुए)* : कभी तो इनसान को महज एक वोटर की बजाय मनुष्य के रूप में देखा कीजिए। पिछड़े वर्गों के लोगों की भाँति आदिवासी बंधु-बांधव भी हमारे समाज और राजनीति में सदियों से उपेक्षित रहे हैं। अब समय आ गया है कि उन्हें उनके हक दिए जाएँ। हमने

इस दिशा में अनेक ठोस कदम उठाए हैं। छत्तीसगढ़ में भूख और बड़े पैमाने पर पलायन का जो डेढ़ सौ वर्ष पुराना इतिहास था, उसे हमारी सरकार ने छह वर्ष पूर्व एक सुखद मोड़ दे दिया था। अपने विद्यार्थी जीवन में 1966 और बाद के सूखा और अकाल ग्रस्त छत्तीसगढ़ की वे रिपोर्टें मैंने पढ़ी थीं, जिनमें छत्तीसगढ़ में भूख से सड़कों के किनारों दम तोड़ते गरीबों का सचित्र वृत्तांत छपा रहता था। मैं दावे के साथ कह सकता हूँ कि पिछले छह-सात वर्षों में हमारे राज्य में भूख से एक भी व्यक्ति की मृत्यु नहीं हुई है। हमारी सरकार 38 लाख परिवारों को एक रुपए और दो रुपए की दर पर 35 किलो चावल हर महीने देती आ रही है। अब राज्य का खाद्य सुरक्षा कानून लागू होने के बाद इन लाभार्थी परिवारों की संख्या 50 लाख से अधिक हो जाएगी। चावल के अलावा पौष्टिकता की दृष्टि से इन परिवारों को 5 रुपए किलो की दर से चने भी दिए जा रहे हैं।

प्रश्न : क्षमा करें, मैं फिर आपकी दुखती रग को छू रहा हूँ। बस्तर का अबुझमाड़ वामचरमपंथियों को बहुत सम्मोहित करता है। उस विचारधारा के लेखक, पत्रकार, एक्टिविस्ट, शोधार्थी और वाम विचारक वहाँ पहुँचते रहते हैं। क्या यह सब आपके संज्ञान में है ?

डॉ. रमन सिंह : सुरक्षा और गुप्तचर तंत्र से इसका आभास होता रहता है। पत्र-पत्रिकाओं में प्रकाशित रपटों तथा आलेखों से भी पता चलता रहता है। गत सप्ताह (अगस्त 2013 के आखिरी हफ्ते में) खबर छपी कि जे.एन.यू. के एक विद्यार्थी को महाराष्ट्र की गढ़चिरौली पुलिस ने गिरफ्तार किया। उसके पास से एक विजिटिंग कार्ड में सूक्ष्म तकनीक से दर्ज 'कोडेड इन्फॉर्मेशन' जब्त हुई है। अंग्रेजी के राष्ट्रीय समाचार-पत्रों में प्रकाशित समाचार के अनुसार वह अत्यंत गुप्त जानकारी नई दिल्ली के शीर्ष अकादमिक क्षेत्रों (टॉप अकेडेमिक सर्कल्स) ने तैयार की थी, जिसे अबुझमाड़ में सक्रिय माओवादियों की सेंट्रल कमेटी के नेताओं को पहुँचाया जाना था। यह 'कोडेड इन्फॉर्मेशन' विजिटिंग कार्ड में प्रविष्ट एक माइक्रो चिप में भरे होने की बात उस खबर में कही गई है। खबर ने गिरफ्तार किए गए विद्यार्थी और उसके दो साथियों के नाम भी दिए हैं।

प्रश्न : इससे छत्तीसगढ़ शासन ने क्या संदेश लिया ? आपकी प्रतिक्रिया ?

डॉ. रमन सिंह : इससे हमारे उस पुराने तर्क की पुष्टि हुई है कि दंडकारण्य में माओवादी हिंसा के तार दिल्ली और वहाँ से आगे विदेशों तक जुड़े हुए हैं। पुख्ता जानकारी के आधार पर हमारी पुलिस जब कभी भी नक्सलियों के ऐसे मार्गदर्शक हितैषियों को पकड़ती है तो हल्ला मच जाता है कि अकादमिक सर्किल के 'संवेदनशील समाज-सेवियों' पर हाथ डाला जा रहा है। हम दस वर्षों से लगातार कहते आ रहे हैं कि नक्सली आतंकवाद एक पेचीदा राष्ट्रीय समस्या है। इसका सामना राष्ट्रीय रणनीति बनाकर सभी प्रभावित राज्यों में समन्वय करके किया जाना चाहिए। यह तीन-चार दशकों में विकसित हुई है, इसलिए इसका कोई फौरी समाधान नहीं निकल सकता।

प्रश्न : अंतिम प्रश्न, 'क्या नक्सलियों से बातचीत की कोई संभावना शेष नहीं रही है ?'

डॉ. रमन सिंह : मैं आशावादी हूँ। हर संभावना के द्वार खुले रखने के पक्ष में हूँ।

□

व्याख्यान

विरासत में मिला नक्सलवाद

एशिया महाद्वीप में लोकतंत्र की मशालें थामनेवालों का उदीयमान छत्तीसगढ़ में हार्दिक अभिनंदन!

भारत गणराज्य की प्रादेशिक बिरादरी में हमारा उदय एक दशक पहले ही हुआ है। तथापि अपनी वैदिक विरासत और आदिवासी संस्कृति की वजह से हमारा एक समृद्ध अतीत रहा है। इसकी धरती पर अनेक मत, संप्रदाय, बोलियाँ, जीवनशैली और जैव-वानस्पतिक प्रजातियों ने साथ-साथ अपना विकास किया है। ईर्ष्या नहीं स्वस्थ प्रतिस्पर्धा, एक-दूसरे के लिए गुंजाइशें और प्रकृति की पूजा जैसी कुछ बातें हैं, जिनसे छत्तीसगढ़ियों ने अपनी पहचान बनाई है। सूरज की छत्तीस रश्मियों की तरह रंग-बिरंगी और तेजस्वी परंपराओं के इस प्रदेश में आपको अपने बीच पाकर हम छत्तीसगढ़ के सवा दो करोड़ लोग सचमुच आज बहुत खुश हैं।

बीसवीं सदी की शुरुआत में विश्व-राजनीति में दो रुझान देखने को मिले। पहला, लोकतंत्र, जिसकी प्रबल होती धारा में हमारा-आपका शुमार है एवं दूसरा, साम्यवाद, आगे जाकर साम्यवादी सोवियत रूस बिखर गया और चीन ने अपने समाजार्थिक सरोकारों में बड़े बदलाव किए। लोकतंत्र जहाँ पहले से अधिक प्रतिनिधित्वपूर्ण, जवाबदेह और मुक्त अर्थव्यवस्था के पक्षधर साबित हुआ है, वहीं साम्यवादी देश भी लोहे की अपनी पुरानी दीवारों को तोड़ चुके हैं।

खुलेपन की इस बयार से जहाँ कुछ उम्मीदें जागी हैं, वहीं माथे पर चिंता की लकीरें भी खींची हैं। पिछली आधी सदी से कहीं अपनी पहचान को लेकर, तो कहीं कथित आर्थिक विषमताओं की आड़ में निहित स्वार्थ सक्रिय रहे हैं। आज एशिया समेत आधी से ज्यादा दुनिया आतंकवाद से सिहर रही है।

भारत जैसे विशाल देश की भौगोलिक परिस्थितियों को देखते हुए समुद्र सहित प्राय: सभी दिशाओं से आतंकवादियों की घुसपैठ की आशंका बनी रहती है। हजारों

किलोमीटर में फैली सीमाओं की लगातार चौकसी करना और आतंकवादियों के आवागमन को रोके रखना एक कठिन कार्य है। सेना और अर्द्धसैनिक बलों की सर्वोत्तम कोशिशों के बावजूद आतंकवादी पड़ोसी देशों से आकर तबाही मचाते रहते हैं। यह त्रासदी अकेले भारत की ही नहीं बल्कि इस ऐतिहासिक संगठन में शामिल लगभग हरेक एशियाई देश की है।

आतंकवाद से लोकतांत्रिक देशों में सबसे ज्यादा खामियाजा वहाँ की जनता को भुगतना पड़ रहा है। एक ओर इसकी रोकथाम के लिए अपने बहुमूल्य संसाधनों को झोंकना पड़ रहा है, तो दूसरी ओर विकास और व्यवस्था के सकारात्मक कामों के लिए संसाधन कम पड़ रहे हैं। गरीबी, अशिक्षा, कुपोषण के विरुद्ध लड़ाई को चाहकर भी तेजतर नहीं किया जा सका है।

यहाँ छत्तीसगढ़ में हम आतंकवाद के उस रूप का प्रतिदिन सामना कर रहे हैं, जिसे नक्सलवाद कहा गया है। हमारे प्रधानमंत्री ने 4 नवंबर, 2004 को देश के पुलिस प्रमुखों के सम्मेलन में कहा था कि दक्षिण में आंध्र प्रदेश से लेकर उत्तर में उत्तर प्रदेश और पूर्व में पश्चिम बंगाल तक फैले आदिवासी इलाके, वामपंथी आतंकवादियों के शिकारगाह बन चुके हैं। वामपंथी उग्रवाद को हमारे प्रधानमंत्रीजी देश की आंतरिक सुरक्षा के लिए अकेला सबसे बड़ा खतरा मानते हैं।

1967 में पश्चिम बंगाल के नक्सलबाड़ी में किसानों के सशस्त्र विद्रोह के बारे में सब जानते हैं। उससे भी पहले सीमावर्ती राज्य के तेलंगाना से अनेक हथियारबंद छापामार सशस्त्र विद्रोह के असफल होने पर जान बचाने के लिए बस्तर में आकर छिप चुके थे। चालीस हजार वर्ग किलोमीटर में फैला दुर्गम जंगली इलाका, जहाँ भोले-भाले आदिवासी रहते थे, उनके छिपने के लिए सुरक्षित था। यहीं से दक्षिण बस्तर के लोगों के साथ वाम चरमपंथियों के संपर्कों का सिलसिला शुरू हुआ।

1967 के आस-पास दक्षिण बस्तर में नक्सलियों की आमद-रफ्त शुरू हुई, जो योजनाबद्ध रूप से रफ्ता-रफ्ता बढ़ती गई। आठवें और नवें दशक में उन्होंने अबूझमाड़ के बहुत बड़े क्षेत्र में अपना दबदबा बना लिया। तब से छत्तीसगढ़ बनने तक इंद्रावती में बहुत पानी बह गया, हालात बदतर होते गए। जहाँ-जहाँ नक्सलियों का प्रभाव बढ़ा, वहाँ वन और खनिज संपदा के दोहन में नक्सली बिचौलिए की भूमिका निभाने लगे। नक्सली कोई भी विकास कार्य नहीं होने देते थे। पहले वामपंथी विचारक बस्तर की आदिवासी संस्कृति को सुरक्षित रखने के नाम पर वहाँ स्कूल, सड़क और राष्ट्रीय जीवनधारा से बस्तर को जोड़ने के खिलाफ थे, फिर नक्सली अपनी खास कार्यशैली की सुरक्षा के लिए इनका विरोध करने लगे।

आकार में केरल प्रदेश से भी बड़े, दो-तिहाई से अधिक आदिवासी आबादीवाले

इस क्षेत्र तक न रेल पहुँची, न कायदे की सड़कें। अधोसंरचना के प्रायः सभी मानदंडों की कसौटी पर बस्तर राष्ट्रीय औसत से कहीं पीछे रह गया। विकास के लिहाज से यह एक बड़ी खाई थी। जिस प्रदेश में 50: वन हों, जहाँ हर मौसम में लघु वनोपज और बेशकीमती जड़ी-बूटियाँ मिलती हों, उसका भारी दुर्लक्ष्य हुआ। वन-कानूनों की विसंगतियों और उस पर चली लंबी अदालती कार्यवाहियों की वजह से आदिवासियों की एक पूरी पीढ़ी को भूमि-अधिकारों से वंचित रहना पड़ा। उनकी जमीन से उन्हीं को बेदखल करने और अपने घर में ही उन्हें बेगाना बना देने की पीड़ा वही जान सकता है, जिसने उसे भोगा हो। ऐसे भोले-भाले लोगों की नियति बन गई नक्सलियों के आदेशों की तामील करना और उनकी बेगार करना। पुलिस प्रशासन से दूरी बनी रहने के कारण, विधि का शासन सच्चे अर्थों में लंबे अरसे तक वहाँ पहुँचा ही नहीं।

ऐसा नहीं है कि बस्तर क्षेत्र के आदिवासी मानस ने नक्सलियों के अत्याचारों को सिर झुकाकर स्वीकार ही कर लिया हो, वहाँ 1990-91 में जन-जागरण अभियान शुरू किया गया। वर्ष 1999 में काँकेर के कुछ क्षेत्रों में और सन् 2005 में बस्तर में भी इनके खिलाफ विद्रोह किया।

छत्तीसगढ़ में हमने नक्सलियों के दुष्प्रचार को करीब से देखा है और उसकी सच्चाई जनता के सामने रखी है। वे कहते हैं कि वहाँ वर्ग संघर्ष है, शोषण है, अत्याचार है। सच यह है कि दक्षिण बस्तर जहाँ वे अपनी पूरी ताकत झोंके हुए हैं, वहाँ न जमींदार हैं, न भूमिहीन किसान। अमीर और गरीब आदिवासी एक-सा रहते हैं। वनों के सहारे जिनकी आजीविका चलती है, उनकी अपनी समितियाँ लघु वनोपज को खरीदती हैं। वे लाभ को उन्हीं में बाँटती हैं। अधिकांश इलाका वन-भूमि होने के कारण बड़े किसानों की तो वहाँ कल्पना भी नहीं की जा सकती। जब औद्योगीकरण उस क्षेत्र में हुआ ही नहीं तो वहाँ मालिक-मजदूर के रिश्तों में कटुता कहाँ से आई? पुलिस अत्याचार की मनगढ़ंत कहानियाँ फैलाई जाती हैं, जबकि वहाँ थानों की उपलब्धता और पुलिस बल की संख्या भी कई दशकों से राष्ट्रीय औसत से काफी कम रही है। वे विशेष आर्थिक क्षेत्र (सेज) की वजह से किसानों की जमीन हड़पने की बात कहते हैं। हमारे यहाँ उस पूरे इलाके में ऐसा कोई क्षेत्र नहीं बनाया गया। खेती की जमीन के अधिग्रहण का तो कोई सवाल ही नहीं है; क्योंकि वनों में इस पैमाने पर खेती करना या उद्योग चलाना कानूनी ढंग से संभव नहीं।

वास्तविकता यह है कि आदिवासियों के विरुद्ध दशकों से लंबित जल-जंगल जमीन के मुद्दों से जुड़े वन अपराध संबंधी हजारों मामले हमने सद्भावनापूर्वक वापस ले लिये। वन क्षेत्रों के निवासियों को 2 लाख 14 हजार अधिकार पत्र दिए गए। हाट-बाजारों में मुफ्त नमक, सस्ता चावल और मिट्टी का तेल उपलब्ध कराया। अपनी

सार्वजनिक वितरण व्यवस्था को चुस्त-दुरुस्त और आधुनिक बनाकर एक मॉडल देश के सामने रखा। मैं कल के सत्र में इसकी विस्तार से चर्चा करूँगा। आदिवासी बच्चों के लिए आश्रम शालाएँ, स्कूलों में मध्याह्न भोजन, मुफ्त कॉपी-किताबों की व्यवस्था, गर्भवती महिलाओं के लिए पोषण आहार, चलते-फिरते क्लीनिक्स, पेयजल, सौर-बत्तियाँ, वनोपज एकत्र करनेवालों के लिए चरण-पादुकाएँ देना। प्रयासों की यह सूची लंबी है। संक्षेप में, राज्य और केंद्र की सरकारों की तरफ से अनुसूचित जनजातियों के कल्याण के लिए योजनाओं और कार्यक्रमों की झड़ी लगा दी गई। इस पर भी दुष्प्रचार यह कि शोषण हो रहा है।

वन क्षेत्रों के नागरिकों ने इस दुष्प्रचार का जवाब कई बार अपने ढंग से दिया। विधायी निकायों के लिए हुए चुनावों में नक्सलियों के बायकाट की धमकी के बावजूद कहीं-कहीं तो 80 प्रतिशत तक वोटिंग हुई। यह है हमारी असली ताकत और लोकतंत्र के प्रति छत्तीसगढ़ के वनवासियों का रुझान। यह जानते हुए भी कि नक्सली पंचायती राज संस्थाओं और उनके पदाधिकारियों से परहेज करते हैं बल्कि मौका मिलने पर उन्हें जान से भी मार डालते हैं—बस्तर में पंचायतों के प्रति आकर्षण कम नहीं हुआ। आम-आदिवासी आपसी बातचीत से सामूहिक फैसले लेने में विश्वास करता है, क्योंकि वही उसकी परंपरा है, वहीं उसकी आस्था है। नक्सली इस प्रवृत्ति से डरता है। पिछले कुछ अवसरों पर जब-जब आदिवासी समुदाय शांति की कामना से एकजुट हुआ, तब-तब नक्सली दमन तेज हुआ। नक्सली लोकतंत्र को अपना शत्रु समझते हैं, क्योंकि नागरिकों को वे मूक और विचार शून्य अनुयायियों के रेवड़ में बदलना चाहते हैं।

उनका लक्ष्य तो एक गिरोह की सत्ता को स्थापित करना है। उनकी कथित जन अदालतों की कार्यशैली से जाहिर है कि कानून के शासन में उनकी कोई आस्था है ही नहीं। सब प्रकार की सर्जनात्मक कलाओं और अभिव्यक्ति की आजादी को वे समूल नष्ट करना चाहते हैं। धर्म जिनके लिए अफीम और सामाजिक संस्थाएँ जिनके लिए घृणा की सबब हों, ऐसे बर्बरों से आप-हम उम्मीद भी क्या कर सकते हैं? जो नक्सलवादी मौका मिलते ही स्कूलों की इमारतों को ढहाते और शिक्षकों को भगा देते हैं, वे किस मुँह से वैज्ञानिक प्रगति, शोध अनुसंधान और प्रगति की बात कर सकते हैं? वे संपूर्ण व्यवस्था को आदिकालीन युग में ले जाना चाहते हैं, बिना यह जाने कि समय चक्र को विपरीत दिशा में घुमा पाना न तो उचित है और न ही संभव।

हमारे प्रदेश की सर्वोच्च पंचायत विधानसभा, जिसके सभाभवन में हम लोग बैठे हैं, वह नक्सली आंतक के खिलाफ एकजुट है। हमने इस समस्या पर यहाँ विशेष गोपनीय बैठक में विचार-विमर्श किया था। साथ ही समय-समय पर हुए वाद-विवाद के नतीजों को क्रियान्वित भी करते रहे हैं। इस लड़ाई में हमारे नागरिकों एवं सुरक्षा बलों

का मनोबल ऊँचा है। अपराधों की राह पर भटक गए लोगों के विवेक को जगाने की कोशिश हम लगातार करते रहे हैं।

नक्सल आतंक को खत्म करने में समाज का प्रबुद्ध वर्ग और स्वैच्छिक संगठन प्रभावी भूमिका निभा सकते हैं। जो किन्हीं कारणों से सक्रिय राजनीति से दूर रहते हैं, ऐसे लोग भी धार्मिक, सामाजिक अनुष्ठानों के जरिए उन क्षेत्रों को अपनी कर्मस्थली बना सकते हैं, जहाँ फैले शून्य को नक्सलवादी लाल रंग से भर देने में लगे हैं। युवा नेतृत्व को पंचायतों और विधानमंडलों में आगे आने का अवसर दिया जाना चाहिए। विशेष रूप से विद्यार्थियों को सामाजिक सरोकारों से जुड़ने हेतु प्रोत्साहित किया जाना चाहिए। इससे पहले कि गलत तत्त्व उनकी ऊर्जा और क्षमता को हिंसा और नकारात्मक दिशा में ले जा पाएँ, उन्हें रचनात्मक कार्यक्रमों से जोड़ना जरूरी है।

देश के भीतर और सदस्य देशों के बीच बिना आपसी सहयोग के इस प्रकार के संगठित गिरोहों द्वारा की जा रही हिंसक गतिविधियों की रोकथाम संभव नहीं है। प्रत्यर्पण संधियों और खुफिया सूचनाओं के तत्परता से आदान-प्रदान का महत्त्व अपनी जगह है। प्रयास इस बात के होने चाहिए कि लोगों में लोकतांत्रिक मूल्यों के प्रति आस्था बढ़े और मौजूदा व्यवस्था में विश्वास मजबूत हो। विश्व में लोकतंत्र का युग जिन मानवीय सरोकारों की रक्षा और सर्वजनहिताय सत्ता की स्थापना के लिए शुरू हुआ, उसे निभाना होगा। बिना किसी भेदभाव के सबको न्याय मिले, समय से मिले, कोई भूखा और वंचित, शोषित, उपेक्षित महसूस न करे, बल्कि लोकतंत्रीय सत्ता में अपनी भागीदारी सुनिश्चित करे। देशों की सीमाएँ अपराधियों, षड्यंत्रकारियों और लोकतंत्र के विरोधियों के लिए पूरी तरह सील की जाएँ, लेकिन व्यापार-व्यवसाय, वैज्ञानिकों, विशेषज्ञों और गुणी जनों के लिए सदा खुली रहें। हमारे वेदों में 'आ नो भद्राः कृण्वन्तो यन्तु विश्वतः' कहा गया है। अर्थात् अच्छे लोगों, अच्छे विचारों और अच्छे कामों का आगमन विश्व के हर कोने से होना चाहिए।

धन्यवाद,

□

साक्षात्कार

हम दिल से काम करते हैं : रमन सिंह

(छत्तीसगढ़ के मुख्यमंत्री डॉ. रमन सिंह से पंकज झा की बातचीत)

दूसरी पारी के समाप्ति की पूर्व संध्या पर, अपने कार्यकाल में अंजाम दिए विकास को मिले शानदार रिस्पांस के बाद छत्तीसगढ़ के मुख्यमंत्री डॉ. रमन सिंह की खुशी छिपाए न छिपी। वे इस जनसमर्थन को शासन के कार्यों का परिणाम मान रहे हैं। तीसरी पारी की तैयारी के अपने मिशन में आत्मविश्वास के साथ जुटे डॉ. सिंह ने पंकज झा के साथ खास मुलाकात में दशक भर का लेखा-जोखा प्रस्तुत किया।

किसी ने कहा है कि अच्छा जवाब जवाब देने के बाद ही सूझता है। आप अभी-अभी विकास यात्रा समेत विभिन्न अभियानों के दौरान सीधे जनता से रूबरू हुए हैं। कुछ ऐसा कहना रह गया है, जो कह नहीं पाए हों?

ज्यादातर सवालों के जवाब तो यात्राओं के दौरान दे ही चुका हूँ। अपने दिल की बात भी आम सभाओं में लगातार कहता ही रहा हूँ। कुछ बातें हैं, जो यात्रा पूरी होने के बाद भी कहने की जरूरत महसूस होती है। इनमें से एक तो यह है कि 'विकास' चर्चा का मुद्‍दा बना है। प्रदेश में एक सकारात्मक वातावरण का निर्माण हुआ है। राजनीति में इसे एक नए दौर की शुरुआत कह सकते हैं, जब विपक्षी दलों के सामने हमसे बेहतर करने, दिखने की चुनौती है। राजनीति में कीचड़ उछालने का दौर, मुझे लगता है कि बीते दिनों की बात हो गई। मुझे ऐसा लगता है कि छत्तीसगढ़ में पिछले दशक भर के दौरान किए गए कार्य समूचे देश के लिए मॉडल बन सकता है।

यानी आप अच्छाई के ब्रांड एंबेस्डर हो गए हैं?

(हँसते हुए) अच्छाई के ब्रांड एंबेस्डर तो नहीं, मगर यह है कि इन साढ़े नौ सालों में राजनीतिक सोच की दिशा बदली है, एक मापदंड स्थापित हुआ है। नकारात्मक सोच, चरित्र हत्या इसके बिना भी राजनीति का कोई स्वरूप हो सकता है क्या? इन सवालों का जवाब हमने अपने विभिन्न यात्राओं के दौरान ढूँढ़ने की कोशिश की है और

मुझे लगता है कि हमें जबरदस्त सफलता मिली है। हमें यह महसूस हुआ कि हम केवल विधानसभा में जवाब देने के लिए उत्तरदायी नहीं हैं, वास्तव में जनता के बीच जाकर जनता के सवाल सुनें, उनके जवाब दें और ढूँढ़ें भी।

पहले गाँव चलो, घर-घर चलो अभियान, फिर विकास यात्रा, ग्राम सुराज, नगर सुराज और अब फिर से विकास यात्रा। इ-गवर्नेंस के इस जमाने में, जहाँ संवाद स्थापित करना इतना आसान हो गया है, व्यक्तिगत उपस्थिति अभी भी इतनी जरूरी है क्या ?

बिलकुल··· । बिलकुल जरूरी है। मैं अपने आपको धन्य समझता हूँ कि ईश्वर ने मुझे अपने लोगों के पास जाने का अवसर दिया है। जहाँ तक प्रौद्योगिकी के इस्तेमाल और उसके द्वारा विकास का सवाल है, हम तेजी से इस दिशा में बढ़ रहे हैं और हमने इस क्षेत्र में कई उपलब्धियाँ भी हासिल की हैं। बहुत कम समय में हमने आईटी सेक्टर में दुनिया के नक्शे पर अपनी जगह बनाई है। लेकिन हमारा देश अमरीका नहीं है कि हम इतने मशीनी हो जाएँ कि अपने लोगों का सामना कर ही नहीं पाएँ या टेलीविजन पर डिस्कशन करके हम देश की राजनीति तय करें। हमें लगातार प्रदेश की अपनी यात्राओं के दौरान यह महसूस हुआ है कि जनता आज भी अपने प्रतिनिधि को अपने बीच देखना चाहती है; उनसे सीधा संवाद स्थापित करना चाहती है। वास्तव में मानवीय संबंधों की गरमाहट का कोई विकल्प नहीं हो सकता। प्रदेश की यात्राओं के बाद हमारी यह आस्था और मजबूत हुई है। संबंधों की यह ऊष्मा हमने बस्तर से लेकर सरगुजा तक महसूस की है।

क्या इसी ऊष्मा को आप बार-बार वोट में बदल रहे है।

ऐसा कुछ नहीं है। हम सारे काम चुनाव के नजरिए से करते भी नहीं। सदा ही दिमाग से ज्यादा हमें दिल पर भरोसा रहा है और भाजपा दिल से ही राजनीति करना जानती है। हम अपनी भावनाओं को योजनाओं में बदलते हैं। एक रुपए किलो चावल, मुफ्त नमक, रियायती खाद्य तेल, मुफ्त चरण पादुका, छात्राओं के लिए साइकिल, मुफ्त पाठ्य-पुस्तकें, गणवेश, मिड-डे मील, लैपटॉप ऐसी ढेर सारी सफल योजनाएँ हमारी उसी भावना को व्यक्त करती हैं। चुनाव एक प्रक्रिया है, वह चलती रहेगी। लेकिन यह बात हम भरोसे के साथ कह सकते हैं कि हमने दिलों को जीता है और निश्चित ही इसी भरोसे की जीत हमें बार-बार मिली है।

छत्तीसगढ़ की सबसे बड़ी चुनौती आप भी शायद नक्सलवाद को ही मानते होंगे ?

निस्संदेह, नक्सली आज भी सबसे बड़ी समस्या और चुनौती हैं। इस आतंक से छत्तीसगढ़ को मुक्त कराना हमारी प्राथमिकता है। पिछले दशक भर में हमारा मनोबल

मजबूत ही हुआ है। हमें यह बार-बार महसूस हुआ है कि विशाल जनसमर्थन एवं नक्सलियों के विरुद्ध प्रबल जनाक्रोश के बूते हम इस पर भी काबू जरूर पा लेंगे। शांति और विकास के लिए लोग जुड़ रहे हैं। बस्तर की अभी तक की सभी सभाओं में इतनी बड़ी संख्या में लोग आए, विकास के प्रति एक सकारात्मक नजरिया विकसित हुआ है।

और यही आपकी सबसे बड़ी ताकत है शायद?

हमारी सबसे बड़ी ताकत प्रदेश में छिपी विकास की संभावना है। पूर्ववर्ती सरकारों की उपेक्षा के कारण अंचल ने अपनी क्षमताओं का अभी तक उपयोग ही नहीं किया। हमारी खनिज संपदा, हमारे मानव संसाधन और पूरा प्राकृतिक वैभव…यही हमारी ताकत है। इस ताकत को हम समृद्धि में बदलेंगे यह हमारा प्रयास है, रहा है, और आगे भी यही करेंगे। अब आगे भी यही ध्यान रखेंगे कि तमाम सरकारी योजनाओं से सबसे पहले, अंतिम पंक्ति में खड़े, अंतिम आदमी को लाभ पहुँचे।

एक प्रधानमंत्री ने कहा था कि रुपए में मात्र पंद्रह पैसे अंतिम व्यक्ति तक पहुँचते हैं। हमने इन आँकड़ों को उलट दिया है। शत प्रतिशत सफलता का दावा तो हम नहीं कर सकते, लेकिन बाकी बचे उन पंद्रह प्रतिशत संसाधनों का भी लाभार्थी वही अंतिम व्यक्ति हो, यह हमारा ध्येय होगा।

आपने पिछली मुलाकात में कहा था कि लोगों का इतना प्यार देखकर डर लगता है…कैसा डर?

हमने यह बार-बार कहा है कि छत्तीसगढ़ की जनता ने जितना प्यार मुझे दिया, उससे कभी उऋण नहीं हो सकता। कई जन्म लेकर भी उनका कर्ज नहीं चुका सकता। चिलचिलाती धूप में हजारों-हजार लोगों का घंटों खड़ा रहना, घंटों इंतजार करना, इस स्नेह, सम्मान, प्यार ने जो जिम्मेदारियाँ बढ़ाई हैं, वह महसूस करके डर जाना स्वाभाविक है। जन अपेक्षाओं पर खरा उतरने की चुनौती है। हालाँकि यही प्यार हमारी ताकत भी है और हमें प्रेरणा भी देता है।

अब दूसरी पारी भी संपूर्ण होने को है, कैसा लग रहा है…क्या खोया, क्या पाया?

हाँ, अटलजी की कविता को याद कर रहा हूँ, क्या खोया क्या पाया जग में…। यदि उन्हीं के शब्दों में कहूँ तो यादों की पोटली मैं भी टटोलने लगता हूँ कभी-कभार। मैं पाता हूँ कि खोने को तो कुछ था ही नहीं अपने पास कभी। वार्ड पार्षद से शुरुआत की, ईश्वर की कृपा, वरिष्ठ जनों का आशीर्वाद, पार्टी के विचारों के प्रति निष्ठा और जनता के स्नेह से यहाँ तक पहुँचा हूँ। एक स्वप्न लेकर आया था राजनीति में कि कुछ अलग करना है, कुछ कर दिखाना है। अपने लोगों के आँसू पोंछने हैं। कुछ हद तक सफल हुआ हूँ। ढेर सारी चीजें करनी अभी बाकी हैं। हाँ, यह जरूर लगता है कि जब

कुछ काम किया है, तभी लोग इतना सम्मान भी दे रहे हैं। यही सम्मान मेरा प्राप्य है। यही पाया है मैंने। खासकर विकास-यात्रा की बात करें तो महीनों तक इतने लोगों से सीधे संवाद, लाखों लोगों का स्नेह, छत्तीसगढ़ जनों का प्यार पाकर तो ऐसा लगता है कि खुद के लिए कुछ पाना जैसे शेष ही न रहा हो। जैसे एक ही जन्म में कई जिंदगियाँ जी ली हों मैंने। प्रदेश के विकास की यह यात्रा अब बिना किसी अवरोध के चलती रहे, बस यही आकांक्षा शेष है।

□

आलेख

सही नब्ज पकड़ी डॉक्टर ने

सामान्यतया नेताओं के बयान या साक्षात्कार आदि इस तरह के नहीं होते कि पढ़कर ऐसा लगे कि कुछ पढ़ा हो आपने। मूलतः वह मेडिकल स्टोर के लिए लिखी गई डॉक्टर की परची की तरह ही होता है। एक ही लिखावट, वही भाषा, वैसी ही एक समान शब्दावली। कंप्यूटर का सामान्य जानकार भी यह मानने पर विवश हो सकता है कि शायद नेताजी के कंप्यूटर में कुछ बयान सुरक्षित हैं, जिसका संदर्भ और दिनांक बदल-बदलकर काम चलाया जा रहा होगा। राजनीति में ऐसे मौलिक चिंतन के अभाववाले जमाने में मुख्यमंत्री डॉ. रमन सिंह ने एक मुलाकात के दौरान कहा कि "जब बड़े लोग दुःखी होकर कहते हैं कि मजदूर सबसे ज्यादा सुखी है तो मैं समझता हूँ कि मेरा काम हो गया।" अगर वास्तव में किसी नेता की भावना ऐसी हो तथा सही अर्थों में वह ऐसा ही सोचता हो तो ऐसे किसी नेता के लिए यही शब्द कहा जा सकता है···शाबाश, अनन्य साधुवाद। देश या समाज को ऐसे ही नेताओं की जरूरत है।

भाजपा आज जिस वैचारिक धरातल पर खड़े होने का दावा करती है, उसके आधार-बिंदु हैं रमन के यह शब्द। पंडित दीनदयाल के समाज के सबसे अंतिम व्यक्ति की चिंता करने का आह्वान ही तो उस वाक्य में परावर्तित हुआ है। न केवल डॉ. रमन बल्कि देश और समाज को यह समझ लेना चाहिए कि उसका 'काम' केवल तभी पूरा हो सकता है जब समाज में सबसे ज्यादा सम्मान श्रमवीरों का हो। समाज भले ही सभ्य होने का कितना भी दावा कर ले, लेकिन उसको अपने सभ्यता का मानदंड इसी को बनाना चाहिए कि वहाँ श्रम कितना महत्त्वपूर्ण और कीमती है। यह कहना भी अतिशयोक्ति नहीं होगा कि एक स्वस्थ अर्थव्यवस्था का भी आशय यही होना चाहिए, जहाँ 'श्रम' को प्राप्त करने में प्रतिस्पर्द्धा का सामना करना पड़े। विकल्प कथित मालिकों के पास नहीं बल्कि मजदूरों के पास हो। मजदूरों में से कुछ को चुन लेने की आजादी नहीं बल्कि उपलब्ध कामों में से अपने लायक चुन लेने की आजादी मजदूरों के पास

हो। इस तरह की क्षमता, ऐसे हालात जब कोई भी समाज अपने यहाँ पैदा कर दे तो समझिए कि सही अर्थों में उसने कुछ कल्याणकारी और क्रांतिकारी कार्यों को अंजाम दिया है। छत्तीसगढ़ की रमन सरकार ने 'पीडीएस' सिस्टम को सुधारकर, नाम मात्र की कीमत पर श्रमवीरों को अनाज उपलब्ध कराकर वास्तव में माँग और आपूर्ति का संतुलन मजदूरों के पक्ष में करने में सफलता हासिल की है।

छत्तीसगढ़ जैसे प्रदेश में खासकर मुख्यमंत्री के लिए अपनी उपलब्धियों का बखान करने का सबसे सीधा और सरल रास्ता यही हो सकता है कि वह सबसे ज्यादा विकास दर समेत अपने पक्ष के ढेर सारे आँकड़ों का इस्तेमाल करते हुए खुद की पीठ थपथपाए। प्रदेश के पक्ष में ऐसे दर्जनों आँकड़े हैं, जिसे लेकर कोई भी मुख्यमंत्री गौरवान्वित हो सकते हैं। उन आँकड़ों को ही प्रचारित करने में सरकारी सिपहसालारों को लगा वाहवाही बटोर सकते हैं। पेज का पेज विज्ञापन जारी कर उन आँकड़े को ओढने-बिछाने-पहनने में संबंधित विभागों को लगाया जा सकने का चलताऊ सा विकल्प छत्तीसगढ़ के सीएम के पास भी है। लेकिन अगर मुख्यमंत्री को विकास के इन आँकड़ों से ज्यादा किसी गाँव के व्यक्ति द्वारा कहे गए शब्दों की चर्चा करना ज्यादा उचित लगा तो यह कहा जा सकता है कि डॉ. ने 'नब्ज' ठीक पकड़ी है। शायद मुख्यमंत्री को यह पता है कि आँकड़े कभी गीदम के किसी गाँव के सुकालू के पेट और पीठ की दूरी नहीं मापा करते, ना ही वह मनेंद्रगढ़ के किसी नेताम या सिमगा के किसी देवांगन के चूल्हे की गरमाई ही नापते हैं। आँकड़े कभी यह भी नहीं बताते कि जो संसाधन राज्य और समाज ने एकत्र किए हैं, उसका न्यायपूर्ण बँटवारा भी हुआ है या नहीं। तो केंद्र सरकार के सांख्यिकी में नंबर वन होना छत्तीसगढ़ के लिए निश्चित ही प्रसन्नता की बात है, लेकिन असली प्रसन्नता तो मजदूरों को प्राप्त करने के लिए व्यवसायियों, गौटियों द्वारा की गई चिरौरी को देखना ही हो सकता है। उनके चेहरे के मुसकान की लंबाई ही हो सकती है, या फिर पेट और पीठ की दूरी बढ़ते जाने को ही हम समन्वित विकास कह सकते हैं। छत्तीसगढ़ को वास्तव में अपने पीडीएस मॉडल द्वारा वास्तव में ऐसा 'हिंदू विकास' प्राप्त करने में सफलता मिली है।

मोटे तौर पर किसी भी अर्थव्यवस्था के दो संभाव्य मॉडल हो सकते हैं। अपनी समझ के लिए हम इसे 'पानी' और 'आग' का मॉडल कह सकते हैं। पानी का स्वभाव होता है ऊपर से नीचे की ओर प्रवाहित होना और आग का स्वभाव होता है नीचे से ऊपर की ओर धधकना। देखा जाए तो अभी तक अधिकांश अर्थव्यवस्थाओं में पानी का मॉडल ही इस्तेमाल किया जाता रहा है। चलताऊ अर्थव्यवस्था कहती है कि संसाधनों को ऊपर से नीचे की ओर ले जाया जाए। अर्थवेत्ताओं ने इस मॉडल को उचित भी ठहराया और कहा कि अगर ऊपर में संपन्नता आएगी तो स्वाभाविक ही धन का प्रवाह

नीचे की ओर जाएगा। इसको 'थ्योरी ऑफ परकोलेशन' यानी 'रिसने का सिद्धांत' कहा गया। लेकिन शायद उन्हें मानव मन की गुत्थियों का पता नहीं था। अगर वह मानवीय दृष्टिकोण से विचार करने की कोशिश करते तो उन्हें पता चलता कि 'असंतोष' व्यक्ति का स्वाभाविक गुण होता है। पानी को नीचे की ओर रिसने से रोकने के लिए बड़े-बड़े बाँधों का आविष्कार भी व्यक्ति ने कर रखा है और भले ही वह 'डूब मरे', लेकिन पानी को तरसते लोगों तक दो बूँद पहुँचाना सामान्य मानव की फितरत नहीं होती।

तो नीति निर्धारकों के लिए अर्थव्यवस्था का यही मॉडल उपयुक्त होगा, जिसमें संसाधन नीचे से ऊपर की ओर जाएँ। आप चाहें तो इसे 'अर्थव्यवस्था का आध्यात्मिक मॉडल' भी कह सकते हैं। योग के जानकार यह जानते हैं कि ऊर्जा को नीचे से ऊपर की ओर, मूलाधार से सहस्रार की ओर ले जाना कठिन तो है, लेकिन आध्यात्मिक उन्नति या 'सस्टेनेबल विकास' का वही शाश्वत मार्ग है। तो अगर सरल शब्दों में कहें तो हर तरह के विकास का पहला लाभार्थी सबसे अंतिम व्यक्ति हो, इस तरह का शीर्षासन जब आप अर्थव्यवस्था को कराएँगे तभी आप विकास के सच्चे साधक या समाज के सच्चे नेता कहे जाएँगे। अगर डॉ. रमन सिंह ईमानदारी के साथ ऐसा कर रहे हों या करने की सोच रहे हों तो निश्चय ही इस नवाचार से प्रदेश को एक नई पहचान यहाँ के गाँव के गरीब और किसान, मजदूर को एक अच्छी व्यवस्था मिलेगी, इसमें कोई संदेह नहीं है। आज हम भले ही अपने सकल घरेलू उत्पाद पर गर्व करें, लेकिन पढ़कर आपको ताज्जुब होगा कि किसी छोटे प्रदेश के सालाना बजट जितने पैसों का तो केवल एक मकान मुंबई में अंबानी का बन रहा है। इस तरह का घातक असमानता का निवारण या उसका प्रभाव कम करने के लिए प्रयास करना किसी भी नेतृत्व की प्राथमिकता होनी चाहिए, और यही प्राथमिकता हमेशा छत्तीसगढ़ सरकार के कार्यों में परिलक्षित होती रही है।

राज्य द्वारा सुचारु रूप से संचालित मुख्यमंत्री खाद्यान्न योजना के द्वारा वास्तव में समाज के गरीब-गुरुबों को सम्मान से जीने, उन्हें अपनी मौलिक जरूरतों के लिए महाजनों की चिरौरी से मुक्त कर छत्तीसगढ़ सरकार ने वास्तव में ऐतिहासिक काम किया है। जिन लोगों को भी इस योजना से तकलीफ हो रही है, उन्हें यह समझना होगा कि सदियों से 'माँग और आपूर्ति' का संतुलन अपने पक्ष में होने के कारण काम करानेवालों ने जमकर मजदूरों का शोषण भी किया है। लेकिन आज अगर यह संतुलन थोड़ा सा मजदूरों के पक्ष में जाते दिख रहा है तो बनियों-गौटियों को इस 'प्रतिस्पर्द्धा' का सामना करना चाहिए। विकल्प चुनने की आजादी अगर श्रमजीवियों को मिली है तो उन्हें इसका आनंद एवं उत्सव मनाने का हक है। जो भी लोग इस योजना के कारण मजदूरों के आलसी हो जाने की बात करते हैं, उनसे यह सवाल पूछा जाना चाहिए कि अगर करोड़ों-अरबों कमा लेने के बाद धन्नासेठों के बच्चे आलसी होने के बदले

ज्यादा तृष्णा के साथ ज्यादा-से-ज्यादा कमाने की फिराक में लग जाते हैं तो भला केवल चावल मिल जाने पर कोई आलसी कैसे हो जाएगा? अगर चावल के कारण ये लोग काम करना छोड़ देते तो क्या अभी भी धान की बंपर फसल या सकल घरेलू उत्पाद में रिकॉर्ड वृद्धि संभव हो पाती? बस बात इतनी है कि बदली हुई परिस्थिति में अपने खेत या कारखानों में काम कराने के लिए आपको मजदूरों की थोड़ी चिरौरी करनी पड़ेगी और यही जनता के शासन की सफलता का सबसे बड़ा सबूत भी होना चाहिए।

पीडीएस : छ.ग. बनाम केंद्र यानी अमर्त्य सेन बनाम माल्थस

अगर विषय को समझने के लिए हम अनाज संबंधी मामले को केंद्र सरकार के बरक्स देखने की कोशिश करते हैं तो कुछ समय पहले अकसर कम बोलनेवाले प्रधानमंत्री द्वारा अनाज सड़ने के मामले पर न्यायपालिका को दी गई 'घुड़की' उल्लेखनीय है। एक जनहित याचिका की सुनवाई करते हुए न्यायालय का आदेश था कि जब देश के नागरिक भूख से बिलबिला रहे हों और सरकारी गोदामों में अनाज सड़ रहा है तो उससे बेहतर है कि यह जरूरतमंदों में मुफ्त बाँट दिया जाए। तो पहले तो केंद्रीय मंत्री ने इस आदेश को सलाह कहकर टालने का उपक्रम किया था, लेकिन फिर कोर्ट द्वारा स्पष्टीकरण दिए जाने के बाद कि यह आदेश ही था, प्रधानमंत्री को 'मैदान में' आना पड़ा। अपने स्वभाव के विपरीत उन्हें बोलना पड़ा कि न्यायालय को नीतिगत मामले में हस्तक्षेप नहीं करना चाहिए।

आखिर सवाल यह है कि अगर देश में अनाज सड़ रहे हों और आपकी जनता भी भूखों मर रही हो तो उन्हें मुफ्त अनाज बाँट देने में परेशानी क्या है? आश्चर्य तो यह है कि न्यायालय को सबक सिखाने में व्यस्त केंद्र सरकार के किसी भी जिम्मेदार व्यक्ति ने इस मामले पर कोई भी सफाई देना मुनासिब नहीं समझा। वैसे जो एकमात्र वाजिब समस्या नजर आती है, वह यह है कि अनाज को गाँव-गाँव तक पहुँचाया कैसे जाए, उसको बाँटने का आधार क्या हो? लेकिन अगर नीति बनाने के जिम्मेदार आप हैं और किसी दूसरे स्तंभ को यह अधिकार देना भी नहीं चाहते तो आपको इस तरह की जनकल्याणकारी नीति बनाने से रोका किसने है? खबर आ रही है कि केंद्र सरकार देश के सभी छह लाख गाँवों तक कंडोम पहुँचाने की व्यवस्था कर रही है। इस बारे में नीति बनकर तैयार है और एक स्वयंसेवी संगठन को इसका ठेका भी दे दिया गया है। तो आप गावों तक कंडोम बाँट सकते हैं, लेकिन अनाज बाँटने में आपको बौखलाहट हो रही है। चूँकि सरकार ने अपनी तरफ से इस मामले में अपनी असमर्थता का कोई कारण व्यक्त नहीं किया है तो विपक्षियों द्वारा लगाए आरोप के संबंध में मुद्दे को समझने की कोशिश करते हैं।

मुख्य विपक्षी भाजपा के अनुसार सरकार अनाज इसलिए सड़ा रही है, ताकि सड़े हुए अनाज से शराब बनवाई जा सके। शराब लॉबी को खुश किया जा सके। हो सकता है इस बात में सच्चाई हो, लेकिन असली सवाल तो उन बिचौलियों-जमाखोरों का है, जिसका सबकुछ ऐसे किसी भी फैसले से तबाह हो सकता है। अगर आज महँगाई बढ़ी है तो न उत्पादन कम होने और न ही किसी अन्य कारण से। केवल और केवल बिचौलियों के समूह को को प्रश्रय देने और उनके हितों को जान-बूझकर संवर्धित करते रहने के कारण। नहीं तो ऐसा कोई कारण नहीं कि ढेर सारे मँजे हुए अर्थशास्त्रियों के इस सरकार में महँगाई की त्रासदी से पार नहीं पाया जा सकता था। केंद्र सरकार द्वारा अनाज मामले में बरती जा रही लापरवाही को स्पष्ट रूप से लाखों करोड़ के 'महँगाई घोटाला' का नाम दिया जा सकता है।

अनाज को मुफ्त बाँटने की बात तो दूर की कौड़ी है, अगर यह सरकार ऐसा करने की इच्छा ही प्रकट कर दे, इस विषय में एक सकारात्मक बयान ही दे दे तो कृत्रिम रूप से महँगाई बढ़ानेवाले वायदा कारोबारियों की मिट्टी पलीद हो जाए। लेकिन शरद पवार द्वारा चीनी महँगी होने की भविष्यवाणी को याद करें तो समझ में आएगा कि कीमतों को बढ़ाया कैसे जाता है और इसमें किसका हित छिपा होता है। बस तो बयानों की 'कीमत' बेहतर मालूम होने के कारण ही तमाम लोकतांत्रिक मर्यादाओं को तिलांजलि देकर प्रधानमंत्री को अपने स्वभाव के विपरीत तब 'मैदान' में कूद जाना पड़ा था। यहाँ सवाल जमाखोरों के हित बनाम आम नागरिकों का है। सवाल छत्तीसगढ़ का कल्याणकारी सफल, सरल, ईमानदार पीडीएस बनाम केंद्र द्वारा जमाखोरों को प्रश्रय देने का है। माल्थस के उत्पादन और जनसंख्या सिद्धांत बनाम अमर्त्य सेन के कल्याणकारी अर्थशास्त्र के मध्य चयन का है।

जनसंख्या और उत्पादन के संबंध में दो विचारक मुख्य रूप से सामने आते हैं। एक थे 18वीं सदी के यूरोप को गहरे तक प्रभावित करनेवाले 'थॉमस रॉबर्ट माल्थस' और दूसरे हैं भारत की मिट्टी के ही नोबेल पुरस्कार विजेता अमर्त्य सेन। जहाँ माल्थस ने उत्पादन के मुकाबले जनसंख्या में गुणात्मक वृद्धि हो जाने के कारण भुखमरी की आशंका व्यक्त की थी, वहीं अमर्त्य सेन का यह मानना था कि भुखमरी अनाज की अनुपलब्धता के कारण नहीं बल्कि सरकार द्वारा उसका सही वितरण न कर पाने की मंशा या अक्षमता के कारण हुआ करता है। दुनिया में पड़े अकालों के विस्तृत एवं तार्किक विश्लेषण के आधार पर अमर्त्य सेन ने बताया कि अकाल का मुख्य कारण मूलत: वे सामाजिक, आर्थिक अथवा राजनीतिक परिस्थितियाँ हैं, जो व्यक्ति के क्रय शक्ति का ह्रास करती हैं। अपने अकाट्य तर्कों से उन्होंने स्पष्ट किया कि 1943 का बंगाल का अकाल पूर्णत: प्राकृतिक आपदा नहीं थी। तो अब आप सोचें, जिस समय

यह देश हरित क्रांति से कोसों दूर था, उस समय भी देश के पास अनाज इतना था कि वह बकौल अमर्त्य सेन अपने लोगों का पेट आराम से भर सकता था। तो अब हरित क्रांति के दशकों बाद जब अनाज उत्पादन में गुणात्मक वृद्धि दर्ज की गई है तो ऐसा कैसे हो सकता है कि उसकी कीमत हद से ज्यादा बढ़ जाए या लोग भूख से मरें? असली कारण केवल और केवल अपनी जेब भरने के लिए केंद्र द्वारा व्यापारियों को दिया जानेवाला प्रश्रय है, और कुछ नहीं।

चूँकि विश्व बैंक और बहुराष्ट्रीय कंपनी के पुराने कारिंदों द्वारा संचालित केंद्र की यह सरकार 'गरीबी और भूख' को खतम करने के अमर्त्य के कल्याणकारी तरीके से चलकर अपने और अपने आकाओं का हित संवर्द्धन नहीं कर सकती तो उसे माल्थस का ही सिद्धांत ज्यादा बेहतर लगता है कि 'भूखों और गरीबों' को ही मार दो। चूँकि माल्थस के पास गरीबी दूर करने की कोई सोच नहीं थी तो उसने भूख की समस्या का समाधान यह बताया था कि गरीबों को प्राकृतिक रूप से मरने के लिए छोड़कर आबादी पर नियंत्रण किया जाना चाहिए। यह जानकर किसी भी व्यक्ति की रूहें काँप जाएँगी कि पादरी रहे माल्थस ने तत्कालीन इंग्लैंड की सरकार को यह सलाह दी थी कि गरीबों को गंदे नाले के किनारे बसाया जाए और प्लेग आदि के कीड़े उनके पास छोड़ दिए जाएँ, जिससे वे अपने आप खत्म होते रहेंगे। साथ ही डॉक्टरों को इनके इलाज के लिए न लगाया जाए।

कहना होगा कि उदारीकरण के जनक माने जानेवाले मनमोहन सिंह की यह सरकार भी उसी माल्थस के अर्थशास्त्र को अपनी गीता और कुरान बनाए हुए है। अमर्त्य सेन की स्थापना फिर उल्लेखनीय है कि अगर बंगाल के अकाल के समय देश में लोकतंत्र होता तो जनता और उसके नुमाइंदे संसद् में अकाल पीड़ितों के पक्ष में आवाज उठाकर सरकार की नाक में दम कर सकते थे। उन्होंने यह आश्वस्ति भी व्यक्त की थी कि लोकतंत्र के आते ही भूख की समाप्ति हो जाएगी। आजादी के छह दशक बाद भी भारत में 'भूखों' को राजनीति द्वारा समाप्त किए जाने की इस कुचेष्टा पर वे अफसोस जताने के सिवा और कर ही क्या सकते हैं?

सुदामा, वीर नारायण और रमन, चावल के संदर्भ में

छत्तीसगढ़ में बैठकर यह शब्द लिखते-लिखते वीर नारायण सिंह याद आ रहे हैं, जिनका जमाखोरों के गोदामों से भूखों के लिए अनाज लूट लेने का आंदोलन स्वतंत्रता का शंखनाद साबित हुआ था। रायपुर का जयस्तंभ चौक, जहाँ उन्हें फाँसी दी गई थी, उनके शहादत का जीता-जागता प्रतीक है। लेकिन अफसोस तो यह है कि आज के गरीब केंद्र के कथित आम आदमी की अपनी ही सरकार से राशन लूटने कहाँ जाएँ?

लेकिन केंद्र के उलट छत्तीसगढ़ ने प्रदेश के लिए माल्थस के बजाय अमर्त्य सेन के सिद्धांतों पर भरोसा जताया है। साथ ही प्रदेश ने अपने सुविधाजनक आँकड़ों के बजाय आदिवासियों की मुसकान को, मजदूरों के सुखी होने को, भूटान की तरह नागरिकों की प्रसन्नता को विकास के वास्तविक सूचकांक को ही शासन की सार्थकता समझने की कोशिश की है। सही अर्थों में डॉ. रमन ने देश के मनीषी पंडित दीनदयाल उपाध्याय को सही संदर्भों में पढ़, समझकर उनके विचारों को शिरोधार्य और अंगीकार किया है। एकात्म मानववाद किसी अबूझ एवं भारी भरकम शब्दों के जखीरे को नहीं, बल्कि इन्हीं सीधी-सच्ची, सरल, भावनाओं-विचारों, प्रवृत्तियों को कहते हैं।

चावल के बारे में एक सुंदर प्रसंग है, कृष्ण और सुदामा का। ऊहापोह की स्थिति है सुदामा कृष्ण से मिलने जाना चाहते हैं, लेकिन अपने बाल सखा के लिए उपहार लेकर क्या जाएँ, यही समझ में नहीं आ रहा है उन्हें। अंततः दो मुट्ठी चावल काँख में दबाए द्वारिकाधीश से मिलने निकल पड़े थे सुदामा। कहते हैं कि उसी चावल के बदले जनार्दन ने राज-पाट से संपन्न कर दिया था अपने गुरुभाई को। लोकतंत्र सत्ता के शीर्षासन का भी नाम है। यहाँ पर जनार्दन की भूमिका जनता को मिली होती है, जब विकास यात्रा से लेकर चुनाव प्रचार-यात्रा डॉ. रमन सिंह अपने जनार्दन से मिलने निकले थे तो उनकी पोटली में भी वही चावल था। वही सुदामा सुलभ संकोच एवं सेवा करने का अवसर दुबारा देने का याचना भाव लेकर उनके सामने थे। प्रतिसाद भी उसी तरह मिला और दुबारा में भाजपा की सरकार सुनिश्चित हो गई। 1 नवंबर, 2000 की अर्धरात्रि को छत्तीसगढ़ का निर्माण हुआ था और इस एक दशक में प्रदेश में भरोसे का निर्माण हुआ है। लगातार दो बार मिली जीत को भरोसे की जीत में तब्दील करने की महती जिम्मेदारी डॉ. रमन सिंह को नियति ने दी थी। अपने पुराने अनुभवों से सीख-सबक लेकर, अपनी स्वाभाविक सरलता, सहजता, विनम्रता एवं भरोसे के साथ राज्य को विकास के पथ पर सरपट दौड़ाकर अब तीसरी बार जनादेश के लिए फिर 'जनार्दन' के पास जाने की तैयारी है। विजय मिली, विश्राम नहीं, यही अटल उद्घोष बार-बार संबल भी और उनके लिए मूलमंत्र भी।

लोक-लुभावन योजना बनाम वोट की राजनीति

एक सवाल पर जरा सोचिए। कोई छात्र अति मेधावी हो, काफी श्रम से लगातार पढ़ते हुए अपने लक्ष्य के प्रति समर्पित हो। क्या आप यह कहकर उसकी आलोचना करेंगे कि इसे पढ़ाई से कोई खास लगाव नहीं है, बस इसे तो चूँकि भारतीय प्रशासनिक सेवा में जाना है, इसलिए इतनी पढ़ाई कर रहा है? नहीं न! कम-से-कम छत्तीसगढ़ सरकार की पहचान बन चुकी इस योजना की वोट बटोरने की नीति कहकर आलोचना

करना वैसा ही है, जैसे उक्त छात्र को वैसा कहकर या उसकी आलोचना करना भी वैसा ही है जैसे उस छात्र की निंदा की जाए। निश्चित ही किसी भी सरकार की यह प्राथमिकता होती है कि वह बार-बार चुनकर आए। वैसे भी स्थायित्व के बिना संभावनाओं से परिपूर्ण कोई प्रदेश कैसे दम तोड़ सकता है, झारखंड उसका एक जीता-जागता उदाहरण है। रमन सिंह बार-बार ईमानदारी से यह दुहराते भी हैं कि चुनाव हारने के लिए आखिर कौन काम करता है ? लेकिन अच्छी बात यह है कि वोट के लिए यहाँ हथकंडों का सहारा लेने के बदले अपनी जिम्मेदारियों के सम्यक् निर्वहन को ही आधार बनाया जा रहा है। एक पाश्चात्य कहावत है कि 'ईमानदारी सबसे अच्छी नीति है।' तो पश्चिम भी एक पॉलिसी के रूप में ही भले 'ईमानदारी' को सबसे अच्छा उपकरण मानता है। लेकिन अपनी पार्टी के विचारों के अनुरूप डॉ. रमन के लिए ईमानदारी, उनकी नीति से ज्यादा अब संस्कृति में परिवर्तित हो गया है।

'चाउरवाले बाबा' के पक्ष में सबसे बड़ी बात यही है कि इनकी भलमनसाहत, आदमीयत पर विपक्षियों को भी कभी कोई संदेह नहीं रहा है। आदमी में आदमीयत है, चलो यूँ ही सही। 'पीडीएस' में निश्चय ही इसी भलमनसाहत की जरूरत है, पर नक्सल जैसे मामलों में लोगों को यह संदेश भी देना समीचीन होगा कि यह भलमनसाहत केवल साधुजनों के लिए ही है—परित्राणाय साधुनाम्, विनाशाय च दुष्कृताम्।

□

खनिज संपदा पर फौलादी स्टैंड

संसद् और विधानसभाओं की घटती हुई साख उन सभी लोगों के माथे पर चिंता की लकीरें खींचती रही है, जो देश में संसदीय प्रणाली को फलते-फूलते देखना चाहते हैं। सतही तौर पर विचार करनेवाले इसके पीछे सभाओं में अकसर होनेवाले गुल-गपाड़ों को जिम्मेदार ठहराते हैं। यह सोच एकांगी है। दरअसल, संसद् और विधानमंडल अपने मूल कामों से कन्नी काटने लगे हैं। नीतियों का निर्माण, कानूनों और सरकारी कार्यक्रमों की गंभीर समीक्षा तथा जनहित के असल मुद्दों को नेपथ्य में डालकर सत्रों के नाम पर महज रस्म-अदायगी करने की प्रवृत्ति से प्रतिनिधि सभाओं का खासा नुकसान हुआ है।

ऐसे में कोई विधानमंडल जब नीति-निर्माण की फिक्र करके अपने मंच पर सर्वदलीय सहमति के सुर छेड़ता है तो सुखद सा आश्चर्य होता है। छत्तीसगढ़ की विधानसभा ने ऐसा ही एक दुर्लभ उदाहरण देश के सामने रखा है। मामला था—देश की खनिज नीति को अंतिम रूप देने से पहले केंद्र द्वारा राज्यों के पक्ष को वाजिब तौर से विचार में लिये जाने का। दरअसल, योजना आयोग द्वारा राष्ट्रीय खनिज नीति की छानबीन कर खान और खनिजों के नियम कानूनों में संशोधन सुझाने के लिए योजना आयोग के सदस्य अनवारूल हुदा की अध्यक्षता में एक समिति बनाई गई थी। इस उच्च स्तरीय समिति ने जो सिफारिशें की हैं, वे अपनी ही धरती पर राज्यों की अपनी ही सरकारों को बेबस कर देनेवाली हैं। इन्हें यदि जस-का-तस लागू कर दिया गया तो खनिज संपन्न राज्यों के हाथ में भीख का कटोरा भर बचेगा।

हमारे यहाँ राष्ट्रीय चेतना और मिट्टी की महिमा का बहुत बखान किया जाता है। राष्ट्र होता क्या है? एक खास भूखंड पर एक खास संस्कृति, अपनी राजनीतिक पहचान, स्वतंत्रचेता नागरिकों का समूह, जो संविधान के जरिए कुछ खास लक्ष्यों को पाने के लिए प्रयत्नशील हों—यही सब तो मिलकर एक राष्ट्र बनाते हैं। इसमें सबसे पहली और बेशकीमती चीज है—भूखंड, जमीन का टुकड़ा। इस देश की निरक्षर माँएँ तक अपने दूध की सौगंध के साथ अबोध शिशुओं को लोरियाँ गाकर अपनी मिट्टी का मोल समझाती आई हैं।

भूमि को ऋग्वेद में 'माँ' कहा गया है और मनुष्य को 'पृथ्वी-पुत्र' बताया गया है। आज उसी के देश में धरती से निकलनेवाली खनिज संपदा को लेकर हुदा समिति ने जैसा अति प्रोफेशनल रवैया अपनाया, वह हतप्रभ कर देनेवाला है। खनिजों की लूट और बंदरबाँट के लिए हड़बड़ी को इसी से समझा जा सकता है कि खनिज रियायतों के आवेदनों का यदि राज्य सरकारें समय पर निपटारा नहीं करतीं तो उनका अधिकार केंद्र सरकार को चला जाएगा। यही नहीं, खान और खनिज कानून 1957 की धारा 11(5), जिसमें खनिज आधारित उद्योगों को अपने राज्य में सरकार द्वारा रियायत देने की शक्ति है, उसे भी खत्म करने जैसी बातें हुदा समिति ने अपने प्रतिवेदन में कही हैं।

विकास और उदारीकरण के ताजा दौर में खनिजों पर बहुराष्ट्रीय कंपनियों, समर्थ देशों और बड़े औद्योगिक घरानों की गिद्धदृष्टि लगी हुई है। वह सोच, जो जन्म देने से बच्चे का लालन-पालन करने तक एक माँ द्वारा किए गए श्रम और उठाए गए कष्ट को डॉलरों में तब्दील कर सकती है, उसके सामने धरती की कोख की क्या बिसात? इसलिए ऐसे लोगों का जबरदस्त दबाव देश के नीति-नियंताओं पर बनता जा रहा है, जो धरती से खनिजों की नोच-खसोट के लिए बेताब होकर हिनहिना रहे हैं। इन लोगों ने अफ्रीका में खनिजकर्म के लिए जैसी रीति-नीति बनवा दी है, वैसी ही वे भारत में लागू कराना चाहते हैं। इस पृष्ठभूमि में तो छत्तीसगढ़, म.प्र., उड़ीसा, झारखंड, कर्नाटक और राजस्थान जैसे खनिज बहुल राज्यों की शामत ही आनेवाली है। इसलिए नई खनिज नीति को लेकर लामबंद होना बिलकुल वाजिब और समयोचित है।

सुप्रीम कोर्ट ने एक मामले में इस बात की जरूरत बताई थी कि खनिज धारण करनेवाले अनुसूचित क्षेत्रों में रहनेवालों के हित में ऐसा कानून बने, जिससे उस क्षेत्र में काम करनेवाली कंपनियों की 20 फीसदी आमदनी को उसी क्षेत्र के विकास में लगाया जा सके। छत्तीसगढ़ के मुख्यमंत्री डॉ. रमन सिंह ने नवंबर 07 में खनिज सलाहकार परिषद् में यह मामला उठाया था। ऐसे कानून के अभाव में एन.एम.डी.सी. जैसी सार्वजनिक क्षेत्र की नवरत्न कंपनियों से लगाकर बड़े-बड़े निजी औद्योगिक घराने तक खदान क्षेत्रों को सिर्फ तहस-नहस करके अपनी तिजोरियाँ भर रहे हैं। जरा उस आदमी की कल्पना करें, जो अपने पुश्तैनी घर-जमीन को अपने ही सामने ब्लास्ट होता देख रहा है और जिसे नाममात्र के मुआवजे पर बे-आसरा छोड़ दिया गया है! खनिज क्षेत्रों में खेती योग्य जमीन बहुत कम है। ऊपर से वनभूमि के डायवर्जन पर कड़ी बंदिश लगी है। पशुपालन और कुटीर उद्योग के लिए न पर्याप्त पूँजी है और न संगठित बाजार! ऐसे में आदमी जहाँ-तहाँ मारा-मारा फिरे और नक्सलियों के हत्थे चढ़ जाए तो क्यों आश्चर्य होना चाहिए?

खनिज का प्रश्न हमारी अस्मिता से जुड़ा है। वह हमारी धरती का पौरुष है। वह

हमारे पूर्वजों की थाती है। आनेवाली कितनी ही पीढ़ियों के लिए वह एक धरोहर है। इस खनिज को सिर-माथे लगाकर ही हम अपने भविष्य को सँवार पाएँगे। उसे गैर-जिम्मेदाराना ढंग से हम जिस-तिस विदेशी के हाथ नहीं बेच सकते। उसके अंधाधुंध दोहन की अनुमति देना भी गलत है।

इसलिए खनिज-नीति के बारे में कोई निर्णय लेने से पहले सबकी राय लेना जरूरी है। हम एक संघीय व्यवस्था में रहते हैं। यह व्यवस्था राज्यों की अहमियत को मानती है। खनिज जैसे संवेदनशील मामले में सभी संबंधित राज्यों की राय का आदर करना जरूरी है।

खनिज-नीति, राज्यों को अनेक प्रकार से प्रभावित करती है। रोजगार, पर्यावरण, आर्थिक स्थिति, सामाजिक और सांस्कृतिक माहौल तक को इसकी वजह से प्रभावित किया जा सकता है। इसलिए यह और भी जरूरी है कि खनिज नीति को लेकर राष्ट्रीय बहस हो। संतोष की बात है कि राजनैतिक पूर्वग्रहों से परे जाकर छत्तीसगढ़ की विधान सभा ने प्रस्तावित 'राष्ट्रीय खनिज-नीति' को लेकर सर्वसम्मति से संकल्प पारित किया। यह एक सार्थक पहल थी।

□

नए राज्यों के निर्माण की कसौटी

छत्तीसगढ़ और झारखंड की सीमा पर 'उरुमकेला' नाम का एक गाँव है। यह गाँव आधा-आधा दोनों प्रदेशों में बँटा हुआ है। एक ही साथ अस्तित्व में आए इन दो प्रदेशों में बसे इस गाँव की कहानी अपने आप में छोटे कहे जानेवाले राज्यों की गाथा को प्रतीक रूप में कहता प्रतीत होता है। जहाँ छत्तीसगढ़वाला हिस्सा विकास से आप्लावित और जगमग है, वहीं झारखंड के हिस्सेवाला 'उरुमकेला' अँधेरे और फटेहाली में रहने को मजबूर। (संदर्भ—दैनिक भास्कर, 17 अप्रैल, राँची संस्करण)। इसी तरह कुछ साल पहले का एक और वाकया है। छत्तीसगढ़ प्रदेश की सीमा से लगे ओडिशा के कुछ गाँव के लोग सामूहिक धरना-प्रदर्शन पर थे। उनकी माँग अपने आप आप में अनोखी थी। वे चाहते थे कि उनके गाँव समेत कुछ हिस्से को छत्तीसगढ़ में मिला दिया जाए, ताकि वहाँ हो रहे विकास से वे लोग भी लाभान्वित हों। ओडिशा का वो इलाका उस बस्तर से लगता है, जहाँ दुनिया की नजर में तो गृहयुद्ध जैसे हालात हैं, लेकिन अगर वैसे पहुँचविहीन माने जानेवाले क्षेत्रों को भी पड़ोसी प्रदेश के बाशिंदे अगर हसरत से देखते हैं तो यह तो कहा ही जा सकता है कि सच में छत्तीसगढ़ ने अपने होने का मतलब साबित किया है। राज्य निर्माता अटलजी का स्वप्न रंग ला रहा है।

बहरहाल, उपर्युक्त वर्णित दो उदाहरण यह साबित करने को पर्याप्त हैं कि छोटे-छोटे राज्य निस्संदेह विकास के पथ पर ज्यादा तेजी से सरपट दौड़ने की क्षमता रखते हैं, बशर्ते उसे छत्तीसगढ़ की तरह स्थायित्व भी मिले। इसके अलावा जमीन से जुड़ा जमीरवाला नेतृत्व भी हो तो निश्चय ही कोई भी प्रदेश छत्तीसगढ़ की तरह ही विकास की लंबी छलाँग लगा सकता है। अन्यथा उम्र, अनुभव और संसाधन में सामान होने पर भी स्थायी और सरोकारी नेतृत्व के अभाव में कोई प्रदेश किस हद तक मुफलिसी में ही रहने को मजबूर रहता है, यह भी झारखंड आदि के उक्त दोनों उदाहरणों से पता चलता है।

निश्चय ही राज्य छोटा हो या बड़ा, कुशल नेतृत्व का कोई विकल्प नहीं है।

लेकिन भारत जैसे प्रभुता-संपन्न राष्ट्र की छतरी के नीचे अधिकार संपन्न छोटी-छोटी इकाइयाँ वास्तव में विकास का पैमाना बन सकती हैं। यहाँ पर एक मौलिक सवाल जरूर है कि आखिर हम छोटा कहें किसे? मोटे तौर पर जनसंख्या को आधार बनाकर ही हम यह निर्धारित करते हैं कि किस राज्य को छोटा या बड़ा कहा जाए। अन्यथा छोटा कहा जानेवाला छत्तीसगढ़ तो क्षेत्रफल की दृष्टि से बिहार से भी बड़ा है। यहाँ तक कि प्रदेश का बस्तर ही केरल जैसे राज्यों से बड़ा है। अगर हम जनसंख्या के आधार पर ही आकार निर्धारित करें, तब तो अमेरिका को भारत की तुलना में काफी छोटा देश कहा जाएगा, क्योंकि आकार में तिगुना होने के बावजूद उसकी जनसंख्या भारत का लगभग एक तिहाई ही है। खैर!

आशय यह कि आजादी के सातवें दशक में आने के बाद भी आज तक हम यह ही नहीं तय कर पाए हैं कि आखिर भारत में राज्यों के निर्माण का आधार क्या हो? उसका आकार-प्रकार, जनसंख्या, संस्कृति, भाषा या क्या? किसी स्थापित मानदंड के अभाव में सत्ताधारी दल अपनी सुविधा या वोटों के समीकरण के लिहाज से राज्यों का निर्माण करते रहते हैं। फलत: अलग-अलग क्षेत्रों में अलग-अलग तरह का आक्रोश पनपना स्वाभाविक है। आजादी से अभी तक देश के लगभग हर कोने में नए राज्यों की माँग को लेकर धरना-प्रदर्शन, खून-खराबा, हिंसा का दौर जारी है। तमाम हिंसक आंदोलनों के बावजूद दशकों से तेलंगाना का मामला लंबित है। लेकिन बात केवल तेलंगाना की ही नहीं है, कहीं हलके तौर पर तो कहीं काफी मुखरता के साथ मिथिलांचल, गोरखालैंड, हरित प्रदेश, बुंदेलखंड, बघेलखंड, विदर्भ आदि की माँग सामने है ही।

अभी तक के राज्य-निर्धारण में बस एक आधार सामने आया, जब आंध्र प्रदेश का सबसे पहले भाषा के आधार पर निर्माण हुआ। उस समय तब के प्रधानमंत्री पंडित जवाहर लाल नेहरू भाषाई आधार पर राज्यों के गठन का विरोध करते रहे थे। लेकिन सामाजिक कार्यकर्ता पोट्टी श्रीरामालू की मद्रास से आंध्र प्रदेश को अलग किए जाने की माँग को लेकर 58 दिन के आमरण अनशन के बाद मौत ने अलग तेलुगु भाषी राज्य बनाने पर मजबूर कर दिया था। न्यायाधीश फजल अली की अध्यक्षता में पहले 'राज्य पुनर्गठन आयोग' की रिपोर्ट आने के बाद ही 1956 में नए राज्यों का निर्माण हुआ और 14 राज्य व 6 केंद्रशासित राज्य बने।

फिर 1960 में पुनर्गठन के दूसरे दौर में 1960 में बंबई राज्य को तोड़कर महाराष्ट्र और गुजरात बनाया गया। 1966 में पंजाब का बँटवारा हुआ और हरियाणा तथा हिमाचल प्रदेश दो नए राज्यों का गठन हुआ। इसके बाद अनेक राज्यों में बँटवारे की माँग उठी। 1972 में मेघालय, मणिपुर और त्रिपुरा बनाए गए। 1987 में मिजोरम का गठन किया गया और केंद्रशासित राज्य अरुणाचल प्रदेश तथा गोवा को पूर्ण राज्य

का दर्जा दिया गया। आखिर में साल 2000 में प्रधानमंत्री अटल बिहारी वाजपेयी के कार्यकाल में उत्तराखंड, झारखंड और छत्तीसगढ़ अस्तित्व में आए।

हालाँकि पहले राज्य पुनर्गठन आयोग की सिफारिश में राज्यों के बँटवारे का आधार भाषाई होने के पीछे तर्क दिया गया था कि प्रशासन को आम लोगों की भाषा में काम करना चाहिए, ताकि प्रशासन लोगों के नजदीक आ सके। लेकिन पिछले छह दशक का अनुभव यही कहता है कि सत्ताधारियों की 'नीयत' ही सबसे बड़ा आधार हो सकती है। देश के सामने सिर उठाए खड़े बाहरी आतंकवाद एवं आंतरिक चुनौतियों के संकट के बीच यह सबसे ज्यादा जरूरी है कि देश की विभिन्नताओं का सम्मान करते हुए, उसकी वास्तविक जरूरतों के मुताबिक कदम उठाकर यथाशीघ्र राज्य-निर्माण संबंधित मुद्दे का निपटारा किया जाना चाहिए।

फिलहाल जरूरत एक तीसरे निष्पक्ष राज्य पुनर्गठन आयोग की है, जिसमें हर क्षेत्र का प्रतिनिधित्व हो। अगर वास्तव में इस मुद्दे का निपटारा करने की इच्छाशक्ति हो तो अलग-अलग क्षेत्रों की उप संस्कृतियों को आधार बनाया जाना सबसे सही तरीका हो सकता है। इस तरह एक बार देश में नए राज्य गठन आयोग का गठन कर, विशेषज्ञों की सेवा ले, उसकी सिफारिशों को अमल में लाते हुए नए सिरे से राज्यों का निर्माण किया जाए। निश्चय ही अगर दस-पंद्रह नए राज्य भी बनाने पड़ जाएँ तो यह संघ को मजबूती ही प्रदान करेगा। इससे 'तंत्र' तक 'लोक' का पहुँचना भी सुगम होगा। साथ ही और जिस तरह संसदीय सीटों के लिए 2020 तक सीटों की संख्या नहीं बढ़ाने का प्रावधान किया गया है, उसी तर्क पर एक बार राज्यों का निर्माण हो जाने के बाद संविधान संशोधन के द्वारा यह तय कर दिया जाए कि अगले पचास साल तक किसी नए राज्य का निर्माण संभव नहीं होगा। तो जैसे आज लोकसभा में सीटों को बढ़ाए जाने के लिए कोई आंदोलन कहीं नहीं होता, उसी तरह राज्य-निर्माण का संघर्ष भी समाप्त होना संभव होगा।

अपने कार्यकाल में तीन राज्यों का निर्माण करनेवाली भाजपा और उसके पूर्ववर्ती जनसंघ सदा से ही छोटे-छोटे राज्यों की पक्षधर रही है। पंडित दीनदयाल उपाध्याय पूर्व के 54 जनपदों की तर्ज पर इतने ही राज्य बनाए जाने के पक्षधर थे। इस तरह अभी भी देश में करीब बीस और राज्यों की गुंजाइश शेष है। इसके अलावा एक ही देश में जम्मू-कश्मीर को विशेष हैसियत देना, या दिल्ली राज्य का अनोखा मामला, जिसमें अन्य तमाम राज्यों के उलट कानून व्यवस्था का मामला राज्य के बदले केंद्र का विषय बना दिया जाना, सात केंद्रशासित प्रदेशों का अस्तित्व आदि विसंगतियों को भी समाप्त किए जाने की जरूरत है। एक देश में एक ही तरह के राज्य हों, जिन्हें निश्चय ही अधिकाधिक अधिकार दिए जाएँ। सत्ता का अधिकतम विकेंद्रीकरण हो। हर जगह ग्राम

पंचायतों को मजबूत किया जाए। कानूनी अधिकार और संवैधानिक हैसियत के मामले में भी सारे राज्य समान हों। जनसंख्या तथा क्षेत्रफल में भी यथासंभव जमीन-आसमान का फर्क न हो।

इस तरह का प्रावधान कर साफ नीयत और सच्चे मन से अगर सत्ताधारी इस मामले में राजधर्म का पालन करें तो शायद कभी फिर न तेलंगाना के लिए खून की नदियाँ बहेंगी, न ही किसी और राज्य को बनाने के लिए उत्तराखंड के आंदोलनकारियों की तरह बलात्कार और प्रताड़ना झेलना होगा। इस तरह निर्मित हर राज्य खुद मजबूत हो आखिरकार राष्ट्र की मजबूती में सहायक की भूमिका का निर्वहन करने में सक्षम हो सकता है। जैसाकि ऊपर वर्णित किया गया है, ऐसा कर हर 'उरुमकेला' विकसित और रोशन होगा। नेतृत्व अगर छत्तीसगढ़ की तरह हो, उसे थोड़ा स्थायित्व मिले तो इस बात से फर्क नहीं पड़ता कि कोई गाँव इस राज्य में है या उस राज्य में या दोनों गाँव आधा-आधा दोनों राज्यों में।

□

रेल कॉरीडोर बनाम रेड कॉरीडोर

दक्षिण अफ्रीका के पीटर मारित्जबर्ग रेलवे स्टेशन से कभी किसी फिरंगी ने एक 'वकील' को समुचित टिकट होने के बावजूद बोगी से बाहर फेंक दिया था। बस उसी समय भारत में फिरंगी साम्राज्य को देश से ही निकाल-बाहर किए जाने की नींव पड़ चुकी थी। उस घटना से न केवल भारत को गुलामी से मुक्ति की बुनियाद मजबूत हुई बल्कि दुनिया को महात्मा गांधी के रूप में एक महामानव भी उस वाकये ने दिया। तब से लेकर आज तक भारत की एकता, अखंडता कायम रखने और भावनात्मक रूप से समूचे देश को एक सूत्र में पिरोने का काम रेलवे ने किया है। किसी ने सही कहा है कि अमेरिका अमीर है, इसलिए वहाँ की सड़कें अच्छी नहीं हैं, बल्कि वहाँ की सड़कें अच्छी हैं, इसलिए अमेरिका अमीर है। यह बात भारत में रेल के संबंध में भी सौ फीसदी सच हो सकती है। अगर भारत में भी आवागमन के साधन अच्छे कर दिए जाएँ तो स्वत: ही देश का समेकित विकास संभव होगा।

लेकिन विडंबना यह है कि रेल को भी हिंदुस्तान में हमेशा एक राजनीतिक हथियार के तौर पर ही इस्तेमाल किया जाता रहा है। यात्री सुविधाओं की वास्तविक दरकार कहाँ-कहाँ है, इसके बदले महत्त्वपूर्ण यह रहा है कि 'वोट' के लिए क्या जरूरी है। लेकिन किसी एक सोमवार की दोपहर दिल्ली में जब मुख्यमंत्री डॉ. रमन सिंह और भारत के रेल मंत्री दिनेश त्रिवेदी की उपस्थिति में छत्तीसगढ़ में तीन नए रेल यात्री कॉरीडोर बनाने की सहमति-पत्र पर हस्ताक्षर हुए तो वास्तव में यह देश के सबसे पिछड़े इलाके माने जानेवाले छत्तीसगढ़ के साथ ही समूचे देश के लिए भी एक नए अध्याय की शुरुआत थी। अपने तरह के अनोखे इस एमओयू में पहली बार यह हुआ है कि रेल के बुनियादी ढाँचे के निर्माण में निजी क्षेत्रों को भी भागीदार बनाया जाएगा। हालाँकि विश्लेषक अभी भी यह कह सकते हैं कि मात्र 19 दिन के रिकॉर्ड समय में यह एमओयू होना इसलिए संभव हुआ, क्योंकि रेल मंत्रालय तब तृणमूल कांग्रेस के अधीन था।

लेकिन राजनीति से परे की बात करें तो वास्तव में इस गलियारे के निर्माण से प्रदेश के रायगढ़, जशपुर, कोरबा, बिलासपुर से लेकर सरगुजा, सूरजपुर, बलरामपुर

आदि जिलों के पहुँचविहीन क्षेत्रों के लोगों को भी सीधे या पास के स्टेशन से रेल सुविधा प्राप्त हो सकेगी। किसी को भी जानकर हैरत हो सकती है कि देश को सबसे ज्यादा राजस्व देनेवाले बिलासपुर धन का प्रदेश 'छत्तीसगढ़', यात्री सुविधाओं से काफी हद तक अछूता जैसा ही रहा है। वहाँ के कोयले से भले ही देश की धड़कन चल रही हो, वहाँ का स्टील प्लांट भले ही रेल को लग्जरी बोगी उपलब्ध कराने में मददगार रहा हो, प्रदेश की बिजली से भले भोपाल गुलजार होता रहा हो, लेकिन छत्तीसगढ़ के आदिवासी जन-जीवन में अँधेरा कायम रहा है। शेष देश-दुनिया से काटकर रखने की यह साजिश ही आज तक नक्सलवाद को 'बहाने' दे रही है। प्रदेश के जिन सात जिलों को इस गलियारे से फायदा होगा, ये देश के वे इलाके हैं, जहाँ लोगों ने कभी सोचा भी नहीं होगा कि उन्हें कभी रेल के दर्शन भी हो सकते हैं।

मोटे तौर पर छत्तीसगढ़ में अभी तक उतनी ही रेल सुविधा है, जिससे शेष देश को कोलकाता या मुंबई से जोड़ा जा सके। जाहिर है, शेष देश की सुविधा के लिए ही अभी तक प्रदेश में रेल लाइन बिछाई गई थी। चूँकि भौगोलिक दृष्टि से यह प्रदेश मुंबई और कोलकाता के मध्य अवस्थित है तो उन दोनों महानगरों को जोड़ने के लिए जितनी जरूरत थी, आज तक लगभग उतने ही हिस्से तक रेल लाइन का छत्तीसगढ़ में पहुँचना संभव हुआ है। लेकिन प्रदेश के दुर्गम इलाके के लोगों की पहुँच भी 'देश' के लिए आसान हो, इस पर डॉ. रमन सिंह से पहले किसी ने नहीं सोचा था। क्षेत्रफल की दृष्टि से बिहार से भी बड़े इस राज्य में अभी तक केवल 1188 किलोमीटर की रूट लाइन है। और हद तो यह है कि हाल के दशकों में केवल 19 किलोमीटर लाइन का यहाँ विस्तार हुआ था। लेकिन इस एक पहल से प्रदेश में 452 किलोमीटर नई लाइन बनाकर 38 प्रतिशत रेलवे रूट लाइन की बढ़ोतरी संभव होगी। लगभग चार हजार करोड़ की यह परियोजना अगले पाँच वर्ष में साकार रूप लेगी। बहरहाल!

इस रेल गलियारा के बहाने नक्सलियों के प्रस्तावित 'लाल गलियारा' पर भी विमर्श किए जाने की जरूरत है; या यूँ भी कहा जा सकता है कि यह गलियारा उस गलियारे का बेहतर जवाब हो सकता है। आप यह भी कह सकते हैं कि देश का नक्सल गिरोह जहाँ आज उस 'लाल गलियारा' का चिंतन करने में व्यस्त है, जो भारत को चीन से जोड़कर देश को गुलाम बना सके, वहीं छत्तीसगढ़ का लोकतांत्रिक नेतृत्व रेल कॉरिडोर के माध्यम से दिलों को जोड़ने की मंशा रखता है। जहाँ नक्सल गिरोह सड़कों को विस्फोट से उड़ाकर आवागमन बाधित करता है, वहाँ रमन सिंह के नेतृत्ववाली सरकार पहुँचविहीन दुर्गम क्षेत्रों तक में रेल सुविधा की शुरुआत कर वंचितों के विकासार्थ विकास का एक नया अध्याय रचना चाहती है। नक्सलवाद से सर्वाधिक पीड़ित प्रदेश के बस्तर अंचल पर हालिया प्रकाशित एक उपन्यास 'आमचो बस्तर' में

विस्तार से वर्णित किया गया है कि किस तरह पहले कलक्टर के रूप में बस्तर के जिस एक नौकरशाह ने दुर्गम इलाकों में विकास की रोशनी नहीं पहुँचने दी। जिसने ये बहाने बनाकर कि विकास से आदिवासी संस्कृति को नुकसान होगा, वहाँ सड़कें आदि नहीं बनने दीं। जिन लोगों ने आदिवासी संस्कृति के नाम पर लोगों को केवल सींग पहनकर नाचनेवाला ही बनाए रखा, वही लोग बाद में सेवानिवृत्ति होने के बाद विकास नहीं होने का रोना रोने लाल झंडा उठाए बस्तर पहुँच गए थे। इस तरह छत्तीसगढ़ का दुःख-दर्द नक्सली और उनके बौद्धिक समर्थकों के लिए भी हमेशा एक उत्पाद की तरह ही रहा, जिसे बेचते रहना उन समूहों का एकमात्र काम रहा है।

यहाँ यह कहना ज्यादा उचित होगा कि नक्सलवाद वहाँ इसलिए नहीं पनपा, क्योंकि इसके लिए शोषण आदि पर्याप्त कारण थे, बल्कि ऐसे कारण या बहाने खोजे और पनपाए भी गए, ताकि नक्सलवाद को वहाँ एक तार्किक आधार दिया जा सके। माओवादियों के लिए यह इसलिए जरूरी था, क्योंकि तब आंध्र में सक्रिय कोंडापल्ली सीतारमैया जैसे नक्सली नेता को अंचल की भौगोलिक स्थिति अपने ठिकानों के लिए उपयुक्त लगी थी। यहाँ शरण लेकर वे बेहतर तरीके से आंध्र के तेलंगाना आदि क्षेत्रों में अपना आंदोलन चला सकते थे।

तो विकास की कमी के बहाने से तिरुपति से पशुपति तक का नक्सल 'लाल गलियारा' का बेहतर जवाब बिलासपुर से सूरजपुर को जोड़नेवाले ऐसे रेल गलियारे का निर्माण हो सकता है या भविष्य में कभी नारायणपुर को बलरामपुर, दल्ली को दिल्ली या कोंटा को कोलकाता से जोड़कर भी यह काम किया जा सकता है। अभी बस्तर में ही पिछले दिनों बीजेपी के नेतृत्व में रेल सुविधाओं को लेकर बड़ा आंदोलन किया गया था।

यानी एक दल के रूप में भी भाजपा हमेशा आदिवासी क्षेत्रों तक 'देश' की पहुँच और देश तक छत्तीसगढ़ की पहुँच के लिए सदा प्रयासरत रही है। इसके अलावे अभी दल्ली राजहरा से रावघाट तक के रेल लाइन के पहले चरण के कार्य को शीघ्र पूरा किया जा रहा है। पहले चरण में 95 किमी. तक का कार्य पूरा करने के बाद दूसरे चरण में 135 किमी. का काम आसानी से पूरा कर लिया जाएगा। इसे 'आयरन कॉरिडोर' नाम दिया गया है। यह कॉरिडोर बस्तर के लिए लाइफ लाइन होगा। जैसाकि ऊपर वर्णित है, अभी तक मोटे तौर पर मुंबई से कोलकाता के रास्ते आनेवाले छत्तीसगढ़ के हिस्से में ही रेल सुविधा थी। यानी ज्यादा-से-ज्यादा पश्चिम से पूरब को जोड़ा गया था। यह नया 'आयरन कॉरिडोर' अब दक्षिण से उत्तर का दरवाजा खोलनेवाला होगा।

यह एक संयोग ही था कि जब रेल गलियारा के लिए दिल्ली में सहमति-पत्र पर हस्ताक्षर हो रहे थे तो लगभग उसी समय रेल-भवन से कुछ किलोमीटर की दूरी पर

स्थित सुप्रीम कोर्ट अपने उस आदेश पर दस्तखत कर रहा था, जिसमें पूर्व प्रधानमंत्री अटल बिहारी वाजपेयी के समय के महत्त्वाकांक्षी 'नदी जोड़ो परियोजना' को उचित ठहराया गया है। उस समय एनडीए के घटक दल में शामिल तृणमूल कोटे के केंद्रीय मंत्री जब भाजपाई मुख्यमंत्री के साथ यूपीए सरकार के प्रतिनिधि के तौर पर इस नई सहमति के साक्षी बने तो यह उम्मीद शायद बेमानी नहीं होगी कि ऐसे बड़े मामले में शायद अब 'राजनीति' को विकास के आड़े न आने दिया जाएगा।

जाहिर है, अब तक के विकास की राजनीतिक थ्योरी के उलट आज ऐसे वैकासिक सिद्धांतों की जरूरत है, जहाँ 'राजनीति' कभी विकास के लिए रुकावट नहीं बने। लोकतांत्रिक दल भले रेल पटरियों की तरह ही साथ जुड़कर नहीं बल्कि समानांतर चलें, लेकिन उनका गंतव्य एक हो। विकास की ऐसी रेल देश के कोने-कोने के ऐसे ही दुर्गम इलाकों से चले। रेल पटरियाँ उखाड़ लेनेवाले नक्सलियों, झारग्राम में रेल डिब्बों को ही ताबूत बना देनेवाले माओवादियों के लिए रेल कॉरिडोर उसी तरह ताबूत की आखिरी कील साबित हो सकता है, जैसे फिरंगियों के लिए मोहनदास को पीटर मारित्जवर्ग में रेल के डिब्बे से बाहर फेंकना हुआ था। देश के लिए 'लाल गलियारे' का विकल्प ऐसे ही ढेर सारे रेल गलियारे हो सकते हैं, ऐसी उम्मीद निश्चय ही इन कॉरिडोरों के निर्माण से बँधी है। वास्तव में इस कॉरिडोर के लिए एमओयू साइन कर छत्तीसगढ़ ने इस मामले में भी देश के लिए एक नया मॉडल प्रस्तुत किया है। बात चाहे 'रेड कॉरिडोर' की हो या 'आयरन कॉरिडोर' की, छत्तीसगढ़ ने न केवल 'पीपीपी' के रूप में नया मॉडल, बल्कि रेल संचार के द्वारा नक्सल विकार को खत्म करने का एक और बेहतर लोकतांत्रिक मॉडल भी देश के सम्मुख प्रस्तुत किया है।

□

नक्सलवाद : कारण नहीं, निदान पर बात हो

पिछले अध्यायों में वर्णित सभी तथ्य यह गवाही देते हैं कि वास्तव में छत्तीसगढ़ विभिन्न मौलिक योजनाओं और उसके सुदृढ़ अमलीकरण के द्वारा आज तेजी से बढ़ती संभावनाओं के एक प्रदेश के रूप में अपनी पहचान बना चुका है। लेकिन विकास की ओर तेजी से आगे बढ़ते इस प्रदेश में स्पीड ब्रेकर की मानिंद नक्सलवाद का खात्मा एक बड़ी चुनौती है। राष्ट्र की आंतरिक सुरक्षा के समक्ष सबसे बड़ी चुनौती के रूप में मानी गई इस समस्या से छत्तीसगढ़ को भी पार पाना शेष है। या यूँ कह सकते हैं कि सबसे बड़ी चुनौती शायद यह छत्तीसगढ़ के लिए ही है। यूँ तो इस समस्या पर सतत जरूरी विमर्श की श्रृंखला हर मंच से चलती रहती है, लेकिन सारा कुछ अंततः नक्सलियों के पनपने और आदिवासी क्षेत्रों में उसको जमीन मिलने के इर्द-गिर्द सिमटकर ही रह जाता है।

सवाल यह है कि आखिर कब तक हम केवल कारणों की ही चर्चा करते रहेंगे? क्या यह उचित है कि घर में अगर आग लगी हो तो इस आग को लगाया कैसे गया या किसने 'चूल्हे' की आग जलती छोड़ दी, इस पर चर्चा छेड़ दी जाए? या उचित यह होगा कि पहले आग बुझाने का उपक्रम किया जाए और उसके बाद अगर संभव हो तो 'आगजनी' के जिम्मेदार लोगों की पहचानकर उन्हें दंडित, अपमानित, लांछित या उपेक्षित या बहिष्कृत, जो भी किया जा सकता हो, किया जाए। सच्चाई रहते हुए भी अब इस बात को बार-बार दोहराते रहने का समय नहीं है कि नक्सली आतंकियों के छत्तीसगढ़ में पाँव पसारने का सबसे बड़ा कारण उस क्षेत्र की उपेक्षा, पूर्व की सरकारों द्वारा उसे उपनिवेश बनाकर रखना, व्यवसायियों द्वारा जमकर शोषण, सरकारी कारिंदों द्वारा उनको अय्याशी का सामान बना देना और तमाम तरह की प्राकृतिक, वन्य एवं खनिज संपदा का दोहन-शोषण रहा है। अफसोस तो तब भी होता है जब इन विसंगतियों के सबसे ज्यादा जिम्मेदार रहे राजनीतिकों अंचल के विकास का दायित्व पूरा करने के बजाय दशकों तक उसे उपनिवेश जैसा ही बनाकर रखनेवाले पूर्व मुख्यमंत्रियों द्वारा भी

तमाम लोक-लाज त्यागकर बयानबाजी की जाती है। खैर!

तो अब सवाल केवल और केवल यह है कि 'कारणों' पर चर्चा फिर कभी करते रहेंगे। अभी तो सीधा सवाल यह है कि केवल निवारण का उपाय सुझाया जाए। कर्णधारों को ईमानदारी से लोकतंत्र की बहाली में जुट जाना चाहिए। हालाँकि शोषण आदि उपर्युक्त वर्णित कारणों से नक्सलियों को जायज ठहरानेवाले लोगों की निंदा भी साथ-साथ ही की जानी चाहिए। आदिवासी क्षेत्रों में लगातार हुए शोषण की सच्चाई से भला कौन मुँह मोड़ सकता है? लेकिन ऐसा भी तो नहीं है कि शोषण केवल आदिवासी क्षेत्रों का ही हुआ है। आप बिहार के कुछ पिछड़े इलाकों में चले जाएँ, वहाँ से बस्तर आपको 'विकसित' दिखने लगेगा। या महानगरों की गंदी बस्तियों में ही झाँककर देखें तो गगनचुंबी इमारतों के आस-पास ही पनपा वह क्षेत्र आपको मानवता का ही मजाक उड़ाता नजर आएगा। अगर आर्थिक असंतुलन की ही बात करें तो जिस शहर में पाँच सितारा भोजन की एक थाली जितने रुपयों में आती है, उतने में उसी शहर के गटर तक में घर बनाकर रहनेवाले लोग अपने पूरे परिवार का महीने भर का राशन जुगाड़ पाते हैं। इसी तरह अगर आर्थिक विपन्नता ही नक्सलवाद का कारण होता तो आज देश भर के तमाम भिखारी नक्सली होते।

अगर सच में नक्सलियों के पास कोई सरोकार होता तो राष्ट्रकुल खेलों के नाम पर अमानवीयता की हद तोड़कर दिल्ली सरकार द्वारा जब भिखारियों को भगाया जा रहा था, तब सारे माओ समूह वहीं पहुँच गए होते। जबकि तथ्य यही है कि वहाँ भी भाजपा सांसद ने ही उस मामले को उठाया था। आपने कभी किसी माओवादी समूह को ऐसे किसी भी मामले पर कभी सवाल उठाते देखा है? इसी तरह आप कोई एक ऐसा उदाहरण गिना दें, जब किसी प्राकृतिक या अन्य आपदाओं में पीड़ित मानवता की सेवा के लिए इन गिरोहों द्वारा कोई कार्य किया गया हो। चिंतनीय साक्षरता दरवाले इस देश-प्रदेश में स्कूल भवन उड़ा देनेवाले, पहुँच विहीन क्षेत्रों तक जाती बसों को उड़ाकर गरीब नागरिकों का कत्ल करनेवाले, विकास की कमी का बहाना कर अपने को सही साबित करनेवाले समूहों द्वारा ही सड़क-पुल-पुलिया को नेस्तनाबूद करनेवाले, फरमान नहीं मानने पर 'सर्वहाराओं' को ही मुखबिर होने का बहाना कर निष्ठुरता से कत्ल करनेवाले, पूँजीवाद के विरुद्ध लड़ने का ढोंग करते हुए उन्हीं पूँजीवादी ठेकेदारों से लेवी वसूल कर, उनके टुकड़ों पर ही पलनेवाले समूहों का केवल इसलिए बचाव किया जाए कि यह शोषण के विरुद्ध क्रांति है, सिवाय बकवास और बौद्धिक विलास के इसे और कुछ भी नहीं कहा जा सकता है। बावजूद इसके शिकायत उन नक्सलियों से नहीं है, वह तो अपनी गति को प्राप्त होंगे ही, आज या कल। आक्रोश तो उन बुद्धिजीवियों पर है, जो ऐसे तत्त्वों को वैचारिक प्रश्रय और समर्थन प्रदान कर लोकतंत्र को कमजोर करने,

अभिव्यक्ति के मौलिक अधिकार का दुरुपयोग करने को ही अपनी सार्थकता समझते हैं।

अगर विचारधारा की ही बात की जाए तो यह समझना होगा कि 'विचार' कभी दोहरे मानदंड या अवसरवाद पर नहीं टिका होता। आप गौर करेंगे तो समझ में आएगा कि यही तत्त्व जब बिहार जैसे राज्यों में पैर पसारते हैं तो वहाँ पर 'जाति' इनका सबसे बड़ा हथियार होता है। वहाँ इनका काम विभिन्न जातिवादी सेनाओं के नाम पर चलता है, जबकि जाहिर तौर पर यह किसी भी जातिवादी व्यवस्था में भरोसा नहीं करते। संसदीय प्रणाली में कोई आस्था नहीं रखने का दंभ भरनेवाले इन लोगों को आंध्र में कांग्रेस को समर्थन देने में भी बुराई नहीं दिखती। झारखंड में इन्हें झामुमो या बीजेपी से भी परहेज नहीं। संसदीय सरकार को पूँजीवादी सरकार कहनेवाले को बंगाल में उसी सरकार की एक मंत्री ममता बनर्जी को भी माँ बना लेने से गुरेज नहीं था, लेकिन अब वही ममता उनकी सबसे बड़ी दुश्मन हो गई। लोकतंत्र को सभी बुराइयों की जड़ बतानेवाले इन गिरोहों को नेपाल में इसी 'लोकतंत्र' के लिए लड़ते हुए देखा जा सकता था। अभिव्यक्ति की आजादी और मानवाधिकार के नाम पर अपराधियों को मंच मुहैया करानेवालों को इनके चेयरमैन के देश चीन में इन पवित्र शब्दों की दुर्गति देखनी चाहिए। धर्म को अफीम माननेवाले लोगों को मजहब के नाम पर आतंक फैलानेवाले संगठनों या लोभ दिखाकर धर्मांतरण को बढ़ावा देनेवाले संस्थाओं से भी गठजोड़ करने से परहेज नहीं; और तो और, बस्तर आदि में तो यदा-कदा पूँजीवादी, साम्राज्यवाद का जनक चर्च आदि की मदद लेने में भी गुरेज नहीं होता इन्हें। ऊपर उल्लखित इतने विरोधाभासों को सिर पर लिये कोई गिरोह कैसे खुद को क्रांतिकारी कह सकता है, सोचकर अचंभा होता है। इस कथित आंदोलन के जन्मदाता कानू सान्याल द्वारा इन समूहों के इन्हीं दोगलेपन आदि से आजिज आकर आत्महत्या करने से पहले के कुछ बयानों, साक्षात्कारों पर गौर करें तो इनके बारे में ज्यादा अच्छी तरह समझा जा सकता हैं।

यह तय है कि जब भी संपूर्णता में छत्तीसगढ़ की बात की जाएगी तो नक्सलवाद का जिक्र भी आएगा ही। लेकिन यह भी सही है कि यह समस्या केवल प्रदेश विशेष की नहीं है। निश्चित ही नक्सल उन्मूलन के क्षेत्र में छत्तीसगढ़ की सरकार ने काफी बेहतर कार्य किए हैं। समाचार माध्यम और नक्सल समर्थित बुद्धजीवी भले कितना भी बदनाम करें, लेकिन यह तथ्य है कि स्वत:स्फूर्त आंदोलन 'सलवा जुडूम' ने नक्सलियों की चूलें हिला दी थीं। छत्तीसगढ़ शासन ने उस आंदोलन को हर तरह से समर्थन देकर वास्तव में नक्सलियों के अस्तित्व को ही खत्म करने का सामान इकट्ठा कर लिया था। इस आंदोलन की सबसे बड़ी सफलता यही थी कि आदिवासियों के बीच छिपे नक्सलियों की पहचान संभव हुई थी। यह पहचानना आसान हो गया था कि कौन नक्सली हैं और कौन आम आदिवासी। बस इतने से ही इनका सफाया आसान हो गया था। इसीलिए

अपनी समूची ताकत से नक्सलियों से भत्ता पानेवाले देश-विदेश तक में फैले कलमकार ने अपनी समूची ताकत झोंक अंततः इस आंदोलन को खत्म करने में तात्कालिक रूप से सफल हुए हैं। लेकिन इसके बावजूद हमें यह समझना होगा कि यह चुनौती भारत और उसके लोकतंत्र पर है। इसे राष्ट्रीय संकट समझना होगा। कांग्रेस को इस मुद्दे पर कम-से-कम राजनीति करना छोड़ देना होगा।

ये पंक्तियाँ लिखे जाने तक खबर आ रही है कि चीन भारत की सीमा के दस किलोमीटर अंदर तक घुस गया है। साथ ही उसने वापस जाने से भी इनकार कर दिया है। उसके सैनिक हेलिकॉप्टर का तो भारत की सीमा में सौ किलोमीटर अंदर तक पहुँचने की खबर है। इसी तरह पिछले दिनों चीन के ही एक विचारक का ब्लू प्रिंट सामने आया, जिसमें वे भारत को तीस टुकड़े में बाँटने की बात कर रहे थे। तो तिरुपति से पशुपति तक के जिस 'लाल गलियारा' की बात की जा रही है, उसमें अगर नक्सली सफल रहे तो फिर वहाँ से बीजिंग तक की राहें कितनी आसान हो जाएँगी, यह समझने के लिए आपको किसी विशेषज्ञता की जरूरत नहीं है। और तब यह समूह कितने ताकतवर होकर देश की अखंडता के लिए कितनी बड़ी चुनौती हो सकते हैं, कल्पना की जा सकती है। अगर इनका ऐसा नेटवर्क तैयार हो गया, तब सन् 1962 की लड़ाई में चीन के लिए चंदा उगाही करनेवालों की क्या भूमिका होगी, समझा जा सकता है। चीन के चेयरमैन को अपना चेयरमैन समझनेवाला यह गिरोह फिर किस तरह कहर ढा सकता है भारत पर, इसकी कल्पना कर आपके रोंगटे खड़े हो सकते हैं। अभी भले ही इनसे पार पाना असंभव नहीं हो, लेकिन कल को तो काफी देर हो जाएगी।

ये बात बिलकुल सही है कि यह समस्या विकास की कमी का बहाना लेकर पैदा हुई है। लेकिन यह तय मानिए कि केवल 'विकास' के द्वारा अब इसका समाधान संभव नहीं है, बल्कि विकास कार्यों से इन्हें खाद-पानी न पहुँच पाए, इसकी भी चिंता प्रदेश सरकार को करनी पड़ रही है। पिछले साल ही एस्सार से लेवी के रूप में 15 लाख की वसूली करते हुए कंपनी का ठेकेदार लाला समेत दो नक्सली सोनी सोडी और लिंगाराम कोडोपी को गिरफ्तार किया गया। चूँकि पुल-पुलिया, सड़क, भवन आदि निर्माण संबंधी वैकासिक कार्य जाहिर है कि ठेकेदारों द्वारा ही किया जाता है। उन इलाकों के लिए निर्गत हर फंड में लेवी के रूप में नक्सलियों की भी हिस्सेदारी होती है, जिसे सरकारों ने भी स्वीकार किया है। अनधिकृत आँकड़ों के अनुसार यह वसूली दो हजार करोड़ सालाना है।

तो इतनी रकम उनकी जेब में अगर जाती रहे तो उन्हें पनपने और फैलने का ही मौका मिलेगा। इसलिए अनेक वैकासिक कार्यों को अंजाम देते हुए, साथ ही शासन का ध्यान इस पर भी लगा रहना उचित ही है कि ऐसी राशि का दुरुपयोग नहीं हो।

लेवी लेते हुए उपर्युक्त नक्सलियों की गिरफ्तारी को आप उसी संदर्भ में देख सकते हैं। तो जरूरी यह है कि प्रदेश सरकार इसी तरह गंभीरता का परिचय देते हुए लगातार समूल नक्सल उन्मूलन की कोशिश में लगी रहे। विपक्ष के लिए भी यह आवश्यक है कि कम-से-कम इस मामले में किसी तरह की राजनीति न करे। याद रखें, इसी तरह अगर गंभीरता से प्रयास होता रहा तो आज तो संभव है कि भारी जद्दोजहद के बाद हम लोकतंत्र पर आई इस सबसे बड़ी चुनौती से पार पा लेंगे, लेकिन अगर केंद्र द्वारा किसी भी तरह ढिलाई बरती गई तो कल को तो बहुत देर हो जाएगी। इसीलिए राष्ट्र के समक्ष अब समय 'सोचने' नहीं 'करने' का है। विचार 'कारण' पर नहीं बल्कि 'निदान' पर हो। हाँ, इस गिरोह को वैचारिक प्रश्रय देनेवालों के लिए तो बस नीरज के शब्दों में इतना ही कहा जा सकता है, 'आग लेकर हाथ में पगले जलाता है किसे, जब ना ये बस्ती रहेगी, तू कहाँ रह पाएगा?'

□

सरकार श्रवण कुमार

लोकतंत्र की एक खासियत यह भी है कि वो कई मान्यताओं का शीर्षासन करा देता है। जहाँ पुरानी शासन प्रणाली राजा को जनक (पिता) के रूप में देखती थी, वहाँ लोकतंत्र में जनता ही जनक है। जहाँ पहले शासक को ईश्वर का रुतबा हासिल था, वहाँ अपना जनतंत्र जनता को ही जनार्दन की उपाधि से विभूषित करता है। निश्चय ही गणतंत्र में किसी सरकार की सफलता का पैमाना यह भी है कि वो खुद को क्या समझती है—शासक या सेवक, स्वामी या सखा?

छत्तीसगढ़ की रमन सरकार जब अपने कार्यकाल के दसवें वर्ष में प्रवेश कर चुकी है, तब विनम्रता उसकी बड़ी पूँजी है। शालीनता उसकी एक बड़ी उपलब्धि है। वास्तव में उसने जनता के विकासार्थ सभी कार्य करते हुए कभी खुद को दाता के तौर पर नहीं देखा। हाशिए पर खड़े हर व्यक्ति के सम्मान हेतु समर्पित रहते हुए भी चावल के लिए शहीद वीर नारायण सिंह की तरह कोष खाली कर देते हुए भी इसने 'तेरा तुझको अर्पण, क्या लागे मेरा' जैसी भावना ही कायम रखी।

अब प्रदेश शासन ने खुद को अपने वरिष्ठ नागरिकों के सेवार्थ एक और नई भूमिका में प्रस्तुत किया है। डॉ. रमन सिंहजी ने निश्चय ही भारतीय मनीषियों द्वारा वर्णित श्रवण कुमार की कथा को गौर से सुना होगा, उसे अंगीकार किया होगा, जिसने अपने माता-पिता को काँवड़ में बैठा उन्हें तीर्थ-यात्रा का अवसर दिया था। शायद उसी शिक्षा को चरितार्थ कर मुख्यमंत्री ने यह फैसला लिया कि वे प्रदेश के उन बुजुर्गों को, जो इच्छा रखते हुए भी आर्थिक अभाव के कारण तीर्थ-यात्रा पर नहीं जा सकते, उन्हें यह सुविधा सरकार द्वारा उपलब्ध कराई जाएगी। प्रदेश में इस योजना के तहत तीन-चौथाई ग्रामीण और एक-चौथाई शहरी बुजुर्गों को विशेष रेल गाड़ियों के द्वारा देश के विभिन्न तीर्थ स्थानों की यात्रा को भेजा जाता है। इसी वर्ष मकर संक्रांति से इस योजना की शुरुआत हुई। इस तरह के तीर्थयात्रियों का पहला जत्था शिरडी, शनि सिंघनापुर आदि की सफल यात्रा कर अपने घर वापस पहुँच भी चुका है। वापसी में जैसे धरसींवा की श्रीमती केजिन बाई ने कहा भी कि 'बुढ़ापे में हम रायपुर तक की यात्रा नहीं कर सकते थे, लेकिन सरकार ने उन्हें साँई बाबा के दरवाजे तक पहुँचा दिया।

इस तरह के यात्रियों के पहले जत्थे को विदा करते हुए डॉ. रमन सिंह ने काफी भावुक होकर कहा भी कि 'मुझे ऐसा लग रहा है मानो मैं अपने माता-पिता का स्वागत कर रहा होऊँ', तो नागरिकों को साँई बाबा के द्वार तक पहुँचाने से लेकर 'शासन' को नागरिकों की देहरी तक पहुँचाने में भाजपा सरकार जी-जान से जुटी हुई है। अभी नौ नए जिलों की पहली सालगिरह पर जनता ने उत्साहपूर्वक साल भर पहले के उस दिन को याद किया, जब वास्तव में शासन की पहुँच खुद उनके दरवाजे तक हो गई थी। हर उन जिलों में उमड़ी भीड़, प्रदेश जनों की सहभागिता और डॉ. रमन सिंहजी के प्रति उमड़ पड़े अनुराग ने 'भविष्य' का दृश्य भी दिखा दिया। अगर सामूहिक विवाह योजना, नए जिलों का निर्माण, मुख्यमंत्री खाद्यान्न योजना से लेकर तीर्थ-यात्रा तक की योजना को एक वाक्य में समेटना चाहें तो यही कह सकते हैं कि प्रदेश की भाजपा सरकार, अपने नागरिकों के लिए सनातन धर्म में वर्णित धर्म, अर्थ, काम और मोक्ष रूपी सभी पुरुषार्थों की सहज प्राप्ति हेतु प्रयासरत होकर बड़े-बुजुर्गों का आशीष पुनः-पुनः प्राप्त कर रही है। आखिर पिछलीं बार भाजपा ने नारा भी तो यही दिया था कि 'दुआओं से बनेगी भाजपा सरकार!'

□

अभिनव प्रयास

बेहतर होता है सपनों को जिंदा किया जाना

बात ज्यादा पुरानी नहीं है। बस्तर के अपने एक मित्र, वहाँ पर एक उपन्यास लिखने के सिलसिले में अंचल का सर्वे कर रहे थे। काफी तथ्य भी जुटाया उन्होंने और फिर उस आदिवासी अंचल के छात्रों से उनके सपनों के बारे में कुछ सवाल पूछे। परिणाम निराशाजनक थे। सैकड़ों बच्चों में से से दो या तीन प्रतिशत ने ही डॉक्टर और इंजीनियर बनने के अपने सपने के बारे में बताया था। लगभग 97 प्रतिशत बच्चों को तो यह भी नहीं मालूम था कि उससे ऊपर का भी कुछ बना जाता है। उनके जीवन का चरम और परम लक्ष्य बस शिक्षा कर्मी बन जाना था या फिर एसपीओ। तो पूर्ववर्ती सरकारों का इस प्रदेश, खासकर बस्तर, सरगुजा को आदि अपना उपनिवेश समझने की मानसिकता, इनके शोषण, उनकी उपेक्षा आदि से उपजे उनके दर्द ने अभी तक जितना नुकसान पहुँचाया है। उसकी चर्चा यदा-कदा की ही जाती है। लेकिन इन उपेक्षाओं ने सबसे खतरनाक काम यह किया था कि बस्तर सरगुजा के बच्चों से उनके सपने भी छीन लिये थे। जैसाकि 'पाश' कहते हैं—'सबसे खतरनाक होता है, हमारे सपनों का मर जाना।' उपेक्षाओं के इस दंश ने तो मानो नौनिहालों के सपनों को भी मार ही दिया था।

लेकिन उल्लास से भर देनेवाली खबर यह है कि प्रदेश के आदिवासी इलाकों में, वहाँ के मेहनती बच्चों के सपनों ने फिर आकार लेना शुरू कर दिया है। अभी एआइईई प्रतियोगिता में केवल एक सरकारी प्रकल्प 'प्रयास' के 149 छात्र सफल हुए हैं। निश्चय ही यह भारत की किसी भी सरकार की सफलता के कुछ चंद उदाहरणों में से एक होगा। प्रदेश के पहुँचविहीन इलाके से आनेवाले इन बच्चों के रायपुर में रहने आदि से लेकर उनके कोचिंग आदि की सारी व्यवस्था प्रदेश की रमन सरकार द्वारा निःशुल्क की जाती है। इस बार तो देश के नामचीन शिक्षकों की सेवा लेकर उच्च स्तरीय कोचिंग की मदद से छात्रों ने कमाल ही कर दिया। उन्होंने मानो प्रदेश के कैनवास पर सुंदर चित्र उकेर

दिए, इस रंग-बिरंगे अंचल की शान में अपनी कूची के सारे रंग उड़ेल दिए। बस्तरिया मैना मानो चहचहा उठी हो! गुंडाधूर के बच्चों ने मानो एक नई क्रांति का बीड़ा उठा लिया हो। प्रदेश शासन के 'प्रयास' का यह परिणाम मानो यह कह रहा हो कि 'सबसे बेहतर होता है सपनों को जिंदा कर दिया जाना।'

इस अद्‌भुत सफलता के बाद अपने इस सपने को झोले की तरह पीठ पर रखे चहचहाते-मुसकाते इन बच्चों को मुख्यमंत्री डॉ. रमन सिंह के प्रयास से दिल्ली जाकर प्रधानमंत्री डॉ. मनमोहन सिंह और तब की राष्ट्रपति श्रीमती प्रतिभा पाटिल से भी मिलना और उनकी शुभकामना प्राप्त होना संभव हुआ। समूह के लगभग नब्बे प्रतिशत बच्चों ने इससे पहले कभी छत्तीसगढ़ के बाहर पैर नहीं रखे थे। प्रधानमंत्री ने भी इन बच्चों से मिल आह्लादित होकर उनका अपने निवास पर आत्मीय स्वागत किया था। इन बच्चों का मनोबल बढ़ाते हुए मनमोहन सिंह के शब्द थे—"मैं जानता हूँ कि आप बहुत मुश्किल हालातों से गुजरकर आए हैं। आपके इलाके में नक्सलवाद की वजह से कुछ बदअमनी सी है, लेकिन आपने हौसला नहीं हारा और अपनी शिक्षा पर पूरा ध्यान दिया। इसलिए मैं आपकी जितनी सराहना करूँ, कम है। जब मैं आपको देखता हूँ, एक नए भारत का भविष्य मेरी आँखों के सामने नजर आता है।"

यह योजना छत्तीसगढ़ शासन द्वारा संचालित की जाती है। 'मुख्यमंत्री बाल भविष्य सुरक्षा योजना' नामक इस योजना के चार प्रमुख घटक, आस्था-निष्ठा-सहयोग और प्रयास शामिल हैं। योजना के घटक 'आस्था' के तहत नक्सल हिंसा पीड़ित परिवारों के बच्चों को कक्षा पहली से बारहवीं तक गुरुकुल पद्धति से शिक्षा देने के लिए दंतेवाड़ा में आवासीय विद्यालय का संचालन किया जाता है। इसी तरह 'निष्ठा' के अंतर्गत ऐसे बच्चों को स्वस्थ शैक्षणिक परिवेश दिलाने के लिए सरकारी प्रयासों के साथ-साथ समाजसेवी संस्थाओं का भी सहयोग लिया जाता है। योजना के तीसरे घटक 'सहयोग' के तहत नक्सली हिंसा के कारण अनाथ हुए बच्चों को कॉलेज स्तर की पढ़ाई के लिए सुविधाएँ देने का प्रावधान है। इसी कड़ी में योजना के चौथे घटक 'प्रयास' के अंतर्गत रायपुर में दो वर्ष पहले ग्यारहवीं और बारहवीं के बच्चों के लिए आवासीय विद्यालय की शुरुआत की गई थी।

यहाँ यह भी उल्लेखनीय है कि इसी सरकारी 'प्रयास' से पिछले साल दो बच्चे आईआईटी प्रवेश प्रतियोगिता में भी सफल रहे थे। 'प्रयास' के अलावा दंतेवाड़ा के भी सरकारी प्रकल्प 'छू लो आसमान' के 9 बच्चों ने भी इसी परिणाम से खुद के इंजीनियर बन जाने का मार्ग प्रशस्त किया है। वास्तव में ढेर सारी चुनौतियों के उलट इन बच्चों ने लोकतंत्र को खिलखिलाने का मौका दिया है। साहित्यकार गिरीश पंकज द्वारा इन्हीं बच्चों के सम्मान में लिखी गई चंद पंक्तियाँ साभार—

‘चल पड़े हैं ये चरण तो अब नहीं रुक पाएँगे,
आँधियाँ तुम ये ना समझो हम कभी झुक जाएँगे।
हो मुसीबत लाख लेकिन हम कभी हारे नहीं,
शातिरों से मुक्ति ले हम गीत हरदम गाएँगे।
हम खड़े हैं दूर लेकिन वक्त आया है अभी,
हम भी अपना एक परचम विश्व में लहराएँगे।
ओ अँधेरे तुम हमें कब तक डराओगे यहाँ,
अब तो हम सूरज बनेंगे, रोशनी फैलाएँगे।’

वास्तव में सबसे सुंदर होता है सपनों का जीवित हो जाना।

□

नीड़ का निर्माण

अगर नेतृत्व में कुछ कर गुजरने की क्षमता हो। अपने लोगों के कल्याणार्थ काम करने की नीयत हो और जनता का समर्थन हो तो कोई भी सरकारी उपक्रम किस तरह नागरिकों को लाभ पहुँचाने के शानदार उद्यम में परिवर्तित हो सकता है, छत्तीसगढ़ का 'गृह-निर्माण मंडल' इसका जीता-जागता उदाहरण प्रस्तुत करता है। तत्कालीन राज्य सरकार द्वारा घाटे में चल रहे विभिन्न निगम मंडलों के साथ आवास के क्षेत्र में कार्यरत गृह निर्माण मंडल को भी समाप्त कर दिया गया था। लेकिन छत्तीसगढ़ में भाजपा की सरकार बनने के साथ छत्तीसगढ़ के कमजोर एवं निम्न आय वर्ग के लोगों की आवासीय आवश्यकता को पूर्ण करने के उद्देश्य से 'छत्तीसगढ़ गृह-निर्माण मंडल' के स्थापना का निर्णय लिया गया एवं फरवरी 2004 में 'छत्तीसगढ़ गृह-निर्माण मंडल' का गठन किया गया। स्थापना के साथ ही 'हम मकान नहीं, घर बनाते हैं, पीढ़ी से पीढ़ियों का रिश्ता बुनते हैं', जैसे भावुक ध्येय वाक्य के साथ मंडल वास्तव में घर-घर से रिश्ता कायम करने में सफल हुआ है। मंडल की सफलता को एक इसी आँकड़े से समझा जा सकता है कि जहाँ पिछले 30 वर्षों में अविभाजित मध्य प्रदेश में गृह-निर्माण मंडल द्वारा लगभग 30 वर्षों में वर्तमान छत्तीसगढ़ के 8 शहरों में लगभग 18,532 आवासों का निर्माण किया गया, वहीं छत्तीसगढ़ गृह-निर्माण मंडल ने स्थापना के 9 वर्षों में ही प्रदेश में 55,000 घर बनाने में सफल रहा है। उक्त आवासों में से लगभग 84 प्रतिशत आवास समाज के कमजोर एवं निम्न आय वर्ग के लोगों के लिए निर्मित किए गए। छत्तीसगढ़ गृह-निर्माण मंडल द्वारा कमजोर आय वर्ग के लोगों हेतु 'अटल आवास योजना' एवं अन्य योजनाओं के अंतर्गत लगभग 26,000 आवासों का निर्माण किया गया है।

प्रेरणा : पं. दीनदयाल उपाध्याय ने समाज के गरीब एवं कमजोर वर्ग के लोगों की आवासीय जरूरतों को महसूस करते हुए कहा था कि ''हमारी भावना व सिद्धांत है कि वे मैले-कुचैले सीधे-सादे लोग हमारे नारायण हैं, यह हमारा सामाजिक व मानव धर्म है, जिस दिन हम इनको पक्के, सुंदर, सभ्य घर बनाकर देंगे, जिस दिन हम इनके हाथ और पाँव की बिवाइयों को भरेंगे, जिस दिन हम इनको उद्योग-धंधों की शिक्षा

देकर इनकी आय को ऊँचा उठा देंगे, उसी दिन हमारा मातृत्व भाव व्यक्त होगा।'' छत्तीसगढ़ गृह-निर्माण मंडल द्वारा उनकी कल्पना को साकार करने के उद्देश्य से निम्न आय वर्ग के लोगों के लिए राज्य प्रवर्तित 'दीनदयाल आवास योजना' संपूर्ण छत्तीसगढ़ में संपादित की जा रही है। उक्त योजना में राज्य सरकार द्वारा 25 प्रतिशत मूल्य पर भूमि उपलब्ध कराई जा रही है। मंडल द्वारा भी अपना पर्यवेक्षण शुल्क आधा करते हुए 5 प्रतिशत पर्यवेक्षक शुल्क भारित किया जा रहा है। उक्त योजना के अंतर्गत लगभग 16,000 आवासों का सभी मूलभूत सुविधाओं के साथ निर्माण किए जाने तथा इसके अलावा 'अटल विहार' के अंतर्गत 3 वर्षों में लगभग एक लाख आवासों के निर्माण का लक्ष्य है। योजना में राज्य शासन द्वारा कमजोर वर्ग के आवास के लिए रुपए 80,000 रुपए एवं निम्न आय वर्ग के लिए रुपए 40,000 रुपए अनुदान दिया जा रहा है, साथ ही रुपए 1 रुपया प्रति वर्गफीट मूल्य पर भूमि का आवंटन किया जा रहा है। 'सबके लिए आवास' नीति को साकार करने हेतु छत्तीसगढ़ गृह निर्माण मंडल द्वारा लगातार प्रयास किए जा रहे हैं। योजना के अंतर्गत निर्मित होनेवाली कॉलोनी में सभी प्रकार की मूलभूत सुविधाएँ, यथा सी.बी.एस.सी. स्कूल, अस्पताल, रेडक्रॉस सोसाइटी की सस्ती दवाई दुकानें, श्रमिकों के बच्चों के लिए झूलाघर, पर्यावरणीय अनुकूल आवासीय परिवेश, पेयजल व्यवस्था, वाटर हारवेस्टिंग, सीवरेज सिस्टम, विद्युत् व्यवस्था, स्कूल, खेल मैदान आदि प्रावधान किया गया है। मंडल द्वारा न सिर्फ आवासीय गतिविधियों का ही संपादन किया जा रहा है, अपितु सामाजिक दायित्वों का निर्वहन करते हुए भी विभिन्न योजनाएँ संचालित की जा रही हैं।

कौशल उन्नयन : कहावत है कि कोई अच्छा अभिभावक अपने बच्चों के लिए मछली पकड़कर लाता है, लेकिन महान् अभिभावक अपने बच्चों को मछली पकड़ना सिखाता है। प्रदेश में यूँ तो पीडीएस समेत कई योजनाओं के माध्यम से शासन अच्छा अभिभावक बन नागरिकों के सुपोषण के लिए जी-जान से कोशिशरत है ही, लेकिन विभिन्न उद्यमों की शिक्षा देकर, अकुशल उद्यमियों को प्रशिक्षित कर भी शासन 'महान् अभिभावक' बनने की ओर अग्रसर है। छत्तीसगढ़ इस मायने में भी इकलौता प्रदेश है, जिसने खाद्य सुरक्षा के साथ-साथ कौशल उन्नयन को भी कानून बनाकर उसे अधिकार का दर्जा दिया है। शासन की इसी मंशा के अनुरूप छत्तीसगढ़ गृह-निर्माण मंडल ने भी अकुशल श्रमिकों को स्वरोजगार उपलब्ध कराने के उद्देश्य से 'राजमिस्त्री प्रशिक्षण योजना' भी संपादित की। इस योजना का अच्छा प्रतिसाद मिला, मजदूरों ने राजमिस्त्री का प्रशिक्षण प्राप्त कर जहाँ अपनी आय दुगनी करने में सफल रहे, वहीं अन्य कामगारों के जीवन स्तर में भी इससे काफी सुधार हुआ।

पुरस्कार/सम्मान : मंडल की उक्त उपलब्धियों एवं योजनाओं को राष्ट्रीय स्तर

पर भी प्रशंसित किया गया है। कमजोर एवं निम्न आय वर्ग के लोगों को अधोसंरचनात्मक विकास के साथ आवास उपलब्ध कराने के क्षेत्र में उत्कृष्ट कार्य के लिए मंडल को 'हडको राष्ट्रीय अवार्ड 2012' से सम्मानित किया गया है। इसी तरह आवास एवं मूलभूत अधोसंरचना विकास के क्षेत्र में उत्कृष्ट कार्यों के लिए प्रतिष्ठित मैगजीन ई.पी.सी. द्वारा मंडल को 'ई.पी.सी. अवार्ड 2012' से सम्मानित किया गया है। आयुक्त कार्यालय, मंडल मुख्यालय, रायपुर को आई.एस.ओ. 9001:2008 सर्टिफिकेट से भी सम्मानित किया गया है।

छत्तीसगढ़ गृह-निर्माण मंडल को पर्यावरणीय प्रबंध, ऊर्जा संरक्षण और हरित भवन अवधारणा के क्षेत्र में बेहतरीन कार्य के लिए 'राष्ट्रीय हुडको डिजाईन अवार्ड 2013' से सम्मानित किया गया है। राष्ट्रीय स्तर पर छत्तीसगढ़ गृह-निर्माण मंडल को एक साल में मिलनेवाला यह तीसरा पुरस्कार है। छत्तीसगढ़ गृह-निर्माण मंडल ने वास्तव में प्रदेश के उन गरीब और निम्न मध्य वर्गीय लोगों के स्वप्न को पूरा करने का कार्य किया है, जिन्होंने कभी ऐसा कोई स्वप्न देखने की भी हिम्मत नहीं की होगी। महँगाई के इस दौर में जहाँ जीवन-यापन ही मुश्किल हो, वहाँ अल्प वेतन में से भी थोड़ी सी बचत कर कोई अपने खुद के घर का मालिक बन सकता है, यह छत्तीसगढ़ गृह-निर्माण मंडल ने ही साबित किया है।।

□

सपनों का नया शहर

जुलाई 2004 की एक उनींदी सी सुबह। एक झोले में दो जोड़ी कपड़े, कुछ प्रमाण-पत्र और उसी में बंद कुछ सपनों के साथ दिल्ली से रायपुर स्टेशन पर एक युवक उतरा। उन दिनों का रायपुर बिलकुल ऊँघता, अनमना, अलसाया सा, कुछ-कुछ खोया और अपने में ही मस्त रहनेवाला शहर था। एक ऐसा शहर, जिसपर महानगर बन जाने की धुन सवार तो हो गई थी; लेकिन जिसने अपने कस्बाई सौजन्यता को भी छोड़ा नहीं था। युवक बिलकुल अवाक् सा खड़ा थोड़ी देर निहारता रहा, यह सोचकर निराश होता रहा कि कोई प्रांतीय राजधानी इस कदर एक कस्बाई कैसे हो सकती है? रोटी की तलाश में डेढ़ हजार किलोमीटर दूर खिंचे चले आने के अपने फैसले के बारे में सोचता, कुछ तय नहीं कर पाता वह युवक अंततः स्टेशन से अपने गंतव्य की ओर प्रस्थान कर गया था, कुछ-कुछ भला करेंगे राम वाले अंदाज में। फिर रोज-ब-रोज संभावनाओं की तलाश में बढ़ती जा रही भीड़ से भरे प्रवासियों के समूह का हिस्सा हुआ कहीं खो सा ही गया था वह। शायद अपना भवितव्यता तलाश लिया था उसने या नियति से समझौता/करार जैसा कुछ कर लिया था। फिर रफ्तार के साथ ट्रेनें चलती गईं, बढ़ती गईं गाड़ियों की संख्या, सुंदर होता गया स्टेशन भी, बड़े-बड़े महल-अटारी, चमचमाती सड़कें भी दिखने लगीं। बॉलीवुड के किसी सिनेमा या सीमेंट कंपनी के किसी विज्ञापन की मानिंद पल-पल में निर्मित होता रायपुर बढ़ता गया आगे। और अंततः महानगर होकर ही दम लिया इसने भी। दिल्ली से होड़ करने की जिद में इसने यह भी तय ही कर लिया कि अब उसका महज उस पुराने रायपुर से ही काम नहीं चलेगा, जहाँ कभी बूढ़ा तालाब के किनारे बैठ नरेंद्र ने विवेकानंद होने का सपना बुना था। जहाँ कभी किसी 'वीर' के 'नारायण' बन जाने से चावल की पोटली खोल देने का खामियाजा जयस्तंभ चौक को भुगतना पड़ा था, बल्कि अब उसे अपने गौरवपूर्ण विरासत के साथ-साथ 'नया रायपुर' का एक नाम भी चाहिए था। अंततः इस शहर ने वो होकर ही दम लिया, जैसा होना वह डिजर्व करता था। जो होने का उसने तय किया था।

नया रायपुर : आज जब उपर्युक्त वर्णित वह युवक अपना झोला लटकाए किसी ठिकाने की ओर जाने के बारे में सोचेगा तो निश्चय ही उसे एक बार यह सोचना पड़ेगा

कि क्या किसी और गंतव्य में छुपी है ऐसी संभावना ? शानदार सिक्स लेन और फोर लेन सड़कों, फ्लाई ओवर, सुंदर जलाशयों, खूबसूरत बाग-बगीचों, आकर्षक लैंडस्केपिंग और अत्याधुनिक शॉपिंग मॉल से युक्त यह हरा-भरा शहर 'नया रायपुर' देश में रहने के लिहाज से सबसे अच्छा शहर होने की ओर अग्रसर है। यह आधुनिकता और पारंपरिकता का अनोखा संगम होगा। यहाँ की बिजली प्रदाय, जल प्रदाय और ड्रेनेज व्यवस्था भूमिगत होगी। शैक्षणिक और चिकित्सा सुविधाओं की दृष्टि से भी ये देश के विकसित शहरों में शामिल होगा। मुख्यमंत्री डॉ. रमन सिंह ने 1 अगस्त को नया रायपुर में निर्मित लगभग 75 किलोमीटर सड़कों का लोकार्पण किया। विगत राज्योत्सव के अवसर पर 1 नवंबर से नया रायपुर में मंत्रालय और विभागाध्यक्ष कार्यालय काम भी करने लगे हैं।

छत्तीसगढ़ राज्य-निर्माण के साथ-साथ नवंबर 2000 में रायपुर शहर को राजधानी घोषित किया गया। राजधानी बनने के बाद यहाँ मंत्रालय सहित राज्य और केंद्र सरकार के विभिन्न विभागों के प्रदेश स्तरीय कार्यालयों की स्थापना हुई। इसके फलस्वरूप कुछ समय पहले तक जिला स्तरीय गतिविधियों में ही केंद्रित रहे इस शहर में प्रदेश स्तर की प्रशासनिक, आर्थिक, व्यापारिक, औद्योगिक, सामाजिक और शैक्षणिक गतिविधियों में भारी इजाफा हुआ। सार्वजनिक और निजी क्षेत्र की अनेक कंपनियों के राज्य मुख्यालय भी यहाँ खुल गए। सरकारी कार्यालयों और सार्वजनिक तथा निजी उपक्रमों के प्रतिष्ठानों में बड़ी संख्या में नए अधिकारियों और कर्मचारियों की पदस्थापनाएँ हुईं तथा उनका इस शहर में परिवार सहित आगमन हुआ। इसके फलस्वरूप राजधानी रायपुर में जनसंख्या और वाहनों का दबाव भी बढ़ता गया, जिसे आज हम सब स्पष्ट देख रहे हैं और महसूस भी कर रहे हैं। शहर पर जनसंख्या के साथ-साथ वाहनों और यातायात के बढ़ते दबाव को ध्यान में रखकर राज्य सरकार को जनता की सुविधा के लिए राजधानी शहर के विस्तार की जरूरत महसूस हुई। इसके लिए 'नए रायपुर' की परिकल्पना की गई और उसे अमलीजामा पहनाने का कार्य मुख्यमंत्री डॉ. रमन सिंह के नेतृत्व में तेजी से शुरू हुआ। मुख्यमंत्री के अनुसार 'नया रायपुर' छत्तीसगढ़ सरकार का प्रशासनिक मुख्यालय तो होगा ही, साथ ही इसका निर्माण पुराने रायपुर के विस्तार के रूप में किया जा रहा है। पुराने रायपुर में भी विकास के सभी जरूरी कार्य पहले की ही तरह जारी रहेंगे और 'नया रायपुर' अपने नाम के अनुरूप नए स्वरूप में सामने आएगा।

डॉ. रमन सिंह नया रायपुर को छत्तीसगढ़ की नई पीढ़ी के लिए एक मूल्यवान धरोहर के रूप में विकसित करना चाहते हैं। उनका कहना है कि नए रायपुर शहर का विकास इस परिकल्पना के साथ किया गया है कि यह सुव्यवस्थित शहर छत्तीसगढ़ जैसे प्रगतिशील राज्य का प्रतिबिंब हो। इसमें छत्तीसगढ़ की सांस्कृतिक विरासत और

प्राकृतिक सुंदरता की झलक दिखाई देगी। नए रायपुर के निर्माण के लिए दुनिया के सर्वश्रेष्ठ शहरों और भारत के चंडीगढ़, नई दिल्ली और गांधीनगर जैसे नियोजित शहरों का अध्ययन कर उनकी खूबियों को भी कार्ययोजना में शामिल किया गया है। नया रायपुर एक पर्यावरण हितैषी शहर होगा, जहाँ नागरिकों को आधुनिक जीवन की सभी जरूरी सुविधाएँ मिलेंगी। वहाँ रेनवाटर हार्वेस्टिंग तथा सौर ऊर्जा प्रणाली को भी अपनाया जाएगा। नया रायपुर में 26 प्रतिशत से ज्यादा हरित क्षेत्र होगा। नया रायपुर छत्तीसगढ़ की भावी पीढ़ी को एक मूल्यवान धरोहर और महत्त्वपूर्ण विरासत के रूप में मिलेगा।

□

भूमिगत होगी विद्युत् व्यवस्था

नया रायपुर की सभी सड़कें फोर-लेन और सिक्स लेन की होंगी। पूरे शहर में बिजली की भूमिगत लाइनें होंगी। पर्यावरण को स्वच्छ रखने के लिए सार्वजनिक परिवहन सेवाओं का अधिक-से-अधिक उपयोग किया जाएगा। यह देश का पहला ऐसा नियोजित शहर होगा, जहाँ प्रारंभ से ही सार्वजनिक परिवहन प्रणाली की सुविधा होगी। इसके लिए राज्य सरकार विश्व बैंक की सहायता से बस आधारित शहरी परिवहन प्रणाली की कार्य-योजना पर भी काम कर रही है। यह देश का सर्वश्रेष्ठ नियोजित शहर होगा। राज्य शासन के लगातार प्रयासों से राज्य को तेरहवें वित्त आयोग से नया रायपुर की विकास परियोजनाओं के लिए 550 करोड़ रुपए का अनुदान प्राप्त हुआ है। नया रायपुर आधुनिकता और पारंपरिकता का सुंदर संगम होगा तथा स्वच्छ-स्वस्थ पर्यावरण की मिसाल प्रस्तुत करेगा। इसके लिए राज्य शासन ने जलाशयों के संरक्षण, ग्रीन बेल्ट बढ़ाने के लिए सिटी पार्क विकसित करने और ऊर्जा के गैर-परंपरागत स्रोतों को बढ़ावा देने संबंधी प्रस्ताव 13वें वित्त आयोग को भेजे थे। इसके लिए वित्त आयोग से 100 करोड़ रुपए की सहायता मिली है।

नया रायपुर विकास योजना वर्ष 2013 तीन लेयर में बनाई गई है। लेयर-एक के अंतर्गत यहाँ 8013 हेक्टेयर भूमि पर नया रायपुर तीन चरणों में विकसित किया जा रहा है। प्रथम चरण में 3057 हेक्टेयर भूमि पर एक लाख 50 हजार की जनसंख्या के लिए अधोसंरचना विकसित की जा रही है। दूसरे चरण में 3734 हेक्टेयर भूमि पर तीन लाख 65 हजार की आबादी और तीसरे चरण में शेष 1222 हेक्टेयर भूमि पर अधोसंरचना का विकास किया जाएगा, जो पाँच लाख 60 हजार लोगों की बसाहट के लिए पर्याप्त होगा। नया रायपुर को रेल लाइन से भी जोड़ा जाएगा। मुख्यमंत्री की विशेष पहल पर रेल मंत्रालय ने रायपुर-धमतरी नैरोगेज लाइन को ब्रॉडगेज में बदलने की सहमति प्रदान कर दी है। रेल मंत्रालय ने रायपुर दक्षिण-पश्चिम रेलमार्ग पर स्थित मंदिरहसौद रेलवे स्टेशन से नया रायपुर के बीच रेल लाइन बिछाने के लिए 66 करोड़ रुपए दिए हैं। इसका सर्वेक्षण भी शुरू हो गया है। नया रायपुर में रेलवे स्टेशन भी बनेगा। लाइन बिछाने के लिए 66 करोड़ रुपए दिए गए हैं। इसका सर्वेक्षण भी शुरू हो गया है।

कैपिटल कॉम्प्लेक्स होगा प्रमुख आकर्षण

नया रायपुर में कैपिटल कॉम्प्लेक्स प्रमुख आकर्षण का केंद्र बन गया है। यहाँ मंत्रालय भवन, विभागाध्यक्ष भवन सहित अनेक शासकीय कार्यालयों का निर्माण हो चुका है। मंत्रालय भवन का निर्माण 63 हजार वर्गमीटर के क्षेत्रफल में तेजी से किया जा रहा है, वहीं 37 विभागाध्यक्षों के लिए एक ही स्थान पर 66 हजार वर्गमीटर में विभागाध्यक्ष भवन भी युद्धस्तर पर बनवाया गया है। कैपिटल कॉम्प्लेक्स के अंतर्गत मंत्रालय भवन, 37 विभागाध्यक्षों के कार्यालय और अन्य प्रशासनिक तथा सहायक भवनों के निर्माण का प्रावधान किया गया है। नया रायपुर में पानी की व्यवस्था के लिए महानदी में एक बड़ा एनीकट बनवाया जाएगा। इस एनीकट से शहर में भूमिगत टैंकों में पानी पहुँचाया जाएगा। लोक स्वास्थ्य यांत्रिकी विभाग द्वारा क्रियान्वित नया रायपुर जल प्रदाय योजना जवाहर लाल नेहरू शहरी नवीकरण मिशन के तहत स्वीकृत की गई है। योजना के तहत इंटेकवेल के निर्माण के साथ-साथ पंप स्थापना, रॉ-वाटर पाइप लाइन, उपचारित जल वाहिनी, जल उपचार संयंत्र (वाटर ट्रीटमेंट प्लांट) और 29 भूमिगत पानी टंकियों का निर्माण किया जाएगा। इस परियोजना में महानदी से पानी लेने के लिए प्रथम चरण में ग्राम टीला के नजदीक और दूसरे चरण में ग्राम राऊर के नजदीक एनीकट का निर्माण किया जाएगा। वर्ष 2041 की जरूरतों के अनुरूप वहाँ पेयजल आपूर्ति के लिए 156 करोड़ 23 लाख रुपए की कार्य-योजना तैयार की गई है और इसका निर्माण पूरा होने को है। सीवरेज के लिए भूमिगत नालियाँ बनवाई जा रही हैं, जिनके प्रदूषित पानी का उपचार कर उसे दोबारा किसी-न-किसी रूप में इस्तेमाल के लायक बनाया जा सकेगा।

छत्तीसगढ़ निर्माण अकादमी

नया रायपुर में छत्तीसगढ़ निर्माण अकादमी की स्थापना की जाएगी। इस अकादमी में भवन-निर्माण उद्योग से जुड़े विभिन्न कार्यों के लिए स्थानीय लोगों को तकनीकी प्रशिक्षण देकर उन्हें कुशल मानव संसाधन के रूप में तैयार किया जाएगा। अकादमी में राजमिस्त्री, इलेक्ट्रिशियन, प्लंबर, हेवी मशीन ऑपरेटर आदि विभिन्न व्यवसायों के लिए प्रशिक्षण की व्यवस्था रहेगी। वहाँ सार्वजनिक-निजी सहभागिता के माध्यम से एक सौ एकड़ में 'नॉलेज पार्क' और इतने ही रकबे में 'एम्यूजमेंट पार्क' भी बनवाया जाएगा। नया रायपुर में हिदायतुल्लाह राष्ट्रीय विधि विश्वविद्यालय का कैंपस शुरू हो गया है और अगले कुछ ही वर्षों में भारतीय प्रबंध संस्थान (आई.आई.एम.), भारतीय सूचना प्रौद्योगिकी संस्थान (आई.आई.आई.टी.) जैसी तकनीकी शिक्षा संस्थाओं के कैंपस भी शुरू होने जा रहे हैं। इसके साथ ही वहाँ मेडिकल कॉलेज, इंजीनियरिंग कॉलेज और

कला वाणिज्य तथा विज्ञान आदि से संबंधित कॉलेज शुरू करने का भी प्रस्ताव है। नया रायपुर शहर के बीच लगभग 123 हेक्टेयर में केंद्रीय व्यावसायिक जिला (सेंट्रल बिजनेस डिस्ट्रिक्ट) विकसित करने की भी योजना प्रस्तावित है। इसके प्रथम चरण में वहाँ 23 हेक्टेयर रकबे में बैंक, होटल, रिटेल शॉप और ऑफिस के साथ-साथ आवासीय कॉलोनी आदि की सुविधाएँ भी विकसित की जा रही हैं।

जंगल सफारी भी होगा नया रायपुर में

मुख्यमंत्री डॉ. रमन सिंह ने नया रायपुर में पौने चार सौ एकड़ से अधिक रकबे में वन्य प्राणियों की बसाहट के लिए एक जंगल सफारी बनवाने की घोषणा की है। इसके अलावा वहाँ भू-जल संरक्षण की दृष्टि से लगभग 140 एकड़ के रकबे में एक विशाल झील का भी निर्माण कराया जाएगा, जो अहमदाबाद (गुजरात) की काँकरिया झील की तरह दर्शनीय होगी। नया रायपुर में 26.67 प्रतिशत क्षेत्र हरियाली के लिए होगा। इसी कड़ी में जंगल सफारी बनने पर वहाँ जैव-विविधता के साथ हरियाली भी विकसित होगी। नया रायपुर में एशिया का सबसे बड़ा बॉटेनिकल गार्डन भी विकसित करने की योजना है।

बेहतर पुनर्वास की व्यवस्था

उल्लेखनीय है कि 'नया रायपुर' देश का पहला ऐसा शहर होगा, जिसे किसी भी गाँव की आबादी को विस्थापित किए बिना सुव्यवस्थित रूप से बसाया जा रहा है। केवल एक गाँव राखी को नए स्थान पर विकसित किया गया है और उसे मिलाकर नया रायपुर परियोजना क्षेत्र के सभी तेरह गाँवों में शहरों की तरह हर प्रकार की बुनियादी सुविधाएँ विकसित की जा रही हैं। ग्राम राखी के व्यवस्थापन के लिए नया रायपुर परियोजना के अंतर्गत 'नया राखी' का निर्माण छत्तीसगढ़ गृह-निर्माण मंडल के माध्यम से कराया जा रहा है। राखी गाँव के बेहतर पुनर्वास के लिए एन.आर.डी.ए. को राष्ट्रीय पुरस्कार भी प्राप्त हुआ है। परियोजना क्षेत्र के इन सभी गाँवों में बेरोजगार युवाओं को छत्तीसगढ़ उद्यमिता विकास संस्थान और सी.आई.डी.सी., नई दिल्ली के सहयोग से विभिन्न विधाओं में स्व-रोजगार प्रशिक्षण भी दिया जा रहा है। अब तक पाँच सौ से अधिक युवाओं को चार प्रमुख व्यवसायों में प्रशिक्षित किया जा चुका है।

छत्तीसगढ़ व्यापार केंद्र भी बनेगा

नया रायपुर परियोजना के ग्राम तूता में लगभग 100 एकड़ भूमि में उद्योग विभाग द्वारा नई दिल्ली के प्रगति मैदान की तर्ज पर 'छत्तीसगढ़ व्यापार केंद्र' की स्थापना की

जा रही है। यहाँ उद्योग और व्यापार मेले के आयोजन के लिए विशाल पवेलियन निर्मित किए जाएँगे, जहाँ दस हजार से अधिक व्यक्तियों के बैठने की व्यवस्था रहेगी। उद्योग विभाग तथा छत्तीसगढ़ औद्योगिक विकास निगम द्वारा व्यापार केंद्र का निर्माण कार्य शुरू कर दिया गया है। इस वर्ष राज्योत्सव के अवसर पर यहाँ 2 और 3 नवंबर को 'ग्लोबल इन्वेस्टर मीट' का आयोजन भी किया गया।

□

छत्तीसगढ़ को प्राप्त राष्ट्रीय पुरस्कार

गरीबी कम करनेवाली योजनाओं के लिए राष्ट्रीय सम्मान

छत्तीसगढ़ को गरीबी कम करनेवाली योजनाओं के लिए उप-राष्ट्रपति श्री हामिद अंसारी ने 24 फरवरी, 2011 को नई दिल्ली में IBN-7 स्टेट अवार्ड प्रदान किया।

नया रायपुर विकास परियोजना को राष्ट्रीय सम्मान

प्रदेश सरकार की नया रायपुर विकास परियोजना को भारत सरकार के सार्वजनिक उपक्रम शहरी आवास विकास निगम (हुडको) द्वारा वर्ष 2010-11 में आवास एवं शहरी विकास के क्षेत्र में सर्वश्रेष्ठ योगदान के लिए राष्ट्रीय पुरस्कार से सम्मानित किया गया। हुडको के स्थापना दिवस के अवसर 25 अप्रैल, 2011 को नई दिल्ली में आयोजित 41वें वार्षिक समारोह में राज्य शासन की ओर से मुख्य सचिव और नया रायपुर विकास प्राधिकरण के अध्यक्ष श्री पी. जॉय उम्मेन ने केंद्रीय आवास एवं शहरी गरीबी उपशमन विभाग की राज्य मंत्री सुश्री शैलजा के हाथों से यह पुरस्कार प्राप्त किया।

चावल उत्पादन के लिए कृषि कर्मण पुरस्कार

वर्ष 2010-11 के लिए सर्वाधिक चावल उत्पादक राज्य का पुरस्कार। प्रधानमंत्री डॉ. मनमोहन सिंह ने नई दिल्ली में 16 जुलाई, 2011 को आयोजित समारोह में मुख्यमंत्री डॉ. रमन सिंह को 'कृषि कर्मण' पुरस्कार प्रदान किया। पुरस्कार-स्वरूप प्रशस्ति-पत्र और एक करोड़ रुपए की प्रोत्साहन राशि प्रदान की।

चॉइस परियोजना को श्रेष्ठ ई-गवर्नेंस पोर्टल जूरी अवार्ड

छत्तीसगढ़ की ओपन सोर्स पर आधारित देश की वृहत्तम परियोजना 'चॉइस' को एक और पुरस्कार प्राप्त हुआ है। विश्वस्तरीय ई-वर्ल्ड फोरम संस्था द्वारा 'चॉइस' को श्रेष्ठ 'ई-गवर्नेंस पोर्टल जूरी अवार्ड' दिया गया है। सूचना प्रौद्योगिकी क्षेत्र के प्रसिद्ध

डॉ. एम.पी. नारायन, प्रो. वी.एन. राजशेखरन पिल्लै, श्री रवि गुप्ता सहित ग्यारह सदस्यों के दल ने 'चॉइस' का चयन इस पुरस्कार के लिए किया है। यह पुरस्कार नई दिल्ली में 23 अगस्त, 2011 को ई–वर्ल्ड फोरम संस्था द्वारा आयोजित कार्यक्रम में दिया गया। चॉइस को पूर्व में भी अनेक राष्ट्रीय तथा अंतरराष्ट्रीय स्तर के पुरस्कार मिल चुके हैं, जिनमें वर्ल्ड इज ओपन अवार्ड 2008, ई–चैंपियन अवार्ड 2007, कंप्यूटर सोसाइटी ऑफ इंडिया 2008, निहिलेंट अवार्ड 2009 तथा कंप्यूटर सोसाइटी ऑफ इंडिया का 'चॉइस विस्तारित सेवा अवार्ड 2010' आदि प्रमुख हैं।

एकताल बेलमेटल योजना को राष्ट्रीय पुरस्कार

छत्तीसगढ़ हस्तशिल्प विकास बोर्ड की 'एकताल बेलमेटल योजना' को राष्ट्रीय पुरस्कार से नवाजा गया। यह पुरस्कार 2 सितंबर, 2011 को नई दिल्ली के विज्ञान भवन में आयोजित एक कार्यक्रम में राष्ट्रपति श्रीमती प्रतिभा पाटिल द्वारा प्रदान किया गया। छत्तीसगढ़ हस्तशिल्प विकास बोर्ड के अध्यक्ष मेजर अनिल सिंह ने राष्ट्रपति के हाथों यह पुरस्कार ग्रहण किया।

सूरजपुर विकासखंड को सत्येन मैत्रा राष्ट्रीय साक्षरता पुरस्कार

साक्षर भारत कार्यक्रम के बेहतर क्रियान्वयन के लिए छत्तीसगढ़ के सरगुजा जिले के सूरजपुर विकासखंड को प्रतिष्ठित 'सत्येन मैत्रा स्मृति राष्ट्रीय साक्षरता पुरस्कार' 2011 से नवाजा गया। नई दिल्ली में 08 सितंबर, 2011 को आयोजित एक समारोह में जनपद पंचायत सूरजपुर की अध्यक्ष श्रीमती पुष्पा सिंह ने यह पुरस्कार राष्ट्रपति श्रीमती प्रतिभा देवी सिंह पाटिल के हाथों ग्रहण किया। छत्तीसगढ़ ने 'सत्येन मैत्रा स्मृति राष्ट्रीय साक्षरता पुरस्कार' प्राप्त करने के क्षेत्र में कीर्तिमान बनाया है। अब तक राज्य के महासमुंद, कांकेर, दंतेवाड़ा, सरगुजा, जशपुर जिलों को जिला स्तरीय व कोयलारी (सरगुजा), सिरली (कोरबा) को ग्राम पंचायत स्तरीय पुरस्कार प्राप्त हो चुका है। इस वर्ष सूरजपुर विकासखंड को 'विकासखंड स्तरीय पुरस्कार' प्राप्त हुआ है।

ई–प्रोक्योरमेंट परियोजना को 'इन्फॉरमेशन अवार्ड 2011' सम्मान

सूचना प्रौद्योगिकी की प्रख्यात पत्रिका इन्फॉरमेशन वीक की संस्था 'एज' (इंटरप्राइजेज ड्राइविंग ग्रोथ ऐंड एक्सीलेंस EDGE) द्वारा छत्तीसगढ़ की ई–प्रोक्योरमेंट परियोजना को इन्फॉरमेशन अवार्ड 2011 पुरस्कार से सम्मानित किया गया। मुंबई के गोरेगाँव स्थित एक्जीविशन सेंटर में 30 सितंबर, 2011 को आयोजित कार्यक्रम में यह पुरस्कार प्रदान किया गया।

दूध उत्पादन में दो किसानों को राष्ट्रीय पुरस्कार

छत्तीसगढ़ के दो प्रगतिशील दुग्ध उत्पादक किसानों को दुग्ध उत्पादन के क्षेत्र में उल्लेखनीय योगदान के लिए 'राष्ट्रीय उत्पादकता पुरस्कार' से सम्मानित किया गया है। कृषि एवं पशुपालन मंत्रियों के राष्ट्रीय सम्मेलन में केंद्रीय कृषि मंत्री श्री शरद पवार ने नवंबर 2011 में छत्तीसगढ़ के बिलासपुर जिले के दुग्ध उत्पादक किसान श्री महेंद्र भाई पटेल और महासमुंद जिले के किसान श्री दुर्योधन पटेल को सम्मानित किया।

सर्वश्रेष्ठ ई-गवर्नेंस राज्य का सम्मान

सूचना प्रौद्योगिकी के बेहतर उपयोग के लिए छत्तीसगढ़ को एक और राष्ट्रीय पुरस्कार से नवाजा गया। प्रसिद्ध वैज्ञानिक डॉ. राजा रमण ने 2 दिसंबर, 2011 को अहमदाबाद में कंप्यूटर सोसाइटी ऑफ इंडिया-निलिहेंट की ओर से यह पुरस्कार प्रदान किया। चिप्स की ओर से मुख्य कार्यपालन अधिकारी श्री ए.एम. परियल ने यह पुरस्कार ग्रहण किया।

सर्वश्रेष्ठ निःशक्त कर्मचारी का राष्ट्रीय पुरस्कार

राज्य के इंदिरा कला एवं संगीत विश्वविद्यालय खैरागढ़ में कार्यरत नेत्रहीन संस्कृत व्याख्याता डॉ. पूर्णिमा केलकर को सर्वश्रेष्ठ निःशक्त कर्मचारी के रूप में राष्ट्रीय पुरस्कार से सम्मानित किया गया। डॉ. पूर्णिमा केलकर को अंतरराष्ट्रीय निःशक्त जन दिवस के अवसर पर 3 दिसंबर, 2011 को नई दिल्ली में राष्ट्रपति श्रीमती प्रतिभा सिंह पाटिल के हाथों यह सम्मान प्राप्त हुआ। नेत्रहीन होने के बावजूद डॉ. पूर्णिमा केलकर ने शोध कार्य के जरिए पी-एच.डी. की उपाधि भी हासिल की है।

बिजली संरक्षण में क्रेडा को दो राष्ट्रीय पुरस्कार

छत्तीसगढ़ राज्य अक्षय ऊर्जा विकास अभिकरण (क्रेडा) को गैर-परंपरागत ऊर्जा संरक्षण और विकास के लिए एक साथ दो-दो राष्ट्रीय पुरस्कार मिले। 'क्रेडा' को तेजपुर (असम) में केंद्रीय अपरंपरागत ऊर्जा स्रोत मंत्रालय द्वारा आयोजित सम्मेलन में सर्वश्रेष्ठ नोडल एजेंसी के रूप में राष्ट्रीय पुरस्कार प्रदान किया गया। इसी कड़ी में 5 दिसंबर, 2011 को नई दिल्ली में केंद्र सरकार की ऊर्जा उपयोगिता परिषद् द्वारा आयोजित कार्यक्रम में भी छत्तीसगढ़ 'क्रेडा' को 'बेस्ट सोशियल इंपेक्ट अवार्ड' से सम्मानित किया गया।

भागीरथी नल-जल योजना को प्रधानमंत्री पुरस्कार

छत्तीसगढ़ में रहनेवाले गरीब परिवारों के घरों तक निःशुल्क पेयजल सुविधा

उपलब्ध कराने के लिए राज्य सरकार द्वारा संचालित भागीरथी नल-जल योजना को केंद्र सरकार द्वारा पुरस्कृत किया गया है। केंद्र सरकार ने इस योजना को गरीबों के लिए संचालित योजनाओं में सर्वश्रेष्ठ माना है। छत्तीसगढ़ के नगरीय प्रशासन एवं विकास मंत्री श्री राजेश मूणत ने 13 दिसंबर, 2011 को नई दिल्ली में आयोजित राष्ट्रीय शहरी विकास सम्मेलन में केंद्रीय शहरी विकास मंत्री श्री कमलनाथ और शहरी गरीबी उपशमन मंत्री कुमारी शैलेजा के हाथों राष्ट्रीय पुरस्कार ग्रहण किया। यह पुरस्कार भागीरथी नल-जल योजना के तहत पूरे छत्तीसगढ़ में 92 हजार नल कनेक्शन और भिलाई नगर निगम क्षेत्र में लगभग 20 हजार नल कनेक्शन उपलब्ध कराने के लिए दिया गया है।

ऊर्जा संरक्षण पुरस्कार

ऊर्जा संरक्षण की दिशा में छत्तीसगढ़ में किए जा रहे बेहतर प्रयासों को देखते हुए केंद्र सरकार ने छत्तीसगढ़ को राष्ट्रीय पुरस्कार से सम्मानित किया। नई दिल्ली के विज्ञान भवन में 14 दिसंबर, 2011 को ऊर्जा सरंक्षण दिवस पर आयोजित कार्यक्रम में राज्य शासन की ओर से यह पुरस्कार छत्तीसगढ़ अक्षय ऊर्जा विकास अभिकरण (क्रेडा) के अपर संचालक ने तब के केंद्रीय ऊर्जा मंत्री सुशील कुमार शिंदे के हाथों ग्रहण किया। कार्यक्रम का उद्‌घाटन प्रधानमंत्री डॉ. मनमोहन सिंह ने किया था। वर्ष 2011 में ऊर्जा संरक्षण की दिशा में किए गए बेहतर प्रयासों पर छत्तीसगढ़ को ऊर्जा संरक्षण के इस राष्ट्रीय पुरस्कार से नवाजा गया। छत्तीसगढ़ अक्षय ऊर्जा विकास अभिकरण द्वारा एक वर्ष में 20 लाख यूनिट ऊर्जा की बचत कर देश में एक कीर्तिमान स्थापित किया था। ऊर्जा संरक्षण की दिशा में राज्य में विभिन्न प्रयास किए गए। सौर ऊर्जा को राज्य के दूरस्थ अंचलों तक पहुँचाया गया। क्रेडा द्वारा स्ट्रीट लाइट के उपयोग में लाई जा रही सोडियम वेपर के स्थान पर व्यापक रूप से एलईडी लाइटें लगाई गईं, जिससे 50 से 70 प्रतिशत तक बिजली की बचत सुनिश्चित हुई है।

राष्ट्रीय स्वास्थ्य बीमा योजना का राष्ट्रीय पुरस्कार

गरीबों के लिए संचालित राष्ट्रीय स्वास्थ्य बीमा योजना के क्रियान्वयन में छत्तीसगढ़ को देश में प्रथम आने का गौरव मिला है। 2 जुलाई, 2010 को चंडीगढ़ में केंद्रीय श्रम तथा रोजगार मंत्रालय द्वारा आयोजित कार्यशाला में छत्तीसगढ़ सरकार को इस योजना में प्रथम पुरस्कार से सम्मानित किया गया।

सार्वजनिक वितरण प्रणाली के लिए राष्ट्रीय पुरस्कार

राज्य को इसके पहले सार्वजनिक वितरण प्रणाली की ऑनलाइन सुविधा के

सफल क्रियान्वयन पर केंद्र सरकार द्वारा 'राष्ट्रीय सम्मान गोल्ड अवार्ड' से सम्मानित किया गया। समर्थन मूल्य पर धान खरीदी के लिए ई-एग्रीकल्चर और सार्वजनिक वितरण प्रणाली में सूचना एवं संचार प्रौद्योगिकी के बेहतर इस्तेमाल के लिए 'ई-इंडिया अवार्ड' तथा धान खरीदी व्यवस्था के तहत सहकारी समितियों के कंप्यूटरीकरण पर भी राज्य को केंद्र सरकार से मिला ई-गवर्नेंस का राष्ट्रीय पुरस्कार।

स्टेट ऑफ द स्टेट कॉनक्लेव 2010

विगत दस वर्ष में देश के सबसे तेज समग्र आर्थिक विकास के लिए छत्तीसगढ़ को 'इंडिया टुडे' पत्रिका के कार्यक्रम में मिला राष्ट्रीय सम्मान। उप-राष्ट्रपति श्री हामिद अंसारी ने 19 नवंबर, 2010 को नई दिल्ली में आयोजित कार्यक्रम में मुख्यमंत्री को डॉ. रमन सिंह को प्रदान किया। बिजली, खनन क्षेत्रों में प्राप्त निवेश, जी.डी.पी. में हुई वृद्धि और सामाजिक-आर्थिक विकास के लिए अधिक राशि के प्रावधान पर छत्तीसगढ़ को यह सम्मान प्राप्त हुआ।

मनरेगा योजना में सरगुजा जिले को राष्ट्रीय पुरस्कार

महात्मा गांधी राष्ट्रीय ग्रामीण रोजगार गारंटी योजना के तहत प्रदेश के सरगुजा जिले को मिला राष्ट्रीय पुरस्कार। प्रधानमंत्री डॉ. मनमोहन सिंह ने 02 फरवरी, 2012 को नई दिल्ली में किया पुरस्कृत।

छत्तीसगढ़ उद्यानिकी मिशन को पुरस्कार

राज्य शासन द्वारा संचालित छत्तीसगढ़ उद्यानिकी मिशन को भारत सरकार की ओर से राष्ट्रीय पुरस्कार मिला। केंद्रीय ऋषि मंत्री श्री शरद पवार और केंद्रीय कृषि राज्य मंत्री डॉ. चरण दास महंत ने नई दिल्ली में 17 फरवरी, 2012 को आयोजित समारोह में छत्तीसगढ़ उद्यानिकी मिशन को प्रशस्ति-पत्र और ट्रॉफी प्रदान कर सम्मानित किया। राज्य में यह राष्ट्रीय मिशन वर्ष 2005-06 से प्रारंभ हुआ है। अब तक यहाँ इस मिशन के तहत करीब पाँच लाख हेक्टेयर के रकबे में उद्यानिकी फसलों की खेती होने लगी है, जिनका कुल उत्पादन करीब पचास लाख टन है।

छत्तीसगढ़ इनफोटेक एवं बायोटेक प्रमोशन सोसाइटी (चिप्स) को प्राप्त पुरस्कार/सम्मान, संयुक्त राष्ट्र पुरस्कार : 'मानव विकास प्रतिवेदन' को विश्व स्तरीय सम्मान 19 जून, 2007 में मिला।

मुख्यमंत्री डॉ. रमन सिंह द्वारा दिसंबर 2005 में लोकार्पित छत्तीसगढ़ के पहले 'मानव विकास प्रतिवेदन' को यू.एन.डी.पी. द्वारा वर्ष 2007 के लिए 'सहभागिता एवं क्षमता

विकास' की श्रेणी में सर्वोच्च पुरस्कार दिया गया। यह पुरस्कार न्यूयॉर्क स्थित संयुक्त राष्ट्र मुख्यालय में प्रदान किया गया। दक्षिण एशियाई देशों में छत्तीसगढ़ एकमात्र राज्य था, जिसे यह पुरस्कार मिला। उस वर्ष कुल 39 देशों से प्राप्त 50 नामांकनों में छत्तीसगढ़ का चयन हुआ। प्रतिवेदन तैयार करने के लिए छत्तीसगढ़ में सबसे अनूठी प्रक्रिया अपनाई गई, जहाँ विकास कारकों को मापने के लिए स्वास्थ्य, शिक्षा एवं आय आँकड़ों के साथ ग्रामीणों के सहयोग से प्राप्त आँकड़ों के आधार पर प्रतिवेदन तैयार किया गया।

भारत सरकार ई-रेडिनेस सर्वे 2009

छत्तीसगढ़ विकसित राज्यों की श्रेणी में आया। भारत सरकार द्वारा सन् 2010 में जारी ई-रेडिनेस सर्वे रिपोर्ट-2009 में छत्तीसगढ़ ने सूचना प्रौद्योगिकी क्षेत्र में आंध्र प्रदेश, चंडीगढ़, कर्नाटक, गुजरात आदि राज्यों के साथ विकसित राज्य की श्रेणी में भी अपनी जगह बनाई है। भारत सरकार द्वारा वर्ष 2003 से प्रति वर्ष यह सर्वे किया जाता है। इस वर्ष से भारत सरकार ने देश के समस्त राज्यों को 'ई-गवर्नेंस' क्षेत्र में पृथक् से 'विकसित', 'मध्यम' तथा 'प्राथमिक' श्रेणी में बाँटा है। सूचना प्रौद्योगिकी विभाग, भारत सरकार तथा नेशनल कौंसिल ऑफ एप्लाइड इकोनॉमिक रिसर्च द्वारा मूल्यांकन कर छत्तीसगढ़ का चयन किया गया। यह सर्वेक्षण शासकीय सेवाओं में सूचना प्रौद्योगिकी में उपयोग के आधार पर था। छत्तीसगढ़ ने ई-गवर्नेंस परियोजनाओं, यथा चॉइस, ग्रामीण चॉइस, ई-प्रोक्योरमेंट, स्वान आदि को बहुत सक्रियता के लागू किया, जिसके फलस्वरूप ही छत्तीसगढ़ ने अन्य 9 राज्यों के साथ सर्वाधिक विकसित राज्य की श्रेणी में स्थान बनाया।

भारत सरकार ई-रेडिनेस सर्वे 2007 : छत्तीसगढ़ सर्वाधिक उपयोगकर्ताओं की श्रेणी में आया।

भारत सरकार द्वारा सन् 2008 में जारी ई-रेडिनेस सर्वे रिपोर्ट के अनुसार छत्तीसगढ़ ने सूचना प्रौद्योगिकी क्षेत्र में ऊँची छलाँग लगाते हुए उपयोगकर्ताओं की श्रेणी में चंडीगढ़, दिल्ली, कर्नाटक के साथ अपनी जगह बनाई। इस सर्वे में देश के समस्त राज्यों को नेतृत्वकर्ता राज्य, प्रेरक राज्य, अग्रसर राज्य, औसत राज्य, औसत से कम तथा निम्न श्रेणी में बाँटा गया। उपयोगकर्ता का सर्वेक्षण व्यक्तिगत, व्यावसायिक एवं शासकीय सेवाओं में सूचना प्रौद्योगिकी में उपयोग के आधार पर था। छत्तीसगढ़ ने ई-गवर्नेंस परियोजनाओं बहुत सक्रियता के लागू किया, जिसके फलस्वरूप ही छत्तीसगढ़ ने आंध्र प्रदेश, तमिलनाडु, केरल पंजाब जैसे राज्यों को पीछे छोड़ते हुए सर्वाधिक उपयोगकर्ता की श्रेणी में स्थान बनाया।

चॉइस परियोजना : अंतरराष्ट्रीय स्कॉच माइक्रोसाफ्ट चैलेंजर अवार्ड 2007

नई दिल्ली के हेबीटेट सेंटर में दिनांक 16 मार्च, 2007 को आयोजित कार्यक्रम में 'चिप्स' को यह पुरस्कार दिया गया। 'चिप्स' के मुख्य कार्यपालक अधिकारी अमन सिंह ने पुरस्कार ग्रहण किया। सूचना प्रौद्योगिकी क्षेत्र में अंतरराष्ट्रीय ख्याति प्राप्त संस्था 'स्कॉच इंटरनेशनल' द्वारा यह सम्मान देश में शिक्षा, सामाजिक सेवा, नागरिक सेवा, सार्वजनिक-निजी सहभागिता, ग्रामीण विकास एवं नई तकनीकों के प्रयोग में उत्कृष्ट प्रदर्शन करनेवाले राज्य को दिया जाता है। इस कार्यक्रम में तात्कालिक वित्त मंत्री श्री पी. चिदम्बरम के अलावा केंद्रीय ग्रामीण विकास मंत्री डॉ. रघुवंश प्रताप सिंह, डॉ. सी रंगराजन, श्री मणिशंकर अय्यर तथा श्री मोंटेक सिंह अहलुवालिया तथा अनेक सूचना प्रौद्योगिकी क्षेत्र के गण्यमान्य व्यक्ति उपस्थित थे। 'चॉइस परियोजना' को देश में नागरिक सेवाओं की प्रदायगी के लिए श्रेष्ठ माना गया। आई.आई.टी. मुंबई के प्रोफेसर डी.बी. पाठक की अध्यक्षता में बनी समिति ने स्कॉच संस्था द्वारा तैयार 'चॉइस डॉक्यूमेंटरी' तथा श्री अमन सिंह द्वारा दिए गए प्रस्तुतीकरण के आधार पर 'चिप्स' का चयन किया। इस अवार्ड समिति ने माना कि छत्तीसगढ़ में कंप्यूटर साक्षरता ग्रामीण क्षेत्रों में बढ़ रही है।

अंतरराष्ट्रीय डेटा कॉरपोरेशन तथा डेटा क्वेस्ट सर्वे 2007 : छत्तीसगढ़ को देश में तीसरा स्थान प्राप्त हुआ।

अंतरराष्ट्रीय डेटा कॉरपोरेशन सूचना प्रौद्योगिकी क्षेत्र में अंतरराष्ट्रीय ख्याति प्राप्त संस्था है, जो विभिन्न देशों में सूचना प्रौद्योगिकी क्षेत्र में किए जा रहे कार्यों आई. टी. कंपनियों का प्रर्दशन, बिक्री तथा भविष्य में आनेवाली नई तकनीकों के आकलन के आधार पर रैकिंग का निर्धारण करती है। भारत में विभिन्न राज्यों द्वारा ई-गवर्नेंस गतिविधियों का संचालन जन-साधारण तथा व्यावसायिक संगठनों पर उसका प्रभाव, लाभ आदि के आधार पर रैकिंग तय की गई है। सन् 2006 के रैकिंग में छत्तीसगढ़ को 14वाँ स्थान प्राप्त था, जबकि 2008 को जारी इस रैकिंग में वर्ष 2007 के लिए छत्तीसगढ़ को तीसरा स्थान दिया गया।

कंप्यूटर सोसाइटी ऑफ इंडिया, निहिलेंट : चार में से तीन श्रेणियों में पुरस्कार प्राप्त हुआ

'कंप्यूटर सोसाइटी ऑफ इंडिया' देश की प्रतिष्ठित संस्था है, जिसका निर्माण पूरे भारत में सूचना प्रौद्योगिकी क्षेत्र के नामचीन प्रतिनिधियों को शामिल कर किया गया है।

इस सोसाइटी ने वर्ष 2008 में छत्तीसगढ़ को चार में से तीन श्रेणियों में पुरस्कृत किया है। छत्तीसगढ़ को यह पुरस्कार 'सर्वश्रेष्ठ ई-गवर्नड राज्य', 'सर्वश्रेष्ठ ई-गवर्नड विभाग में खाद्य विभाग' तथा 'सर्वश्रेष्ठ ई-गवर्नड परियोजना में ई-प्रोक्योरमेंट परियोजना' छत्तीसगढ़ को मिला। नई दिल्ली में आयोजित कार्यक्रम में 'चिप्स' के मुख्य कार्यपालन अधिकारी अमन सिंह ने यह पुरस्कार ग्रहण किया। 2009 में कंप्यूटर सोसाइटी ऑफ इंडिया तथा निहिलेंट इंडिया द्वारा भौगोलिक सूचना प्रणाली परियोजना को पुरस्कृत किया गया। यह पुरस्कार योजना के तहत उपलब्ध डाटा का नागरिक सेवाओं की प्रदायगी में सर्वश्रेष्ठ उपयोग के लिए दिया गया है।

एक्सिलेंस ऑफ जियोस्पेशल यूजेस अवार्ड 2008—भौगोलिक सूचना प्रणाली परियोजना को पुरस्कार

छत्तीसगढ़ शासन द्वारा संचालित भौगोलिक सूचना प्रणाली परियोजना के डाटा का पूरे देश में उत्कृष्ट तथा सर्वाधिक प्रयोग के लिए चिप्स के तात्कालिक मुख्य कार्यपालन अधिकारी श्री अमन सिंह को पुरस्कृत किया गया। 28 अप्रैल, 2008 को केंद्रीय विज्ञान एवं प्रौद्योगिकी मंत्री श्री कपिल सिब्बल ने नई दिल्ली में आयोजित एक गरिमामयी कार्यक्रम में यह पुरस्कृत प्रदान किया। इस प्रणाली के आधार पर राज्य के भू-स्वामियों की सुविधा के लिए समस्त पटवारियों को नक्शे की सॉफ्ट तथा हार्डकॉपी दी गई है तथा इस प्रणाली का उपयोग योजना निर्माण हेतु सहायक टूल्स विकसित करने हेतु किया जा रहा है।

'द वर्ल्ड इज ओपन अवार्ड 2008'—चॉइस परियोजना को पुरस्कार

ओपन सोर्स पर देश की सबसे वृहत्तम् 'चॉइस परियोजना' को स्कॉच इंटरनेशनल तथा रेडहट द्वारा भारत में ओपन सोर्स पर संचालित सर्वश्रेष्ठ परियोजना मानते हुए यह पुरस्कार दिया। अमन सिंह ने सूचना प्रौद्योगिकी क्षेत्र की मशहूर रेडहंट कंपनी के एशिया पैसेफिक जोन के अध्यक्ष श्री गैरी मसन से यह पुरस्कार नई दिल्ली में आयोजित रंगारंग कार्यक्रम में प्राप्त किया। इस पुरस्कार के लिए देश भर से कुल 163 नामांकन प्राप्त हुए थे, जिनमें से 85 नामांकन सरकारी क्षेत्र के थे। 39 को ज्यूरी सदस्यों ने विभिन्न श्रेणियों में चयनित किया। ई-गवर्नेंस के क्षेत्र में नागरिकों को सशक्त करने में तथा नागरिक सेवाओं की प्रदायगी में सर्वाधिक प्रभावशाली परियोजना के रूप में छत्तीसगढ़ की चॉइस परियोजना को पुरस्कृत किया गया।

कंप्यूटर सोसाइटी ऑफ इंडिया, निहिलेंट अवार्ड 2009 : भौगोलिक सूचना प्रणाली पुरस्कृत

कंप्यूटर सोसाइटी ऑफ इंडिया देश की प्रतिष्ठित संस्था है, जिसका निर्माण पूरे भारत में सूचना प्रौद्योगिकी क्षेत्र के नामचीन प्रतिनिधियों को शामिल कर किया गया है। इस सोसाइटी ने वर्ष 2009 में भौगोलिक एवं सूचना प्रणाली को शासन से शासन की श्रेणी में पुरस्कृत किया।

कंप्यूटर सोसाइटी ऑफ इंडिया, निहिलेंट अवार्ड 2010—चॉइस परियोजना को विस्तारित सेवाओं के लिए पुरस्कार

कंप्यूटर सोसाइटी ऑफ इंडिया देश की प्रतिष्ठित संस्था है, जिसका निर्माण पूरे भारत में सूचना प्रौद्योगिकी क्षेत्र के नामचीन प्रतिनिधियों को शामिल कर किया गया है। इस सोसाइटी ने वर्ष 2009-10 में 'चॉइस परियोजना' के विस्तारित सेवाओं के लिए पुरस्कृत किया।

ई-वर्ल्ड फोरम अवार्ड 2011 : चॉइस को श्रेष्ठ ई-गवर्नेंस पोर्टल जूरी अवार्ड

विश्वस्तरीय ई वर्ल्ड फोरम संस्था द्वारा चॉइस को श्रेष्ठ ई-गवर्नेंस पोर्टल जूरी अवार्ड दिया गया है। सूचना प्रौद्योगिकी क्षेत्र के प्रसिद्ध डॉ. एम.पी. नारायन प्रो. वी. एन. राजशेखरन पिल्लै, रवि गुप्ता सहित 11 सदस्यों के दल ने चॉइस का चयन इस पुरस्कार के लिए किया है। इस पुरस्कार के लिए 'चॉइस परियोजना' का मुकाबला इजिप्ट के मोनोफेया पोर्टल, एम.पी. ऑनलाइन, सुगम राजस्थान तथा भारत सरकार के पोर्टल से था। ई-वर्ल्ड फोरम द्वारा शासकीय तथा समाजसेवी संस्थाओं को अवार्ड देने का मुख्य कारण लोगों में सूचना प्रौद्योगिकी के प्रति उत्सुकता जाग्रत् करना है। यह पुरस्कार नई दिल्ली में ई-वर्ल्ड फोरम संस्था द्वारा आयोजित कार्यक्रम में दिया गया।

इन्फॉरमेशन अवार्ड 2011 : ई-प्रोक्योरमेंट परियोजना पुरस्कृत

सूचना प्रौद्योगिकी की विख्यात पत्रिका इन्फॉरमेशन वीक की पहल 'एज' (इंटरप्राइजेज ड्राइविंग ग्रोथ ऐंड एक्सीलेंस EDGE) द्वारा प्रदेश की ई-प्रोक्योरमेंट परियोजना को पुरस्कृत किया गया। छत्तीसगढ़ की ई-प्रोक्योरमेंट परियोजना को जनरल आई.टी. श्रेणी में पुरस्कृत किया गया। जहाँ छत्तीसगढ़ का मुकाबला ओड़िसा, बिहार, गुजरात आनंद एग्री, महाराष्ट्र के एम.एच.डी.ए. आदि से था।

कंप्यूटर सोसाइटी ऑफ इंडिया, निहिलेंट अवार्ड 2011 : अवार्ड ऑफ एक्सिलेंस-2010-11 के लिए पुरस्कार

छत्तीसगढ़ को ई-गवर्नेंस के क्षेत्र में सर्वश्रेष्ठ राज्य के रूप में पुरस्कृत के किया है। वर्ष 2010-11 में राज्य में ई-गवर्नेंस के क्षेत्र में किए गए कार्यों के मूल्यांकन के आधार पर कंप्यूटर सोसाइटी ऑफ इंडिया-निलिहेंट द्वारा अवार्ड ऑफ एक्सिलेंस-2010-11 दिया गया है।

पर्यटन पुरस्कार

छत्तीसगढ़ को पर्यटन के क्षेत्र में उभरते राज्य के लिए मिला पुरस्कार। छत्तीसगढ़ पर्यटन मंडल के अध्यक्ष कृष्णकुमार राय ने 26 फरवरी, 2012 को नई दिल्ली के अशोका होटल में आयोजित समारोह में राज्यसभा की पूर्व उप सभापति डॉ. नजमा हेपतुल्ला से यह पुरस्कार ग्रहण किया। स्वीट मीडिया पब्लिकेशन द्वारा किए गए शोध के आधार पर छत्तीसगढ़ को पर्यटन के क्षेत्र में उभरते राज्यों में सर्वोच्च स्थान दिया गया है।

डॉ. श्यामा प्रसाद मुखर्जी ताप बिजली संयंत्र को राष्ट्रीय पुरस्कार

22 मार्च, 2012 छत्तीसगढ़ राज्य विद्युत् उत्पादन कंपनी के कोरबा स्थित 500 मेगावाट के डॉ. श्यामा प्रसाद मुखर्जी ताप बिजली संयंत्र को भारत सरकार से कांस्य शील्ड के रूप में मिला राष्ट्रीय पुरस्कार। केंद्रीय ऊर्जा मंत्री श्री सुशील कुमार शिंदे ने नई दिल्ली के विज्ञान भवन में आयोजित समारोह में छत्तीसगढ़ विद्युत् उत्पादन कंपनी के प्रबंध संचालक श्री जनार्दन को यह पुरस्कार सौंपा ।

गृह निर्माण मंडल को राष्ट्रीय हुडको डिजाइन पुरस्कार

पर्यावरणीय प्रबंध, ऊर्जा संरक्षण और हरित भवन अवधारणा के क्षेत्र में बेहतरीन कार्य के लिए छत्तीसगढ़ गृह-निर्माण मंडल को राष्ट्रीय हुडको डिजाइन अवार्ड से सम्मानित किया गया। राष्ट्रीय स्तर पर छत्तीसगढ़ गृह-निर्माण मंडल को एक साल में मिलनेवाला यह तीसरा पुरस्कार है। इसके पहले मंडल को सामाजिक आवास के लिए हुडको अवार्ड और अफोर्डेबल आवास के लिए ईपीसी वर्ल्ड अवार्ड मिल चुका है। छत्तीसगढ़ गृह-निर्माण मंडल के अध्यक्ष श्री सुभाष राव को दिल्ली में यह सम्मान प्राप्त हुआ। छत्तीसगढ़ गृह-निर्माण मंडल द्वारा बनाए गए आवासों में 84 प्रतिशत आवास गरीबों और कम आय वर्गवाले उपभोक्ताओं के लिए हैं। छत्तीसगढ़ को राष्ट्रीय डिजाइन अवार्ड छत्तीसगढ़ गृह-निर्माण मंडल द्वारा निर्मित छत्तीसगढ़ राज्य विद्युत् नियामक

आयोग एवं क्रेडा के मुख्यालय भवन के ग्रीन बिल्डिंग अवधारणा के तहत किए गए निर्माण के लिए प्रदान किया गया है।

छत्तीसगढ़ की कोर पी.डी.एस. परियोजना को राष्ट्रीय पुरस्कार

रायपुर की 148 राशन दुकानों में स्मार्ट कार्ड के आधार पर राशन कार्डधारकों के लिए शुरू की गई कोर पी.डी.एस. परियोजना को राष्ट्रीय पुरस्कार प्राप्त हुआ।

मनरेगा में राष्ट्रीय स्तर पर द्वितीय सम्मान

महात्मा गांधी राष्ट्रीय ग्रामीण रोजगार गारंटी योजना (मनरेगा) के तहत निर्माण कार्यों को पूर्ण करने छत्तीसगढ़ ने राष्ट्रीय स्तर पर शानदार प्रदर्शन किया है। छत्तीसगढ़ को विगत पाँच वर्षों में कार्यों की पूर्णता के लिए इस योजना में राष्ट्रीय स्तर पर श्रेणीकरण में द्वितीय स्थान मिला है। राज्य में 'मनरेगा' के तहत विभिन्न प्रकार के 3 लाख 91 हजार 235 कार्य पूर्ण किए गए।

□

छत्तीसगढ़ में सुशासन का पर्याय : नए जिले

जनता के सपनों को पूरा करने के लिए तत्कालीन प्रधानमंत्री श्री अटल बिहारी वाजपेयी ने ग्यारह वर्ष पहले विकास की अनेक नई उम्मीदों के साथ नए छत्तीसगढ़ राज्य का निर्माण किया था। क्षेत्रीय असंतुलन को दूर कर सभी क्षेत्रों को सामाजिक-आर्थिक प्रगति का फायदा समान रूप से पहुँचे और सुशासन के साथ देश के प्रत्येक इलाके का समग्र विकास हो, वर्ष 2000 में अटलजी के नेतृत्व में देश के मानचित्र में छत्तीसगढ़ के साथ झारखंड और उत्तराखंड राज्यों के अस्तित्व में आने का भी यही उद्देश्य था। अटलजी आजाद भारत के उन गिने-चुने आदर्शवादी नेताओं में हैं, जिन्होंने राष्ट्र की प्रगति के लिए सुशासन के सिद्धांतों को हमेशा सर्वोच्च प्राथमिकता दी है। सुशासन यानी अच्छा शासन तभी संभव है, जब सरकार जनता के ज्यादा-से-ज्यादा नजदीक हो, ताकि जनता उसे कभी भी और कहीं भी आसानी से अपने दु:ख-दर्द और अपनी जरूरतों के बारे में बता सके। सुशासन तभी सार्थक होता है, जब उसे जनता तक पहुँचाने के माध्यम यानी प्रशासन का विकेंद्रीकरण हो। इस दृष्टिकोण से नए छत्तीसगढ़ राज्य में मुख्यमंत्री डॉ. रमन सिंह के नेतृत्व में विगत आठ वर्षों में कई महत्त्वपूर्ण कदम उठाए गए हैं। राज्य के सभी 146 विकासखंडों को तहसील का दर्जा देना, नगरपालिका परिषदों की संख्या 27 से बढ़ाकर 32 और नगर पंचायतों की संख्या 73 से बढ़ाकर 126 तक पहुँचाना और जिलों की संख्या 16 से बढ़ाकर 27 तक पहुँचाना, छत्तीसगढ़ को सुशासन की राह पर आगे बढ़ाने के लिए उठाए गए सर्वाधिक महत्त्वपूर्ण कदमों में से हैं। राज्य का निर्माण हुआ तब वर्ष 2000 से लेकर वर्ष 2006 तक प्रदेश में राजस्व जिलों की संख्या केवल 16 थी। इसी तरह तहसीलों की संख्या 98 थी।

राज्य सरकार ने वर्ष 2007 में बस्तर संभाग के नक्सल हिंसा पीड़ित दो बड़े इलाकों बीजापुर और नारायणपुर को जिले का दर्जा दिया। वर्ष 2008 में उन्होंने सभी 146 विकासखंडों को तहसील बना दिया। अब नए वर्ष 2012 का आगमन प्रदेश में नौ नए जिलों के निर्माण से हुआ है, जो छत्तीसगढ़ की विकास-यात्रा के लिए निश्चित

रूप से एक शुभ संकेत है। राज्य में जिलों की संख्या अब 27 हो गई है। वर्तमान 146 तहसीलों में से 44 तहसीलें इन नए जिलों में आ गई हैं। वास्तव में मुख्यमंत्री के नेतृत्व में राज्य सरकार द्वारा गठित ये नए जिले छत्तीसगढ़ में सुशासन का पर्याय बनेंगे। इसका श्रेय निश्चित रूप से डॉ. रमन सिंह और उनकी सरकार को दिया जाना चाहिए। बालोद, गरियाबंद, मुंगेली, बेमेतरा, सुकमा, बलरामपुर, बलौदाबाजार, सूरजपुर और कोंडागाँव जिलों की माँग इन क्षेत्रों के लाखों लोगों का वर्षों पुराना सपना था। उनके इस सपने को पूरा करने के लिए डॉ. रमन सिंह ने 15 अगस्त, 2011 को राजधानी रायपुर में स्वतंत्रता दिवस के अवसर पर इन्हें जिले का दर्जा देने की घोषणा की और उनकी सरकार ने सिर्फ चार महीने के भीतर देखते-ही-देखते इन नए जिलों को आकार देकर एक जनवरी 2012 से प्रदेश के मानचित्र को भी एक नया आकार दे दिया। निश्चित रूप से राज्य के इन सभी नए जिलों की अपनी प्राकृतिक, सामाजिक और सांस्कृतिक खूबियाँ हैं। छत्तीसगढ़ कृषि प्रधान राज्य है। इस नजरिए से प्रदेश के अन्य जिलों की तरह ये नए जिले भी कृषि प्रधान जिले हैं, जहाँ खेती के साथ-साथ लघु और कुटीर उद्योगों के विकास की भी अपार संभावनाएँ हैं। इनमें से प्रत्येक नए जिले की जनता में अपने नवगठित जिले के नवनिर्माण के लिए नई आशाओं के साथ नए उत्साह की झलक देखी जा रही है। वर्षों और दशकों बाद उनका सपना साकार जो हो रहा है।

छत्तीसगढ़ का बस्तर राजस्व संभाग क्षेत्रफल की दृष्टि से देश के दक्षिणी राज्य केरल सहित कई पूर्वोत्तर राज्यों से भी बड़ा है। मुख्यमंत्री डॉ. रमन सिंह ने बस्तर संभाग के इस विशाल भौगोलिक क्षेत्रफल को देखते हुए वहाँ वर्ष 2007 में बीजापुर और नारायणपुर जिलों का गठन किया था। उन्होंने अब वहाँ दो और नए जिले सुकमा और कोंडागाँव की स्थापना की है। अब इस राजस्व संभाग में जिलों की संख्या सात हो गई है।

बालोद—उदाहरण के लिए पर लगभग 105 वर्ष पुराने दुर्ग जिले को विभाजित कर वर्ष 2012 में बनाए गए बालोद जिले की माँग वर्ष 1956 से हो रही थी। उस क्षेत्र के लोकप्रिय आदिवासी नेता लाल श्याम शाह ने उन दिनों तत्कालीन प्रधानमंत्री पंडित जवाहर लाल नेहरू से मिलकर उनके सामने यह माँग रखी थी। बहरहाल, नया छत्तीसगढ़ राज्य बनने के बाद मुख्यमंत्री डॉ. रमन सिंह ने लाल श्याम शाह के इस सपने को पूरा किया है। करीब 55 वर्ष बाद यह सपना पूरा हुआ है। एक दिलचस्प तथ्य यह भी है कि वर्ष 1907 में जब दुर्ग जिले का निर्माण हुआ था, उस वक्त तत्कालीन बालोद (संजारी) को 251 गाँवों के साथ एक तहसील का दर्जा दिया गया था।

नए बालोद जिले के निर्माण के साथ ही उसके पूर्ववर्ती दुर्ग जिले का तीसरी बार विभाजन हुआ है। ज्ञातव्य है कि '70 के दशक में दुर्ग जिले को विभाजित कर आज

के राजनांदगाँव जिले का गठन किया गया था। अब वर्ष 2012 में दुर्ग जिले का फिर पुनर्गठन करते हुए दो नए जिले बालोद और बेमेतरा बनाए गए हैं। बालोद जिले में पाँच तहसीलें डौंडी, गुरुर, डौंडीलोहारा, बालोद और गुंडरदेही को शामिल किया गया है, वहीं बेमेतरा जिले में भी पाँच तहसीलें नवागढ़, बेरला, बेमेतरा, साजा और थानखंहरिया शामिल हैं। जिला बनाने से पहले मुख्यमंत्री डॉ. रमन सिंह ने बालोद क्षेत्र की जनता को विकास की दृष्टि कई सौगातें दी हैं, जिनमें कृषि आधारित उद्योग के रूप में वर्ष 2009 में शुरू किए गए माँ दंतेश्वरी सहकारी शक्कर कारखाना भी शामिल है, जिससे इस क्षेत्र में गन्ने की खेती के प्रति किसानों का रुझान बढ़ने लगा है। नए बालोद जिले में कुल 687 राजस्व ग्राम और 16 वन ग्राम हैं। राज्य सरकार ने दो राजस्व अनुविभागों, पाँच विकासखंडों, पाँच तहसीलों, 393 ग्राम पंचायतों, 6 नगर पंचायतों और दो नगरपालिका परिषदों के साथ इस नए जिले का गठन किया है। भारतीय इस्पात प्राधिकरण (सेल) द्वारा संचालित दल्लीराजहरा की प्रसिद्ध लौह अयस्क की खदानें भी नए बालोद जिले में आ गई हैं। मुख्यमंत्री डॉ. रमन सिंह की विशेष पहल के फलस्वरूप भारत सरकार ने दल्लीराजहरा-रावघाट-जगदलपुर रेल लाइन निर्माण के लिए विभिन्न चरणों में सर्वेक्षण आदि की प्रक्रिया भी शुरू कर दी है। इस रेल लाइन के बन जाने पर बालोद जिले के आर्थिक विकास में और भी तेजी आएगी। साथ ही यह जिला रेल लाईन के जरिए राज्य के जगदलपुर (बस्तर) से सीधे जुड़ जाएगा। सिंचाई सुविधा की दृष्टि से बालोद में जल संसाधन विभाग के चार मुख्य जलाशय हैं, जिनमें लगभग नब्बे वर्ष पुराना तांदुला सिंचाई जलाशय भी शामिल है, जिसका निर्माण वर्ष 1907 में शुरू होकर 1921 में पूर्ण हुआ। नए बालोद जिले का राजस्व क्षेत्रफल लगभग दो लाख 78 हजार हेक्टेयर है। यहाँ 44 हजार 613 हेक्टेयर में आरक्षित और 30 हजार 298 हेक्टेयर संरक्षित वनक्षेत्र हैं। यह नया जिला भी छत्तीसगढ़ के अन्य जिलों की तरह कृषि प्रधान जिला है। बालोद जिले में एक लाख 75 हजार 545 हेक्टेयर खरीफ और 86 हजार 303 हेक्टेयर में रबी फसलों की खेती की जाती है।

गरियाबंद—पैरी नदी के आँचल में हरे-भरे सघन वनों और पहाड़ियों के मनोरम प्राकृतिक दृश्यों से सुसज्जित नए गरियाबंद जिले का निर्माण 690 गाँवों, 306 ग्राम पंचायतों और 158 पटवारी हलकों को मिलाकर किया गया है। जमीन के ऊपर बहुमूल्य वन-संपदा के साथ-साथ यह नया जिला अपनी धरती के गर्भ में अलेक्जेंडर और हीरे जैसी मूल्यवान खनिज-संपदा को भी संरक्षित किए हुए है। गिरि यानी पर्वतों से घिरे होने (बंद होने) के कारण संभवतः इसका नामकरण 'गरियाबंद' हुआ। पहले यह रायपुर राजस्व जिले में शामिल था। नए गरियाबंद जिले की कुल जनसंख्या पाँच लाख 75 हजार 480 है। लगभग चार हजार 220 वर्ग किलोमीटर के भौगोलिक

क्षेत्रफलवाले इस जिले में दो हजार 860 वर्ग किलोमीटर वन क्षेत्र और एक हजार 360 वर्ग किलोमीटर राजस्व क्षेत्र है। नए गरियाबंद जिले का कुल वन क्षेत्र लगभग 67 प्रतिशत है। इस नए जिले में वन्य प्राणियों सहित जैव विविधता के लिए प्रसिद्ध 'उदंती अभयारण्य' भी है। इस अभयारण्य के नाम से वन विभाग का उदंती वन मंडल भी यहाँ कार्यरत है। यहाँ खेती का रकबा एक लाख 35 हजार 823 हेक्टेयर है। धान यहाँ की मुख्य फसल है। वैसे जिले के देवभोग और मैनपुर क्षेत्र में उड़द, मूँग, तिल, अरहर और मक्का की भी खेती होती है। इस अंचल के लोगों की यह मान्यता है कि पुरी के भगवान् जगन्नाथ को भोग लगाने के लिए चावल इस जिले के देवभोग क्षेत्र से भेजा जाता था। देवभोग के चावल की लोकप्रियता आज भी बरकरार है।

गरियाबंद जिले का गठन पाँच तहसीलों (विकासखंडों) फिंगेश्वर (राजिम), गरियाबंद, छुरा, मैनपुर और देवभोग को मिलाकर किया गया है। जिले में चार नगर पंचायत गरियाबंद, छुरा, फिंगेश्वर और राजिम शामिल हैं। इस नए जिले की उत्तर-पूर्वी सीमा छत्तीसगढ़ के महासमुंद जिले से और उत्तर-पश्चिमी सीमा रायपुर जिला से लगी हुई है। इसके दक्षिण में राज्य का धमतरी जिला लगा हुआ है, जबकि पूर्व और दक्षिण में इसकी सरहद ओडिशा राज्य के नुआपाड़ा और नवरंगपुर जिले से लगती है। नया गरियाबंद जिला मुख्य रूप से आदिवासी बहुल जिला है। विशेष पिछड़ी कमार और भुंजिया जनजाति के लोग भी यहाँ निवास करते हैं। राज्य शासन द्वारा इनके सामाजिक-आर्थिक विकास के लिए कमार विकास अभिकरण और भुंजिया विकास अभिकरण का गठन करने के बाद कई योजनाओं का संचालन किया जा रहा है। गरियाबंद जिले में कमार जनजाति की जनसंख्या 13 हजार 459 और भुंजिया जनजाति की जनसंख्या मात्र तीन हजार 645 है।

छत्तीसगढ़ के महानदी, पैरी और सोंढूर नदियों के पवित्र संगम पर स्थित देश का प्रसिद्ध तीर्थ राजिम भी अब रायपुर जिले से नए गरियाबंद जिले में शामिल हो गया है, जो भगवान् राजीव लोचन और कुलेश्वर महादेव के प्रसिद्ध मंदिरों के लिए भी अपनी खास पहचान रखता है। माघ पूर्णिमा का परंपरागत राजिम मेला राज्य शासन के सहयोग से अब 'राजिम कुंभ' के नाम से भी देश-विदेश में प्रसिद्ध हो गया है। इसके अलावा नए गरियाबंद जिले के फिंगेश्वर विकासखंड (तहसील) में ग्राम कोपरा स्थित कोपेश्वर महादेव, फिंगेश्वर स्थित कर्णेश्वर महादेव और पंचकोशी महादेव सहित विकासखंड छुरा में ग्राम कुटेना में सिरकट्टी आश्रम, जतमई माता का मंदिर और घटारानी का पहाड़ी मंदिर तथा जल-प्रपात भी इस जिले की सांस्कृतिक और नैसर्गिक पहचान बनाते हैं। पैरी नदी पर निर्मित सिकासार जलाशय सहित उदंती अभयारण्य, देवधारा (मैनपुर) और घटारानी के जल प्रपात यहाँ सैलानियों को आकर्षित करते रहे हैं। सामाजिक,

साहित्यिक और सांस्कृतिक महत्त्व की दृष्टि से देखा जाए तो नए गरियाबंद जिले को अनेक प्रसिद्ध हस्तियों की जन्मभूमि और कर्मभूमि होने का गौरव प्राप्त है। इस जिले की राजिम नगरी में महान् स्वतंत्रता संग्राम सेनानी और साहित्यकार पंडित सुंदरलाल शर्मा ने राष्ट्रीय जागरण का ऐतिहासिक कार्य किया। संत कवि पवन दीवान ने अपनी ओजस्वी कविताओं के माध्यम से राष्ट्रीय स्तर पर छत्तीसगढ़ की पहचान बनाई। वह आज भी साहित्य और अध्यात्म के माध्यम से समाज सेवा में लगे हुए हैं। राजिम प्रसिद्ध कहानीकार और उपन्यासकार स्वर्गीय श्री पुरुषोत्तम अनासक्त की भी रचना भूमि रही है। विकास की अपार संभावनाओं से परिपूर्ण गरियाबंद को जिले का दर्जा मिलने पर अब वहाँ जनता की तरक्की और खुशहाली का नया दौर शुरू होने जा रहा है।

मुंगेली—राज्य सरकार ने बिलासपुर जिले को पुनर्गठित कर नए मुंगेली जिले का निर्माण किया है। इस नए जिले का गठन मुंगेली, पथरिया और लोरमी तहसीलों को मिलाकर किया गया है। नए जिले में कुल 669 गाँव और 149 पटवारी हलके हैं। इस नए जिले का कुल भौगोलिक क्षेत्रफल एक लाख 63 हजार 942 हेक्टेयर है। नवगठित मुंगेली जिले की कुल जनसंख्या चार लाख 72 हजार है। आगर नदी, मनियारी, रहन और शिवनाथ नदी के आँचल में फैले इस नए जिले में अचानकमार, टाइगर रिजर्व सहित मदकूद्वीप जैसे ऐतिहासिक स्थल भी सैलानियों के आकर्षण का केंद्र हैं। नए जिले में पाँच पुलिस थाने मुंगेली, लोरमी, पथरिया, जरहागाँव, लालपुर सहित तीन पुलिस चौकियाँ भी हैं। नए जिले में पाँच कॉलेज, 36 हायर सेकेंडरी स्कूल, 71 हाई स्कूल, 269 मिडिल स्कूल, 711 प्राथमिक शालाएँ, तीन कस्तूरबा गांधी आवासीय विद्यालय और 387 आँगनबाड़ी केंद्र कार्यरत हैं। इनके अलावा मुंगेली और पथरिया में मिनी आई.टी.आई. कार्यरत हैं। सार्वजनिक वितरण प्रणाली के तहत नए जिले में 512 उचित दर मूल्य की दुकानें संचालित हो रही हैं। जिले में चार कृषि उपज मंडी और 32 चावल मिल भी कार्यरत है। बैंक सेवाओं की दृष्टि से इस जिले में भारतीय स्टेट बैंक, इलाहाबाद बैंक, पंजाब नेशनल बैंक, स्टेट बैंक ऑफ इंदौर सहित सहकारिता के क्षेत्र में जिला सहकारी केंद्रीय बैंक और जिला सहकारी कृषि एवं ग्रामीण विकास बैंक की शाखाएँ संचालित हो रही हैं।

बेमेतरा—दुर्ग जिले का पुनर्गठन कर राज्य शासन द्वारा बनाया गया बेमेतरा जिला शिवनाथ, सुरही, हाफ और संकरी नदी के आँचल में 697 गाँवों और 334 ग्राम पंचायतों के साथ दो हजार 855 वर्ग किलोमीटर में फैला हुआ है। नए जिले में सात नगरीय निकाय—नगरपालिका परिषद् बेमेतरा और नगर पंचायत साजा, थानखंहरिया, मारो, देवकर, परपोड़ी और बेरला शामिल हैं। जिले के सभी 697 आबाद गाँवों का विद्युतीकरण हो चुका है। बेमेतरा जिले में किसान लगभग दो लाख 35 हजार हेक्टेयर

में खेती करते हैं। मुख्य रूप से इस जिले में धान के साथ-साथ दलहन-तिलहन, गन्ना और गेहूँ की खेती हो रही है। नए जिले की कुल जनसंख्या सात लाख 95 हजार 334 है। इसमें सात लाख 21 हजार की आबादी ग्रामीण क्षेत्रों में निवास करती है। जिला मुख्यालय बेमेतरा से लगभग 15 किलोमीटर की दूरी पर हाफ नदी के किनारे ग्राम बुचीपुर में वहाँ के पुराने मालगुजार शैव परंपरा के सनातन पुरी गुसाईंयों, विशेषकर लिल्लारपुरी द्वारा सेवित एवं पुनरुद्धारित चौदहवीं शताब्दी का प्रसिद्ध महामाया मंदिर इस नए जिले के गौरवशाली इतिहास का साक्षी है। बेमेतरा जिले में कुल एक हजार 38 5 शैक्षणिक संस्थाएँ संचालित हो रही हैं। इनमें पाँच कॉलेज, 63 हायर सेकेंडरी स्कूल, 59 हाई स्कूल, 411 मिडिल स्कूल, 845 प्राथमिक शालाएँ और दो तकनीकी शिक्षण संस्थान शामिल हैं।

सुकमा—शबरी नदी के तट पर स्थित सुकमा जिला न केवल बस्तर संभाग बल्कि छत्तीसगढ़ के भी दक्षिणी छोर का सबसे आखिरी जिला है। इसकी सीमाएँ ओड़िशा और आंध्र प्रदेश से लगी हुई हैं। यह नया जिला पूर्ववर्ती दक्षिण बस्तर (दंतेवाड़ा) जिले को पुनर्गठित कर बनाया गया है। नए सुकमा जिले में तीन तहसीलें छिंदगढ़, सुकमा और कोंटा को शामिल किया गया है। यह नया जिला भी सघन वन प्रांतों से परिपूर्ण है। यहाँ के ग्राम रामाराम स्थित चिटमिटिन माता के मंदिर में हर साल वार्षिक मेले का आयोजन होता है। सुकमा जिले छिंदगढ़ तहसील में दुरमा जल-प्रपात और ग्राम नेतानार में शबरी नदी के किनारे शिव मंदिर भी दर्शनीय है। नवगठित सुकमा जिले के कुल भौगोलिक क्षेत्रफल तीन लाख 33 हजार 530 हेक्टेयर है। इसमें 27 हजार 776 हेक्टेयर का वन क्षेत्र भी शामिल है। नए जिले में कुल 13 ग्राम पंचायतें और तीन नगर पंचायत क्ष्.त्र सुकमा, कोंटा और दोरनापाल शामिल हैं। जिले में कुल एक हजार 25 आँगनबाड़ी केंद्रों का भी संचालन किया जा रहा है। वर्ष 2011 की जनगणना के अंतरिम आँकड़ों के अनुसार नए सुकमा जिले की कुल जनसंख्या लगभग दो लाख 49 हजार 841 है। इनमें एक लाख 22 हजार 447 पुरुष और एक लाख 27 हजार 393 महिलाएँ शामिल हैं। सुकमा जिले में 725 प्राथमिक शालाओं सहित 212 मिडिल स्कूलों, 19 हाई स्कूलों, 12 हायर सेकेंडरी स्कूलों, दो कॉलेजों, 101 आश्रम शालाओं और 25 छात्रावासों का संचालन किया जा रहा है। जिले में कुल 18 साप्ताहिक हाट बाजार लगते हैं।

कोंडागाँव—राज्य सरकार ने बस्तर (जगदलपुर) राजस्व जिले को पुनर्गठित कर कोंडागाँव जिले का गठन किया गया है, जिसका कुल भौगोलिक क्षेत्रफल तीन लाख 68 हजार 783 हेक्टेयर है। नए कोंडागाँव जिले में पाँच तहसीलों कोंडागाँव, माकड़ी, फरसगाँव, केशकाल और बड़ेराजपुर (विश्रामपुरी) को शामिल किया गया

है। इस नए जिले में कुल 548 गाँव हैं, इनमें राजस्व गाँवों की संख्या 498, वनग्रामों की संख्या 46 और वीरान गाँवों की संख्या 04 है। नए जिले में कुल 263 ग्राम पंचायतें और चार नगरीय क्षेत्र-नगरपालिका कोंडागाँव तथा नगर पंचायत फरसगाँव, केशकाल और विश्रामपुरी शामिल हैं। कोंडागाँव जिले की शैक्षणिक संस्थाओं में कुल एक हजार 341 प्राथमिक शालाएँ, 631 मिडिल स्कूल, 63 हाई स्कूल, 47 हायर सेकेंडरी स्कूल, दो कॉलेज, 51 आश्रम विद्यालय और 64 छात्रावास सम्मिलित हैं। इस नए जिले में सार्वजनिक वितरण प्रणाली के तहत कुल 268 उचित मूल्य दुकानों का संचालन किया जा रहा है। कोंडागाँव जिले में कुल एक हजार 762 आँगनबाड़ी केंद्रों के माध्यम से महिलाओं और बच्चों को पौष्टिक आहार तथा टीकाकरण सेवाओं का लाभ दिया जा रहा है। इस नए जिले में कुल 27 साप्ताहिक हाट-बाजार हैं। कोंडागाँव जिले में ग्राम कोपाबेड़ा और अमरावती के पुराने शिव मंदिर, ग्राम बड़े डोंगर का दंतेश्वरी मंदिर, ग्राम गढ़धनोरा के नजदीक गोबराही का प्राचीन शिवलिंग और माँझिनगढ़ की पहाड़ियों में स्थित देवी का मंदिर जनता की आस्था के प्रमुख केंद्र हैं।

बलरामपुर—सरगुजा जिले का पुनर्गठन कर राज्य शासन द्वारा बनाए गए बलरामपुर भी छत्तीसगढ़ का एक सीमावर्ती जिला है। इसकी सीमाएँ उत्तर में झारखंड और उत्तर प्रदेश से लगती हैं। जिले की पूर्वी सीमा भी झारखंड राज्य से लगी हुई है, जबकि दक्षिण में छत्तीसगढ़ के ही सरगुजा और जशपुर जिले की सीमाएँ इसका स्पर्श करती हैं। बलरामपुर जिले की पश्चिमी सीमा भी सरगुजा जिले से लगी हुई है। नए बलरामपुर जिले में छह तहसीलें राजपुर, शंकरगढ़, बलरामपुर, रामचंद्रपुर और वाड्रफनगर शामिल हैं, जो अपने आप में विकासखंड और जनपद पंचायत भी हैं। जिले में कुल 645 गाँव हैं, जिनमें आबाद गाँवों की संख्या 642 है। इनमें से 623 गाँवों का विद्युतीकरण भी हो चुका है। इसके अलावा कुल 642 आबाद गाँवों में से 634 गाँवों में पेयजल की पर्याप्त सुविधा उपलब्ध कराई जा चुकी है। नवगठित बलरामपुर जिले में ग्राम पंचायतों की संख्या 340 और नगर पंचायतों की संख्या 05 है। छत्तीसगढ़ का प्रसिद्ध ऐतिहासिक स्थल डीपाडीह अब नए बलरामपुर जिले में आ गया है। पुरातात्त्विक महत्त्व का यह स्थान इस नए जिले के शंकरगढ़ विकासखंड में स्थित है। भू-गर्भ से निकलनेवाले गरम पानी के लिए प्रसिद्ध 'तातापानी' नामक स्थान भी नए बलरामपुर जिले में आ गया है। इसके अलावा यहाँ के अन्य दर्शनीय स्थानों में सेमरसोत और तैमोर पिंगला अभयारण्य, भड़िया, बैनगंगा और झरिया जल-प्रपात और अर्जुनगढ़ की गुफा उल्लेखनीय हैं।

सूरजपुर—नए सूरजपुर जिले का निर्माण भी सरगुजा जिले को पुनर्गठित कर किया गया है। सूरजपुर जिले की उत्तरी सरहद भी उत्तर प्रदेश से लगी हुई है, इसके

अलावा नए जिले की उत्तरी और पूर्वी सरहद छत्तीसगढ़ के सरगुजा जिले से, दक्षिणी सरहद कोरबा जिले से और पश्चिमी सरहद कोरिया जिले से लगी हुई है। सूरजपुर जिले में छह तहसीलें—प्रतापपुर, ओड़गी, भैयाथान, रामानुजनगर और प्रेमनगर—शामिल हैं, जो अपने आप में विकासखंड और जनपद पंचायत भी हैं। नए जिले में कुल 550 गाँव, 392 ग्राम पंचायत, एक नगरपालिका परिषद् और चार नगर पचांयत क्षेत्र शामिल हैं। सूरजपुर जिले में कुंदरगढ़ की पहाड़ियों में स्थित मंदिर सरगुजा सहित संपूर्ण छत्तीसगढ़ की जनता का प्रमुख आस्था केंद्र है। इस नए जिले के चाँदनी बिहारपुर इलाके में 'रकसगंडा' नामक मनोरम जल-प्रपात सैलानियों के आकर्षण का केंद्र है।

बलौदा बाजार—महानदी, शिवनाथ और जोंक नदियों के जलग्रहण क्षेत्र में स्थित नए बलौदा बाजार जिले का निर्माण रायपुर जिले को पुनर्गठित कर किया गया है। उल्लेखनीय है कि दुर्ग जिले के बालोद की तरह रायपुर जिले में बलौदा बाजार भी लगभग एक सौ वर्ष पुरानी तहसीलों में से है। बलौदा बाजार तहसील की स्थापना अंग्रेजों के समय सन् 1905 में हुई थी। आजादी के बाद सामुदायिक विकासखंडों की योजना शुरू होने पर इस तहसील में छह विकासखंडों—सिमगा, भाटापारा, बलौदा बाजार, कसडोल, पलारी और बिलाईगढ़—की स्थापना की गई। इसके बाद राज्य शासन द्वारा हाल के वर्षों में प्रशासनिक सुविधा के लिए बलौदा बाजार तहसील को पुनर्गठित कर भाटापारा तहसील का निर्माण किया गया और उसे भी राजस्व अनुविभाग का दर्जा दिया गया। बलौदा बाजार में अपर कलेक्टर का कार्यालय पहले से ही संचालित है, जिसके संपूर्ण कार्यक्षेत्र को मिलाकर नए बलौदाबाजार जिले का गठन किया गया है। इसका क्षेत्रफल लगभग तीन हजार 593 वर्ग किलोमीटर है। नए बलौदा बाजार जिले की जनसंख्या दस लाख से अधिक है। इस जिले में 975 गाँव, 495 ग्राम पंचायत, 06 विकासखंड, 03 नगरपालिका परिषद् और 03 नगर पंचायत क्षेत्र शामिल हैं। छत्तीसगढ़ के कई प्रमुख आस्था केंद्र भी अब रायपुर जिले से अलग होकर नए बलौदा बाजार जिले में आ गए हैं। इनमें महान् समाज सुधारक गुरु बाबा घासीदास की जन्मभूमि और तपोभूमि गिरौदपुरी भी शामिल है, जहाँ राज्य शासन द्वारा कुतुबमीनार से भी ऊँचे जैतखाम का निर्माण तेजी से कराया जा रहा है। इसके अलावा कबीरपंथ का प्रमुख आस्था केंद्र 'दामाखेड़ा' और महर्षि वाल्मीकि के आश्रम के रूप में प्रसिद्ध 'तुरतुरिया' भी नए बलौदा बाजार जिले में शामिल हैं। ये सब श्रद्धालुओं के प्रमुख आस्था केंद्र होंगे। वैसे तो यह कृषि प्रधान जिला है, लेकिन यहाँ चूना पत्थर के विशाल प्राकृतिक भंडारों के कारण चार सीमेंट कारखाने भी संचालित हो रहे हैं।

सरस्वती साइकिल प्रदाय योजना

आदिवासी क्षेत्रों के विकट भौगोलिक स्थिति, यथा घने जंगल, नदी-नाले, पहाड़ ग्रामों से ग्राम तक की अत्यधिक दूरी एवं विरल जनसंख्या के कारण छात्राओं की शिक्षा बाधित होती थी। ऐसे में बालिकाओं की हाई स्कूल तक की शिक्षा को सुगम बनाने के लिए शासन द्वारा सरस्वती साइकिल योजना वर्ष 2004-05 से प्रारंभ की गई। योजनांतर्गत अनुसूचित जाति, अनुसूचित जनजाति, विशेष पिछड़ी जनजाती तथा पिछड़े वर्ग एवं अन्य (बी.पी.एल.) वर्ग के बालिकाओं को जो कक्षा नवमी में प्रवेशित होती हैं, निःशुल्क साइकिल प्रदाय किए जाते हैं, जिससे उन्हें अपने निवास ग्राम से अन्य ग्राम जहाँ हाई स्कूल स्थित होती है, आने-जाने में सुगमता हो।

योजना प्रारंभ वर्ष से शासन द्वारा आदिवासी क्षेत्रों के कक्षा नवमी के बालिकाओं को लगातार प्रतिवर्ष निःशुल्क साइकिल प्रदाय की जा रही हैं। तब से वर्ष 2011-12 तक माध्यमिक शाला से हाई स्कूल में प्रवेशित बालिकाओं की वर्षवार दर्ज संख्या के अवलोकन करने से यह स्पष्ट दृष्टिगोचर होता है कि जिस उद्देश्य को लेकर योजना प्रारंभ की गई है, उसमें आशातीत सफलता प्राप्त हुई है। हाई स्कूल में बालिकाओं की दर्ज संख्या लगातार बढ़ रही है तथा बालक एवं बालिकाओं की दर्ज संख्या में अंतर लगातार कम हो रहा है।

वर्ष 2005-06 में हाई स्कूल में बालकों की दर्ज संख्या 58564 एवं बालिकाओं की 39,042 थी। इस प्रकार बालकों की तुलना में बालिकाओं की दर्ज संख्या 19,522 कम थी। योजना प्रारंभ होने के पश्चात् बालिकाओं की दर्ज संख्या में लगातार वृद्धि हो रही है। वर्ष 2010-11 में बालकों की दर्ज संख्या 108595 की तुलना में बालिकाओं की संख्या 1,08,680 थी। इस तरह हाई स्कूल में बालिकाओं की संख्या बालकों से 85 अधिक हो गई। वर्तमान वर्ष 2011-12 में बालकों की हाई स्कूल में दर्ज संख्या 1,18,671 है, वहीं बालिकाओं की दर्ज संख्या 1,19,483 है। इस तरह बालिकाओं की संख्या बालकों से पिछले वर्ष की तुलना में 85 से बढ़कर 812 अधिक हो गई है।

उपर्युक्त तथ्यों से यह स्पष्ट होता है कि योजना के प्रारंभ होने से बालिकाओं में कक्षा आठवीं के पश्चात् हाई स्कूल में प्रवेश की संख्या क्रमशः बढ़ रही है तथा हाई स्कूल की शिक्षा के प्रति उनका रुझान बढ़ रहा है एवं माध्यमिक शाला के पश्चात् बालिकाओं के ड्रॉप आउट की संख्या में अप्रत्याशित कमी आई है।

आशातीत परिणाम

1. आदिवासी क्षेत्र की कन्याओं में हाई स्कूल शिक्षा के प्रति रुझान बढ़ा है। फलस्वरूप छात्राओं की दर्ज संख्या में उतरोत्तर वृद्धि हो रही है।

2. कक्षा आठवीं के पश्चात् छात्राओं के स्कूल त्यागने (ड्रॉप आउट) की प्रवृत्ति में कमी आई है। कक्षा आठवीं में बोर्ड परीक्षा पद्धति समाप्त होने से 2012-13 में 8वीं में दर्ज सभी पात्र बालिकाओं को कक्षा 9वीं में दर्ज करने का लक्ष्य रखा गया है तथा माध्यमिक से हाई स्कूल स्तर पर ड्रॉप आउट शून्य प्रतिशत प्राप्त करना इस योजना का नया लक्ष्य रखा जा रहा है।
3. बालक तथा बालिकाओं की दर्ज संख्या के अंतर में कमी आई है। यह इस योजना की महत्त्वपूर्ण उपलब्धि है। योजना प्रारंभ वर्ष में बालक-बालिकाओं में जेंडर गेप 30 प्रतिशत है, जो निरंतर कम होते हुए 2010-11 में अब खत्म हो गया है। वर्ष 2011-12 में बालिकाएँ बालकों से अधिक संख्या में दर्ज हैं।

विभागीय शैक्षणिक संस्थाओं में हाई स्कूल में अध्ययनरत विद्यार्थियों की वर्षवार दर्ज संख्या—

क्र.सं.	वर्ष	बालक	बालिका	जेंडर गैप
1.	2005-06	58564	39042	19522
2.	2006-07	70491	51673	18818
3.	2007-08	75727	59631	16096
4.	2008-09	78756	62016	16740
5.	2009-10	104814	93033	11781
6.	2010-11	108595	108680	(-)85
7.	2011-12	118671	119483	(-)812

□

डॉ. रमन सिंह की प्रबंधन शैली

संदर्भ : आई.पी.एल. मैच

- उदाहरण—आईपीएल
- लक्ष्य था—आईपीएल की मेजबानी करके रायपुर को विश्व क्रिकेट के नक्शे पर लाना।
- असंभव सा—छत्तीसगढ़ क्रिकेट एसोसिएशन महज बीसीसीआई की संबद्ध सदस्य, इसलिए वह अंतरराष्ट्रीय स्तर के मैचों की मेजबानी नहीं कर सकती।
- पृष्ठभूमि—श्री जी.एम. राव, रोड शो के दौरान मुझसे बेंगलुरु में मिले।
- डॉ. रमन ने उनसे रायपुर में अंतरराष्ट्रीय मैच के आयोजन का अनुरोध किया।

(यहाँ प्रस्तुत हैं डॉ. रमन सिंह द्वारा तैयार नोट्स के कुछ प्रमुख बिंदु उन्हीं के शब्दों में)

आईपीएल का प्रबंधन—

- **श्री राव ने मुझसे पूछा—क्या आपके यहाँ कोई स्टेडियम है?**
  - — मैंने कहाँ, 'हाँ', बहुत सुंदर सा।
  - — वे बोले तो मैं इसमें कैसे मदद कर सकता हूँ?
  - — मैंने कहा रायपुर को अपना होम (घर) घोषित कर दीजिए और कुछ दूसरी जगहों से मैच यहाँ ले आइए, जैसे—कोच्चि टीम में एक बार किया था।
  - — फिर उन्होंने अपनी तकनीकी टीम को रायपुर भेज दिया।
  - — टीम ने रिपोर्ट दी 'शैल तो तैयार है, लेकिन स्टेडियम को मैच के लायक नहीं बनाया जा सकता, क्योंकि अब सिर्फ 60 दिन बचे हैं।'
  - — मैंने श्री राव से बात की और उन्हें भरोसा दिलाया 'अगले 60 दिनों के भीतर स्टेडियम अंतरराष्ट्रीय मैच के लिए तैयार हो जाएगा।'
  - — श्री जी.एम. राव ने इस बात को माना। कहा भी 'मैं रमन सिंह को

जानता हूँ, यदि वे 60 दिन कहते हैं, तो स्टेडियम 59 दिनों में तैयार हो जाएगा—एक दिन पहले।'

— अपनी तकनीकी टीम की सलाह के खिलाफ जाकर भी उन्होंने वादा कर लिया।

— मेरा निवेदन महज इतना था कि अप्रैल के पहले सप्ताह के कुछ बाद मैच रखें।

- **नाकों चने चबाना था**

  — दो महीने से कम समय में विश्व स्तरीय स्टेडियम कैसे बनाएँगे ?

- **और ऐसे हुआ काम शुरू**

  — खेलों की कमान सँभालने, प्रमुख सचिव दर्जे के एक ऐसे अधिकारी की नियुक्ति, जो खेलों में रुचि रखने के साथ-साथ अधोसंरचना परियोजनाओं का काम देख सके।

  — लोक निर्माण विभाग के प्रमुख सचिव को खेलों की भी जिम्मेदारी सौंपी। एक तीर से दो शिकार, दो विभागों के बीच समन्वय करने का सिरदर्द गायब।

  — अपनी रुचि का खेल संचालक चुनने की आजादी के साथ उन्हें दे दिया बजट।

- फिर लगा कि ऐसी जटिल परियोजना, जिसमें ढेरों विभागों का समन्वय जरूरी हो, महज दो लोगों के भरोसे कैसे पूरी होगी ?
- तब एक सशक्त समिति बनाई गई, जिसमें सभी महत्त्वपूर्ण विभागों, जैसे—वित्त, ऊर्जा, गृह आदि के सचिवों को इसका सदस्य और मुख्य सचिव को मुखिया बनाया गया
- सशक्त समिति यानी एक ऐसी समिति, जिससे राज्य की मंत्री परिषद् ने आईपीएल आयोजित करने के संबंध में सभी निर्णय लेने के लिए अपने अधिकार प्रत्यायोजित (डेलीगेट) कर दिए।
- ऐसा करके मैंने किसी प्रकार की राजनीतिक दखलंदाजी के लिए जगह ही नहीं छोड़ी।

- **और हमने कर दिखाया**

  — लोक निर्माण विभाग के 60 करोड़ रुपए के शुरुआती अनुमान, 35 करोड़ रुपए तक सिमट गए और अंततः महज 45 दिनों में 23 करोड़ रुपए में सारा काम पूरा हो गया।

  — राजीव शुक्ला की टिप्पणी थी, मुझे भरोसा नहीं हो रहा कि कोई सरकार ऐसा भी कर सकती है !

— रवि शास्त्री, सहवाग, हर्ष भोगले जैसे अनेक प्रसिद्ध लोगों ने तारीफों के पुल बाँधे।

सरकारी और निजी क्षेत्र के प्रबंधनों का फर्क

- **निजी क्षेत्र का प्रबंधन—**
  - — टॉप लाइन, बॉटम लाइन और कुछ हजार से लगाकर कुछ लाख अंशधारी।
  - — उपर्युक्त तीन मानकों पर बनी हुई पूरी द्विआयामी जमावट।

सरकार''

— मंत्री परिषद् है संचालक मंडल की तरह, जिसमें 2.55 करोड़ अंशधारी हैं और किसी तरह की टॉप, बॉटम, हॉरिजेंटल या डायगोनल लाइनें नहीं हैं। इनमें अधिकांश अनुसूचित जातियाँ, जनजातियाँ, वंचित, शोषित, महिलाएँ, सीमांत किसान, कमजोर तबके हैं।

— बेहद चुनौती भरा माहौल, जिसमें विधानमंडल के प्रति जवाबदेही, नियंत्रक महालेखा परीक्षक, मीडिया, न्यायपालिका, सूचना का अधिकार और गैर-सरकारी संगठन। ऐसे में निर्णय लेना कठिन तो होता ही है।

— बावजूद इस सबके सरकार काम करती है, नतीजे मिलते हैं।

सफल प्रबंधन की कुंजी

- सही व्यक्ति को सही समय पर, सही जगह के लिए चुनें और पाबंद करें।

□□□